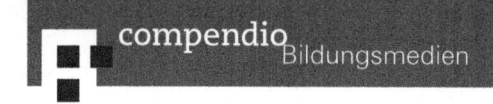

Infrastruktur und ICT – TK 2019
Kompetenzorientiertes Wissen mit Praxisbeispielen, Repetitionsfragen, Minicases und Antworten

Indro Celia, Emil Manser und Candidus Waldispühl

1. Auflage 2017

Infrastruktur und ICT – TK 2019
Kompetenzorientiertes Wissen mit Praxisbeispielen, Repetitionsfragen, Minicases und Antworten
Indro Celia, Emil Manser und Candidus Waldispühl

Grafisches Konzept und Realisation, Korrektorat: Mediengestaltung, Compendio Bildungsmedien AG, Zürich
Illustrationen: Oliver Lüde, Winterthur
Druck: Edubook AG, Merenschwand
Coverbild: Alicia_Garcia / iStock / Getty Images Plus / Gettyimages

Redaktion und didaktische Bearbeitung: Johannes Scheuring

Artikelnummer: 14831	Artikelnummer E-Book: E-15352
ISBN: 978-3-7155-7469-1	ISBN E-Book: 978-3-7155-7666-4
Auflage: 1. Auflage 2017	Code E-Book: XTKE 035
Ausgabe: N1077	
Sprache: DE	
Code: XTK 035	

Alle Rechte, insbesondere die Übersetzung in fremde Sprachen, vorbehalten. Der Inhalt des vorliegenden Buchs ist nach dem Urheberrechtsgesetz eine geistige Schöpfung und damit geschützt.

Die Nutzung des Inhalts für den Unterricht ist nach Gesetz an strenge Regeln gebunden. Aus veröffentlichten Lehrmitteln dürfen bloss Ausschnitte, nicht aber ganze Kapitel oder gar das ganze Buch fotokopiert, digital gespeichert in internen Netzwerken der Schule für den Unterricht in der Klasse als Information und Dokumentation verwendet werden. Die Weitergabe von Ausschnitten an Dritte ausserhalb dieses Kreises ist untersagt, verletzt Rechte der Urheber und Urheberinnen sowie des Verlags und wird geahndet.

Die ganze oder teilweise Weitergabe des Werks ausserhalb des Unterrichts in fotokopierter, digital gespeicherter oder anderer Form ohne schriftliche Einwilligung von Compendio Bildungsmedien AG ist untersagt.

Copyright © 2017, Compendio Bildungsmedien AG, Zürich

Die Printausgabe dieses Buchs ist klimaneutral in der Schweiz gedruckt worden. Die Druckerei Edubook AG hat sich einer Klimaprüfung unterzogen, die primär die Vermeidung und Reduzierung des CO_2-Ausstosses verfolgt. Verbleibende Emissionen kompensiert das Unternehmen durch den Erwerb von CO_2-Zertifikaten eines Schweizer Klimaschutzprojekts.

Mehr zum Umweltbekenntnis von Compendio Bildungsmedien finden Sie unter: www.compendio.ch/Umwelt

Inhaltsverzeichnis

	Kompetenz für Technische Kaufleute 2019	5
	Vorwort zur 1. Auflage	6
	Kompetenzdimensionen / Leistungskriterien	7

Teil A Betriebliche Infrastrukturen und Software 9

1 Grundlagen Infrastrukturmanagement 10
- 1.1 Begriffe und Abgrenzung 10
- 1.2 Bedeutung für Unternehmen 11
- 1.3 Infrastrukturlebenszyklus 15
- 1.4 Wirtschaftlichkeit von Infrastrukturen 24
- 1.5 Infrastrukturmanagement 27
- 1.6 Trends 31
- Zusammenfassung 37
- Repetitionsfragen 38

2 Software 42
- 2.1 Anwendungssoftware 42
- 2.2 Datenhaltung und Datenaustausch 46
- 2.3 Systemsoftware 48
- 2.4 Zusammenspiel der Software 50
- 2.5 Beschaffung von Software 54
- 2.6 Nutzung und Wartung 60
- 2.7 Anforderungen an Geschäftsanwendungen 61
- Zusammenfassung 64
- Repetitionsfragen 65

Teil B Computer und Computernetze 71

3 Hardware 72
- 3.1 Aufbau eines Computers 72
- 3.2 Schnittstellen 79
- 3.3 Peripheriegeräte 82
- 3.4 Computertypen 84
- 3.5 Computersysteme 88
- 3.6 Virtualisierung 90
- 3.7 Beschaffung, Nutzung und Entsorgung 92
- 3.8 Anforderungen an die Hardware 95
- Zusammenfassung 96
- Repetitionsfragen 96

4 Netzwerke 101
- 4.1 Netzwerkgrundlagen 101
- 4.2 Drahtgebundenes lokales Netzwerk (LAN) 104
- 4.3 Drahtlose Netzwerke 110
- 4.4 Internetanschlüsse 113
- 4.5 Netzwerkdienste nutzen 119
- 4.6 Mobile Kommunikationsgeräte nutzen 123
- 4.7 Anforderungen an das Unternehmensnetzwerk 124
- Zusammenfassung 126
- Repetitionsfragen 127

Teil C Systemkomponenten beschaffen und Services nutzen 131

5 Sourcing & Operating 132
- 5.1 Strategische Aspekte 132
- 5.2 Make-or-Buy-Entscheidung 133
- 5.3 Finanzierungsmodelle 135
- 5.4 Cloud Computing 138
- 5.5 Betriebs- und Nutzungsmodelle 141
- 5.6 Leistungen definieren und mit externen Partnern vereinbaren 145
- 5.7 Konsequenzen der Betriebs- und Nutzungsmodelle 146
- 5.8 Anforderungen definieren 148
- Zusammenfassung 155
- Repetitionsfragen 156

6		**Beschaffung, Test und Einführung**	**160**
	6.1	Komponenten evaluieren und beschaffen	160
	6.2	Netzwerkkomponenten und -services wählen	163
	6.3	Standortgebundene und mobile Kommunikationsdienste wählen	166
	6.4	Services vereinbaren	169
	6.5	Komponenten testen	175
	6.6	Anwendungen integrieren und migrieren	177
	6.7	Daten migrieren	180
	6.8	Anwendungen einführen	181
		Zusammenfassung	183
		Repetitionsfragen	185

Teil D Sicherheit und Daten managen 189

7		**Sicherheitsmanagement**	**190**
	7.1	Bedrohungen und Auswirkungen	190
	7.2	Grundlagen des Sicherheitsmanagements	192
	7.3	Sicherheitsmassnahmen planen	196
	7.4	Sicherheitsmassnahmen umsetzen	198
	7.5	Vorsorgemassnahmen	199
	7.6	Notfallmassnahmen	206
		Zusammenfassung	208
		Repetitionsfragen	210
8		**Daten und Datenmanagement**	**214**
	8.1	Bedeutung von Daten	214
	8.2	Aktuelle Entwicklungen und Herausforderungen	217
	8.3	Datensicherung	221
	8.4	Datenhaltung und Datennutzung	222
	8.5	Datenmanagement	225
	8.6	Datensicherheit und Datenschutz	231
	8.7	Die Säulen des betrieblichen Datenmanagements	235
		Zusammenfassung	240
		Repetitionsfragen	241

Teil E Anhang 243

Antworten zu den Repetitionsfragen	244
Stichwortverzeichnis	269

Kompetenz für Technische Kaufleute 2019

Die Reihe ist auf die Bedürfnisse von Studierenden zugeschnitten, die sich auf die Prüfungen zum **Technischen Kaufmann** / zur **Technischen Kauffrau mit eidg. Fachausweis** (TK) vorbereiten. Sie richtet sich in Stoffauswahl und -tiefe nach dem TK-Prüfungsreglement 2019.

Die Reihe deckt sämtliche Fachbereiche der TK-Ausbildung ab. Folgende 15 Titel sind verfügbar:

- Unternehmensführung und Umwelt
- Organisation und Projektmanagement
- Finanzwirtschaft 1: Doppelte Buchhaltung und Finanzbuchhaltung
- Finanzwirtschaft 2: Betriebsbuchhaltung und finanzielle Führung
- Mitarbeiterführung und Selbstmanagement
- Personalarbeit
- Arbeitsrecht und Sozialversicherungen
- Kommunikation
- Schriftliche Kommunikation
- Marketing
- Verkauf und Services
- Volkswirtschaftslehre
- Recht
- Supply Chain Management
- Infrastruktur und ICT

Bei Konzeption und Erarbeitung haben Dozierende, Autorinnen und Autoren, Fachlektorinnen und Fachlektoren mitgewirkt, die mit den Bedürfnissen der Technischen Kaufleute vertraut sind. Sie haben massgeblich zur **Optimierung** der Texte, Aufgaben und Übungen im Hinblick auf die Lernziele und die Prüfungserfahrung beigetragen.

Die Lehrmittel folgen dem bewährten **didaktischen Konzept** der Compendio-Lehrmittel. Verständliche Texte, zahlreiche Beispiele und Grafiken sowie Repetitionsfragen mit ausführlich kommentierten Musterlösungen ermöglichen die zielgerichtete Vor- und Nachbereitung des Unterrichts und gegebenenfalls auch ein Selbststudium.

Die Reihe Kompetenz für Technische Kaufleute 2019 baut auf der **bewährten** TK-Reihe auf und erweitert diese entsprechend den Vorgaben der neuen Prüfungsordnung und -wegleitung. Besonders hervorzuheben sind folgende Neuerungen:

- **Kompetenzorientierte Ausrichtung:** Nach Handlungsfeldern und Prüfungsteilen strukturierte Lehrmittel unterstützen die Schulen in der kompetenzorientierten Ausrichtung des Lehrgangs.
- **Inhaltsbasis für den Unterricht:** Die zahlreichen und zum Teil tief greifenden Änderungen und Neugewichtungen des Lernstoffs wurden umgesetzt und unterstützen die Dozierenden bei der Erarbeitung der Kompetenzen mit den Studierenden.
- **Auf Prüfung ausgerichtetes Übungsmaterial:** Die Repetitionsfragen am Schluss jedes Kapitels sind auf die neuen Prüfungsformen und Aufgabentypen ausgerichtet. Geschlossene Fragen, offene Fragen und Minicases sind klar gekennzeichnet. Die Studierenden üben prüfungsnah und gewinnen Sicherheit im Umgang mit den kompetenzorientierten Prüfungsformen.

Zürich, im Mai 2017

Thomas Hirt, Projektleitung

Vorwort zur 1. Auflage

Betriebliche Infrastrukturen sind idealerweise so gestaltet, dass sie die Geschäftsprozesse eines Unternehmens optimal unterstützen. Gemeinsam mit Spezialisten sind TK in der Lage, die Infrastruktur – **insbesondere die IT-Infrastruktur** – in einem Unternehmen zu analysieren und so auszulegen, dass sie den geschäftlichen Bedürfnissen entsprechen. Zu diesem Zweck arbeiten sie mit zuständigen internen Stellen und externen Lieferanten zusammen, prüfen Alternativen und arbeiten einen Anforderungskatalog aus. Auf dieser Basis begleiten Sie den Evaluations- und Beschaffungsprozess und orientieren sich am gegebenen Zeit- und Kostenrahmen. Sie planen die Umsetzung und bereiten die Einführung der neuen Lösung vor und verbessern die Infrastruktur laufend. Dabei achten Sie besonders auf Sicherheitsaspekte.

Inhalt und Aufbau dieses Lehrmittels

Das Buch hat folgende Teile und gibt Antworten auf folgende Fragen:

- **Teil A «Betriebliche Infrastrukturen und Software».** Welche Rolle spielt die betriebliche Infrastruktur in Unternehmen? Wie sieht der typische Lebenszyklus von Infrastrukturen aus und welche Aufgaben umfasst das Infrastrukturmanagement? Welche Trends treiben die Entwicklung von IT-Infrastrukturen voran? Welche Bedeutung haben Software und Geschäftsanwendungen? Was ist bei der Beschaffung und Nutzung von Software zu beachten? Welche Anforderungen sind bei der Evaluation von Bedeutung?
- **Teil B «Computer und Computernetze».** Wie ist ein Computer aufgebaut? Welche Geräte und Schnittstellen braucht es für einen Computerverbund? Welche Möglichkeiten bietet die Virtualisierung von Hardware? Was ist bei der Beschaffung und beim Betrieb von Hardware zu beachten? Welche Anforderungen sind bei der Evaluation wichtig? Auf welchen Technologien basieren Computernetze? Was ist ein LAN und ein WLAN? Wie können solche Netzwerke ans Internet angeschlossen werden? Welche Internetdienste und mobilen Kommunikationsdienste eignen sich wann wofür?
- **Teil C «Systemkomponenten beschaffen und Services nutzen».** Welche prinzipiellen Möglichkeiten gibt es, um IT-Infrastrukturen zu beschaffen, zu nutzen und zu betreiben? Was ist beim Outsourcing und Bezug von IT-Services zu beachten? Welche Folgen bzw. Anforderungen ergeben sich daraus? Worauf ist bei der Evaluation und Beschaffung zu achten? Welche Aufgaben stehen bei der Einführung und beim Test an?
- **Teil D «Sicherheit und Daten managen».** Welche Gefahren bedrohen die IT-Sicherheit? Welche Vorsorge- und Notfallmassnahmen bieten sich an? Welche Unternehmensdaten haben welche Bedeutung und wie können sie wirksam gesichert, effizient organisiert und sinnvoll genutzt werden? Was ist bezüglich Datenqualität und Datenschutz zu beachten?
- **Teil E «Anhang».** Hier finden Sie Musterlösungen zu den Fragen, die in den Theorieteilen A bis D jeweils am Schluss jedes Kapitels enthalten sind.

Zur aktuellen Auflage

Dieses Lehrmittel wurde aufgrund der Wegleitung zur Prüfungsordnung für Technische Kaufleute vom Oktober 2016 erstellt, die erstmals für die Prüfung 2019 gültig ist, und deckt die Leistungskriterien zum Handlungsfeld 10 «Infrastruktur» ab.

In eigener Sache

Haben Sie Fragen oder Anregungen zu diesem Lehrmittel? Sind Ihnen Tipp- oder Druckfehler aufgefallen? Über unsere E-Mail-Adresse postfach@compendio.ch können Sie uns diese gerne mitteilen.

Zürich, im August 2017

Indro Celia, Autor Kapitel 1, 5, 8; Emil Manser, Autor Kapitel 6, 7; Candidus Waldispühl, Autor Kapitel 2, 3, 4; Deblis Piazzi, Fachlektor; Johannes Scheuring, Redaktor

Kompetenzdimensionen / Leistungskriterien

Nummer	Kompetenzdimensionen / Leistungskriterien	Kapitel
10.1	IT-Infrastruktur beurteilen und optimieren	
10.1.1	Die TK sind in der Lage, die Anschaffung und Einführung neuer IT-Infrastruktur zu planen und umzusetzen.	6
10.1.2	Die TK sind in der Lage, bei Neuanschaffungen von IT-Infrastruktur in ihrem Arbeitsumfeld ein Anforderungsprofil auszuarbeiten, daraus eine Ausschreibung abzuleiten und eintreffende Offerten zu bewerten.	2.7, 3.8, 4.7, 5.8, 6
10.1.3	Die TK können den bei Neueinführungen von IT-Lösungen entstehenden Schulungsbedarf erfassen sowie Massnahmen ableiten und zusammen mit internen und / oder externen Stellen organisieren.	6.8.1, 7.6.5
10.1.4	Die TK verfügen über grundlegende Kenntnisse im Bereich des IT-Projektmanagements.	6.1, 6.5, 6.8
10.1.5	Die TK können in ihrem Bereich die wichtigsten Anforderungen an die notwendige IT-Infrastruktur herleiten.	2.7, 3.8, 4.7, 5.8
10.1.6	Die TK verfügen über grundlegende Kenntnisse der Methoden zur Evaluation von IT-Infrastruktur.	6.1
10.1.7	Die TK verfügen über grundlegende Kenntnisse im Bereich der Datensicherheit.	8.3, 8.6
10.1.8	Die TK legen grossen Wert auf eine reibungslose Zusammenarbeit zwischen internen Stellen und externen Lieferanten.	6.1, 6.4
10.1.9	Die TK sind offen gegenüber IT-Lösungen, entsprechenden Anpassungen im Arbeitsalltag und haben ein ausgeprägtes Bewusstsein für Kosten-/Nutzenüberlegungen.	1.4, 1.6
10.1.10	Die TK sind sensibilisiert für Widerstände und Ängste bei Mitarbeitenden bei der Einführung neuer IT-Systeme.	6.8
10.1.11	Die TK sind sensibilisiert für die möglichen Auswirkungen beim Ausfall einzelner IT-Systeme für den betrieblichen Alltag und machen sich Gedanke über mögliche Notfallszenarien.	7.1, 7.6
10.1.12	Die TK beobachten die Entwicklung im Bereich der IT und reflektieren deren potenzielle Einsatzmöglichkeiten im eigenen Bereich.	1.6, 8.2
10.2	Infrastruktur beurteilen und optimieren	
10.2.1	Die TK sind in der Lage, den Zustand der Infrastruktur zu analysieren und Vorschläge für Reparaturen und Investitionen zu beantragen.	1.3, 1.5, 6.1
10.2.2	Die TK sind in der Lage, Offerten einzuholen und zu bewerten.	6.1
10.2.3	Die TK sind in der Lage, Beschaffungen für kleinere Investitionen in ihrem Bereich professionell abzuwickeln.	6
10.2.4	Die TK sind in der Lage, Alternativen auf ihre Zweckmässigkeit und Wirtschaftlichkeit hin zu prüfen und bei der Umsetzung Prioritäten zu setzen.	1.4, 2–5, 8.4
10.2.5	Die TK sind in der Lage, nicht mehr benötigte Infrastruktur zu liquidieren.	1.3, 8.7
10.2.6	Die TK kennen die internen Abläufe zu Beschaffung, Unterhalt und Verwertung von Infrastruktur.	1.5
10.2.7	Die TK sind offen gegenüber Veränderungen der Infrastruktur und verfügen über ein ausgeprägtes Bewusstsein für den sorgsamem Umgang mit dem Kapital.	1.4, 1.6, 8.1, 8.5
10.2.8	Die TK sind sich der Bedeutung ergonomischer Richtlinien am Arbeitsplatz bewusst.	5.8
10.2.9	Die TK sind in der Lage, den Infrastrukturbedarf zu erfassen und Optimierungsmöglichkeiten abzuleiten.	1–8
10.2.10	Die TK können die Wichtigkeit der Ergonomie am Arbeitsplatz (Arbeitsplatzeinrichtung und technische Geräte) beurteilen und entsprechend bei Bestellungen Einfluss nehmen.	5.8

Teil A
Betriebliche Infrastrukturen und Software

1 Grundlagen Infrastrukturmanagement

Lernziele	Nach der Bearbeitung dieses Kapitels können Sie … • die Begriffe «öffentliche Infrastruktur» und «private Infrastruktur» unterscheiden. • die Bedeutung von Infrastrukturen für Unternehmen erläutern sowie strategische, technische und finanzielle Aspekte beschreiben. • den Infrastrukturlebenszyklus aufzeigen und die einzelnen Phasen erklären. • die wichtigsten Aufgaben im Rahmen des Infrastrukturmanagements beschreiben. • den Zustand von Infrastrukturen analysieren und Vorschläge für Reparaturen und Neuanschaffungen bzw. Investitionen beantragen. • grundlegende Zusammenhänge zwischen der Infrastruktur und wirtschaftlichen bzw. finanziellen Rahmenbedingungen und Abläufen von Unternehmen darlegen. • Kosten-Nutzen-Überlegungen einbringen und entsprechende Entscheidungsunterlagen erstellen. • Trends wiedergeben, die sich auf die Beschaffung von IT-Infrastrukturen auswirken.
Schlüsselbegriffe	Abschreibung, Anlagevermögen, Big Data Analytics, digitale Transformation, E-Business, Eigenfinanzierung, Energieverbrauch, Entsorgung, Fremdfinanzierung, Industrie 4.0, Infrastrukturlebenszyklus, Infrastrukturmanagement, Infrastrukturplanung, Infrastrukturpolitik, Infrastrukturstrategie, Investition, Kapitaleinsatz, Kauf, Kontrollgrössen, Kostentreiber, Kreditfinanzierung, Leasing, Liquidation, öffentliche Infrastruktur, private Infrastruktur, Prozesskosten, Robotik, Smart Home, Total Cost of Ownership, Wartungsvertrag, Wertminderung, Wertschöpfungsprozess, Wirtschaftlichkeit

1.1 Begriffe und Abgrenzung

Der Begriff **Infrastruktur** stammt aus dem Lateinischen und bedeutet wörtlich «Unterstruktur». Mit Infrastruktur wird allgemein das Fundament eines Aufbaus angesprochen im Sinne aller grundlegenden und langlebigen Einrichtungen materieller oder institutioneller Art. Bei der **privaten Infrastruktur** eines Unternehmens handelt es sich um materielle und institutionelle Einrichtungen, die den betrieblichen Wertschöpfungsprozess ermöglichen. Bei der **öffentlichen Infrastruktur** handelt es sich um materielle und institutionelle Einrichtungen, die den volkswirtschaftlichen Wertschöpfungsprozess ermöglichen und i. d. R. von der öffentlichen Hand finanziert werden.

Abb. [1-1]   Abgrenzung zwischen öffentlicher und privater Infrastruktur

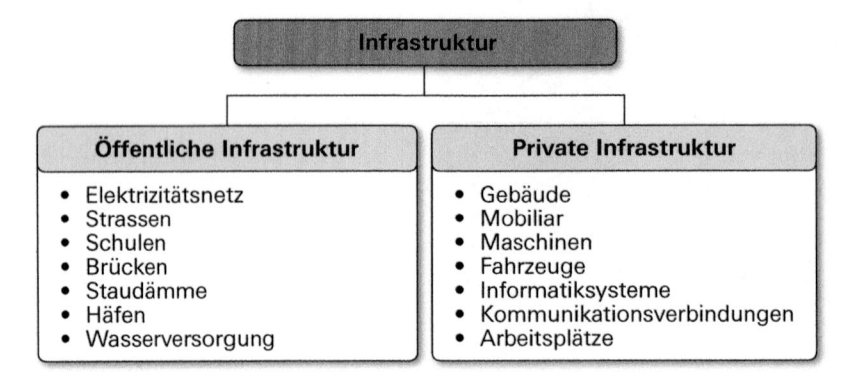

```
                        Infrastruktur
                       /            \
        Öffentliche Infrastruktur    Private Infrastruktur
        • Elektrizitätsnetz          • Gebäude
        • Strassen                   • Mobiliar
        • Schulen                    • Maschinen
        • Brücken                    • Fahrzeuge
        • Staudämme                  • Informatiksysteme
        • Häfen                      • Kommunikationsverbindungen
        • Wasserversorgung           • Arbeitsplätze
```

Im Folgenden konzentrieren wir uns auf die **private betriebliche Infrastruktur**. Die öffentliche Infrastruktur wird in diesem Lehrmittel ausgeklammert.

1.2 Bedeutung für Unternehmen

Beschaffung, Leistungserstellung und Absatz sind betriebliche Funktionen, die in ihrer zeitlichen Abfolge als **Hauptprozesse** dargestellt werden können. Beschaffung ist eine Vorleistung, die bezogen wird, während Leistungserstellung und Absatz den eigentlichen betrieblichen Wertschöpfungsanteil darstellen. Dieser Sachverhalt lässt sich wie folgt darstellen:

Abb. [1-2] Hauptprozesse und betrieblicher Wertschöpfungsanteil

Beschaffung → Leistungserstellung → Absatz

Vorleistung | Betrieblicher Wertschöpfungsanteil

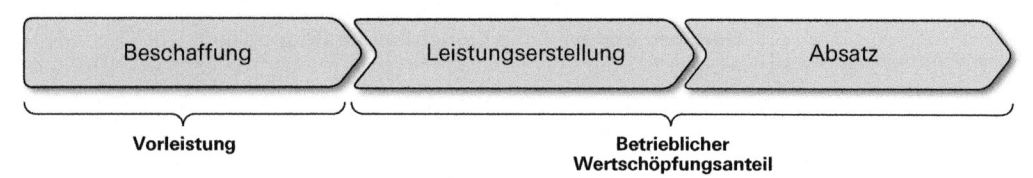

Jeder dieser Hauptprozesse benötigt einen oder mehrere Beiträge der betrieblichen Infrastruktur wie z. B.:

- Arbeitsplätze
- Fahrzeuge und Parkplätze
- Bürogebäude
- Informations- und Kommunikationssysteme
- Heizung und Beleuchtung
- Verkaufsräume
- Fertigungsanlagen
- Produktionsmaschinen
- Lagerräume

Die Infrastruktur liefert als «**Unterbau der betrieblichen Prozesse**» direkte und indirekte Beiträge an die betrieblichen Funktionen. Sie stellt sicher, dass der **Material-, Informations- und Geldfluss** geplant, realisiert, kontrolliert und gesteuert werden kann. Dieser Zusammenhang lässt sich wie folgt veranschaulichen:

Abb. [1-3] Betriebliche Hauptprozesse und Infrastruktur

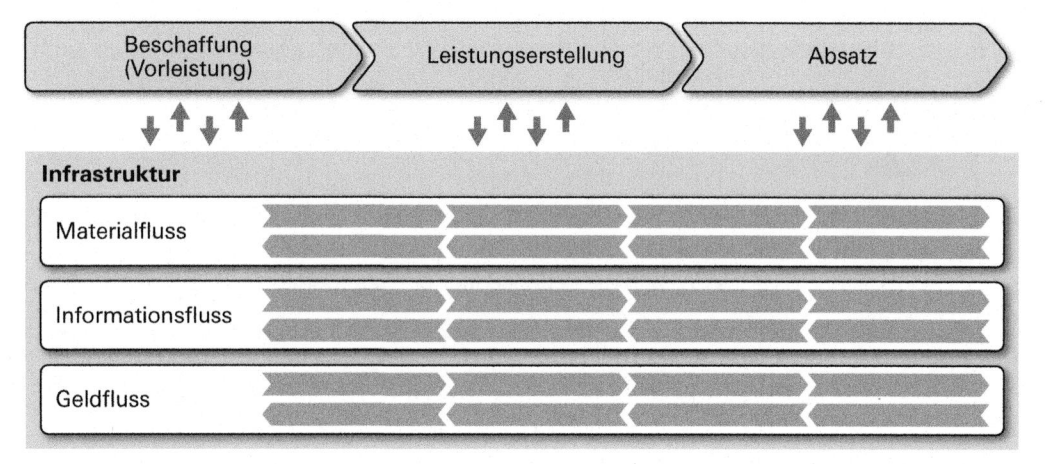

Beschaffung (Vorleistung) → Leistungserstellung → Absatz

Infrastruktur:
- Materialfluss
- Informationsfluss
- Geldfluss

Je nach Geschäftsmodell und Branche fällt der Infrastrukturanteil grösser oder kleiner aus. Ein Versicherungsmakler braucht beispielsweise weit weniger Infrastruktur als ein Hersteller von medizinischen Geräten. Man spricht in diesem Zusammenhang auch von **anlageintensiven Geschäftsmodellen,** weil die Infrastruktur das Anlagevermögen eines Unternehmens bildet und direkten Einfluss auf deren Bilanz hat. Als materieller und institutioneller Unterbau eines Unternehmens umfasst die Infrastruktur somit verschiedene Aspekte:

- **Technische Aspekte** wie z. B. Funktionen, Anforderungen, Aufbau, Normen und Kompatibilität oder Lebensdauer und Nutzung
- **Finanzielle Aspekte** wie z. B. Beschaffung, Investitionen, Abschreibungen oder Liquidation
- **Strategische Aspekte** wie z. B. Effizienzsteigerungs- und Automatisierungspotenziale oder Alleinstellungsmerkmale gegenüber Mitbewerbern

1.2.1 Technische Aspekte

Infrastrukturen können ihre Wirkung nur voll entfalten, wenn sie als **technisches Gesamtsystem** gesehen bzw. geplant und umgesetzt werden. Verschiedene Geräte und Komponenten unterschiedlicher Hersteller und Technologien müssen über Schnittstellen so ineinandergreifen, dass übergeordnete Ziele erreicht werden:

Abb. [1-4]   **Infrastruktur als technisches Gesamtsystem**

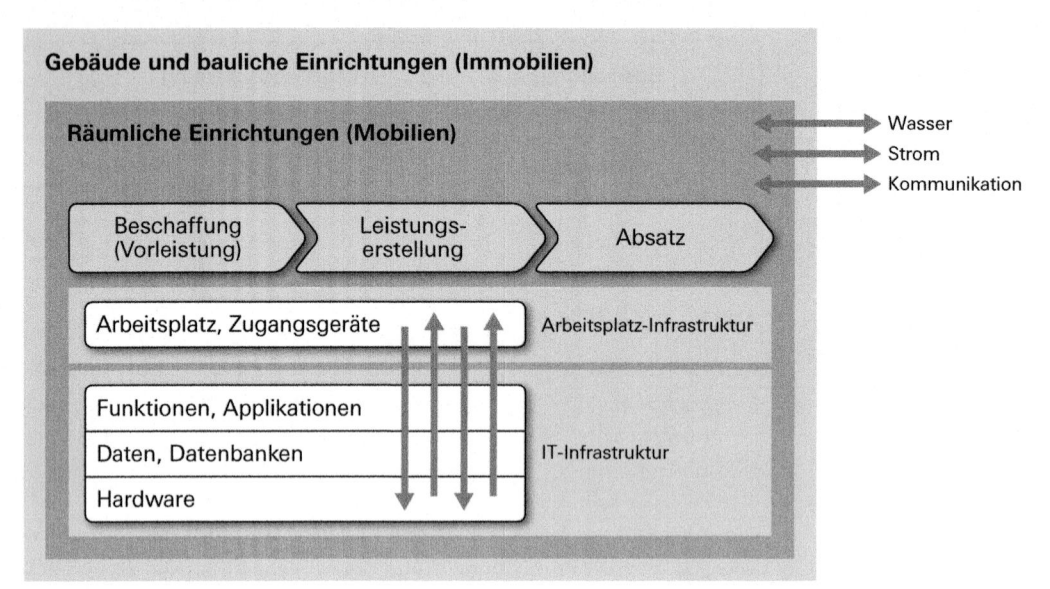

```
┌─────────────────────────────────────────────────────────────┐
│ Gebäude und bauliche Einrichtungen (Immobilien)             │
│ ┌─────────────────────────────────────────────────┐         │
│ │ Räumliche Einrichtungen (Mobilien)              │ ⇄ Wasser│
│ │                                                 │ ⇄ Strom │
│ │  Beschaffung → Leistungs- → Absatz              │ ⇄ Komm. │
│ │  (Vorleistung)  erstellung                      │         │
│ │                                                 │         │
│ │  Arbeitsplatz, Zugangsgeräte  Arbeitsplatz-Infrastruktur  │
│ │                                                 │         │
│ │  Funktionen, Applikationen                      │         │
│ │  Daten, Datenbanken          IT-Infrastruktur   │         │
│ │  Hardware                                       │         │
│ └─────────────────────────────────────────────────┘         │
└─────────────────────────────────────────────────────────────┘
```

Damit die einzelnen Infrastrukturkomponenten als System richtig ineinandergreifen, müssen bereits bei der Beschaffung wichtige **Anforderungen** berücksichtigt werden:

- Welche Funktionen werden von welchen Komponenten bzw. Teilsystemen abgedeckt?
- Welche Daten werden in welchen Komponenten bzw. Teilsystemen wie gespeichert und verarbeitet?
- Welche Schnittstellen sind nötig und wie oft müssen die Daten aktualisiert werden?
- Welche Technologien sind kompatibel?
- Welcher Aufbau verspricht die meisten Vorteile? (Flexibilität, Kosten / Nutzen, Belastung)
- Welche technischen Normen müssen die Komponenten bzw. Teilsysteme erfüllen? (Gesetze, Compliance)
- Wie kann die Lebensdauer der Komponenten bzw. Teilsysteme optimiert werden?

Beispiel

Ein Zahnbürstenhersteller möchte neben den bestehenden Verkaufskanälen zusätzlich das Internet nutzen, um neue Kunden zu erreichen und mehr Umsätze zu erzielen. Das Unternehmen hat bereits eine ERP-Lösung. Die neue Lösung muss also möglichst nahtlos in die bestehende IT-Infrastruktur integriert werden. Dabei stellen sich u. a. diese Fragen:

- Im ERP-System gibt es bereits eine Funktion für die Verkaufsabwicklung. Kann diese für den Webshop verwendet werden oder müssen neue Funktionalitäten entwickelt werden? Bei Weiterverwendung: Wie sicher ist die bestehende Verkaufsabwicklung?
- Das ERP-System enthält schon Kunden- und Produktdaten. Wie gelangen diese Daten in den Webshop? Wie können die Daten bei Änderungen abgeglichen werden? Welche Schnittstellen sind notwendig?
- Welche Datenschutznormen müssen wir beim Aufbau des neuen Webshops beachten?

1.2.2 Finanzielle Aspekte

Bei der **Finanzierung von Infrastrukturen** sind v. a. folgende Fragen von Bedeutung: «Können wir uns die Investition leisten?» und «Wie lange können wir die Infrastruktur nutzen?». Für die Beantwortung dieser Fragen müssen u. a. folgende Aspekte betrachtet und analysiert werden:

- Beschaffungskosten
- Laufzeit, Nutzungsdauer, Auslastung
- Betriebskosten
- Finanzierung, Abschreibung
- Entsorgungskosten

Betrachten wir den **Lebenszyklus von Infrastrukturen** aus **finanzbuchhalterischer Sicht**, können folgende Phasen unterschieden werden:

Phase	Auswirkung auf FiBu	Beschreibung
Beschaffung	Aktivkonto (Soll: Zugang / Haben: Abgang), Passivkonto (Soll: Abgang / Haben: Zugang), Aufwandkonto (Soll: Aufwand ①/ Haben: Aufwandminderung), Ertragskonto (Soll: Aufwandminderung / Haben: Ertrag)	Hier sind vorerst nur Aufwandskosten zu verbuchen (siehe ①). Die Beschaffung (Evaluation) einer Anlage braucht Arbeitszeit, Expertise / Erfahrung und evtl. Testinstallationen. Bei grösseren Projekten wird eine Machbarkeitsstudie vorgeschaltet, was wiederum schon Kosten verursacht. Grosse Beschaffungen werden organisatorisch als Projekt konzipiert und geplant.
Kaufabschluss	Aktivkonto (Soll: Zugang ②/ Haben: Abgang), Passivkonto (Soll: Abgang / Haben: Zugang ③), Aufwandkonto (Soll: Aufwand ④/ Haben: Aufwandminderung), Ertragskonto (Soll: Aufwandminderung / Haben: Ertrag)	Die Finanzierung der neuen Anlage kann entweder aus eigener finanzieller Kraft (siehe ②) oder fremdfinanziert sein (siehe ③). In beiden Fällen steigt das Anlagevermögen, weil die neue Anlage in der Bilanz als Vermögenswert ausgewiesen wird. Eine andere Variante wäre das Leasing. In diesen Fällen kann die Beschaffung als Aufwand gebucht werden (siehe ④). Eine Spezialvariante bildet der Abzahlungsvertrag.
Betrieb / Abschreibungen	Aktivkonto (Soll: Zugang ⑦/ Haben: Abgang ⑤), Passivkonto (Soll: Abgang / Haben: Zugang), Aufwandkonto (Soll: Aufwand ⑥/ Haben: Aufwandminderung), Ertragskonto (Soll: Aufwandminderung / Haben: Ertrag)	Die Wartungskosten sind echte, liquiditätswirksame Kosten, die sich in den liquiden Mitteln niederschlagen (siehe ⑤) und als Aufwand ausgewiesen werden (siehe ⑥). Die Abschreibungen sind im Prinzip «zurückbehaltene» Gewinne während der Laufzeit einer Anlage, damit am Ende der Laufzeit das Geld für eine Neuanschaffung bereitsteht. Somit wird mit den Abschreibungen der Gewinn geschmälert und als Aufwand verbucht (siehe ⑥). Gleichzeitig nimmt der Anlagewert im Anlagevermögen ab (siehe ⑦).

Phase	Auswirkung auf FiBu				Beschreibung
Liquidation / Entsorgung	**Aktivkonto** Soll / Haben: Zugang ⑩ / Abgang		**Passivkonto** Soll / Haben: Abgang / Zugang		Eine Anlage am Ende ihrer Laufzeit hat einen Restwert in der Bilanz und einen Veräusserungswert oder Verkehrswert, der bei einer Liquidation (Verkauf) erzielt wird.
	Aufwandkonto Soll / Haben: Aufwand / Aufwandminderung		**Ertragskonto** Soll / Haben: Aufwandminderung ⑨ / Ertrag ⑧		Je nach Höhe des erzielten Liquidationspreises kann es buchhalterisch einen Liquidationsgewinn oder -verlust geben. Allfällige Entsorgungskosten müssen mit diesem Gewinn / Verlust verrechnet werden. Diese finanziellen Grössen werden als ausserordentliche Gewinne / Verluste in der Erfolgsrechnung ausgewiesen (siehe ⑧ und ⑨). Eine allfällige positive Liquidation ist cashwirksam und erhöht die liquiden Mittel (siehe ⑩).

Siehe auch!   **Finanzbuchhaltung**

Vergleichen Sie zur Finanzbuchhaltung bzw. zur Bilanzierung und Erfolgsrechnung das Buch «Finanzwirtschaft 1» dieser Lehrmittelreihe.

1.2.3 Strategische Aspekte

Die technologische Entwicklung hat dazu beigetragen, dass viele Produkte und Dienstleistungen teilweise oder vollständig automatisch hergestellt bzw. erbracht werden können. Entsprechend hat die **strategische Bedeutung der Infrastruktur** im Verlauf der Zeit stark zugenommen. Wichtige strategische Aspekte der Infrastruktur sind nicht Beiträge an die unternehmerische Wertschöpfung, sondern auch die Intensivierung der Eingriffe in Arbeitsprozesse und der erhöhte Kapitaleinsatz. Folgende Grafik soll diese Entwicklung verdeutlichen:

Abb. [1-5]   Strategische Bedeutung der Infrastruktur

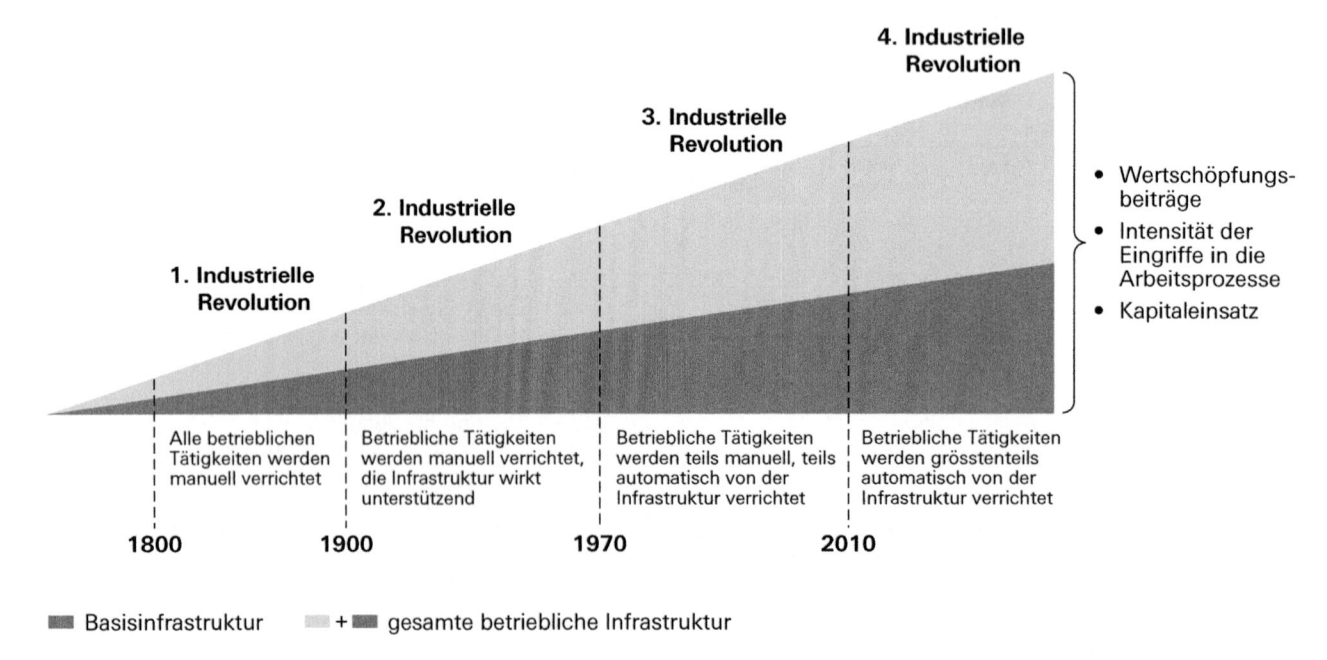

- 1. Industrielle Revolution (1800): Alle betrieblichen Tätigkeiten werden manuell verrichtet
- 2. Industrielle Revolution (1900): Betriebliche Tätigkeiten werden manuell verrichtet, die Infrastruktur wirkt unterstützend
- 3. Industrielle Revolution (1970): Betriebliche Tätigkeiten werden teils manuell, teils automatisch von der Infrastruktur verrichtet
- 4. Industrielle Revolution (2010): Betriebliche Tätigkeiten werden grösstenteils automatisch von der Infrastruktur verrichtet

- Wertschöpfungsbeiträge
- Intensität der Eingriffe in die Arbeitsprozesse
- Kapitaleinsatz

■ Basisinfrastruktur   + ■ gesamte betriebliche Infrastruktur

Entsprechend muss sich jedes Unternehmen mit folgenden **strategischen Problemen** auseinandersetzen:

- Die technische Abhängigkeit von der Infrastruktur steigt mit jedem Automatisierungsschritt, der umgesetzt wird. Dies bringt höhere Risiken mit sich, die durch das Infrastrukturmanagement abgefangen werden müssen.
- Der höhere Kapitaleinsatz bei der Infrastruktur muss durch eine höhere Effizienz und durch tiefere Personalkosten ausgeglichen werden.
- Produktive Anlagen müssen optimal ausgelastet werden. Dies zwingt die Unternehmen dazu, ggf. auch Aufträge anzunehmen, die wenig oder nicht rentabel sind.
- Neuanschaffungen von Infrastrukturen mit Automatisierungspotenzial schaffen Akzeptanzprobleme bei Mitarbeitenden, die um den eigenen Arbeitsplatz fürchten. Dies kann sich negativ auf das Arbeitsklima auswirken.

1.3 Infrastrukturlebenszyklus

Aus betrieblicher Sicht beginnt der **Lebenszyklus der Infrastruktur** mit der Beschaffung, erstreckt sich über die Finanzierung und Nutzung und endet mit der Liquidation bzw. Entsorgung. Die Entsorgungsphase umfasst betriebliche Aufgaben wie Recycling, Entsorgungsanalyse und Entsorgungskonzepte.

Siehe auch! **Entsorgung**

Vergleichen Sie zu Begriffen und Aufgaben der Entsorgungsphase das Buch «Supply Chain Management» dieser Lehrmittelreihe.

Der Kreislauf des Infrastrukturlebens schliesst sich mit der Neubeschaffung, d. h. mit der Beschaffung einer neuen Anlage. Folgende Grafik veranschaulicht die **Phasen des Infrastrukturlebenszyklus:**

Abb. [1-6]   Phasen des Infrastrukturlebenszyklus

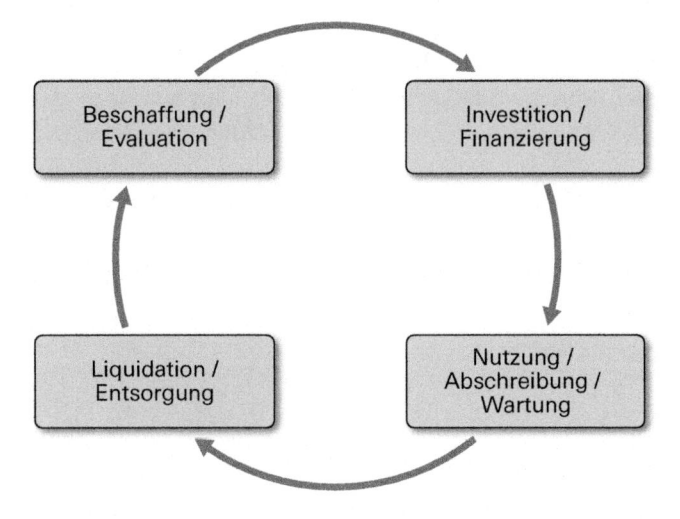

Im Folgenden werden die einzelnen Phasen des Infrastrukturlebenszyklus näher beleuchtet. Dabei werden besonders die betrieblichen Anforderungen berücksichtigt.

1.3.1 Beschaffung / Evaluation

Bei der Beschaffung und Evaluation stehen folgende Aspekte und Fragen im Fokus:

- **Beschaffungsquellen**
  - Gibt es besonders interessante Lieferanten?
  - Gibt es besonders attraktive Angebote?
  - Gibt es besonders lohnende Beschaffungsorte?
- **Beschaffungsobjekt**
  - Wo kann das Beschaffungsobjekt am besten eingesehen bzw. im Einsatz beobachtet werden?
  - Wie kann die Qualität des Beschaffungsobjekts am besten analysiert bzw. bewertet werden?
  - Was lässt sich über die Investitionssicherheit des Beschaffungsobjekts sagen?
- **Beschaffungszeitpunkt**
  - Gibt es für die Beschaffung einen geeigneten oder optimalen Zeitpunkt?
  - Gibt es Beschaffungszeitpunkte, die man nicht verpassen darf?
  - Gibt es Termine, die man bei der Beschaffung berücksichtigen muss?
- **Beschaffungskonditionen**
  - Können Rabatte oder andere Spezialkonditionen genutzt werden?
  - Können mit der Beschaffung Gegengeschäfte verknüpft werden?
  - Können verschiedene Beschaffungsprojekte bzw. -objekte zusammengefasst werden?
- **Externe Restriktionen**
  - Welche externen Faktoren beeinflussen die Beschaffung?
  - Welche externen Faktoren können wir beeinflussen, damit die Beschaffung besser gelingt?
- **Interne Restriktionen**
  - Welche internen Faktoren beeinflussen die Beschaffung?
  - Gibt es unternehmenspolitische oder strategische Faktoren, die bei der Beschaffung beachtet werden müssen?
  - Wie kann sichergestellt werden, dass der «optimale» Lieferant berücksichtigt wird?

Bei der Beschaffung und Evaluation von Infrastrukturkomponenten müssen alle anfallenden Kosten **über alle Phasen des Infrastrukturlebens** betrachtet werden. Dazu gehören sowohl deren Anschaffungs- und Installationskosten als auch deren Betriebs- und Entsorgungskosten. **Total Cost of Ownership (TCO)** ist ein Berechnungskonzept, das es erlaubt, die **Gesamtkosten von Investitionsgütern** abzuschätzen. Neben den **Anschaffungskosten** (z. B. für Kauf, Installation etc.) werden auch die **Nutzungskosten** (z. B. für Energie, Schulung, Betrieb und Support, Reparaturen und Wartung etc.) sowie die **Liquidationskosten** (z. B. für Rückbau, Entsorgung etc.) berücksichtigt. Das **TCO-Konzept** unterscheidet dabei zwischen **einmaligen Kosten** und **laufenden Kosten.** Folgende Grafik zeigt die Kostenarten im Lebenszyklus einer Infrastruktur auf, die bei TCO berücksichtigt werden:

Abb. [1-7]   TCO-Kostenarten und Lebenszyklus von Infrastrukturen

Lebenszyklusphasen	Einmalige Kosten		
Beschaffung		Kauf	Installation
Nutzung	**Laufende Kosten**		
	Direkte Betriebskosten	Indirekte Betriebskosten und Ersatzteilkosten	
	• Energie • Personal • Raum • Material • Hilfsstoffe • Werkzeug	• Wartung • Inspektion • Instandsetzung • Overhead • Service und Support • Schulungen • Versicherung • Abschreibung • Kapitalbindung	• Lagerführung • Stammdaten • Obsoleszenz • Lagertechnik • Pflege • Schwund • Reparaturteile • Verschleissteile • Betriebsmittel
Entsorgung	**Einmalige Kosten**		
		Rückbau	Entsorgung

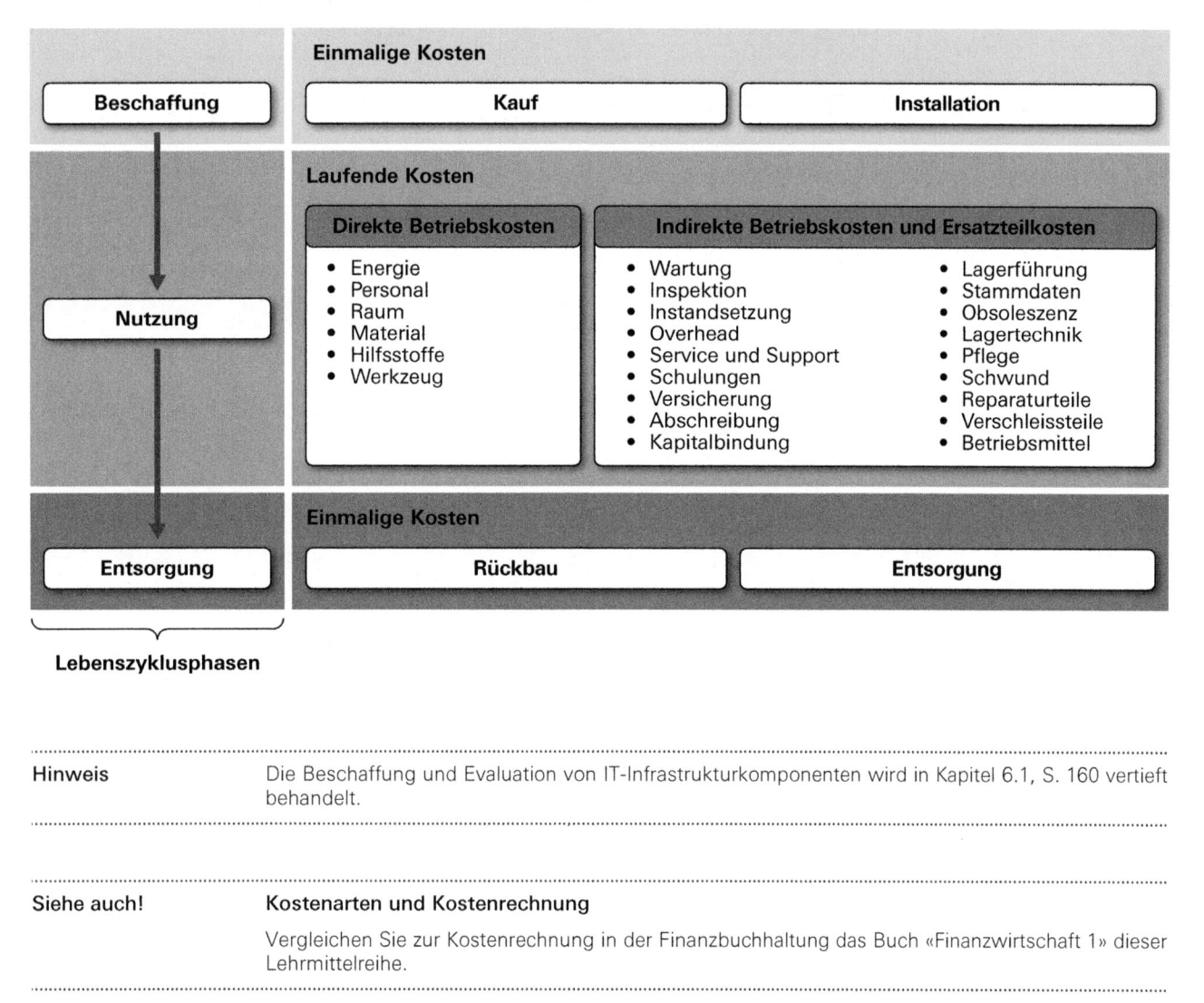

Hinweis   Die Beschaffung und Evaluation von IT-Infrastrukturkomponenten wird in Kapitel 6.1, S. 160 vertieft behandelt.

Siehe auch!   Kostenarten und Kostenrechnung

Vergleichen Sie zur Kostenrechnung in der Finanzbuchhaltung das Buch «Finanzwirtschaft 1» dieser Lehrmittelreihe.

1.3.2   Investition / Finanzierung

Die **Finanzierung von Investitionsgütern** muss **über laufende Gewinne** finanziert werden. Unternehmen, die keine Gewinne erzielen, riskieren, ihre Infrastruktur nicht mehr erneuern zu können. Dasselbe gilt für Unternehmen, die zu hohe Gewinne ausschütten. An der Investitionstätigkeit wird die Nachhaltigkeit der Unternehmenspolitik erkennbar. Infrastrukturen können grundsätzlich auf zwei Arten finanziert werden:

Abb. [1-8]   Finanzierungsarten

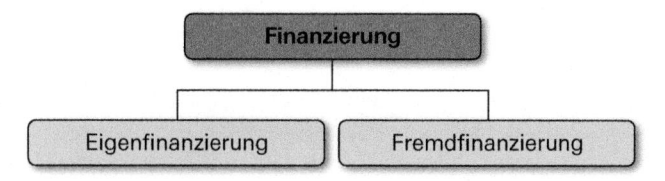

```
            Finanzierung
           /           \
  Eigenfinanzierung   Fremdfinanzierung
```

Unabhängig von der Finanzierungsart ist jedes Unternehmen dem begrenzten Lebenszyklus von Infrastrukturen ausgesetzt. Unternehmen mit anlageintensiven Geschäftsmodellen, die diesen Zyklus am besten antizipieren und in ihre strategischen Pläne einbeziehen, optimieren ihre Ausgangslage. Ein anderer wichtiger Aspekt der Finanzierung sind **werterhaltende und wertvermehrende Investitionen** in die bestehende Infrastruktur. Dabei bedeuten wertvermehrende Investitionen nicht automatisch, dass werterhaltende Investitionen wegfallen.

Beispiel

In einem Gebäude wird in neue Fenster investiert, die thermisch besser isoliert sind. Dies ist eine wertvermehrende Investition, weil durch die bessere Isolation gegen Kälte weniger Geld für Heizenergie ausgegeben werden muss. Das Gebäude gewinnt also an Wert. Allerdings müssen auch die neuen Fenster von Zeit zu Zeit gepflegt werden, d.h., der Wartungsaufwand fällt bei den neuen Fenstern weiterhin an. Somit fliesst das Geld nicht nur in die Wertvermehrung, sondern auch in den Wartungsaufwand, obwohl die Infrastrukturkomponente «Fenster» komplett ausgetauscht wird.

Dieser Mechanismus wirkt bei der Finanzierung über Eigen- oder Fremdmittel, wie folgende Grafik zeigt:

Abb. [1-9]   **Wertvermehrende und werterhaltende Investition**

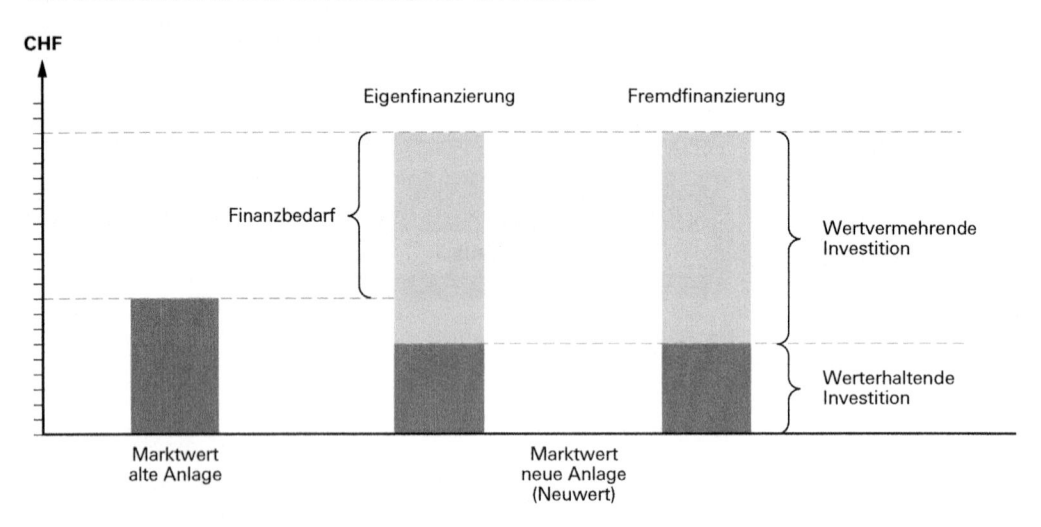

Mithilfe von **Abschreibungen** wird sichergestellt, dass Finanzierungsmittel vorhanden sind, um Infrastrukturen zu erneuern. Abschreibungen sind quasi «zurückgestelltes Geld» in Form von Gewinnminderungen. Der Zusammenhang zwischen Ausgaben, Aufwand, Abschreibung und buchhalterischem Wert kann grafisch veranschaulicht werden.

Im folgenden Beispiel sehen Sie den Verlauf dieser Grössen **bei Eigenfinanzierung und einer Nutzungsdauer von 4 Jahren:**

Abb. [1-10]   **Ausgaben, Aufwand und Abschreibungen bei Eigenfinanzierung (Beispiel)**

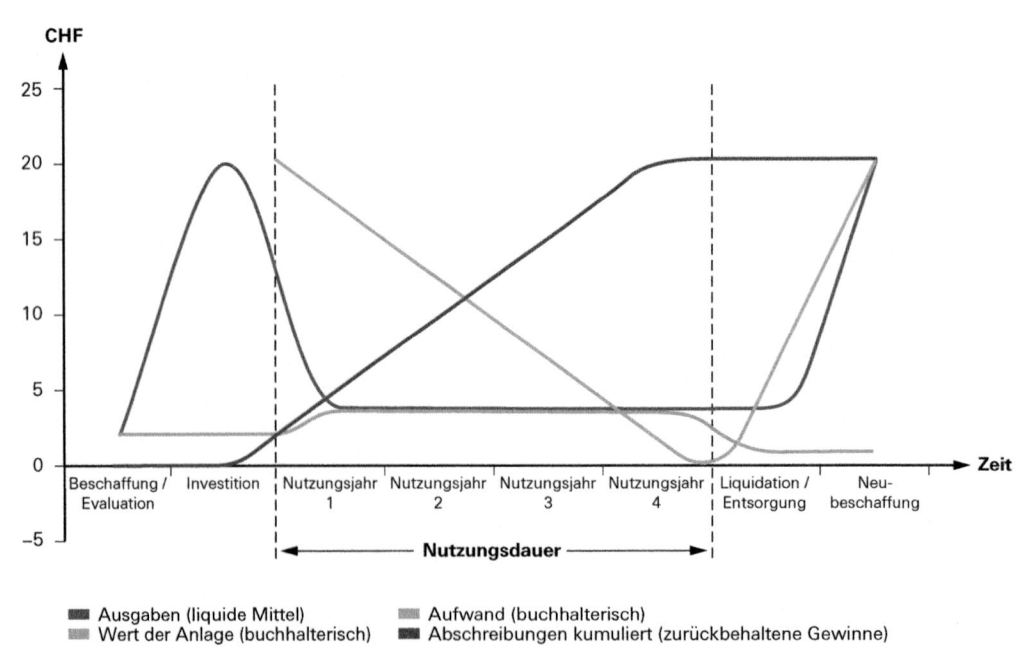

Wie Sie sehen, sind die Ausgaben für die Neubeschaffung (liquide Mittel) nach 4 Jahren gleich hoch wie die Investitionen bei der Erstbeschaffung. Der buchhalterische Betriebsaufwand bleibt während der Nutzungsdauer konstant. Und bei einer linearen Abschreibung sinkt der buchhalterische Wert der Anlage ebenfalls gleichmässig.

Im folgenden Beispiel sehen Sie die Ausgaben (liquide Mittel) und Aufwände (buchhalterisch) **bei Fremdfinanzierung und einer Nutzungszeit von 4 Jahren:**

Abb. [1-11]   Ausgaben und Aufwand bei Fremdfinanzierung (Beispiel)

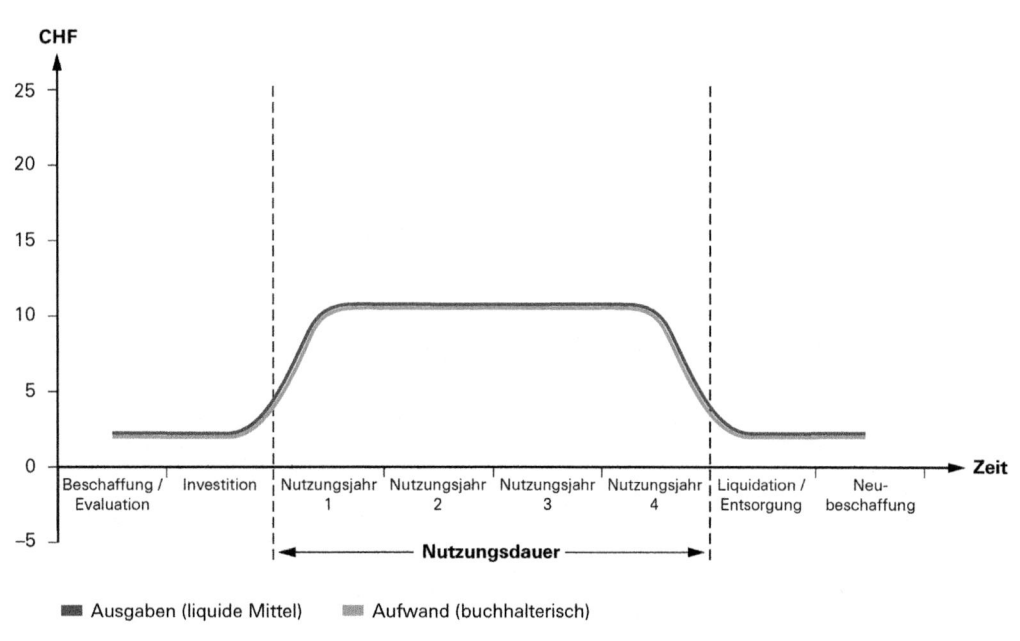

■ Ausgaben (liquide Mittel)   ■ Aufwand (buchhalterisch)

| Hinweis | In den beiden vorangehenden Diagrammen wird der Mechanismus zwischen Finanzierung und Nutzen vereinfacht dargestellt. In der Realität steigen die Wartungskosten und somit der buchhalterische Aufwand und die Ausgaben an liquiden Mitteln mit zunehmendem Alter der Anlage tendenziell. |

Beim **Leasing** oder bei **Kreditfinanzierung** werden wesentlich weniger liquide Mittel beansprucht, d. h., die Kapitalbindung ist geringer. Allerdings gehört die Anlage in diesen Fällen nicht dem Unternehmen (Nutzer), sondern dem Finanzgeber und es fallen Zinsen an. Auch der Betriebsaufwand bleibt, z. B. für die Wartung der Anlage. Deshalb fällt der Aufwand gegenüber einer Eigenfinanzierung insgesamt höher aus. Demgegenüber sind keine Abschreibungen nötig.

Folgende Tabelle fasst die Vor- und Nachteile von **Kauf** und **Leasing** zusammen:

Modell	Vorteile	Nachteile
Kauf	• Vor jedem Kauf kann der Markt neu beurteilt, die Lieferanten neu ausgewählt und die Konditionen neu ausgehandelt werden. • Es fallen wiederkehrende Kosten für die Wartung, aber keine Leasinggebühren an. • Die Abhängigkeit von einem bestimmten Hersteller oder Provider ist geringer. • Das Kaufobjekt geht vollständig in den eigenen Besitz über.	• Der Kauf ist mit grossen Investitionen verbunden und setzt eine hohe Liquidität voraus. • Investitionen in Informatikmittel müssen in relativ kurzer Zeit abgeschrieben werden. • Auslastungsschwankungen lassen sich kaum auffangen; ungenutzte Systeme oder Kapazitäten bedeuten brachliegendes Kapital. • Nicht mehr benötigte Informatikmittel müssen fachgerecht entsorgt werden.
Leasing	• Beim Leasing entfallen die Beschaffungskosten, d. h., die Liquidität bleibt weitgehend erhalten. • Es besteht eine hohe Planungssicherheit bezüglich der Kosten. • Es kann ein regelmässiger Austausch durch Neugeräte vereinbart werden.	• Das Leasingobjekt bleibt im Besitz des Leasinggebers und kann bei ungenügender Nutzung bzw. Auslastung nicht veräussert werden. • Die Gesamtkosten sind höher, weil der Leasinggeber einen Gewinn erwirtschaften will und das Ausfallrisiko durch Leasinggebühren abdeckt.

Siehe auch!	**Kauf und Leasing**
	Vergleichen Sie zu Kaufvertrag, Konsumkreditrecht und Konsumkreditvertrag (inkl. Leasing) das Buch «Recht» dieser Lehrmittelreihe.

Eine Zwischenvariante ist der **Kauf mit Abzahlungsvertrag.** Bei dieser Variante ist der Aufwand zwar etwas höher als bei einer Fremdfinanzierung, schont aber dennoch die Liquidität. Am Ende der Rückzahlungsfrist gehört die betreffende Anlage dem Nutzer. Wenn eine Anlage über die Rückzahlungsfrist des Abzahlungsvertrags hinaus genutzt werden kann, besitzt das Unternehmen für die restliche Nutzungsdauer eine sehr günstig finanzierte Anlage, weil sie weder abgeschrieben noch abbezahlt werden muss.

Siehe auch!	**Finanzierung und Investitionsrechnung**
	Vergleichen Sie zur Investitionsrechnung das Buch «Finanzwirtschaft 2» dieser Lehrmittelreihe.

1.3.3 Nutzung / Abschreibung / Wartung

Wenn es sich bei der Infrastruktur um eine **materielle Betriebskomponente** handelt, stellt sich die Frage, ob die Infrastruktur einem «Verschleiss» (Abnützung) ausgesetzt ist. Die **Abnützung** hängt von der Art und der Intensität der Nutzung einer Anlage ab und wirkt sich auf die **Nutzungsdauer** aus. Eine **Wertminderung** kann unterschiedliche Ursachen haben:

- Natürlicher Alterungsprozess (z. B. Betonmauer, Anstriche, Materialermüdung etc.)
- Mechanischer Alterungsprozess (z. B. hydraulische Gelenke, Zugseile, Kugellager etc.)
- Umweltbedingter Alterungsprozess (z. B. Sonnenstrahlung, Meerwassereinfluss, Regen)
- Technologischer Alterungsprozess (z. B. inkompatibel mit neuen Versionen, Performance)

Beispiel	Software ist keinem natürlichen, mechanischen oder umweltbedingten Alterungsprozess ausgesetzt. Trotzdem ist die Nutzungsdauer begrenzt, da Software einem technologischen Alterungsprozess unterliegt und nach einer bestimmten Zeit nicht mehr auf dem aktuellen Stand ist.

Ein weiterer Einflussfaktor ist die **Art der Nutzung** einer Anlage. Die Nutzungsdauer von zwei identischen Anlagen kann sehr unterschiedlich sein. Eine **optimale Nutzung** setzt voraus, dass die Benutzer mit der Anlage vertraut sind, und kann durch folgende Massnahmen und Instrumente erreicht bzw. unterstützt werden:

- Nutzungs- und Wartungskonzept
- Betriebsanleitung und Checklisten
- Schulungen und Trainings
- Monitoring (Überwachung z. B. mithilfe von Sensoren) und Steuerung bzw. Regelung (z. B. mittels Aktoren)
- Kontrollen, Expertisen und Zustandsberichte
- Reparaturen und Unterhalt

Das **Nutzungs- und Wartungskonzept** regelt die betriebliche Nutzung und Wartung einer Anlage. Es beinhaltet die Ziele, Rahmenbedingungen, Regeln, Verantwortlichkeiten, Eskalationsstufen und Wartungsintervalle.

Mithilfe von **Kontrollen** wird der Zustand der Infrastruktur (regelmässig) analysiert. Das Ergebnis ist eine Expertise oder ein Zustandsbericht mit Vorschlägen für Unterhalt, Reparatur bzw. Investitionen. Diese Dokumente bilden die Grundlage für die Einschätzung der Nutzungsdauer und des Unterhaltsaufwands einer Anlage.

Ist eine Infrastrukturkomponente defekt, sollte zuerst eine **Reparatur** in Betracht gezogen werden. Viele Komponenten (v. a. der IT-Infrastruktur) sind heute allerdings so komplex oder kompakt, dass sich eine Reparatur kaum lohnt. Eine gewisse Rolle spielt auch das Alter im Vergleich zu den Kosten für die Neubeschaffung. Manchmal sinken die Preise für IT-Geräte so schnell, dass sich eine Reparatur nicht mehr rechnet. Folgende Fragen stellen sich bei anstehenden Reparaturen:

- Wie alt ist die Komponente?
- Wie hoch sind die zu erwartenden Reparaturkosten?
- Wie hoch sind die zu erwartenden Unterhaltskosten?
- Wie hoch ist der Preis für die Neubeschaffung?

Manche Hersteller oder Lieferanten von Investitionsgütern bieten für den **Unterhalt** ihrer Anlagen auch einen **Wartungsvertrag** an. Allerdings sind Wartungsverträge nicht immer die optimale Lösung. Man kann einfach die Reparatur «abwarten» und diese dann ggf. bezahlen. So spart man sich die Wartungskosten. Hier einige Fragen, die für oder gegen den Abschluss eines Wartungsvertrags sprechen:

Frage	Antwort	Wartungsvertrag
Findet ein Verbrennungsvorgang statt?	ja	empfohlen
Ist die Infrastrukturkomponente mechanischer Reibung ausgesetzt?	ja	empfohlen
Entstehen chemische Verbindungen?	ja	empfohlen
Ist die Infrastrukturkomponente bestimmten Umwelteinflüssen ausgesetzt (z. B. Staub, Hitze, Sonneneinstrahlung, Regen etc.)?	ja	empfohlen
Müssen spezifische Hygienevorschriften eingehalten werden?	ja	empfohlen
Muss die Infrastrukturkomponente regelmässig kalibriert (eingestellt) werden?	ja	empfohlen
Handelt es sich um eine Infrastrukturkomponente mit Bewegungsenergie?	ja	empfohlen
Handelt es sich um eine elektronische Infrastrukturkomponente, die nur für die digitale Datenverarbeitung, Signal- oder Prozesssteuerung eingesetzt wird (ohne Bewegungsenergie)?	ja	nicht empfohlen

Sie haben bereits in Kapitel 1.3.2, S. 17 gesehen, dass die Wertminderung einer Infrastrukturkomponente von der Nutzungsdauer abhängt und im Anlagevermögen der Bilanz des Unternehmens aufgeführt wird. Das Steuergesetz schreibt vor, wie **Abschreibungen** in der Praxis zu vollziehen sind, damit keine Unternehmensgewinne vor dem Fiskus versteckt werden. Die Wertminderung wird über die gesamte Nutzungsdauer verteilt, bis der buchhalterische Wert null beträgt. Ab diesem Zeitpunkt gilt die Anlage als vollständig abgeschrieben.

Ein weiterer wichtiger Nutzungsaspekt ist der **Energieverbrauch** während der Betriebs- und Ruhezeiten einer Anlage. Energiesparende Elektronikgeräte am Büroarbeitsplatz, in der Informatik und bei Haushaltsgeräten werden durch das Label **Energy Star** gekennzeichnet.

Die zunehmende Vernetzung der IT-Infrastruktur erlaubt auch smarte Lösungen wie z. B. **«Wake on LAN»**. Diese Funktion ermöglicht es, Rechner über das lokale Netzwerk (LAN) ein- oder ausschalten.

Beispiel	Ein Unternehmen sendet über das Netzwerk automatisch einen Ausschalt-Befehl, damit alle Geräte (Arbeitsstationen, Drucker, Bildschirme) über Nacht abgestellt werden.

Industrielle Betriebe haben hohe **Energieeffizienz- und Energiesparpotenziale** v. a. in den Bereichen Energieträger, Beleuchtung und Klimatisierung. Nachfolgend werden beispielhaft einige Möglichkeiten aufgeführt:

Bereich	Massnahmen
Beleuchtung	<ul><li>Tageslicht-Sensoren mit automatischer Dimmer-Funktion</li><li>Automatische Storensysteme</li><li>Tageslicht-Systeme (auch für Untergeschoss-Stockwerke möglich)</li><li>Konsequenter Einsatz von LED-Leuchtmitteln</li></ul>
Raumklimatisierung	<ul><li>Thermostat</li><li>CO_2-Monitor</li><li>Einsatz von Wärmetauschern</li><li>Sonneneinstrahlung nutzen durch intelligente Storensysteme</li></ul>
Druckluft	<ul><li>Nutzung der Abwärme aus der Erzeugung von Druckluft</li><li>Regelmässige Wartung und Kontrolle auf undichte Stellen</li><li>Ältere Anlagen ersetzen</li><li>Zeitschaltuhren einsetzen</li></ul>
Elektrische Antriebe	Alte, nicht richtig dimensionierte Motoren werden bei nicht effizienter Drehzahl betrieben oder durch Übersetzungen auf den richtigen Geschwindigkeiten gebracht. Moderne Elektromotoren verbrauchen weniger Strom. Sie laufen mit optimaler Drehzahl, denn sie lassen sich elektronisch stufenlos regeln und benötigen daher kein Getriebe. Gerade bei Elektromotoren, die konstant laufen (z. B. Pumpen, Lüfter, Ventilatoren, Motoren in grösseren Maschinen, Kompressoren, Fliessband-Antriebe etc.), lohnt sich allenfalls eine Ersatzbeschaffung.
Abwärme	Abwärme, v. a. bei industriellen Prozessen, bietet grosses Potenzial zur Energieeffizienz. Gewisse Betriebe erzeugen sogar einen Wärmeüberschuss (z. B. Druckereien, Giessereien, Wäschereien, Datacenter). Hier kann sich eine Investition in ein Wärmerückgewinnungssystem lohnen. Diese Wärme kann unter Umständen sogar verkauft werden.
Energieträger	Die Wahl des Energieträgers ist sehr entscheidend für die Energiekosten. Beispielsweise ist bei uns Erdgas wesentlich günstiger als Strom (Stand 2017). Die gleiche Energieform ist zudem zeitlich unterschiedlich im Preis (Tag / Nacht). Und schliesslich ist die eigene Energieerzeugung eine immer interessantere Alternative.

1.3.4 Liquidation / Entsorgung

Eine gebrauchte Anlage kann **liquidiert (verkauft)** werden. Dadurch erzielt ein Unternehmen einen **Liquidationserlös (Verkaufserlös)**. Bei der **Liquidation einer Anlage** fällt immer dann ein **Buchgewinn** oder ein **Buchverlust** an, wenn der Verkaufserlös nicht dem buchhalterischen Wert der Anlage in der Bilanz entspricht. In der folgenden Grafik liegt der Marktwert über dem buchhalterischen Wert. Der Verkauf würde in diesem Fall einen Gewinn bringen.

Abb. [1-12]   Marktwert und buchhalterischer Wert während der Abschreibung

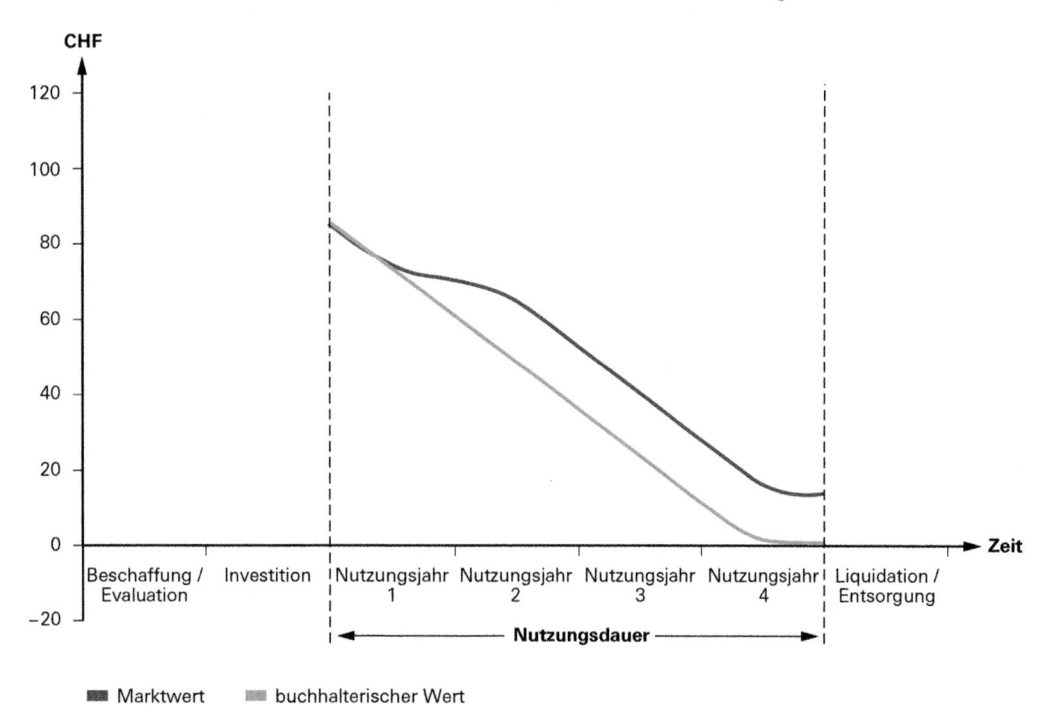

Aus finanzieller Sicht ist die Liquidation einer Infrastrukturkomponente ein ausserordentliches Ereignis, das nicht zum betrieblichen Alltag des Unternehmens gehört. Deshalb wird der Gewinn oder Verlust einer Liquidation auch als **ausserordentlicher Gewinn** bzw. als **ausserordentlicher Verlust** deklariert. Mit ausserordentlichen Gewinnen kann sich ein Unternehmen finanziell Luft verschaffen und die Erfolgsrechnung (zumindest kurzfristig) verbessern.

Doch Vorsicht! Eine Liquidation wird über öffentlich zugängliche Märkte abgewickelt, in denen sich Mitbewerber bewegen. Bereits die Information über eine anstehende Liquidation kann den Konkurrenten wichtige Hinweise liefern. Ist eine Firma an der Börse kotiert, dann kann die Liquidation Aktionäre aufschrecken und den Börsenkurs beeinflussen. In solchen Fällen kann es sinnvoll sein, eine **externe Firma** mit der Liquidation zu beauftragen.

Wird eine bestehende Infrastrukturkomponente entsorgt, muss die **Entsorgung** sorgfältig geplant werden. Am besten geschieht dies auf der Grundlage eines **Entsorgungskonzepts** und im Rahmen eines **Projekts**. Dabei stellen sich folgende Fragen:

- Wie und durch wen wird der Abbau bzw. Rückbau durchgeführt?
- Gibt es Materialien bzw. Stoffe, die recycelt werden können?
- Wie wird der Transport abgewickelt?
- Ist eine Zwischenlagerung notwendig?
- Welche Gefahren und Risiken müssen beim Abbau / Rückbau, Transport und / oder bei der Lagerung berücksichtigt werden?
- Wie hoch sind die Gesamtkosten der Entsorgung (inkl. Abbau / Rückbau, Transport und Zwischenlagerung)?
- Können aus dem Recycling Erlöse erzielt werden?
- Ist es sinnvoll, eine externe Firma mit der Entsorgung zu beauftragen (Make-or-Buy-Entscheidung)?

Siehe auch!   **Entsorgung**

Vergleichen Sie zu Entsorgungsprozessen und Entsorgungskonzepten das Buch «Supply Chain Management» dieser Lehrmittelreihe.

1.4 Wirtschaftlichkeit von Infrastrukturen

Mit dem Begriff **Wirtschaftlichkeit** ist die Effizienz im Sinne einer **Kosten-Nutzen-Relation** gemeint. Die Wirtschaftlichkeit von Infrastrukturen drückt also ein Verhältnis aus: auf der einen Seite die Kosten und auf der anderen der Nutzen einer Investition. Die entsprechende Formel sieht wie folgt aus:

$$\text{Wirtschaftlichkeit} = \frac{\text{Ertrag (Nutzen)}}{\text{Aufwand (Kosten)}}$$

Anhand der Ergebnisse der **Wirtschaftlichkeitsformel** lassen sich folgende Aussagen machen:

- Wenn das Resultat grösser als 1 ist, ist die Wirtschaftlichkeit gegeben.
- Wenn das Resultat gleich 1 ist, halten sich Kosten und Nutzen die Waage. Für die Entscheidung sind ggf. weitere Faktoren zu berücksichtigen.
- Wenn das Resultat kleiner als 1 ist, ist die Wirtschaftlichkeit nicht gegeben.

Für die **Berechnung der Wirtschaftlichkeit** müssen die Kosten und der Nutzen als finanzielle Grössen angegeben werden (z. B. in CHF). Für eine Gegenüberstellung von Kosten und Nutzen sind aber häufig Faktoren wichtig, die normalerweise nicht in Geldwerten ausgedrückt werden. Hier einige Beispiele:

Kosten	Nutzen
- Energieeinsatz - Arbeitseinsatz - Planungsbedarf - Komplexität / Risikoeinsatz - Einsatz an finanziellen Mitteln - Platzbedarf - Opportunitätskosten	- Energieeinsparungen - Zeiteinsparungen bei Arbeitsaufgaben - Automatisierung, Reduktion des Planungsbedarfs - Reduktion der Komplexität, des Risikos - Finanzielle Gewinne - Raumeinsparungen - Imagegewinn

Je nach Investition müssen also unterschiedliche Faktoren berücksichtigt und in Geldwerte umgerechnet werden, um die Wirtschaftlichkeit berechnen zu können.

1.4.1 Prozesskosten vor Investition ermitteln

Um die **Prozesskosten vor einer Investition** zu ermitteln, muss der Ressourceneinsatz für den unterstützten Leistungserstellungsprozess ohne Anlage bestimmt werden. Zu diesem Zweck können Prozessbeschreibungen und -darstellungen herangezogen werden, die den betreffenden Prozess im gewünschten Detaillierungsgrad spezifizieren. Hier ein Beispiel für eine **Prozessdarstellung** in unterschiedlichen Detaillierungsstufen:

Abb. [1-13]   Prozessdarstellung in verschiedenen Stufen

Rahmenbedingungen
- Gesetze
- Budget
- Regeln oder Weisungen
- Strategien oder Pläne

Inputs
- Rohmaterial
- Einzelteile oder Bauteile
- Ideen oder Konzepte
- Daten oder Informationen

Prozess ... ... wandelt Input in Output um

Outputs
- Produkte und Bauteile
- Dienstleistungen
- Entscheidungen
- Daten oder Informationen

Ressourcen
- Lager
- Maschinen oder Systeme
- Geld
- Personen oder Rollen
- Gebäude oder Räume

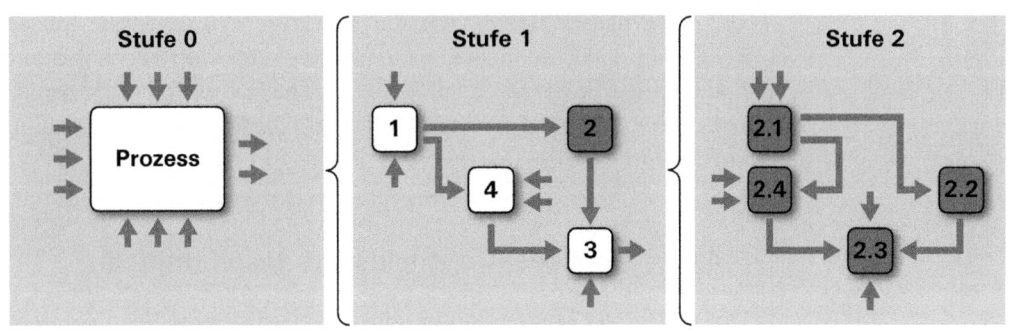

Stufe 0 | Stufe 1 | Stufe 2

Für die Ermittlung der Prozesskosten werden nun die Kosten für die einzelnen **Aktivitäten eines Prozesses** betrachtet und berechnet. Solche Aktivitäten sind beispielsweise:

- Auftrag erfassen
- Kundendaten erfassen
- Produktdaten pflegen
- Rechnung aufbereiten
- Rechnung senden
- Rechnung stornieren
- Lagerbestand aktualisieren
- Lagerbestand abfragen
- Lieferung erfassen

Die eingesetzten Ressourcen für diese Aktivitäten wie z. B. Personalkosten, Materialkosten und Raumkosten werden als **Kostenarten** erfasst und in der Buchhaltung gesamthaft ausgewiesen. Der Zusammenhang zwischen Aktivitäten und Kostenarten eines Prozesses kann wie folgt dargestellt werden:

Abb. [1-14]   Prozesskosten

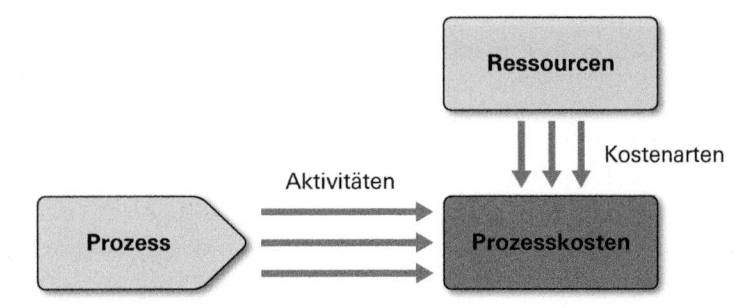

Prozess → Aktivitäten → Prozesskosten ← Kostenarten ← Ressourcen

Teil A | Betriebliche Infrastrukturen und Software
1 Grundlagen Infrastrukturmanagement   25

Im folgenden Beispiel sehen Sie, wie die **Prozesskosten vor der Investition** (ohne neue Anlage) ermittelt werden kann. Es handelt sich um eine beispielhafte Kostenaufstellung für den Prozess «Kundenauftrag bearbeiten»:

Aktivitäten (Ist-Kosten pro Auftrag in CHF)	Personal-kosten	Material-kosten	Raum-kosten	Infrastruktur (Abschreibungen)	Zinsen	Total
Auftragsannahme	1.2	0.4	2.3	2.5	2.7	9.1
Auftrag überprüfen	1.3	0.2	2.1	2.2	1.2	7.0
Auftrags-kommissionierung	3.1	1.0	2.0	3.2	3.3	12.6
Versand	3.6	5.2	4.2	5.2	3.7	21.9
Kfm. Bearbeitung	3.2	2.5	1.5	3.1	1.0	11.3
Admin. Abwicklung	2.5	2.2	1.2	2.3	1.9	10.1
Gesamtkosten für «Kundenauftrag bearbeiten»						72.0

1.4.2 Prozesskosten nach Investition schätzen

Um die **Prozesskosten nach der Investition** zu ermitteln, müssen die voraussichtlichen Kosten für den Leistungserstellungsprozess mit der neuen Anlage geschätzt werden. Auch hier liegt der Fokus auf dem Ressourcenbedarf für die einzelnen Aktivitäten des Prozesses bzw. den Kostenarten Personal-, Material- und Raumkosten. Fällt eine Aktivität weg, entfallen auch die zugehörigen Kosten.

1.4.3 Mögliche Kosteneinsparungen ermitteln

Um potenzielle **Kosteneinsparungen** zu ermitteln, werden die berechneten Kosten vor der Investition und die geschätzten Kosten nach der Investition einander gegenübergestellt. In der folgenden Tabelle sehen Sie die Resultate einer solchen Gegenüberstellung am Beispiel einer neuen Anlage für den Prozess «Auftragskommissionierung». Die Firma wollte wissen, ob sich der Kauf einer neuen Automatisierungsanlage lohnt. Der Hersteller der Anlage garantiert eine Nutzungsdauer von 10 Jahren bei einer Investition von 580 000 CHF.

Aktivitäten	Zeiteinsparung / Mehraufwand	Interner Kostensatz (in CHF/Std.)	Ersparnis bzw. Kosten
Lagerabfrage	−0.3	30.00	−0.15
Lagernachbestellungen erfassen	−1.0	30.00	−0.50
Bestellungen überwachen	−1.0	45.00	−0.75
Stücklistenabfrage	−0.8	30.00	−0.40
Liegezeit	−1.5	30.00	−0.75
Total (gerundet)	−1.5	30.00	−2.60

1.4.4 Kostentreiber ermitteln

Mittels TCO können **Kostentreiber** und «versteckte» Kosten im Vorfeld einer Investitionsentscheidung aufgedeckt werden. Kostentreiber sind für die Berechnung der Wirtschaftlichkeit entscheidend. Sie stehen im direkten Zusammenhang mit der Entstehung der Kosten im Prozess. Kostentreiber und Kosten des zugehörigen Prozesses korrelieren stark. Wenn eine Anzahl beim Kostentreiber steigt, steigen die Kosten im entsprechenden Prozess. Erfahrungsgemäss haben ca. 80% der Kosten der entsprechenden Kostenstelle die Kostentreiber ausgelöst. Der Kostentreiber könnte somit als «Kostenauslöser» umschrieben werden. Vielfach weist der Auslöser eine qualitative Eigenschaft auf.

Beispiel	Auslöser für Auftragskosten ist dessen Komplexität, die z. B. durch Lieferkonditionen, Zahlungsbedingungen und spezielle Kundenwünsche bestimmt wird. Für die Berechnung der Wirtschaftlichkeit braucht es aber quantitative Grössen. Deshalb hilft man sich mit Annäherungen und versucht, aussagekräftige Berechnungsgrössen abzuleiten.

Im Beispielprozess «Kundenauftrag bearbeiten» ergeben sich vor der Investition Prozesskosten in der Höhe von 72 CHF pro Durchlauf. Typische Kostenauslöser sind die Anzahl der Aufträge und Bestellpositionen. Angenommen der Kostentreiber ist «Anzahl Aufträge» und die Firma hat im Durchschnitt 3 055 Aufträge pro Jahr, ergeben sich Gesamtkosten für den Prozess in der Höhe von 220 000 CHF pro Jahr. Der **Mehr- oder Minderaufwand** dieses Prozesses ohne und mit neuer Anlage sieht wie folgt aus:

Aktivitäten	Kosten ohne neue Anlage (in CHF)	Kosten mit neuer Anlage (in CHF)
Auftragsannahme	24 000	24 000
Auftrag prüfen	52 000	32 000
Auftragskommissionierung	55 000	36 000
Versand	37 000	37 000
Administrative Abwicklung	19 000	15 000
Total	220 000	144 000
Sparpotenzial		*76 000*

Die **Wirtschaftlichkeitsrechnung** sieht in diesem Fall wie folgt aus:

$$\text{Wirtschaftlichkeit} = \frac{76\,000 \cdot 10}{580\,000} = 1.3$$

Diese Investition ist somit wirtschaftlich, weil das Resultat der Berechnung über 1 liegt. Für eine umfassendere **Kosten-Nutzen-Analyse** sind allerdings weitere (qualitative) Aspekte wie z. B. bessere Auftragsqualität, schnellere Durchlaufzeiten oder höhere Lieferbereitschaft miteinzubeziehen. Vergleichen Sie zur **Nutzwertanalyse** beim Beschaffungsprozess auch das Kapitel 6.1, S. 160.

1.5 Infrastrukturmanagement

Das **Infrastrukturmanagement** umfasst alle kaufmännischen, technischen und organisatorischen Strukturen und Prozesse, um betriebliche Infrastrukturen aufzubauen, zu erhalten und zu erneuern. Folgende Grafik zeigt beispielhaft auf, welche Aufgaben in diesen **Bereichen** anfallen:

Abb. [1-15]   Bereiche und Aufgaben des Infrastrukturmanagements (Beispiele)

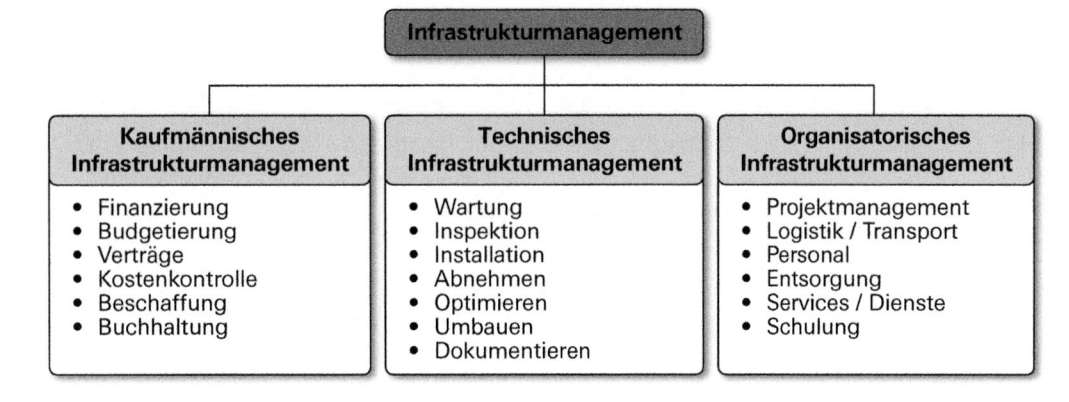

Infrastrukturmanagement

Kaufmännisches Infrastrukturmanagement	Technisches Infrastrukturmanagement	Organisatorisches Infrastrukturmanagement
• Finanzierung • Budgetierung • Verträge • Kostenkontrolle • Beschaffung • Buchhaltung	• Wartung • Inspektion • Installation • Abnehmen • Optimieren • Umbauen • Dokumentieren	• Projektmanagement • Logistik / Transport • Personal • Entsorgung • Services / Dienste • Schulung

Betrachtet man das **Infrastrukturmanagement als Führungsaufgabe,** lassen sich folgende Zyklen unterscheiden:

Abb. [1-16] **Zyklisches Infrastrukturmanagement**

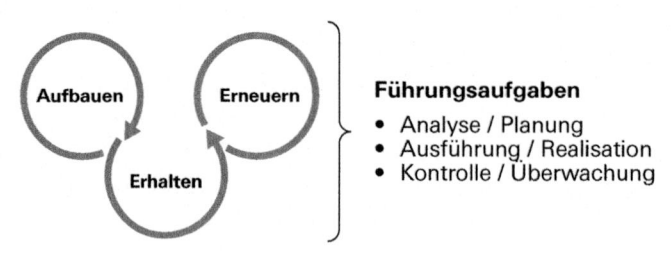

Führungsaufgaben
- Analyse / Planung
- Ausführung / Realisation
- Kontrolle / Überwachung

Wie Sie in der obigen Grafik sehen, greifen die einzelnen Zyklen des Infrastrukturmanagements ineinander und wiederholen sich kontinuierlich. Die klassischen Führungsaufgaben Analyse / Planung, Ausführung / Realisation und Kontrolle / Überwachung haben unmittelbare Wechselwirkungen. Im Folgenden werden die einzelnen **Aufgabenbereiche** genauer beleuchtet.

1.5.1 Analyse / Planung

Hier werden Infrastrukturen analysiert und Änderungen oder Neuerungen geplant. Basis für Entscheidungen über Änderungen oder Neuerungen ist eine Analyse der Ausgangslage bzw. des aktuellen Zustands der betrieblichen Infrastruktur. Im Rahmen dieser **Ist-Analyse** muss ein Unternehmen folgende Fragen beantworten:

- Welche Infrastrukturen bzw. Komponenten sind bei uns im Einsatz?
- Welche Infrastrukturen bzw. Komponenten sind geschäftskritisch?
- Wo sind diese Infrastrukturen bzw. Komponenten im Einsatz?
- Seit wann sind diese Infrastrukturen bzw. Komponenten im Einsatz?
- Wie ist die durchschnittliche Lebensdauer dieser Infrastrukturen bzw. Komponenten?
- Wann sind Reparaturen, Wartungen oder ein Ersatz dieser Infrastrukturen bzw. Komponenten notwendig?
- Wie hoch ist der aktuelle Aufwand für den Betrieb dieser Infrastrukturen bzw. Komponenten?
- Wie hoch ist der künftige Aufwand für diese Infrastrukturen bzw. Komponenten bis zum Ende ihres Lebenszyklus?

Ein bewährtes Hilfsmittel für die Beantwortung solcher Fragen ist ein aktuelles und lückenloses **Inventar der Infrastruktur.** Eine **Inventarisierung,** d.h. die periodische Bestandsaufnahme der Infrastruktur, ist meist aufwendig, kann aber durch eine gute Organisation und technische Unterstützung stark vereinfacht werden.

Beispiel Viele Autos der Mittelklasse haben Sensoren, die fortlaufend den Reifenzustand ermitteln. Aufgrund der Reifendaten und der durchschnittlich gefahrenen Kilometer kann der Zeitpunkt für einen Reifenwechsel automatisch berechnet werden.

Die Planung betrieblicher Infrastrukturen erfolgt idealerweise nach dem **Top-down-Prinzip** von oben nach unten. Die Unternehmensführung sollte also die wichtigsten **Vorgaben für Infrastrukturentscheidungen** liefern. Dabei lassen sich folgende Ebenen unterscheiden:

Abb. [1-17] Vorgaben für Infrastrukturentscheidungen

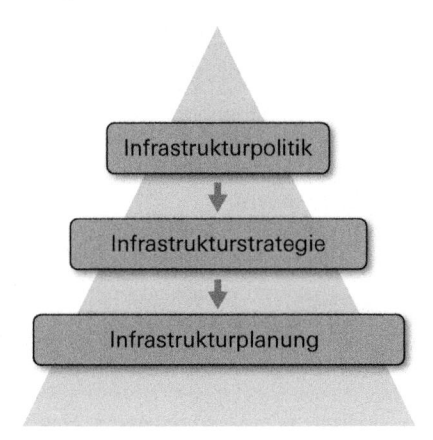

```
        Infrastrukturpolitik
               ↓
       Infrastrukturstrategie
               ↓
       Infrastrukturplanung
```

Die **Infrastrukturpolitik** liegt in der Verantwortung der Geschäftsleitung, des Verwaltungsrats und der Eigentümer einer Firma.

Beispiel Strukturpolitische Entscheidungen:
- Ein Unternehmen möchte seine Infrastruktur möglichst von inländischen Lieferanten beziehen.
- Ein Unternehmen möchte die Digitalisierung stark vorantreiben.

Beispiel Strukturstrategische Entscheidungen:
- Die Infrastruktur soll wenn möglich durch Leasingverträge finanziert werden.
- Die Infrastruktur soll wenn möglich durch eigene Mitarbeitende gewartet werden.

Beispiel Strukturplanerische Entscheidungen:
- Die Wasseraufbereitungsanlage wird erst ersetzt, wenn das Projekt «Abwärmenutzung» abgeschlossen ist.
- Für den Abbau der alten Produktionsstrasse im Werk Oerlikon wird eine lokale Firma beauftragt.

1.5.2 Ausführung / Realisation

Im Vordergrund dieser Phase stehen die **Umsetzung der Infrastrukturplanung** sowie die **optimierte Nutzung** der bestehenden Infrastruktur. Anlagen und Maschinen müssen ihren Zweck erfüllen und ihre Betriebsleistung bringen. Die Erhaltung und Optimierung der Leistungsfähigkeit setzt eine entsprechende Pflege, Kontrolle und Steuerung der Performance und Auslastung voraus. Typische Anforderungen lauten: Es dürfen keine aussergewöhnlichen Abnützungen auftreten, die Output-Grössen müssen stimmen, Kapazitätsgrenzen dürfen nicht überschritten werden und unnötige Überkapazitäten sind zu vermeiden.

1.5.3 Kontrolle / Überwachung

Grundlage für eine effektive und effiziente Bewirtschaftung der Infrastruktur ist die Kontrolle oder Überwachung während der Nutzung bzw. während des Betriebs. **Kontrollprozesse und Kontrollgrössen** bilden das Herz des Infrastrukturmanagements. Gemäss den drei Bereichen des Infrastrukturmanagements lassen sich folgende **Kontrollgrössen** unterscheiden:

Abb. [1-18] Kontrollgrössen: Arten und Beispiele

Kaufmännische Kontrollgrössen	Technische Kontrollgrössen	Organisatorische Kontrollgrössen
• Finanzierungsgrad • Budgettreue • Kostenüberschreitungsgrad • Aufwandsveränderung • Verlauf der Zinsbelastung	• Störungsmeldungen • Zustandsanzeigen • Abnahmeprotokolle • Testergebnisse • Gutachten	• Projektstatus-Reports • Personalauslastung • Feedbacks aus Schulungen • Risikograde der Vorhaben • Verbesserungsvorschläge

Wie Sie an den obigen Beispielgrössen sehen, liefert eine Kontrolle oder Überwachung nicht nur wichtige Daten für die Bewirtschaftung der bestehenden Infrastruktur, sondern auch für deren Erneuerung und Ersatz. Grundlage für eine Erneuerung ist ein definierter **Soll-Zustand**, der in die Infrastrukturplanung einfliesst.

Beispiel

Ein KMU steht vor der Entscheidung, den Betrieb eines alten Servers weiterhin selbst sicherzustellen oder auszulagern und zu erneuern. Als Entscheidungsgrundlage wird zunächst eine Übersicht über den Ist-Zustand der Komponente erstellt. Dabei wird ausführlich auf deren Stärken und Schwächen eingegangen:

- Liegt ein funktionierendes Backupkonzept vor?
- Wird die Serverhardware vom Hersteller noch unterstützt?
- Verfügen die Festplatten der Server über genügend freien Speicherplatz?
- Ist die Infrastruktur ausreichend gegen Hacker und Viren geschützt?
- Ist eine unterbrechungsfreie Stromversorgung gesichert?

Antworten auf solche Fragen zeigen das Optimierungspotenzial auf. In einem zweiten Schritt wird der gewünschte Soll-Zustand definiert. Aufgrund dieses Lösungsvorschlags kann der Aufwand für die Behebung der gefundenen Schwächen abgeschätzt werden. Zudem können Empfehlungen für eine allfällige Neuanschaffung mit dem besten Kosten-Nutzen-Verhältnis aufgestellt werden.

Hinweis

Vergleichen Sie zur Evaluation und Beschaffung von Infrastrukturkomponenten das Kapitel 6.1, S. 160.

Da sich die Beschaffung von Infrastrukturkomponenten mittel- bis langfristig auswirkt und weitreichende Folgen z. B. auf die finanziellen Verpflichtungen und Geschäftsprozesse eines Unternehmens hat, muss allen **Phasen und Aufgaben des Infrastrukturmanagements** die nötige Aufmerksamkeit beigemessen werden. Falsche Investitionen oder übereilte Beschaffungsentscheide können im Infrastrukturbereich schwerwiegende Probleme verursachen.

Beispiel

Eine Druckerei möchte sich eine innovative Druckmaschine mit einer Nutzungsdauer von 10 Jahren anschaffen. Wenn dadurch neue Kunden erschlossen und die Rentabilität der Geschäftsprozesse erhöht werden, kann sich die Investition als erfolgreich herausstellen. Bei einem Fehlentscheid kann die teure Investition das Ende der Druckerei bedeuten.

Eine wichtige Aufgabe der Unternehmensführung ist daher ein **Technologiemanagement**, das wichtige Entwicklungen bei den Technologien und Produkten in der eigenen Branche erfasst und analysiert. Das folgende Unterkapitel zeigt anhand von aktuellen Trends beispielhaft auf, welche Überlegungen in das Infrastrukturmanagement einfliessen sollten.

Siehe auch!

Technologiemanagement

Vergleichen Sie zum Technologiemanagement das Buch «Unternehmensführung und Umwelt» dieser Lehrmittelreihe.

1.6 Trends

Jedes Unternehmen ist **gesellschaftlichen, technologischen, politischen und wirtschaftlichen Entwicklungen** ausgesetzt, mit denen es sich auseinandersetzen muss. Diese Entwicklungen bergen Risiken, bedeuten aber auch neue Chancen. Sie müssen daher beim Infrastrukturmanagement berücksichtigt werden und in die Infrastrukturplanung einfliessen. Im Folgenden werden einige Trends aufgegriffen und deren Auswirkungen kurz angesprochen. Sie dienen als Anstoss für folgende Schlüsselfragen:

- Welche Technologien werden unser Unternehmen bzw. unser Geschäftsmodell in Zukunft prägen?
- Welche Fähigkeiten und Erfahrungen werden in Zukunft gefragt sein?
- Wie werden die Arbeitsprozesse und -plätze in Zukunft aussehen?

1.6.1 Digitale Transformation

In der Schweiz ist die **Digitalisierung** der Arbeitswelt schon weit fortgeschritten. Besonders Industrie, Banken (Kredit- und Versicherungswesen) und IT-Branche investieren weiterhin kräftig in die IT-Infrastruktur. Gemäss IDC Research Inc.[1] werden Schweizer Unternehmen im Jahr 2018 erstmals über 20 Mia. CHF für Informations- und Kommunikationstechnologien ausgeben. Im Fokus stehen Projekte zur IT-Sicherheit, zu Businesssoftware (ERP, CRM, Branchenapplikationen), zu mobilen Geräten und zur vernetzten Zusammenarbeit.

Andere Entwicklungen bei den Informations- und Kommunikationstechnologien stecken zwar noch in den Kinderschuhen, haben aber ein grosses Umsetzungspotenzial. Beispiele wie selbstfahrende Züge und Autos, Roboter statt Krankenpfleger oder Gärtner verdeutlichen dies. Die industrielle Produktion solcher Maschinen steht vor dem Durchbruch. Andere Technologien haben sich bereits durchgesetzt und ganze Branchen stark verändert (transformiert):

Beispiel Durch das Internet und Datenkompressionsformate wie mp3 bzw. mp4 wurde das Musik- und Videogeschäft radikal verändert. Musik wird kaum mehr auf CDs gebrannt und Videos werden kaum mehr auf Tapes aufgenommen. Beides wird vielmehr via Internetserver heruntergeladen oder «gestreamt». Beim Streaming werden die Daten nicht dauerhaft auf den Geräten des Endbenutzers gespeichert, sondern direkt ausgegeben und danach wieder verworfen. Gestreamte Medien lassen sich dadurch auf Endgeräten mit geringem Speicherplatz konsumieren (wie z. B. Smartphones oder Tablets).

Bei der digitalen Transformation geht es nicht nur um Technologien, sondern auch um **Geschäftsmodelle** und **Geschäftsorganisation** (Prozesse und Strukturen), denn sie eröffnen neue Chancen und berühren strategische Erfolgsfaktoren wie z. B.:

- Marktinformationen: Kunden und das Umfeld des Unternehmens besser kennenlernen.
- Produktinformationen: Wissen über eigene Produkte und deren Wahrnehmung erweitern.
- Geschäftsinformationen: Realistische Ziele definieren und schneller messen (in Echtzeit).
- Geschäftsfelder: Bestehende Geschäftsfelder weiterentwickeln, neue Geschäftsfelder aufbauen.
- Produkte und Dienstleistungen: Bestehende Angebote ausbauen bzw. verbessern, neue Angebote testen.
- Change Management: Beschleunigung von Anpassungen bei Projekten, Prozessen und Strukturen.
- Wettbewerbsvorteil: Vorsprung gegenüber Konkurrenten aufgrund technischer Einstiegshürden.

---

[1] International Data Corporation (https://www.idc.com).

1.6.2 Automatik und Robotik

In der Automobilbranche kennt man Automaten und Roboter für die teil- oder vollautomatische Fertigung schon seit Längerem. Auch vom Flughafen und von der Post her sind automatische Sortieranlagen für Briefe, Pakete und Gepäckstücke bekannt. Diese Generation von Automaten bzw. Robotern wurde gebaut, um anstrengende repetitive Arbeiten in definierten Bewegungsabfolgen zu erleichtern oder selbstständig zu erledigen. Automaten und Roboter der aktuellen Generation sind auf **Autonomie** ausgerichtet. Sie erledigen ganze Arbeitsblöcke selbstständig. Automatische Fahrzeuge oder Drohnen können z. B. mithilfe von Ortungstechnologien beliebige Strecken zwischen zwei Standorten selbstständig bewältigen. Dies hat nicht nur Auswirkungen auf die Verkehrssysteme und -teilnehmer, sondern beispielsweise auch auf die Unternehmenslogistik.

Abb. [1-19]   **Die neuste Generation von Robotern**

Quelle: 3alexd / E+ / Getty Images

Es ist zu erwarten, dass der **Autonomiegrad** solcher Automaten und Roboter zunimmt, damit sie auch komplexere Tätigkeiten unter widrigen Umständen übernehmen können. Denkbar sind z. B. Arbeiten in tiefen Gewässern und unter Tage (z. B. im Bergbau) oder Militäreinsätze in einem feindlichen Umfeld. Dieser Trend zur Autonomie ist erst durch entsprechende Kommunikationsmöglichkeiten und eine entsprechende Vernetzung möglich geworden.

Maschinenautonomie, Maschine-Maschine-Kommunikation und **Vernetzung** stehen für eine Entwicklung, die auch unter dem Schlagwort **4. Industrielle Revolution** bekannt ist. Die folgende Grafik zeigt wichtige Schritte der **Industrialisierung** auf:

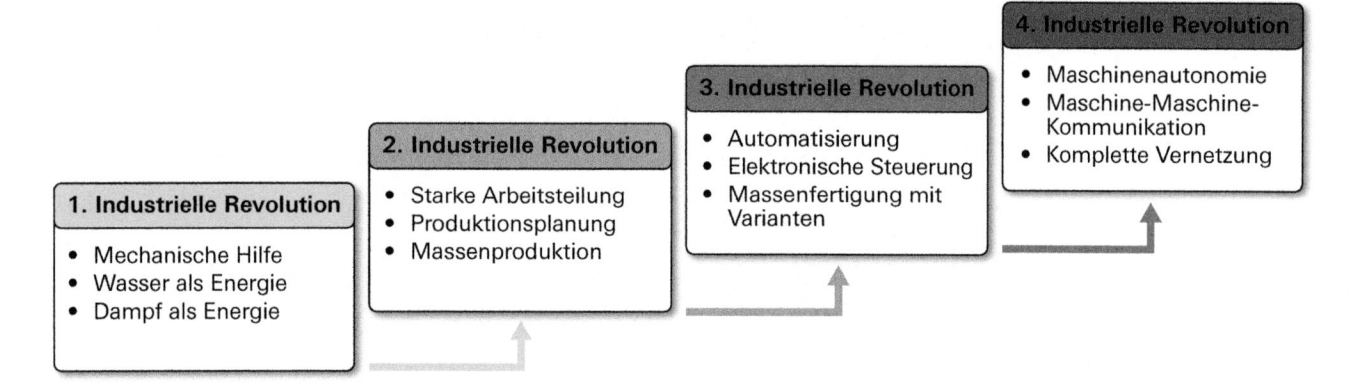

Abb. [1-20] Entwicklungsstufen der Industrialisierung

1. Industrielle Revolution
- Mechanische Hilfe
- Wasser als Energie
- Dampf als Energie

2. Industrielle Revolution
- Starke Arbeitsteilung
- Produktionsplanung
- Massenproduktion

3. Industrielle Revolution
- Automatisierung
- Elektronische Steuerung
- Massenfertigung mit Varianten

4. Industrielle Revolution
- Maschinenautonomie
- Maschine-Maschine-Kommunikation
- Komplette Vernetzung

Die 4. Industrielle Revolution wird durch folgende **Voraussetzungen** erst möglich:

- Das **Internet** ist das Verbindungsglied zwischen Maschinen bzw. Geräten. «Intelligente Geräte» sind meist vernetzt und können mit Daten (z. B. von Sensoren) über das Internet gesteuert werden. Man spricht in diesem Zusammenhang auch vom **Internet der Dinge.**
- Die Technologien haben einen hohen **Reife-** oder **Standardisierungsgrad,** sodass sie für geschäftliche Anwendungen oder im Alltag zuverlässig eingesetzt werden können.
- Die «**künstliche Intelligenz**» hat sich so weiterentwickelt, dass mithilfe von Algorithmen riesige Datenmengen analysiert, komplexe Voraussagen gemacht (Wetterprognosen), Sprachen erkannt (Natural Language Processing) und logische Entscheidungen getroffen werden können (Go-/Schach-Computer).

1.6.3 Big Data Analytics

Big Data Analytics befasst sich mit der zielgerichteten Auswertung grosser Datenmengen. Dabei liegen die Daten nicht wie Kundendaten oder Produktdaten in einer (relationalen) Datenbank vor, sondern in Form von unstrukturierten Daten aus E-Mails, Social-Media-Anwendungen, Bild-, Ton- oder Filmaufnahmen, Echtzeitdaten von Sensoren oder Cookies (Browser-Fussabdrücke) etc.

Beispiel
- Anhand der Scanning-Daten von einer Autobahn wird automatisch berechnet, ob, wo und wann sich ein Stau bildet und wie lange dieser Stau voraussichtlich dauern wird.
- Der Organisator eines grossen Festivals ermittelt anhand von Wetterdaten, wie viel verderbliche Lebensmittel (Bier, Bratwürste, Glacen) in der nächsten Woche voraussichtlich verkauft werden, und richtet seine Bestellmengen entsprechend aus.

Abb. [1-21] Big Data: Anwendungen und Quellen

Quelle: phipatbig / Shutterstock.com

Big Data Analytics geht sogar noch einen Schritt weiter. Durch die Verknüpfung unterschiedlicher **Onlinedaten von Personen** (z. B. Geschlecht, Alter und Wohnort oder Informationen darüber, was sie auf Facebook gelikt, geshart oder gepostet haben) werden immer mehr Zusammenhänge bei menschlichen Verhaltensweisen und Entscheidungen aufgedeckt. Auf der Basis psychologischer Modelle (z. B. Ocean-Methode) und Benutzerprofile lassen sich nicht nur **Persönlichkeitsmerkmale,** sondern auch **wahrscheinliche Verhaltensweisen und Entscheidungsmuster** ableiten.

Beispiel
- 10 Facebook-Likes schätzen eine Person im Durchschnitt besser ein als ein Arbeitskollege.
- Anhand von durchschnittlich 68 Facebook-Likes kann berechnet werden, welche Hautfarbe eine Person hat (95%ige Treffsicherheit) oder ob ein Mann homosexuell ist (88%ige Wahrscheinlichkeit).
- 70 Facebook-Likes genügen im Durchschnitt, um die Prognose eines Freunds zu übertreffen.
- 150 Facebook-Likes sagen das Verhalten einer Person durchschnittlich eindeutiger vorher als deren Eltern.
- 300 Facebook-Likes schätzen das Verhalten einer Person im Durchschnitt besser ein als deren Partnerin oder Partner.

1.6.4 Miniaturisierung und Leistungssteigerung

Die Miniaturisierung und Leistungssteigerung der Hardwarekomponenten wird von den **Herstellern mobiler IT-Geräte** und durch die **Unterhaltungselektronik** (Consumer Electronics) vorangetrieben. Dabei besteht ein Rückkoppelungseffekt: Je mehr Leistung IT-Systeme zur Verfügung stellen, desto mehr Bedürfnisse werden geweckt und Anforderungen gestellt. Die Leistungssteigerung treibt also die Miniaturisierung an und umgekehrt.

Ein **Mikroprozessor (Chip)** ist heute so komplex, dass er es mit der Infrastruktur einer Grossstadt aufnehmen kann. Ein Chip ist gekennzeichnet durch zahlreiche Funktionen und ein dichtes Leitungsnetz. Auf kleinstem Raum befinden sich darin «Quartiere», die auf bestimmte Aufgaben wie z. B. Rechnen, Speichern oder Darstellen spezialisiert sind. Ein heutiger Chip hat über 5 Mia. elektronische Schaltungen (Transistoren) in der Grösse von 30 Nanometern. Hersteller und Kunden profitieren von der Miniaturisierung und Leistungssteigerung der Chips durch:

- Örtliche Flexibilität
- Sinkenden Energieverbrauch
- Platz-/Raumgewinn
- Bauliche Flexibilität

Einer weiteren Miniaturisierung von Geräten sind gewisse physikalische Grenzen gesetzt: So definiert z. B. die durchschnittliche Grösse eines menschlichen Zeigfingers die Mindestgrösse von Schaltflächen bzw. Eingabetasten dort, wo die Bedienung von Hand erfolgt. Auch bei der Bauweise von Chips wird mit der Annäherung an atomare bzw. molekulare Strukturen eine natürliche physikalische Grenze erreicht, weil keine Transistoren mit weniger als 1 Atom hergestellt werden können. Momentan sind Abstände in Dimensionen von 10 Atomen möglich. Auch Elektronen ändern bei diesen Massstäben ihr Verhalten und Chips werden gegenüber Störungen anfällig. Deshalb stösst auch die Nanotechnologie an ihre Grenzen.

1.6.5 Cloud Computing

Cloud Computing wird umgangssprachlich als «Informatik aus der Steckdose» umschrieben. Das Konzept ist einfach: Die Benutzer (Endanwender) brauchen im Vordergrund (Front-End) ein Zugangsgerät (Client) mit Internetzugriff (Browser). Daten und Anwendungen sind im Hintergrund (Back-End) auf den Servern installiert bzw. im Datacenter untergebracht. Folgende Entwicklungen begünstigen das Cloud Computing:

- Flächendeckende Verbreitung des Internets
- Zunehmend sichere und zuverlässige Verbindungen
- Standardisierung der Informations- und Kommunikationstechnologien
- Standardisierung der IT-Services

Dienstleistungen wie Datenspeicherung, elektronische Post, Office- und andere geschäftliche Anwendungen können jederzeit bequem und günstig und via Internetbrowser aufgerufen und genutzt werden. Dadurch ergeben sich für **Anwender und Anbieter diverse Vorteile:**

Vorteile für Anwender	Vorteile für Anbieter
• Müssen keine komplexe IT-Infrastruktur unterhalten (Browser und Internetanschluss reichen). • Können sich auf ihr Kerngeschäft fokussieren. • Müssen keine vertieften technischen Kenntnisse haben.	• Können die Kosten für Aufbau und Unterhalt der IT-Infrastruktur auf viele Kunden verteilen. • Haben mit einem Abo-Modell konstante und planbare Einnahmen. • Können ihre Kunden besser binden als im Projektgeschäft.

Es gibt genügend Gründe zur Annahme, dass sich der Trend zur Auslagerung von Daten und Anwendungen in die «**Cloud**» fortsetzen wird. Grössere Datenmengen und Lösungen für Standardprozesse werden (wie grössere Geldsummen) zunehmend auf eine «Bank» ausgelagert, und zwar beim Anbieter von Servern bzw. Datacentern, dem ein Unternehmen am meisten vertraut und von dem es den besten Service bekommt. Anwendungsprogramme werden also immer weniger auf lokalen Geräten (Clients) «installiert», sondern via Internet von der Cloud aufgerufen. Dadurch steigt die örtliche und zeitliche Unabhängigkeit enorm, weil Geschäftsdaten, Kommunikationsdienste und öffentliche Informationen überall und jederzeit genutzt werden können.

1.6.6 E-Business

E-Business hat mit einfachen Webseiten begonnen, die ein Unternehmen im World Wide Web (WWW) präsentieren. Heute fallen darunter komplexe Webauftritte mit dynamischen Webseiten und interaktiven Funktionalitäten, die über das Internet abgewickelt werden können. Dazu gehören beispielsweise auch Funktionen, um

- Verkäufe automatisch abzuwickeln (Sales Automation),
- Kundenbeziehungen automatisch zu pflegen (CRM- und Mail-Funktionen),
- Kunden automatisch auf andere ergänzende oder zusätzliche Produkte hinzuweisen (Cross-Selling, Up-Selling),
- das Beziehungsnetz von Kunden (aus Social-Media-Plattformen) automatisch zu nutzen.

Entsprechend dieser Entwicklung hat sich das **Nutzenpotenzial von Webseiten** erweitert:

Abb. [1-22] **Entwicklungsstufen von Webseiten**

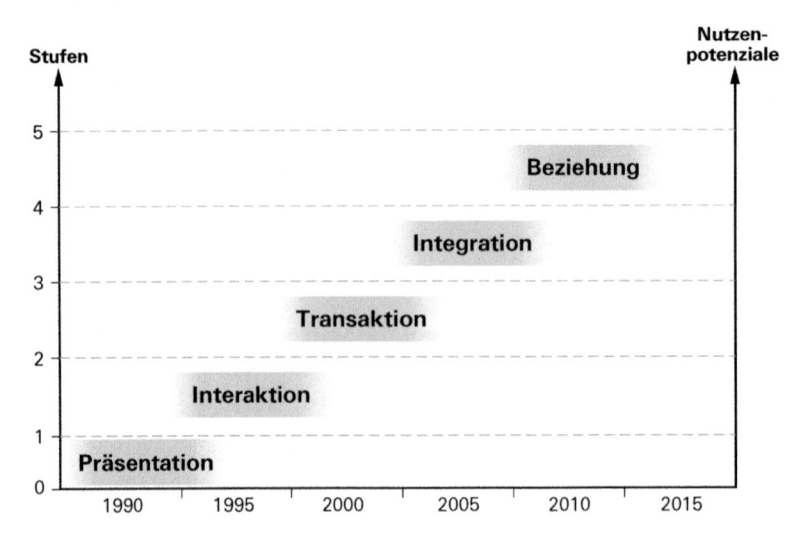

Stufen / Nutzenpotenziale:
- 1 Präsentation (1990)
- 2 Interaktion (1995)
- 3 Transaktion (2000)
- 4 Integration (2005)
- 5 Beziehung (2010–2015)

1.6.7 Smart Home

Ein **Smart Home** («intelligentes Zuhause») bedeutet, die Infrastruktur (Anlagen, Geräte, Maschinen) in Häusern und Wohnungen technisch so auszustatten und zu verbinden, dass sie selbstständig (re)agieren können. Dazu gehören z. B. die automatische Regelung von Lampen, Jalousien, Heizungen und Kühlschränken mithilfe von Sensoren oder die Steuerung von Herdplatten, Öfen, Waschmaschinen, Alarmanlagen und Unterhaltungselektronik über ein Netzwerk. Dabei spielt das Internetprotokoll (IP) eine zentrale Rolle. Man spricht in diesem Zusammenhang auch von **«All IP»** und **«Konvergenz»**. Damit ist gemeint, dass alle Anlagen, Geräte und Maschinen und die Anwendungen für deren Regelung bzw. Steuerung mit dem Internet verbunden sind und zu einem **Gesamtsystem verschmelzen.**

Abb. [1-23]   Smart Home: Vernetzung der Infrastruktur von Häusern und Wohnungen

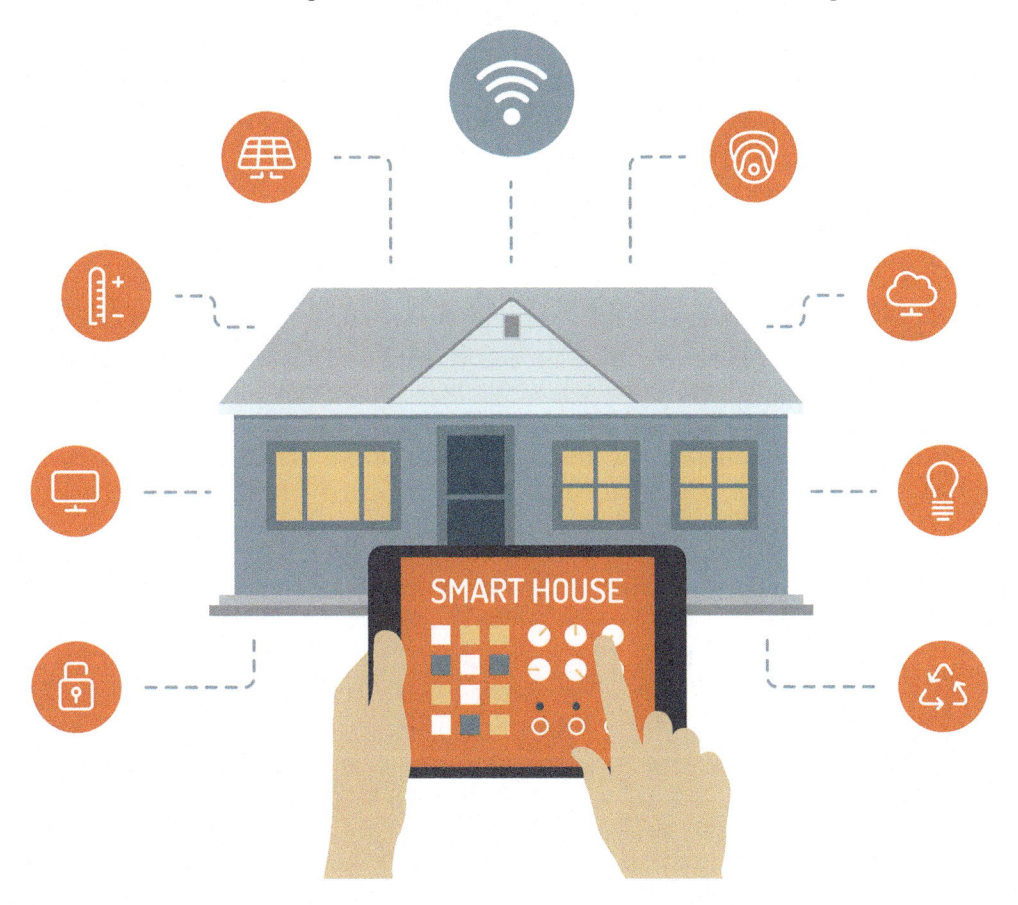

Quelle: Bloomicon / Shutterstock.com

Je nach Vernetzungsgrad der Infrastruktur und Intelligenz der Software bietet Smart Home folgende **Vorteile:**

- Erhöhung der Wohn-/Lebensqualität (z. B. Raumklima, Licht, Musik, Privatsphäre etc.)
- Verbesserung der Sicherheit (z. B. Einbruchschutz, Überwachung des Gesundheitszustands etc.)
- Optimierung der Energiegewinnung und -effizienz (z. B. autonome Energieversorgung, Nutzung von Temperaturgefällen innen-aussen etc.)
- Effektivere Kontrolle bzw. Überwachung und effizientere Reparatur bzw. Wartung der Infrastruktur (z. B. durch Mieter, Hausbesitzer, Gerätehersteller etc.)

Zusammenfassung Der Begriff **Infrastruktur** wird grundsätzlich in private und öffentliche Infrastruktur aufgeteilt. Die private Infrastruktur eines Unternehmens bildet den Unterbau der betrieblichen Prozesse. Sie enthält strategische, technische und finanzielle Aspekte. In strategischer Hinsicht ist ein Unternehmen umso abhängiger von der Infrastruktur, je intensiver das Geschäftsmodell mit der Technologie verflochten ist. Aus technologischer Sicht muss die Infrastruktur wie ein Gesamtwerk ineinandergreifen. Und aus finanzieller Sicht sind Anschaffungskosten, also Finanzierungsfragen, Betriebskosten, Abschreibungen und die Stilllegung einer Anlage, also allfällige Entsorgungskosten relevant.

Das **Infrastrukturmanagement** orientiert sich am **Lebenszyklus von Investitionsgütern.** Dies sind die Beschaffung (Evaluation), die Finanzierung, die Nutzung mit den entsprechenden Abschreibungen und Wartungsaufwände und schliesslich die Entsorgung oder Liquidation, die einen eventuellen Liquidationserlös abwirft, also einen ausserordentlichen Gewinnanteil darstellt. Bei der Beschaffung müssen die gesamten Kosten während der Nutzungsdauer betrachtet werden und nicht nur die Anschaffungskosten. Bei der Finanzierung unterscheidet man nach Fremd- und Eigenfinanzierung. Beide besitzen Vor- und Nachteile. Die Nutzungsphase ist geprägt von den Wartungs- und Betriebskosten sowie von den Abschreibungen. Die Abschreibungen sind Gewinnrückstellungen. Sie stellen sicher, dass die Infrastruktur am Ende ihrer Nutzungsphase durch Erneuerung der Anlage auch finanziert werden kann. Die Betriebskosten lassen sich optimieren, etwa durch Energiesparmassnahmen. Schliesslich muss die Infrastruktur wirtschaftlich sein. Das bedeutet, dass der Gesamtertrag einer Anlage (also alle betrieblichen Vorteile, monetäre und nichtmonetäre, in Geldwerte umgerechnet) grösser sein muss als alle Aufwände in Geldwerten, die ein Betrieb während der Nutzungszeit einer Anlage zu bezahlen hatte. Für solche Berechnungen können Elemente aus den Prozesskosten herangezogen werden.

Das **Infrastrukturmanagement** kann als Führungszyklus betrachtet werden. Es sind drei Ebenen, die geführt werden müssen: die kaufmännische, die technische und die organisatorische Ebene. Alle drei haben denselben Führungszyklus, nämlich Planen, Erhalten / Nutzen, Erneuern. Die Planungsphase analysiert die bestehende Infrastruktur und erschafft Pläne für Erneuerung oder Neubeschaffung. Dabei geht man von oben nach unten vor, also von der Unternehmensstrategie zur konkreten Infrastrukturplanung. In der Nutzungsphase sind Monitoring und Kontrolle das wichtigste Thema. Der Zustand der Infrastruktur muss jederzeit bekannt sein. In der Erneuerungsphase ist die Evaluation das zentrale Thema.

Langfristige Investitionen müssen auch **Trends** und aktuelle Entwicklungen bei den Informations- und Kommunikationstechnologien im Auge behalten. Dazu gehören beispielsweise die digitale Transformation, Automatik und Robotik, Big Data Analytics, Miniaturisierung und Leistungsexpansion, Cloud Computing, E-Business bzw. Social Business sowie Smart Home. Alle diese Trends haben einen direkten oder indirekten Einfluss auf unsere Zukunft, und somit auf das betriebliche Umfeld.

Repetitionsfragen

Geschlossene Fragen

1 Infrastrukturen haben eine strategische, eine technische und eine finanzielle Bedeutung. Ordnen Sie die nachfolgend aufgeführten Aspekte der Gruppe zu, zu der sie am besten passen:

Strategisch	Technisch	Finanziell	Aspekt
☐	☐	☐	Effizienzsteigerungs- und Automatisierungspotenziale
☐	☐	☐	Beschaffung
☐	☐	☐	Normen und Kompatibilitäten
☐	☐	☐	Funktionen
☐	☐	☐	Alleinstellungsmerkmale gegenüber Mitbewerbern
☐	☐	☐	Abschreibungen
☐	☐	☐	Softwarearchitektur
☐	☐	☐	Datenimport/-export
☐	☐	☐	Investitionsrechnung (positive oder negative Nettobarwerte)
☐	☐	☐	Liquidation der Altanlage
☐	☐	☐	Lebensdauer / Nutzungsdauer der Neuanlage
☐	☐	☐	Flexibilität der Produktionsplanung

2   Ordnen Sie folgende Begriffe den jeweiligen Phasen des Infrastrukturzyklus zu: Entsorgung, Evaluation, Finanzierung, Wartung.

Beschaffung	
Investition	
Liquidation	
Nutzung	

3   Welche Aussage in Bezug auf die Abschreibung von Infrastrukturkomponenten ist falsch?

☐	Abschreibungen sind ein finanzieller Aspekt der Nutzungsphase.
☐	Abschreibungen sind im Prinzip «zurückbehaltene» Gewinne während der Laufzeit der Infrastrukturkomponente.
☐	Abschreibungen schmälern den Gewinn und werden als Aufwand verbucht. Gleichzeitig nimmt der Anlagewert im Anlagevermögen zu.
☐	Abschreibungen widerspiegeln die Wertminderung der Infrastrukturkomponente.

4   Welche Aussage in Bezug auf «Total Cost of Ownership» einer Anlage ist richtig?

☐	Es handelt sich um die gesamten Beschaffungskosten einer Anlage.
☐	Es handelt sich um alle Kosten, die nach der Beschaffung (Kauf oder Leasing) einer Anlage anfallen, also die Betriebskosten inkl. Abschreibungen.
☐	Es handelt sich um alle Kosten, um in den Besitz (Eigentum) einer Anlage zu gelangen.
☐	Es handelt sich um die «wahren Kosten» einer Anlage. Gemeint sind die Gesamtkosten, also die Kosten für die Beschaffung, Nutzung (während der gesamten Nutzungsdauer) und Entsorgung.

5   In welche 3 Bereiche kann das Infrastrukturmanagement eingeteilt werden?

☐	Kaufmännisches Infrastrukturmanagement
☐	Operatives Infrastrukturmanagement
☐	Organisatorisches Infrastrukturmanagement
☐	Strategisches Infrastrukturmanagement
☐	Taktisches Infrastrukturmanagement
☐	Technisches Infrastrukturmanagement

Offene Fragen

6   Ihr Betrieb möchte zusätzlich zu den bestehenden Verkaufskanälen auch das Internet nutzen, um Kunden zu erreichen und Verkäufe abzuwickeln. Die Firma hat schon eine IT-Infrastruktur mit einem ERP-System. Der neue Webshop muss sich möglichst nahtlos in diese IT-Infrastruktur integrieren. Stellen Sie jeweils mindestens 2 Fragen, die in Bezug auf folgende Aspekte zu klären sind.

A] Schnittstellen (Kunden-, Produkt- und Auftragsdaten sowie Lagerbestände sind bereits im ERP-System vorhanden)

B] Funktionalität

C] Prozesse

7	Was spricht für die Fremdfinanzierung einer Infrastruktur? Welche Argumente sprechen für eine Eigenfinanzierung und welche für ein Leasing? Nennen Sie jeweils mindestens 2 Argumente.
	A] Argumente für Fremdfinanzierung
	B] Argumente für Eigenfinanzierung
	C] Argumente für Leasing
8	Warum sind Abschreibungen positiv zu werten? Nennen Sie mindestens 2 Argumente.
9	Bei der Wirtschaftlichkeit werden Kosten und Nutzen gegenübergestellt. Es handelt sich um ein Verhältnis: Ertrag über Aufwand. Ein Wert über 1 ergibt eine positive Wirtschaftlichkeit. Bei einem Wert unter 1 spricht man von Unwirtschaftlichkeit. Nennen Sie Elemente, die auf der Aufwandseite gezählt werden, und andere, die auf der Nutzenseite aufgelistet werden können.

Aufwand	Nutzen

Minicases

10	SwissLabTech ist ein Unternehmen für klinische Diagnostik, das sich als Dienstleister für praktizierende Ärzte und Partner der Pharmaforschung versteht. Der breite Kundenstamm wird monatlich durch personalisierte Anschreiben mit aktuellen Informationen versorgt. Für Schweizer Kunden fällt 1- bis 2-mal pro Monat ein Druckvolumen von ca. 12 000 Seiten A4 an. Für internationale Kunden fällt zusätzlich 6- bis 8-mal pro Monat ein Druckvolumen von ca. 2 000 Seiten A4 an.
	Um diese Mengen abwickeln zu können, wird zurzeit eine externe Druckerei beauftragt. Als Technischer Kaufmann werden Sie vom Geschäftsleiter beauftragt, eine interne Lösung zu finden. Bei dieser Aufgabe evaluieren Sie u. a. einen Hochleistungsdrucker der neusten Generation, der einen Output von bis zu 100 Seiten A4 pro Minute in bester Druckqualität liefert. Beantworten Sie folgende Fragen zum In-/Outsourcing sowie zur Wirtschaftlichkeit.
	Aufgaben
	A] Welche grundsätzlichen Vorteile bietet ein Insourcing?
	B] Welche generellen Nachteile bringt ein Insourcing mit sich?
	C] Welche Kostenarten sind zu berücksichtigen, um die Betriebs- und Wartungskosten zu berechnen und eine fundierte Make-or-Buy-Entscheidung zu treffen? Führen Sie pro Kostenart mindestens 1 Beispiel an.
	D] Für eine Wirtschaftlichkeitsrechnung müssen Sie zuerst das Gesamtvolumen der gedruckten Seiten pro Jahr berechnen. Gehen Sie dabei von Durchschnittswerten aus.

E] Ergänzen Sie folgende Aufstellung, um die jährlichen Gesamtkosten zu berechnen.

Kostenarten	Kosten ohne neue Anlage (in CHF)	Kosten mit neuer Anlage (in CHF)	Gründe
Kosten für Druckaufträge	42 800		Leasing
Wartungskosten	0	680	Wartungsvertrag
Energiekosten	2 500	4 300	
Personalkosten	65 000	87 000	Mehraufwand
Raumkosten	3 200	4 500	Mehr Platzbedarf
Materialkosten	7 800	9 600	Toner, Papier
Total jährliche Kosten	121 300		

F] Die neue Druckanlage hat einen Anschaffungswert von 468 000 CHF. Der Anbieter offeriert ein Leasing zu 4% bei einem Restwert von 10 000 CHF. Die Anlage hat eine nutzungsabhängige Lebensdauer. Diese beträgt gemäss Hersteller 2 Mio. Seiten, bis die Anlage komplett überholt oder neu beschafft werden muss.

- Wie lange ist die Nutzungsdauer?
- Wie teuer ist das Leasing pro Jahr?

G] Der Geschäftsleiter hat einen Kostenvorteil von mindestens 50 000 CHF ermittelt, der durch diese Lösung erzielt wird. Berechnen Sie die Wirtschaftlichkeit eines Insourcings.

2 Software

Lernziele

Nach der Bearbeitung dieses Kapitels können Sie …

- verschiedene Arten von Software beschreiben.
- typische Aufgaben von Unternehmenssoftware nennen und charakterisieren.
- die Begriffe Integration und Vernetzung von Software erklären sowie den Integrations- und Vernetzungsgrad beurteilen.
- Aufgaben und Organisation der Datenspeicherung durch Datenbanken erläutern.
- Arten und Aufgaben von Betriebssystemen beschreiben.
- die Drei-Schichten-Architektur und deren Umsetzung bei ERP-Systemen erklären.
- wichtige Schnittstellen zwischen den Schichten und Applikationen aufzählen.
- Kriterien für die Auswahl und die Beschaffung von Software nennen.
- Vor- und Nachteile von Individual-, Standard- und Branchenlösungen darlegen.
- wichtige Nutzungs- und Lizenzformen von Software erläutern.
- Vorgehen und Anforderungen im Hinblick auf Beschaffungen aufzeigen.

Schlüsselbegriffe

Anwendungssoftware, Betriebssystem, Branchenlösung, CMS, Compiler, CRM, Datenbank, Datenhaltungsschicht, Datenquelle, DBMS, DMS, Drei-Schichten-Architektur, E-Collaboration, EIS, Entwicklungssoftware, ERP-System, Firmware, Freeware, Groupware, HTTPS, Individuallösung, Integrationsstufen, Interpreter, JDBC, Lizenzen, Logikschicht, Middleware, MIS, ODBC, Office System, Präsentationsschicht, REST, RPC, Shareware, Social-Media-Anwendung, SQL, Standardlösung, Systemintegrator, Systemsoftware, technische Applikation, verteilte Systeme, WfMS, Wissensmanagement

Dieses Kapitel bietet einen Überblick über **Softwares,** die als Teil der IT-Infrastruktur zur Unterstützung von Geschäftsprozessen und anderen Aufgaben im Unternehmen eingesetzt werden können. Beim Auf- und Ausbau von IT-Systemen werden anhand der Unternehmensziele und Geschäftsprozesse zunächst die benötigten Fähigkeiten und Funktionalitäten und danach die Anforderungen an die Beschaffung der Software bzw. Applikation definiert.

2.1 Anwendungssoftware

In diesem Unterkapitel erfahren Sie, welche betrieblichen Aufgaben ERP-Systeme lösen und welche Module es umfassen kann. Anschliessend erhalten Sie einen Überblick über weitere wichtige Tools und Plattformen zur Unterstützung von Geschäftsprozessen.

2.1.1 ERP-Systeme

ERP[1]**-Systeme** sind IT-Systeme (Software und Hardware) für die Planung und Steuerung unternehmerischer Ressourcen wie Material, Personal und Kapital. Sie unterstützen sowohl **operative** und **dispositive (planerische)** als auch **strategische Aufgaben** und werden oft nach **betrieblichen Funktionen** gegliedert (Beschaffung, Produktion, Verkauf und Marketing, Finanz- und Rechnungswesen Personal und Organisation etc.). Weil sie übergreifend, d. h. über mehrere Abteilungen und Stufen einer Firma eingesetzt werden können, spricht man auch von **integrierten Systemen.**

EPR-Systeme werden als **integrierte Standardlösungen** angeboten, die wiederkehrende Standardprozesse abdecken und den betriebsspezifischen Gegebenheiten angepasst werden können. Aufgrund der Integration werden durchgängige Daten- und Informationsflüsse sowie einheitliche Abläufe und Vorgehen im Unternehmen gefördert.

---

[1] Abkürzung für: Enterprise Resource Planning.

ERP-Systeme können Standardprozesse unterschiedlicher Branchen und Aufgabenbereiche oder Abteilungen eines Unternehmens unterstützen. In vielen Fällen werden folgende **Module** eingesetzt:

- **Auftragsbearbeitung:** Angebotseinladungen, Erstellung von internen und externen Aufträgen, Erfassung der Lieferbarkeit, Monitoring bzw. Steuerung des Bearbeitungsablaufs mit Terminüberwachung, Ermittlung der Lieferanten, Reporting des Auftragsbestands und weiterer Kenngrössen
- **Lager- und Materialwirtschaft:** Planung und Steuerung der Lagerbewirtschaftung, Überwachung der Ein- und Auslagerung von Roh-, Hilfs- und Betriebsstoffen, Zulieferteilen und Halbfabrikaten, Kontrolle der Warenzugänge und Warenabgänge, Unterstützung von Inventurarbeiten und Lagerbewertung, Koordination des Warenflusses zwischen den Lieferanten und internen sowie externen Kunden
- **Produktionsplanung und -steuerung:** Verwaltung von internen und externen Ressourcen, Planung und Steuerung der produktiven Unternehmensprozesse für die kosten-, termin- und auslastungsoptimierte Herstellung der Verkaufsgüter, Berücksichtigung von Arbeitszeitmodellen, Erstellung von Ressourcenbedarfs- und Produktionsplänen und Überwachung ihrer Umsetzung, flexible Umsetzung von Anpassungsstrategien bei Veränderungen der Anforderungen und Rahmenbedingungen, ebenso von Vorgaben und Verfügbarkeit bezüglich der eingesetzten Ressourcen
- **Marketing und Vertrieb:** Unterstützung der Geschäftsprozesse im Bereich Marketing und Vertrieb. Kundenakquisition, Auftragsbearbeitung für die Offerterstellung und den Verkauf, Management der After-Sales-Prozesse, Management von werbe- und marketingbezogenen Aktivitäten
- **Rechnungswesen und Finanzbuchhaltung:** Verbuchung von Geschäftsfällen (Debitoren und Kreditoren), Fakturierung und Inkasso, Rechnungsabgrenzungen, Buchungsjournal, Kontoauszüge, Kostenrechnung, Mittelflussrechnung, Konsolidierung (Abschlüsse und Erfolgsrechnung), Budgetierung und Auswertung von Kostenstellen und Kostenträgern
- **Personalmanagement:** Unterstützung der Personalführung, Personaladministration und Personalentwicklung, Lohnabrechnung

Siehe auch!	**Geschäftsprozesse optimieren** Lesen Sie zum Thema Prozessmanagement das Buch «Organisation und Projektmanagement» dieser Lehrmittelreihe.

ERP-Systeme unterstützen sowohl die **horizontale** als auch die **vertikale** Integration. Bei einer **horizontalen Integration** werden Geschäftsprozesse über mehrere Funktionsbereiche oder Abteilungen hinweg unterstützt, z. B. vom Einkauf über die Produktion bis zum Verkauf.

Beispiel	Das international tätige Unternehmen Supermaschine AG produziert hochwertige Maschinen und Anlagen in Einzelfertigung. Die Firma setzt ein ERP-System für die Bereiche Rechnungswesen, Auftragsabwicklung, Bedarfs- und Produktionsplanung, Materialwirtschaft und Lager ein. Die Daten aus Kundenaufträgen werden an die Bedarfs- und Produktionsplanung geleitet. Sie erlauben dem Einkauf eine Bedarfsermittlung und der Produktion eine Vorbereitung der Fertigungsprozesse. Die benötigten Halbfabrikate liegen z. T. an Lager und müssen z. T. bei Lieferanten beschafft werden. Die Einbindung der Materialwirtschaft erlaubt eine genaue Lagerbestandsführung und Lagerbewertung. Die fertigen Produkte werden im Warenausgang verpackt und mit den nötigen Dokumenten versehen. Auch die Rechnungsstellung und Überwachung der Zahlungseingänge geschieht im ERP-System anhand der erledigten Kundenaufträge.

Bei einer **vertikalen Integration** werden betriebliche Daten von der ausführenden Ebene über die planende Ebene des Managements bis zur entscheidenden Ebene der Geschäftsleitung gesammelt, verdichtet und ausgewertet.

Vertikal integrierte Lösungen werden auch **Management-Informationssysteme (MIS)** oder **Executive Information System (EIS)** genannt.

Beispiel	Ein Zulieferbetrieb der Pharmaindustrie verwendet artikel- und auftragsbezogene Daten aus dem ERP-System, um die Ergebnisbeiträge der einzelnen Produkte zu ermitteln. Die entsprechende ABC- und DB-Analyse wird wöchentlich aktualisiert und (neben anderen wichtigen Kenngrössen) im Management-Cockpit des Betriebsleiters visualisiert (grafisch aufbereitet).

Für welche Funktionsbereiche und Ebenen eine **integrierte Lösung** eingesetzt wird, hängt von der Ausgangslage, den Möglichkeiten und den Zielen eines Unternehmens ab. Immer mehr werden auch Lösungen eingesetzt, die Geschäftsprozesse **mit externen Geschäftspartnern** (Lieferanten, Kunden) verbinden und ggf. automatisch abwickeln. Voraussetzung dafür ist ein sicherer Datenaustausch. Vergleichen Sie zur Datensicherheit und zum Datenschutz das Kapitel 8, S. 214. Je nach Richtung und Grad kann zwischen folgenden **Integrationsstufen** unterschieden werden.

Abb. [2-1] Integrationsstufen

Stufe	Beschreibung	Beispiel
Stufe 1: nicht integrierte Lösung	Die Lösung unterstützt Geschäftsprozesse (Aufgaben) einer bestimmten Funktion (Abteilung) im Unternehmen. Sie ist nicht mit anderen Applikationen verbunden.	FiBu, Tabellenkalkulation, Textverarbeitung, Präsentation
Stufe 2: horizontal integrierte Lösung intern	Die Lösung unterstützt die Abwicklung durchgehender Geschäftsprozesse innerhalb des eigenen Unternehmens.	Auftragsbearbeitung und -abwicklung
Stufe 3: horizontal und vertikal integrierte Lösung intern	Die Lösung unterstützt die Abwicklung durchgehender Geschäftsprozesse innerhalb des eigenen Unternehmens. Via Datenschnittstelle werden Informationsbedürfnisse bestimmter Hierarchieebenen abgedeckt.	Auftragsbearbeitung und -abwicklung mit Auswertungsmöglichkeiten für Leiter Einkauf und Leiter Verkauf
Stufe 4: horizontal integrierte Lösung mit externer Anbindung	Die Lösung unterstützt die Abwicklung durchgehender Geschäftsprozesse mit externen Partnern.	Supply Chain Management (SCM) mit Anbindung an Lieferanten
Stufe 5: vollständig vernetzte Lösungen	Die Lösung unterstützt die Abwicklung der internen Geschäftsprozesse mit externen Kunden und Lieferanten. Via Datenschnittstelle werden Informationsbedürfnisse verschiedener Hierarchieebenen abgedeckt.	E-Shop mit Anbindung an Lager- und Materialwirtschaft sowie Auswertungsmöglichkeiten für Lager- und Unternehmensleiter

2.1.2 Weitere Tools und Plattformen

Neben ERP-Systemen, Management-Informationssystemen und Datenbanken kommen je nach Bedarf weitere Tools und Plattformen zum Einsatz:

- Ein **CMS (Content Management System)** dient zur Erstellung, Bearbeitung, Ablage und Präsentation von Inhalten (Contents). Meist handelt es sich dabei um Texte, Grafiken oder Multimedia-Inhalte, die zentral gespeichert, gepflegt und für unterschiedliche Zielgruppen aufbereitet werden. Häufig fliessen diese Inhalte auch in Webseiten, die intern (Intranet) oder extern (Internet) über einen Webbrowser aufgerufen werden können. Mit einem CMS können Websites ohne Programmierkenntnisse entwickelt werden. Sie unterstützen die grafische Gestaltung, die Navigation und den Zugangsschutz. Beispiele sind Joomla, Wordpress, Typo3 usw.
- Ein **CRM**[1]-**System** dient dem Aufbau und der Pflege von Kundenbeziehungen und der Bereitstellung kundenspezifischer Marketing-, Vertriebs- und Servicedienstleistungen. Zu diesem Zweck werden Kundendaten aller Abteilungen mit Kundenkontakten gesammelt und zentral verwaltet. Schnittstellen zu verschiedenen Kundenkanälen wie E-Mail, Telefon, Webauftritt, Social-Media-Präsenz ermöglichen es dem Unternehmen, die Kundendaten aktuell zu halten. Umgekehrt profitiert der Kunde davon, jederzeit mit Fragen, Aufträgen oder Wünschen an das Unternehmen herantreten zu können.

[1] Abkürzung für: Customer Relationship Management.

Siehe auch! **Kundenbindung**

Lesen Sie zum Thema Kundengewinnung und Kundenpflege das Buch «Verkauf und Services» dieser Lehrmittelreihe.

- Ein **Document Management System (DMS)** dient der sicheren Aufbewahrung und Bearbeitung von Dokumenten. Vergleichen Sie zum Dokumentenmanagement auch das Kapitel 8, S. 214.
- **E-Collaboration-Tools** erlauben die Vernetzung und Zusammenarbeit mehrerer Personen innerhalb des Unternehmens oder entlang von Wertschöpfungsketten. Viele Tools sind webbasiert und setzen eine sichere, performante Netzwerkverbindung voraus. Beim Video Conferencing wird z. B. eine hohe Netzwerkbandbreite benötigt. Es empfiehlt sich zudem, homogene IT-Systeme (konsistente Software und Hardware) einzusetzen, um Versionskonflikte zu vermeiden. Typische Werkzeuge dieser Gruppe sind Wikis, Blogs, Tagging, RSS-Feeds, Tag-Clouds, Profile und Social Networking, Social Bookmarking. **Groupware** ist ein verteiltes System für die gemeinsame Bearbeitung umfangreicher Daten oder zahlreicher Dokumente. Bei einer Client-Server-Lösung sind alle Teilnehmer mit einer zentralen Instanz verbunden, die die gesamte Zusammenarbeit regelt. Bei einer Peer-to-Peer-Architektur gibt es keine zentrale Verwaltungsinstanz. Bei einer hybriden Architektur übernimmt ein zentraler Server die Rolle der Protokollierung.
- Je nach Funktionsumfang unterstützen **Projektmanagement-Tools** sowohl operative Projektarbeiten wie Collaboration, Filesharing und To-do-Listen als auch Managementaufgaben wie die Planung und Steuerung von Projekten mithilfe von Meilensteinen und Fortschrittskontrolle. Wichtig ist, dass das eingesetzte Tool mit dem Vorgehensmodell des Unternehmens kompatibel ist. Dies gilt in besonderem Masse für komplexen IT-Projekte. Vergleichen Sie dazu auch das Kapitel 6.1.1, S. 161.

Siehe auch! **Projektmanagement**

Lesen Sie zum Thema Projektmanagement das Buch «Organisation und Projektmanagement» dieser Lehrmittelreihe.

- **Office-Systeme** oder **Büroinformationssysteme** unterstützen die Mitarbeitenden im Backoffice bei ihren administrativen Aufgaben. Zum Umfang von Komplettlösungen wie z. B. von MS Office oder Office 365 gehören Werkzeuge für die Textverarbeitung, Kalkulation und Präsentation.
- **Workflow-Management-Systeme (WfMS)** unterstützen den Entwurf und die Steuerung von automatisierbaren Arbeitsabläufen. Für die Modellierung von Geschäftsprozessen wird häufig BPMN[1] eingesetzt. Bei der Ausführung und zur Steuerung der modellierten Geschäftsprozesse kommt eine Workflow-Engine zum Einsatz. Diese interpretiert bestimmte Ereignisse wie z. B. eine erreichte Frist oder Bestätigung von Vorgesetzten und reagiert darauf mit einer definierten Aktion wie z. B. der Archivierung eines Dokuments oder der Eskalation eines Problems an die nächste Stufe.
- **Technische Applikationen** sind Anwendungen für bestimmte technische Aufgaben wie z. B. Grafik- und Designprogramme, Geräte- und Anlagensteuerungen. In Verbindung mit der zugehörigen Hardware wird von «Embedded Systems» gesprochen. Dabei übernimmt der Rechner Überwachungs-, Steuerungs- oder Regelfunktionen oder ist für eine Form der Daten- bzw. Signalverarbeitung zuständig, beispielsweise beim Ver- bzw. Entschlüsseln, Codieren bzw. Decodieren oder Filtern. Dazu gehören etwa wie Notrufsysteme, Telekommunikations- und Feuermeldeanlagen, Verkehrssignalanlagen, Heizungs- oder Lüftungssysteme etc.

---

[1] Abkürzung für: Business Process Management and Notation.

- **Entwicklungssoftwares** unterstützen Programmierer bei der Softwareentwicklung und nehmen deren routinemässige Arbeiten ab. Integrierte Entwicklungsumgebungen[1] sind miteinander verbundene Werkzeuge für eine bestimmte Programmiersprache. Sie bieten z. B. komfortable Editoren (mit Unterstützung von Funktionsaufrufen, Syntax Highlighting), Programmbibliotheken, Simulatoren für die schrittweise Programmausführung sowie Tools für das Auffinden von Fehlern in Computersystemen (Debugging).
- **Social-Media-Anwendungen** fassen Plattformen wie Facebook, Twitter, Instagram, Xing, LinkedIn, Youtube, WhatsApp etc. zusammen, die v. a. Privatpersonen, aber auch Firmen vielfältige Möglichkeiten der sozialen Interaktion bieten. So kann ein Unternehmen z. B. über Facebook mit Endkunden in Kontakt treten und sich mit ihnen austauschen.
- **Wissensmanagement**[2] ist die gezielte Organisation, Vermehrung und Verwertung der Wissensbasis eines Unternehmens. Darunter fallen alle Informationen, die ein Unternehmen für die Lösung ihrer Geschäftsaufgaben benötigt. Das in einem Unternehmen vorhandene Wissen kann als Produktionsfaktor verstanden werden, wobei IT-Systeme wichtige Beiträge für dessen Nutzung leisten können. Voraussetzung dafür ist, dass neben betrieblichen Daten auch individuelles Wissen und persönliche Fähigkeiten (Humankapital) systematisch erfasst werden. Das gesamte fachliche und methodische Wissen einer Organisation soll dadurch erhalten und weiterentwickelt werden, unabhängig von den zugehörigen Personen. Dies kann z. B. durch Vernetzung von Personen mit ähnlichen Aufgaben oder Interessen, durch die Bildung formeller und informeller Arbeitsgruppen oder durch einen regelmässigen Meinungsaustausch gelingen.

Siehe auch! **Wissensmanagement**

Lesen Sie zum Thema Wissensmanagement das Buch «Unternehmensführung und Umwelt» dieser Lehrmittelreihe.

2.2 Datenhaltung und Datenaustausch

Um die Datenhaltung und den Datenaustausch zu vereinfachen und den Informationsfluss zu beschleunigen, bieten integrierte Lösungen eine **zentrale Speicherung und Bereitstellung der betrieblichen Daten** (Stamm- und Transaktionsdaten). Dies führt zu einer Beschleunigung der Auftragsabwicklung, Durchlaufzeiten und Entscheidungen sowie zu einer höheren Transparenz. Unternehmensressourcen und -prozesse lassen sich auf diese Weise effektiver und effizienter steuern.

2.2.1 Datenquellen

Bei einer Anbindung an externe IT-Systeme oder Applikationen werden ggf. auch externe Datenquellen einbezogen. Folgende Abbildung zeigt die grundsätzliche Funktionsweise eines solchen System. Daten werden in einem bestimmten Prozessschritt erfasst oder von der externen Datenquelle bezogen und für andere Aktivitäten zur Verfügung gestellt.

---

[1] Englischer Fachbegriff: Integrated Development Environment (IDE).
[2] Auch: Knowledge-Management.

Abb. [2-2]   Unterstützung betrieblicher Aktivitäten durch ein betriebliches Informationssystem

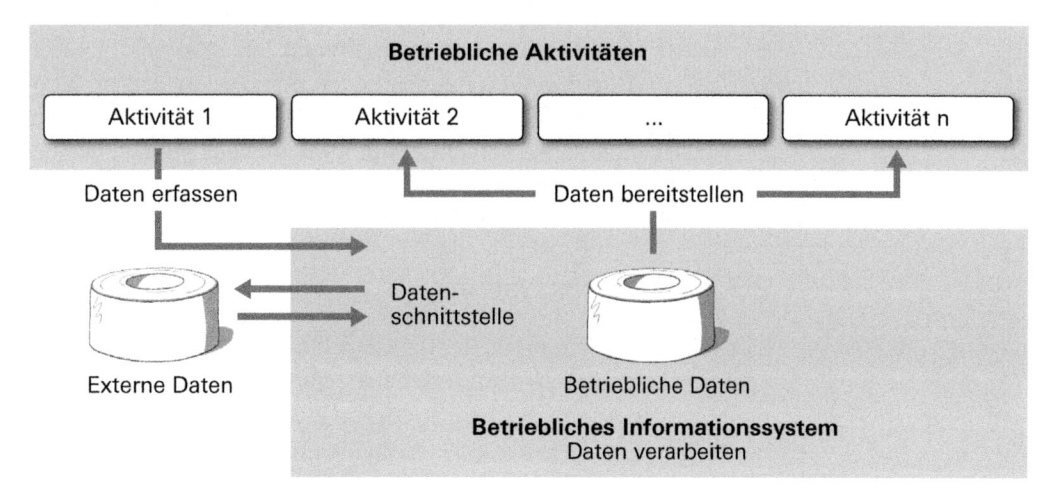

Betriebliche Aktivitäten

Aktivität 1 — Aktivität 2 — ... — Aktivität n

Daten erfassen → Daten bereitstellen

Datenschnittstelle

Externe Daten   Betriebliche Daten

Betriebliches Informationssystem
Daten verarbeiten

2.2.2 Datenbanken

Unternehmen müssen ihre Daten dauerhaft (persistent) speichern und vielseitig einsetzen können. Diese Aufgabe wird i. d. R. nicht durch eine bestimmte Applikation wahrgenommen, sondern durch eine **Datenbank**. Eine Datenbank ist eine Standardsoftware, die eine zentrale, dauerhafte Speicherung der Unternehmensdaten erlaubt und eine eigene **Abfragesprache (SQL)** sowie ein eigenes **Database Management System (DBMS)** bietet.

Weitverbreitet sind **relationale Datenbanken**. Diese bestehen aus mehreren Tabellen mit strukturierten Datensätzen. Man kann eine solche Datenbank mit einer MS-Excel-Datei mit mehreren Tabellen vergleichen, die via **Primär- und Fremdschlüssel** miteinander verbunden sind.

Beispiel	**Relationale Datenbanken** • Oracle Database • MySQL • Microsoft SQL Server

Immer wichtiger werden **NoSQL**[1]**-Datenbanken**. Dabei handelt es sich um **verteilte Datenbanken,** die z. B. von Internetsuchmaschinen verwendet werden. Solche Datenbanken sind auf hohe Geschwindigkeiten und riesige Datenmengen optimiert und ihre Funktionen gehen weit über die Möglichkeiten der Abfragesprache SQL hinaus.

Beispiel	**Verteilte Datenbanken** • Google verwendet die eigene Datenbank BigTable als DDBMS (Distributed Date Base Management System) für die Google-Suche. Jede Webseite im Internet wird als Zeile in diese Datenbank aufgenommen. Jede Zeile kann aus unterschiedlich vielen Attributen (Eigenschaften) bestehen. • SourceForge ist ein Filehosting-Dienst, um Open-Source-Software zu erstellen, zu verwalten und öffentlich zur Verfügung zu stellen. SourceForge verwendet für die Speicherung der Daten die verteilte dokumentenorientierte Datenbank MongoDB (GPL).

---

[1] Abkürzung für: Not only Standard Query Language.

2.3 Systemsoftware

Sie haben gesehen: **Anwendungssoftware** bilden bestimmte Geschäftsprozesse ab und werden von **Datenbanken** mit den benötigten Daten versorgt. **Systemsoftware** organisiert dagegen den Betrieb eines IT-Systems und steuert die Funktionen eines Computers, übersetzt die Anweisungen oder Befehle des Programmcodes in Maschinencode oder ermöglicht die Einbindung neuer Anwendungen in ein bestehendes IT-System.

2.3.1 Betriebssysteme

Das Betriebssystem ermöglicht die Ausführung von Applikationen auf einem Computer. Es «erweckt» die Hardware quasi zum Leben und steuert Komponenten wie Prozessor, Speicher oder Ein- und Ausgabegeräte. Zu diesem Zweck stellt das Betriebssystem den Anwendungen häufig benötigte Dienste und Funktionen über **genormte Schnittstellen**[1] zur Verfügung.

Beispiel
- Programm (App) aufrufen und öffnen bzw. ausführen.
- Daten in Dateien schreiben.
- Neues Dialogfenster öffnen, Dialogfenster schliessen.

Solche Funktionen müssen nicht in jeder Anwendung neu programmiert werden. Auch muss sich eine Anwendung nicht um die Verwaltung der Programme und der Hardware kümmern. Das Betriebssystem trennt somit die Hardware von der Software. Unabhängig vom konkreten Aufbau der Hardware können die Anwendungen in einer einheitlichen Umgebung ausgeführt werden. Ein Betriebssystem kümmert sich i. d. R. um folgende **Aufgaben:**

- **Programm- bzw. Prozessverwaltung:** Das Betriebssystem kontrolliert und verwaltet alle laufenden Programme und Prozesse im Hintergrund. Neue Prozesse werden gestartet, nicht mehr benötigte Prozesse beendet. Die **Prozessorzeit** wird nach vorgegebenen Prioritäten den laufenden Anwendungen zugeteilt. Ebenso wird die Kommunikation zwischen einzelnen Anwendungen und Prozessen gewährleistet. Ein Sicherheitssystem verhindert, dass fehlerhafte Anwendungen oder Prozesse das ganze IT-System lahmlegen.
- **Speicherverwaltung:** Das Betriebssystem verwaltet den Arbeitsspeicher, indem es den Anwendungen freien Speicher zuteilt und bei Nichtgebrauch wieder wegnimmt. Aktuell benötigte Programmteile oder Daten werden bei Bedarf in den Arbeitsspeicher geladen. Reicht der Arbeitsspeicher nicht (mehr) aus, werden belegte, aber aktuell nicht benutzte Bereiche des Arbeitsspeichers mithilfe einer **Auslagerungsdatei** auf die Festplatte ausgelagert und erst bei Bedarf wieder zurückgeladen.
- **Geräteverwaltung:** Das Betriebssystem verwaltet die Ein- und Ausgabegeräte gemäss den Vorgaben der jeweiligen Anwendungen. Als Gerät wird jede Hardware aufgefasst, die über Ein- oder Ausgabekanäle angesprochen werden kann. Dazu gehören auch Grafik- und Netzwerkkarten oder Speichermedien wie CD-ROM[2] und USB[3]-Sticks. Hilfsprogramme für die Ansteuerung solcher Geräte werden als **Gerätetreiber** bezeichnet.
- **Dateiverwaltung:** Das Betriebssystem stellt ein **Dateisystem** zur Verfügung, das die geordnete Ablage von Daten mithilfe einer Verzeichnis- und Ordnerstruktur erlaubt. So können Dateien auf verschiedenen Datenträgern und Laufwerken gespeichert, kopiert und gelöscht werden. Vergleichen Sie dazu das Kapitel 8, S. 214.
- **Benutzerverwaltung:** Das Betriebssystem stellt dem Benutzer eine Benutzerschnittstelle, d. h. eine textorientierte oder grafische Bedienungsoberfläche[4], zur Verfügung. Mittels Benutzerverwaltung können auch die Zugriffsrechte der Benutzer geregelt werden.

---

[1] Application Programming Interface (API): Schnittstelle, über die ein Programm(ierer) Dienste des Betriebssystems aufrufen und nutzen kann.
[2] Abkürzung für: Read only Memory, engl. für: Nur-Lese-Speicher (wörtl.). Im Gegensatz zu RAM erlaubt dieser Speicher nur Lesezugriffe.
[3] Abkürzung für: Universal Serial Bus, engl. für: Bussystem zur Verbindung eines Computers mit einem Peripheriegerät. Geräte, die mit USB ausgestattet sind, können während des laufenden Betriebs miteinander verbunden werden. Das angeschlossene Peripheriegerät und seine Eigenschaften werden automatisch erkannt (Hot-Plugging).
[4] Englischer Fachbegriff: Grafical User Interface (GUI).

Im Folgenden werden **verbreitete Betriebssysteme** kurz vorgestellt:

A] **Betriebssysteme für Arbeitsplatzgeräte (Desktops)**

- **MS Windows:** Windows ist ein proprietäres Multitasking-Betriebssystem der Firma Microsoft, das auf Intel- und Intel-kompatiblen Prozessoren läuft. Windows ist auf PCs das mit Abstand am weitesten verbreitete Betriebssystem. Sein Marktanteil beträgt im Desktopbereich ca. 88% (Stand 2016). Die aktuelle Version ist Windows 10 mit den zusätzlichen Varianten Pro und Enterprise für 32- und 64-Bit-Intel-Prozessoren.
- **Linux** ist ein Multitasking- und Multiuser-Betriebssystem, das unter der General Public License (GPL) entwickelt wurde. Linux baut auf Unix[1] auf und läuft auf diversen Prozessoren. Es wurde u. a. für die Intel- und AMD-Plattformen[2] entwickelt und auf verschiedene andere Hardware portiert. Wegen seiner Anpassbarkeit wird Linux auch in «Embedded Systems»[3] wie z. B. auf Routern, elektronischen Kassen oder Handys (als Android) breit eingesetzt. Ursprünglich von Linus Torvalds entworfen, war Linux im Gegensatz zu den kommerziellen Unix-Varianten von Anfang an eine Open-Source-Software, d. h., der Quelltext steht allen Nutzern zur Verbesserung und Überprüfung zu Verfügung. Dieses Betriebssystem wird heute von einer grossen Programmiergemeinde in aller Welt weiterentwickelt und von verschiedenen grossen IT-Firmen wie IBM, Novell und HP unterstützt. Diese Firmen versprechen sich offensichtlich Vorteile vom Einsatz der Open-Source-Software und stellen beträchtliche Ressourcen zur Verfügung; sie verbessern das Betriebssystem, entwickeln kommerzielle Software und geben Bestandteile davon als Open-Source-Software frei. Der Marktanteil von Linux beträgt im Serverbereich je nach Einsatzgebiet zwischen 30% und 70%. Vor allem Webserver werden oft unter Linux betrieben. Im Desktopbereich ist der länger prognostizierte Durchbruch nicht erfolgt. Als Hauptgründe dafür werden die auf den meisten PCs vorinstallierten Windows-Betriebssysteme, die fehlende Kompatibilität mit bestehenden Anwendungen (z. B. mit Microsoft-Office-Werkzeugen) genannt.
- **Mac OS**[4] ist ein proprietäres Multitasking- und Multiuser-Betriebssystem von Apple für Macintosh-Computer, das wie Linux auf dem Unix-Betriebssystem aufbaut. Im Gegensatz zu anderen PC-Betriebssystemen wie Windows oder Linux läuft Mac OS nur mit der speziellen Hardware der Macintosh-Computer zusammen. Hardware und Betriebssystem sind enger gekoppelt als bei anderen Computersystemen. Dies hat den Vorteil, dass die Hardware und die Software meist optimal zusammenspielen. Allerdings müssen Sie dazu die oft teurere Apple-Hardware kaufen. Aktuell ist die Version macOS Sierra.

B] **Betriebssysteme für mobile Geräte (Smartphones, Tablet-PCs)**

- **iOS** ist das Betriebssystem des iPhones und des iPads, das auf die Bedienbedürfnisse der Apple-Smartphones optimiert ist und nur zusammen mit diesem lizenziert wird.
- **Android** ist ein von der Open Handset Alliance (mit Google) entwickeltes Betriebssystem für Smartphone, das auf Linux aufbaut. Android ist Open Source und wird von diversen Herstellern für Smartphones und Tablets eingesetzt.

C] **Betriebssysteme für Server**

- **Windows Server:** proprietäres Betriebssystem von Microsoft, das Editionen wie z. B. Windows Foundation oder Windows Datacenter umfasst. Windows Server 2016 bietet gegenüber dem Windows-Betriebssystem für Desktops zusätzliche Features wie:
    - Einrichtung der Serverrollen und -funktionen mittels GUI
    - Einrichtung von Netzwerkfunktionen wie z. B. die Rolle als Domänencontroller[5] für den Verzeichnisdienst AD (Active Directory)

---

[1] Mehrbenutzersystem, das 1969 durch die Bell Laboratories entwickelt wurde.
[2] Intel und AMD sind wichtige Prozessorhersteller.
[3] Englisch für: eingebettete Systeme. Betriebssysteme in spezialisierten Geräten. Man nennt solche Geräte auch Appliances.
[4] Abkürzung für: Macintosh Operating System.
[5] Zentraler Verwaltungsserver eines Windows-Netzwerks.

- Unterstützung von Mehrprozessor-Systemen
- Verwaltung grosser Arbeitsspeicher
- Optimierung der Leistungsfähigkeit und Verfügbarkeit des Arbeitsspeichers für den Serverbetrieb
- Optimierung der Leistungsfähigkeit und Verfügbarkeit der Festplatten für den Serverbetrieb
- Tools für die Administration von Berechtigungen

- **Open Source Server:** offenes Betriebssystem für Linux-Systeme. Open Source Server haben keine Lizenzeinschränkungen wie maximale Anzahl Benutzerkonten oder limitierter Arbeitsspeicher. Red Hat, Suse Linux und Collax sind von der Leistungsfähigkeit mit Windows Servern vergleichbar, weil diese hauptsächlich von der Hardware abhängig ist.

2.3.2 Weitere Systemsoftware

Neben Betriebssystemen gibt es weitere Programme, die als Systemsoftware eingesetzt werden und im Hintergrund (für Anwender unsichtbar) unterschiedliche **Aufgaben** wahrnehmen:

- **Compiler** sind Programme, die den Quellcode einer Anwendung während der Installation dieser Anwendung in die ausführbare Maschinensprache übersetzt. Der Quellcode wird während der Softwareentwicklung i. d. R. in einer Programmiersprache wie C, C++, C# («C-Sharp»), Java etc. erstellt und muss bei der Installation übersetzt werden.
- **Interpreter** sind Programme, die den Quellcode einer Anwendung während der Laufzeit, d. h. während jeder Ausführung dieser Anwendung in die ausführbare Maschinensprache übersetzt. So rechnet beispielsweise ein Webbrowser den empfangenen HTML-Code beim Aufruf einer Website jeweils so um, dass die Inhalte vom betreffenden Gerät richtig dargestellt und vom Benutzer gelesen werden können.
- **Firmware**[1] bezeichnet ein Programm, das im ROM[2] abgespeichert und auch nach dem Abschalten des Geräts (Gerät ohne Netzspannung) weiterhin verfügbar ist. Firmware nimmt bezüglich der Änderungsmöglichkeit eine Zwischenstellung zwischen Software und Hardware ein. Beispiele: Programm eines Taschenrechners, Operating Systems (OS) von Geräten für spezielle Zwecke wie Router oder Telefonanlagen (PABX[3]).
- **Middleware**[4] bezeichnet ein Programm, das Dienste und Schnittstellen zur Verfügung stellt, die es erlauben, dass voneinander unabhängige Software miteinander gekoppelt werden und kommunizieren können. Middleware arbeitet i. d. R. zwischen einer Anwendung und einem Betriebssystem oder einem Datenbankmanagementsystem. Beispiel: ODBC (Open Database Connectivity): Programmschnittstelle einer Datenbank zu einem Anwendungsprogramm.

2.4 Zusammenspiel der Software

2.4.1 Zwei-Schichten-Architektur

Bei einer **zweischichtigen Architektur**[5] hat die tiefer liegende Schicht eines IT-Systems die Funktion des Dienst- oder Datenanbieters (Server) und die höher liegende Schicht die Funktion des Dienst- oder Datennutzers (Client), wobei ausschliesslich die höhere auf die tiefere Schicht zugreifen darf. In der folgenden Grafik greifen Anwendungen verschiedener Client-Rechner auf Daten mehrerer Serverrechner zu.

---

[1] Englisch für: feste Ware (wörtl.). Hier: fix abgespeicherte, kaum veränderliche Softwareroutinen.
[2] Abkürzung für: Read only Memory. Speicher, dessen Inhalte bzw. Daten unveränderlich sind.
[3] Abkürzung für: Private Automatic Branch Exchange.
[4] Englisch für: mittlere Ware (wörtl.). Hier: Zwischenanwendung.
[5] Englisch: Two Tier Architecture.

Abb. [2-3] Zwei-Schichten-Architektur (hardwareseitig)

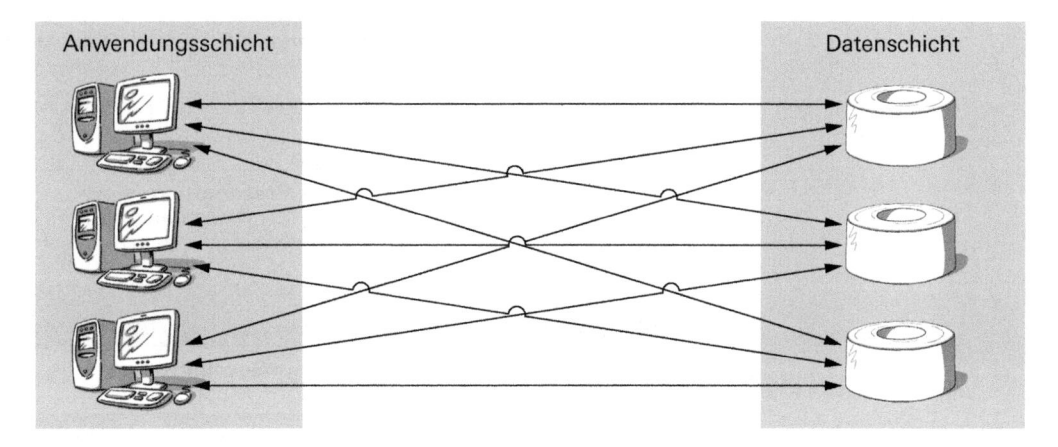

Anwendungsschicht — Datenschicht

Bei einer solchen **hardwareseitigen Client-Server-Architektur** werden Rechenkapazitäten weitgehend auf die Clients ausgelagert, um die Server zu entlasten. Als Arbeitsplatzrechner kommen sogenannte **Fat Clients** zum Einsatz, wobei auf den Fat Clients die Geschäftsanwendung und auf dem Server die Datenbankanwendung läuft. Die Clients übernehmen also die Logik und die Darstellung der Benutzerschnittstelle, während der Server die Datenverwaltung regelt. Eine **softwareseitige Client-Server-Architektur** muss dagegen nicht unbedingt durch zwei verschiedene Rechner umgesetzt werden, sondern kann auch durch zwei verschiedene Softwaremodule auf dem gleichen Rechner realisiert werden.

2.4.2 Drei-Schichten-Architektur

Bei einer **dreischichtigen Architektur**[1] sind softwareseitig 3 Schichten beteiligt. Dabei übernimmt die mittlere Schicht meistens die Logik, d. h. die Funktion der Datenverarbeitung. Entsprechend wird zwischen folgenden Schichten unterschieden:

- Die **Präsentationsschicht**[2] ist für die Darstellung der Daten, für die Benutzereingaben sowie für die Benutzerschnittstelle (GUI) verantwortlich.
- Die **Logikschicht**[3] beinhaltet die Anwendungslogik, d. h., sie umfasst alle Verarbeitungsmechanismen der Anwendungssoftware. Im Kontext von Geschäftsanwendungen wird diese Schicht auch als **Business-Schicht** bezeichnet.
- Die **Datenhaltungsschicht**[4] enthält die Datenbank und ist für das Speichern und Laden der Daten verantwortlich.

Heute werden die meisten Applikationen für die Drei-Schichten-Architektur entwickelt. Dabei kann die Anwendung prinzipiell von jedem Rechner genutzt werden, der als Client fungiert (Desktop-PC, Laptop, Tablet-PC, Smartphone). Die Anwendungssoftware läuft dagegen auf dem Applikationsserver, d. h. auf einem separaten, leistungsstarken Rechner. Hinzu kommt eine Datenbank, die auch auf einem Applikationsserver oder separat auf einem dedizierten Daten(bank)server läuft. Folgende Abbildung fasst die beschriebene Aufgabenteilung in einer **Drei-Schichten-Architektur** zusammen:

---

[1] Englischer Fachbegriff: Three Tier Architecture.
[2] Englische Fachbegriffe / Synonyme: Client Tier, Front-End.
[3] Englische Fachbegriffe / Synonyme: Application Server Tier, Middle Tier, Enterprise Tier.
[4] Englische Fachbegriffe / Synonyme: Data Server Tier, Back-End.

Abb. [2-4]   Drei-Schichten-Architektur

[Diagramm: Drei-Schichten-Architektur]

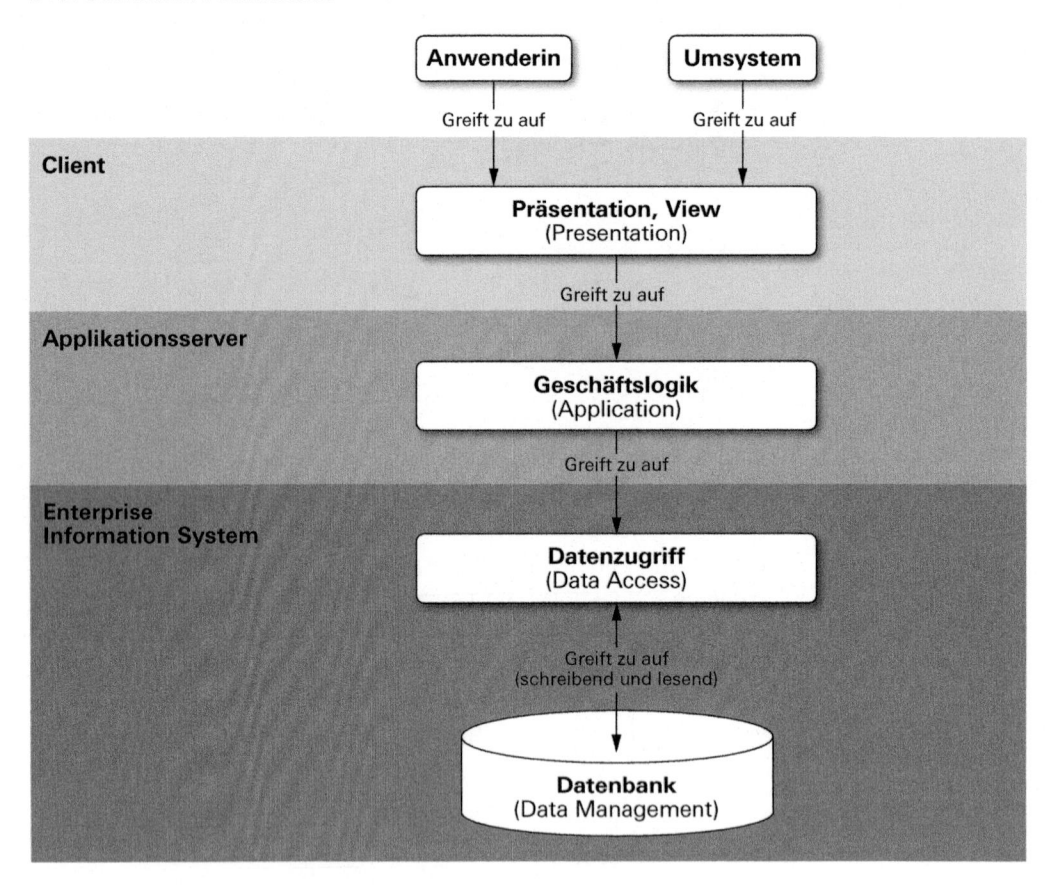

- **Client**: Anwenderin und Umsystem greifen zu auf **Präsentation, View (Presentation)**
- **Applikationsserver**: **Geschäftslogik (Application)**
- **Enterprise Information System**: **Datenzugriff (Data Access)** greift zu auf (schreibend und lesend) **Datenbank (Data Management)**

2.4.3 Mehrschichtenarchitektur und verteilte Systeme

IT-Systeme auf der Basis einer **Mehrschichtenarchitektur** wie die dreischichtige Architektur sind gut skalierbar, d.h., ihre Leistungsfähigkeit kann mit geringem Aufwand an sich ändernde Bedürfnisse angepasst werden (z.B. steigende Benutzerzahlen, mehr Speicherplatz, höhere Verarbeitungsgeschwindigkeit). Weil in einer solchen Architektur die einzelnen Aufgaben (Schichten) logisch voneinander getrennt sind, können sie auf verschiedenen Geräten laufen.

Beispiel   Die Datenverarbeitung läuft auf einem zentralen Datenbankserver, die funktionale Logik läuft auf einem Workgroupserver, die Präsentation und Interaktion befindet sich auf der Workstation der Benutzer.

Mehrschichtenarchitekturen ermöglichen und begünstigen daher vernetzte **IT-Systeme mit verteilten Aufgaben und Risiken.** Dabei gibt es verschiedene Möglichkeiten, die einzelnen Schichten zwischen Client und Server zu verteilen. Generell gilt: Je weiter oben eine Schicht liegt, desto eher wird sie einem Client zugeteilt. Je weiter unten eine Schicht liegt, desto eher wird sie einem Server zugeteilt. Folgende Tabelle fasst die wichtigsten Ausprägungen von verteilten Systemen mit ihren Vor- und Nachteilen zusammen:

Ausprägung	Merkmale	Vor- und Nachteile
Thin Client und aktiver Server	• Präsentation auf Clients • Funktionale Logik und Daten auf einem Server	+ Flexibilität + hohe Sicherheit (nur 1 Server) + tiefe Betriebskosten durch zentrale Administration und Wartung − höhere Belastung des Servers
Fat Client	• Präsentation, funktionale Logik und Daten auf Client • Daten teilweise auf Server	+ geringere Belastung des Servers + hohe Selbstständigkeit der Clients wegen grosser Speicher- und Rechenkapazitäten + Weiterarbeit möglich, auch wenn die Verbindung zum Server gestört oder unterbrochen ist + weniger Datenverkehr im Netzwerk − höhere Betriebskosten wegen dezentraler Administration und Wartung
Datenserver	• Präsentation und funktionale Logik auf Clients • Server liefert nur benötigte Daten	+ Datensicherheit durch zentrale Datenhaltung + höhere Performance der Clients gegenüber Thin Clients − geringere Performance der Clients gegenüber Fat Clients − hoher Installationsaufwand, da alle Clients alle Applikationen benötigen
Dedizierte Applikations- und Datenbankserver	• Präsentation auf Client • Funktionale Logik und Datenbank auf Server • Funktionale Logik und Datenbank auf Server	+ hohe Datensicherheit + hohe Flexibilität + Aufteilung der Serveraufgaben und -belastung + geringere Betriebskosten wegen zentraler Administration und Wartung − hoher Datenverkehr im Netzwerk

2.4.4 Standardisierte Schnittstellen

Damit das Zusammenspiel zwischen den einzelnen Schichten bei sämtlichen Anwendungen (auch unterschiedlicher Hersteller) funktioniert, müssen die **Schnittstellen für Datenzugriffe und Datenaustausch standardisiert** werden:

- Bei der Programmierung von Anwendungen für verteilte IT-Systeme kommen die **REST**[1]**-Prinzipien** zum Einsatz. Dieser Standard hat sich bei Web Services und bei Verbindungen mit mobilen Geräten bewährt.
- Erfolgt die Verbindung zu einer Anwendung über einen Webbrowser, wird **HTTPS**[2] als Kommunikationsprotokoll verwendet. Übernimmt der Webbrowser die Präsentation, muss auf dem Client-Computer kein entsprechendes Programm(teil) installiert werden.
- Die Kommunikation zwischen Client und Server im LAN oder im Internet beruht auf der Internetprotokollfamilie **TCP/IP**.
- Die **RPC**[3]**-Technik** ermöglicht den Aufruf von Funktionen in anderen Adressräumen und kommt zum Einsatz, wenn die aufrufende Anwendung und die aufgerufenen Funktionen auf unterschiedlichen Computern sind.
- Als Datenbankschnittstellen werden meist **ODBC**[4] zusammen mit der Abfragesprache **SQL** oder **JDBC**[5] für Java-Plattformen verwendet.

---

[1] Abkürzung für: Representational State Transfer. Architektur für Anwendungen mit Fokus auf Maschine-zu-Maschine-Kommunikation im Web.
[2] Abkürzung für: HyperText Transfer Protocol Secure. Sicheres Übertragungsprotokoll im World Wide Web.
[3] Abkürzung für: Remote Procedure Call. Aufruf einer entfernten Prozedur (Funktion).
[4] Abkürzung für: Open Database Connectivity. Von Microsoft entwickelter Standard.
[5] Abkürzung für: Java Database Connectivity. Von Sun entwickelter Standard.

Folgende Grafik zeigt beispielhaft den Aufbau eines ERP-Systems unter Berücksichtigung der mehreren Schichten und Schnittstellen:

Abb. [2-5]   Schichten und Schnittstellen eines ERP-Systems (Beispiel)

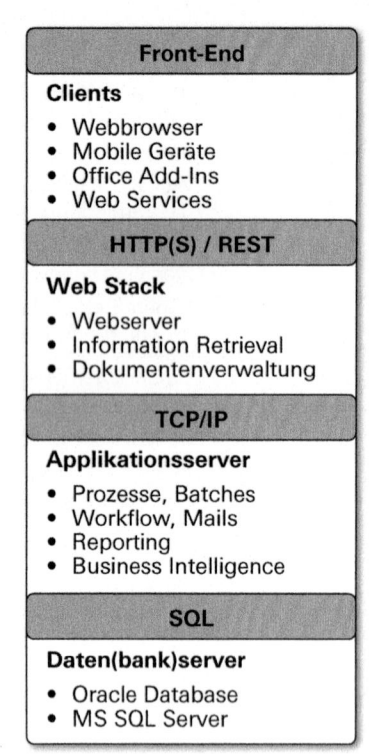

Front-End
Clients
- Webbrowser
- Mobile Geräte
- Office Add-Ins
- Web Services

HTTP(S) / REST
Web Stack
- Webserver
- Information Retrieval
- Dokumentenverwaltung

TCP/IP
Applikationsserver
- Prozesse, Batches
- Workflow, Mails
- Reporting
- Business Intelligence

SQL
Daten(bank)server
- Oracle Database
- MS SQL Server

2.5 Beschaffung von Software

Je nach Art und Einsatzzweck sind bei der Beschaffung von Software unterschiedliche Aspekte zu beachten. Im Folgenden werden wichtige Aspekte bei der **Auswahl eines ERP-Systems** näher beleuchtet.

2.5.1 Beschaffungsmarkt

Weltweit hat sich aus Kosten- und Effizienzgründen das Angebot von ERP-Systemen auf eine überblickbare Anzahl reduziert. Die folgende Grafik zeigt die wichtigsten Anbieter der Welt.

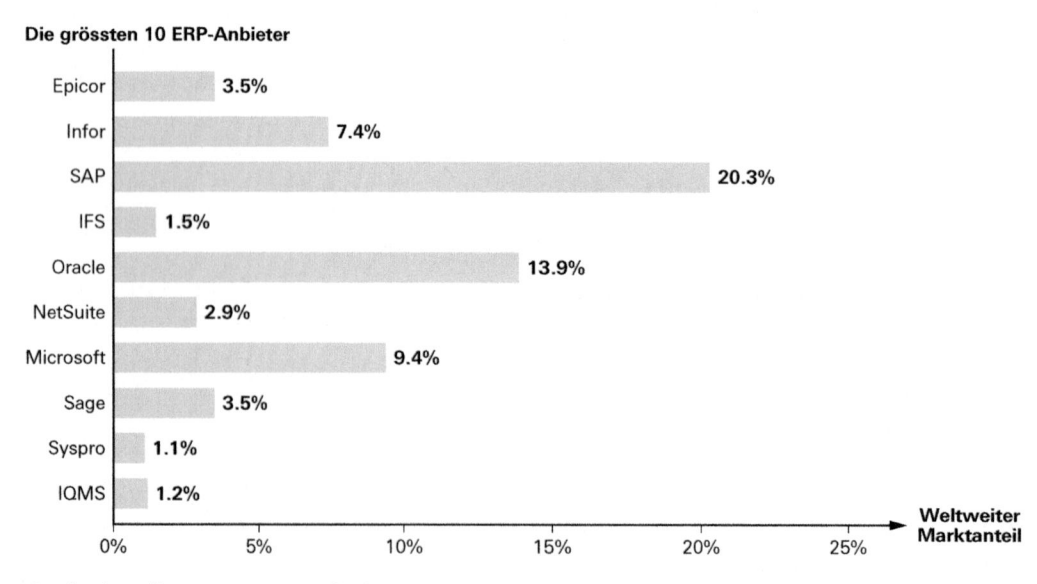

Die grössten 10 ERP-Anbieter

Anbieter	Weltweiter Marktanteil
Epicor	3.5%
Infor	7.4%
SAP	20.3%
IFS	1.5%
Oracle	13.9%
NetSuite	2.9%
Microsoft	9.4%
Sage	3.5%
Syspro	1.1%
IQMS	1.2%

Quelle: http://www.com-magazin.de

Ein Blick auf die obige Anbieterliste macht deutlich, dass es verschiedene Typen von Softwareherstellern gibt. Zunächst die **Systemsoftwarehersteller** wie Microsoft, Oracle, bei denen ihr ERP-System vorzugsweise auf der eigenen Systemsoftware (Betriebssysteme, Datenbanken) aufsetzt. Der grössere Anteil der Anbieter sind **Standardsoftwarehersteller** wie Abacus, SAP, die dann im Gegenzug sehr flexibel sein müssen, dass viele marktgängige Betriebssysteme und Datenbanken zum Einsatz kommen können. Die folgende Grafik zeigt mögliche Konfigurationen für SAP R/3. Es sind eine Vielzahl von Betriebssystemen, Datenbanken und auch Schnittstellen zum Präsentationslayer (auf den Client-Computern) zertifiziert. Über die Communication / Middleware-Schnittstellen können durch horizontale Integration auch weitere Systeme gekoppelt werden.

SAP bietet für Entwickler auch Tools für die Programmiersprachen (Language) ABAP (Programminterpreter von SAP), C / C++ / C# und Java an. Damit können nach Bedarf Modifikationen und Systemerweiterungen entwickelt werden.

Abb. [2-6]   Datenbanken und Betriebssysteme für R/3 (zertifizierte Komponenten)

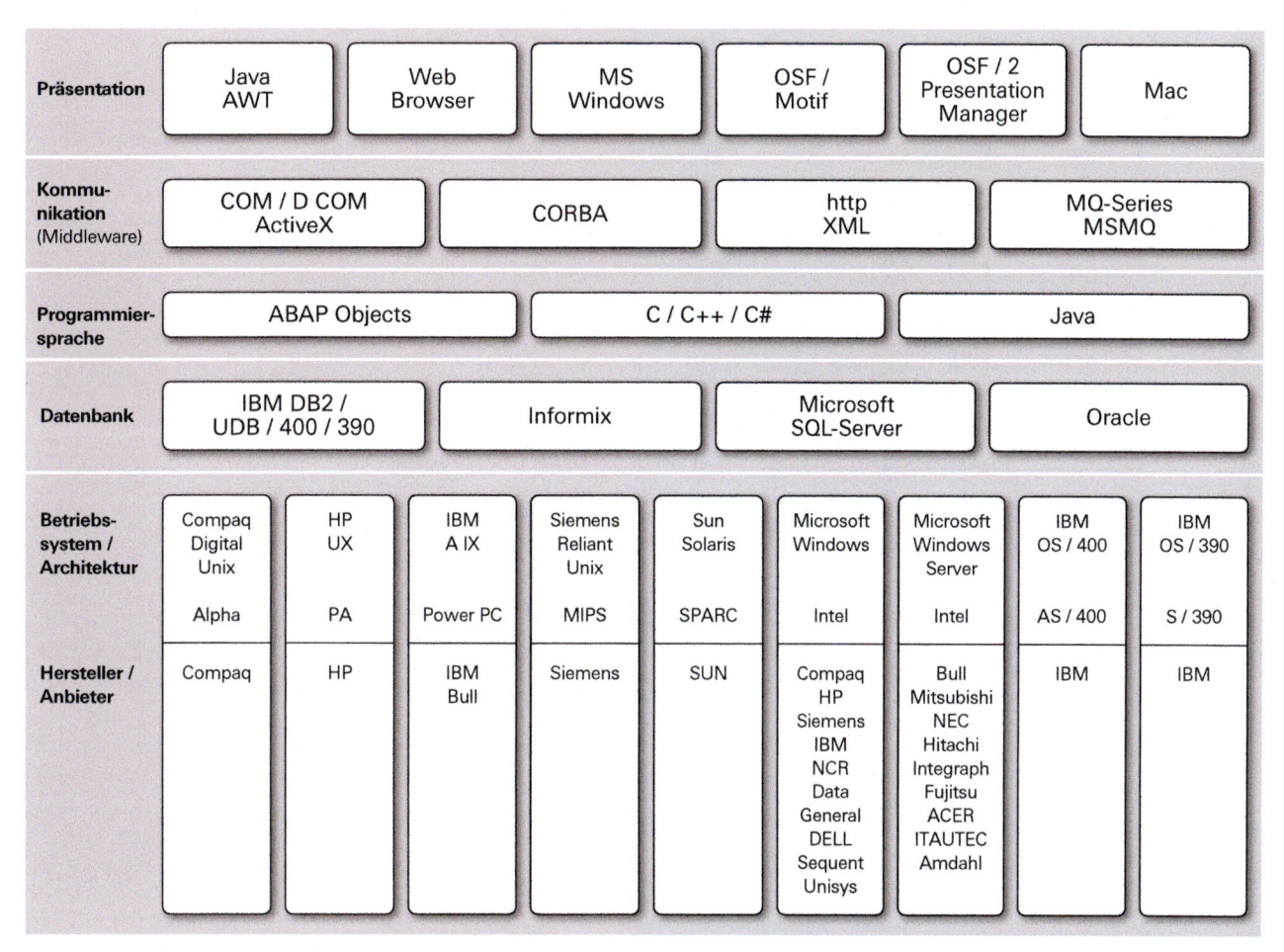

Präsentation	Java AWT	Web Browser	MS Windows	OSF / Motif	OSF / 2 Presentation Manager	Mac
Kommunikation (Middleware)	COM / D COM ActiveX		CORBA		http XML	MQ-Series MSMQ
Programmiersprache	ABAP Objects		C / C++ / C#		Java	
Datenbank	IBM DB2 / UDB / 400 / 390		Informix	Microsoft SQL-Server	Oracle	

Betriebssystem / Architektur	Compaq Digital Unix	HP UX	IBM AIX	Siemens Reliant Unix	Sun Solaris	Microsoft Windows	Microsoft Windows Server	IBM OS / 400	IBM OS / 390
	Alpha	PA	Power PC	MIPS	SPARC	Intel	Intel	AS / 400	S / 390
Hersteller / Anbieter	Compaq	HP	IBM Bull	Siemens	SUN	Compaq HP Siemens IBM NCR Data General DELL Sequent Unisys	Bull Mitsubishi NEC Hitachi Integraph Fujitsu ACER ITAUTEC Amdahl	IBM	IBM

Da in einem Unternehmen oft unterschiedliche Systeme beschafft und dann eingesetzt werden, werden **Systemintegratoren** benötigt. Diese Anbietergruppe bezieht die notwendigen Komponenten aus unterschiedlichen Quellen und baut daraus eine Gesamtlösung. Die Parametrisierung, evtl. auch Modifikationen und Konzeption der Schnittstellen, gehört zum Arbeitsumfang dieser Anbieter. Durch eine angemessene Auswahl der Komponenten (Betriebssysteme, Datenbanken, Middleware) können kostensparende Effekte entstehen.

2.5.2 Vergleichsmöglichkeiten

Um die verschiedenen Anbieter und Produkte bzw. Dienstleistungen kennenzulernen und das passende Angebot auswählen zu können, bieten sich als **Informationsquellen** z. B. Internetrecherchen, Social Media, Fachzeitschriften, Messebesuche an. Vergleichsmöglichkeiten bieten auch **Portfolio-Analysen** und **Umfrageergebnisse** an. Nachfolgend sehen Sie zwei Beispiele zum Vergleich von ERP-Systemen.

Im folgenden Portfolio werden ERP-Angebote anhand der **Umsetzungsfähigkeit** der Anbieter sowie anhand der **strategischen Positionierung** der Produkte in die Quadranten «Niche Players», «Challengers», «Visionaries» und «Leaders» eingeordnet:

Abb. [2-7]   Portfolio-Analyse (Beispiel)

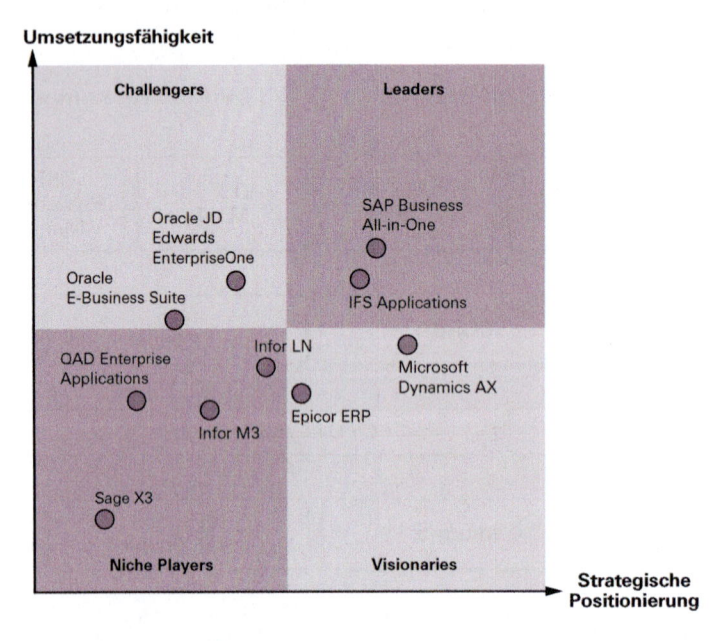

Quelle: www.softwareshortlist.com

Gartner führt regelmässig **Marktforschungen** durch und veröffentlicht Studien und Reports zu aktuellen Entwicklungen im Bereich der Informations- und Kommunikationstechnologien. Hier ein Beispiel für die Zufriedenheit der Anwender mit bekannten ERP-Systemen aufgrund einer Umfrage bei verschiedenen grossen Unternehmen:

Abb. [2-8] Anwenderzufriedenheit (Beispiel)

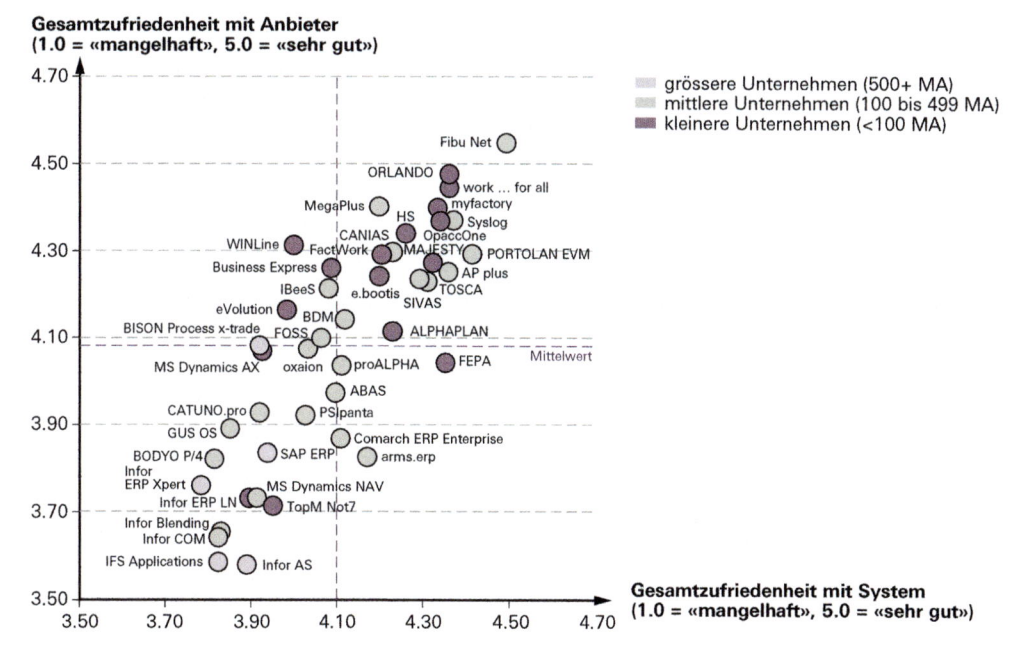

Gesamtzufriedenheit mit Anbieter
(1.0 = «mangelhaft», 5.0 = «sehr gut»)

- grössere Unternehmen (500+ MA)
- mittlere Unternehmen (100 bis 499 MA)
- kleinere Unternehmen (<100 MA)

Quelle: www.isreport.de

Für **aussagekräftige Vergleiche** müssen die genauen Anforderungen bekannt sein, besonders auch die grundlegenden Merkmale des zu evaluierenden Systems wie:

- Anzahl Mitarbeitende
- Branche
- Muss-Module
- Eventuell vorhandene IT-Infrastruktur (Hardware, Betriebssysteme)
- Gewünschtes Auslagerungsmodell

Für kleine und mittelgrosse Unternehmen kommen aus Kostengründen meist nur Standardlösungen infrage. Welche Module zum Einsatz kommen und ob bestimmte Anpassungen vorgenommen werden sollen, muss sorgfältig abgeklärt werden. Folgende Tabelle zeigt einen Auszug über das **Modulangebot wichtiger ERP-Anbieter:**

Abb. [2-9]   Module wichtiger ERP-Anbieter

ERP-System (Anbieter)	SAP R/3 (SAP)	Microsoft Dynamics NAV (Microsoft)	IFS Applications
Modulangebot	FI (Finanzwesen)	Finanzmanagement	Rechnungswesen
	CO (Controlling)		
	PS (Projektsystem)	Projektmanagement	Projektabwicklung
	MM (Materialwirtschaft)		
	PP (Produktionsplanung)	Fertigung	Produktion
	SD (Vertrieb)	Marketing und Vertrieb	Sales and Services
	PM (Instandhaltung)	Materialwirtschaft	Instandhaltung
	IM (Investitionsmanagement)		
	PA (Personalmanagenment)	Personalwesen	Personalwesen
	PD (Personalentwicklung)		
	TR (Finanzmanagement)		
	SCM (Supply Chain Management)	Supply Chain Management	Supply Chain Management
	CRM (Customer Relationship Mngt.)	Customer Relationship Mngt.	Customer Relationship Mngt.

2.5.3 Standard-, Branchen- oder Individuallösung?

Bei der Softwarebeschaffung stellt sich die grundlegende Frage, ob eine **Standardlösung,** eine **Branchenlösung** oder eine **Individuallösung** zum Einsatz kommen soll. Bestimmte Branchen haben teilweise stark abweichende Anforderungen an ERP-Systeme. Daher bieten die meisten ERP-Anbieter solche Branchenlösungen an. SAP SE bietet z. B. ERP-Module für folgende Branchen an:

- Automobilindustrie
- Banken
- Bauwirtschaft, Anlagen- und Schiffbau
- Bergbau
- Chemieindustrie
- Dienstleistungsbranche
- Gesundheitswesen
- Grosshandel
- Handel
- Hightech- und Elektronikindustrie
- Hochschulen, Forschungseinrichtungen
- Innere und äussere Sicherheit
- Konsumgüterindustrie
- Life Sciences
- Logistikdienstleister
- Luft- und Raumfahrtindustrie
- Maschinen-, Geräte-, Komponentenbau
- Medienbranche
- Metall-, Holz- und Papierindustrie
- Öffentliche Verwaltung
- Öl- und Gasindustrie
- Telekommunikation
- Versicherungen
- Versorgungswirtschaft

Standardlösungen und Branchenlösungen haben gegenüber Individuallösungen eine völlig **unterschiedliche Kostenstruktur,** weil Entwicklungs-, Lizenzierungs-, Schulungs-, Betriebs- und Wartungskosten stark voneinander abweichen. Folgende Tabelle zeigt die Vor- und Nachteile der einzelnen Varianten in Bezug auf die Softwareauswahl auf:

Abb. [2-10]   Softwareauswahl

Typus	Beschreibung (mit Vor- und Nachteilen in Stichworten)	Beispiele
Standardlösung	Die Anwendung unterstützt allgemeine betriebliche Aufgaben, die in praktisch allen Unternehmen anfallen. Vorteile: günstig; Ergebnisse weltweit austauschbar dank standardisierter Formate. Nachteile: kaum an eigene Bedürfnisse anpassbar; kaum Einflussmöglichkeiten auf die funktionalen Eigenschaften.	• Büroadministration • Fakturierung • Personalwesen
Angepasste Standardlösung	Die Anwendung unterstützt funktions- bzw. fachbezogene Aufgaben, die in den meisten Unternehmen aller Branchen anfallen. Sie ist grundsätzlich branchenneutral, kann aber durch eine individuelle Konfiguration an die branchen- bzw. firmenspezifischen Bedürfnisse angepasst werden. Vorteile: funktional ausgereift und vielfach erprobt; breite Anwender- und Erfahrungsbasis; Anpassung an individuelle Bedürfnisse in beschränktem Rahmen Nachteile: vergleichsweise teuer; fehlende Wettbewerbsvorteile gegenüber Konkurrenten (Tendenz zur Angleichung der Geschäftsprozesse)	• Kaufmännisch-betriebswirtschaftliche Lösungen (z. B. für Rechnungswesen oder Controlling) • Lösungen für das Personalwesen • Lösungen für die Logistik
Branchenlösung (branchenspezifische Standardlösung)	Die Anwendung unterstützt funktions- bzw. fachbezogene Aufgaben einer bestimmten Branche oder Berufsgruppe. Vorteile: auf die branchenspezifischen Anforderungen zugeschnitten; Kosten gegenüber Individuallösung tiefer Nachteile: langfristige Weiterentwicklung der Anwendung unsicher; oft schlecht vernetzbar	• Ärztesoftware • Grafikprogramme für die Bildbearbeitung • Software für Handwerker • Software für Liegenschaftsverwaltung
Individuallösung	Die Anwendung wird (meist im Auftragsverhältnis) für eine spezielle Aufgabe oder für bestimmte Geschäftsprozesse eines Einzelunternehmens entwickelt. Kommt nur für grössere Unternehmen infrage. Vorteile: gute Abdeckung der eigenen Bedürfnisse; Wettbewerbsvorteile Nachteile: Entwicklung und Wartung teuer; Abhängigkeit vom Hersteller, fehlender Investitionsschutz, da Abdeckungsgrad von Standardlösungen laufend zunimmt	• Software für eine kantonale Steuerverwaltung • Webauftritt einer Bank • Online-Konfiguration eines Computersystems

2.5.4 Welches Betriebssystem?

Die Auswahl des Betriebssystems für Arbeitsplatzgeräte ist eher von untergeordneter Bedeutung, da geschäftliche Standardapplikationen i. d. R. auf allen Geräten mit MS Windows, Linux oder Mac OS lauffähig sind. Im semiprofessionellen Bereich und bei Grafikapplikationen spielt Mac OS aus historischen Gründen weiterhin eine dominierende Rolle.

Bei den mobilen Geräten entscheiden die Benutzer meist selbst über das Gerät und das zugehörige Betriebssystem. Marktführer sind die Betriebssysteme Android und iOS. In der Schweiz teilen sich die beiden einen Marktanteil von ca. 90% (Stand 2017). Für die Integration von IT-Services müssen deshalb beide Systeme berücksichtigt werden.

Windows Server und Linux-Betriebssysteme unterscheiden sich weniger durch in ihre Leistungsfähigkeit, sondern durch abweichende Lizenzformen und Softwareausstattungen. Während bei Windows Servern eine Lizenzierung des Servers und der Anzahl der zugreifenden Clients verlangt wird, können Linux-Server dank der GPL[1] kostenfrei betrieben werden. Für Hilfe bei Problemen, für Beratungen bei Updates, für die Bereitstellung von Patches und Fixes sowie für die Zertifizierung bestimmter Anwendungen sind jedoch Supportverträge empfehlenswert. In Anwendungsbereichen, die aus geschäftlicher Sicht unkritisch sind und nicht mit Garantien eines Herstellers abgesichert sind, kann ggf. auch die Linux-Community angefragt werden, sofern das entsprechende Know-how vorhanden ist.

---

[1] Vergleichen Sie dazu das Kapitel 2.4, S. 50.

Hinweis	Die Wahl des Serverbetriebssystems ist erst nach der Entscheidung für ein bestimmtes ERP-System sinnvoll bzw. möglich, da ERP-Systeme mehrheitlich nicht auf allen Serverbetriebssystemen lauffähig sind. Es empfiehlt sich, zunächst die ERP-Software zu evaluieren. Möglicherweise sind die verwendbaren Plattformen ein Auswahlkriterium für das ERP-System.
	Linux bietet nach seiner Installation sofort einsetzbare Office-Anwendungen, ein Programm für die Bildbearbeitung und ein eigenes E-Mail-Programm. Solche Programme müssen bei Windows erst kostenpflichtig erworben und separat installiert werden. Auf der anderen Seite sind populäre Anwendungsprogramme wie z. B. Microsoft Office oder Adobe Photoshop unter Linux nicht erhältlich. Dennoch gibt es immer mehr Anwendungsprogramme, die auf Clients mit beiden Betriebssystemen lauffähig sind. Dazu gehören auch Applikationen, die in einem Webbrowser laufen, wie z. B. Java-Programme oder Google Drive.
Hinweis	Bei der Wahl des geeigneten «richtigen» PC-Betriebssystems können Sie auch das Internet zurate ziehen. Lesen Sie zu den Unterschieden zwischen Windows 7, 8 und 10 und Linux beispielsweise die Plattform PC-Welt (https://www.pcwelt.de).

2.6 Nutzung und Wartung

2.6.1 Nutzungsformen

Je nachdem, ob und inwieweit die **Nutzung von Software** ausgelagert wird (Outsourcing), lassen sich folgende **Nutzungsformen** unterscheiden:

- **On-Premises[1]-Software:** Bei dieser Inhouse-Lösung werden die notwendigen Lizenzen gekauft und die Software in eigener Verantwortung betrieben.
- **Auslagerung einzelner IT-Services:** Dienstleister wie Application Service Provider (ASP) und Hosting Service Provider (HSP) stellen IT-Ressourcen zur Verfügung, die sie in ihrem eigenen Rechenzentrum betreiben. Die Software muss nicht lizenziert werden, sondern wird gemietet (Mietvertrag). Der Provider verfügt über eine zuverlässige IT-Infrastruktur und kann schnell auf sich ändernde Kundenbedürfnisse reagieren. Eine flexible Variante bietet **Software on Demand,** bei der die effektive Nutzung der Programme bezahlt wird.
- **Cloud Services** erlauben die Nutzung von IT-Ressourcen wie Anwendungen, Betriebssysteme und Hardwarekomponenten über das Internet. Problematisch bei dieser Nutzungsform sind Fragen zur Datensicherheit und zum Datenschutz. Vergleichen Sie dazu auch das Kapitel 5.4, S. 138.

2.6.2 Lizenzen

Software ist grundsätzlich durch das **Urheberrecht** geschützt. Die Nutzung kommerzieller Software setzt daher normalerweise eine **kostenpflichtige Lizenzierung** voraus. Eine solche Lizenzierung ist normalerweise mit einem **einfachen Nutzungsrecht** verbunden, das wieder entzogen werden kann oder nach einer bestimmten Zeit verfällt. Bei der Softwareinstallation werden die **Lizenzbestimmungen**[2] eingeblendet, die die ordnungsgemässe Nutzung regeln und durch den Benutzer bestätigt werden müssen.

---

[1] Englisch für: vor Ort, in den eigenen Räumlichkeiten.
[2] Englischer Fachbegriff: End User License Agreement (EULA).

Beispiel	Lizenzbestimmungen
	• «Sie sind berechtigt, eine Kopie der Software auf 3 PCs oder anderen Geräten in Ihrem Haushalt für die nicht kommerzielle Verwendung durch Personen zu installieren, die ihren Wohnsitz in Ihrem Haushalt haben.» • «EINSCHRÄNKUNGEN IM HINBLICK AUF ZURÜCKENTWICKLUNG (REVERSE ENGINEERING), DEKOMPILIERUNG UND DISASSEMBLIERUNG. Sie sind nicht berechtigt, die Software zurückzuentwickeln, zu dekompilieren oder zu disassemblieren, es sei denn, dass (und nur insoweit) diese Einschränkung durch das anwendbare Recht ausdrücklich untersagt ist.»

Je nach Software und Vertriebsmodell gibt es abweichende Lizenzbestimmungen. Eine **Open Source Software** mit **General Public License (GPL)** wird mit dem Quellcode veröffentlicht. Nutzer können solche Programme kostenlos nutzen und weiterentwickeln. Der veränderte Quellcode muss aber wieder unentgeltlich öffentlich zur Verfügung gestellt werden.

Beispiel	
	• Java, Eclipse • Apache Web Server • Linux, OpenOffice • MySQL

Weitere Lizenzformen:

- **Shareware:** Solche Programme dürfen zwar frei kopiert und für eine bestimmte Zeit (oft 30 Tage) kostenlos getestet werden. Nach dieser Zeit muss man jedoch eine Registrierungsgebühr zahlen. Häufig ist bei einer Sharewareversion die freie Nutzung zeitlich begrenzt, manchmal gibt es inhaltliche Einschränkungen oder eingebaute Bremsen, die den Programmablauf verzögern, damit ein Missbrauch vermieden wird. Nach der Registrierung erhält man eine erweiterte Version bzw. einen Freischaltcode. Shareware wird meist von kleinen Herstellern angeboten, die so Vertriebskosten sparen.
- **Freeware:** Die Nutzung solcher Programme ist meistens für private Anwender kostenlos. Shareware und Freeware werden im Internet zum Download angeboten. Der Hersteller verzichtet auf die Bezahlung, weil er sich davon z. B. eine besonders grosse Verbreitung oder Werbewirkung verspricht. Viele praktische Hilfsprogramme für die tägliche Arbeit können so bezogen werden.

2.6.3 Wartung und Support

Die Wartung und der Support von Software sind anspruchsvoll, sowohl in organisatorischer als auch in technischer Hinsicht. Im Zusammenhang mit **On-Premises-Software** stellt sich die Frage, inwieweit auch die Wartung und der Support intern sichergestellt werden können oder durch einen externen Dienstleister erfolgen sollen. Lesen Sie zur Leistungsvereinbarung mit einem externen Serviceprovider das Kapitel 6.4.3, S. 172. Bei der Beschaffung von Software müssen auch Ressourcen und technische Hilfsmittel für die Wartung und den Support und die daraus entstehenden Kosten geschätzt werden.

Managed Services Provider (MSP) sind externe Dienstleister, die auf die Wartung von IT-Systemen spezialisiert sind. Wartungs- bzw. Supportaufgaben können in einem Service Level Agreement mit dem MSP vereinbart werden. Vergleichen Sie dazu Kapitel 6.4, S. 169.

2.7 Anforderungen an Geschäftsanwendungen

Ausgehend von den geschäftlichen Bedürfnissen werden die Anforderungen an die Software und den Anbieter definiert. Typische **Anforderungen an Geschäftsanwendungen** werden im Folgenden anhand eines ERP-Systems beispielhaft verdeutlicht.

2.7.1 Funktionalität und Umsetzungsmöglichkeit

Die beiden wichtigsten Anforderungen betreffen die **funktionale Eignung des ERP-Systems** und dessen **Umsetzungsmöglichkeit im eigenen Betrieb**. Ein ERP-System muss nicht nur die typischen **Anwendungsfälle**[1] eines Unternehmens abdecken, das Unternehmen muss auch in der Lage sein, die ERP-Module in die bestehende IT-Infrastruktur zu integrieren und angemessen zu betreiben.

Bei der **Anpassung eines ERP-Systems** lautet der Grundsatz: Nur so viel wie unbedingt nötig. Je mehr Anpassungen vorgenommen sind, desto höher fallen die Folgekosten aus. ERP-Module unterstützen i. d. R. **Standardprozesse**, die auf «Best Practices» beruhen und nur begrenzt angepasst werden können. Dafür stehen **Parametertabellen** zur Verfügung. Umfangreichere Anpassungen können die Systemleistung verschlechtern und die Integrationsfähigkeit beeinträchtigen. Sie haben zudem massive Mehrkosten bei der Einführung, beim Betrieb und bei der Wartung zur Folge. Die Anpassungsmöglichkeiten von Standardsoftware wird in Kapitel 6.6.1, S. 177 näher behandelt.

Die **Integrationsfähigkeit** eines ERP-Systems hängt hauptsächlich von der **Kompatibilität** der einzelnen Module mit der bestehenden IT-Infrastruktur ab. Dabei sind besonders folgende «Vereinbarkeiten» zu beachten:

- Andere wichtige Geschäftsapplikationen
- Datenbanken und Betriebssysteme
- Benutzer- und Peripheriegeräte
- Dateiformate für den Datenaustausch

Hinweis	Falls ERP-Module von unterschiedlichen Anbietern erworben und integriert werden sollen, muss die Kompatibilität von Fachleuten analysiert bzw. getestet und bestätigt werden.

Die **Umsetzungsfähigkeit** hängt massgeblich von der verfügbaren IT-Organisation sowie vom gewählten Betriebs- und Nutzungsmodell ab. Lesen Sie dazu das Kapitel 5.5, S. 141.

2.7.2 Systembezogene Anforderungen

Neben der Funktionalität und der Umsetzungsmöglichkeit unterscheiden sich Unternehmen in weiteren Punkten, die sich auf das **Anforderungsprofil eines ERP-Systems** auswirken:

- Anzahl der Standorte bzw. Filialen
- Anzahl der Benutzer
- Land, Sprache und Währung
- Gesetze und Normen

Daraus ergeben sich unterschiedliche systembezogene Anforderungen. Grundlegende Systemeigenschaften:

- **Skalierbarkeit:** Fähigkeit bzw. Eignung des Systems, die Leistung entsprechend der Anzahl der Benutzer anzupassen
- **Mandantenfähigkeit:** Fähigkeit bzw. Möglichkeit des Systems, mehrere Mandanten (Kunden) gleichzeitig zu betreiben, wobei die Datenverwaltung und die Benutzerverwaltung strikt getrennt bleiben. Dadurch können mehrere Filialen, Standorte oder ein Testsystem parallel betrieben werden.

---

[1] Englischer Fachbegriff: Use Case, Business Case.

2.7.3 Hersteller- und anbieterbezogene Anforderungen

Bei der Beschaffung eines ERP-Systems steht nicht nur das Produkt bzw. die Dienstleistung zur Auswahl, sondern auch der Hersteller bzw. Anbieter. Das **Anforderungsprofil eines ERP-Anbieters** sollte folgende Aspekte berücksichtigen:

- Fachkompetenz
- Erfahrungen und Auftreten
- Standorte und Ressourcen
- Wirtschaftliche Perspektiven
- Art und Umfang der Dienstleistungen
- Referenzprojekte, -kunden
- Leistungsumfang
- Vertragskonditionen
- Compliance
- Beschaffungsstrategien und -konzepte

Siehe auch! | **Beschaffung und Verträge**
Mehr über die strategische Beschaffung, über Beschaffungsstrategien und -konzepte sowie über Beschaffungsverträge erfahren Sie im Buch «Supply Chain Management» dieser Lehrmittelreihe.

2.7.4 Wichtige Auswahlgründe und Probleme

Je nach Unternehmen können sich die **Anforderungsschwerpunkte für ERP-Systeme** stark unterscheiden. Eine Umfrage bei mehr als 2 300 Unternehmen in Deutschland hat folgende Resultate geliefert:

Abb. [2-11] Anforderungsschwerpunkte ERP-Systeme

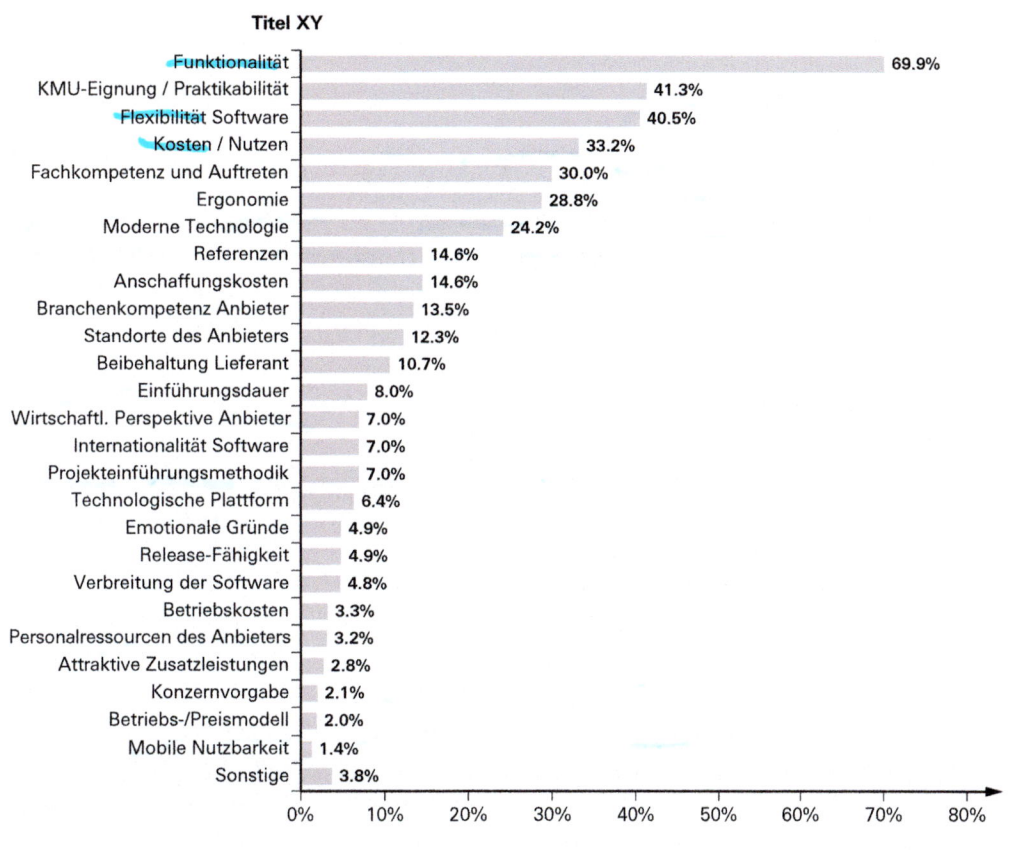

Titel XY

Kriterium	Prozent
Funktionalität	69.9%
KMU-Eignung / Praktikabilität	41.3%
Flexibilität Software	40.5%
Kosten / Nutzen	33.2%
Fachkompetenz und Auftreten	30.0%
Ergonomie	28.8%
Moderne Technologie	24.2%
Referenzen	14.6%
Anschaffungskosten	14.6%
Branchenkompetenz Anbieter	13.5%
Standorte des Anbieters	12.3%
Beibehaltung Lieferant	10.7%
Einführungsdauer	8.0%
Wirtschaftl. Perspektive Anbieter	7.0%
Internationalität Software	7.0%
Projekteinführungsmethodik	7.0%
Technologische Plattform	6.4%
Emotionale Gründe	4.9%
Release-Fähigkeit	4.9%
Verbreitung der Software	4.8%
Betriebskosten	3.3%
Personalressourcen des Anbieters	3.2%
Attraktive Zusatzleistungen	2.8%
Konzernvorgabe	2.1%
Betriebs-/Preismodell	2.0%
Mobile Nutzbarkeit	1.4%
Sonstige	3.8%

Quelle: www.trovarit.com

In der gleichen Umfrage wurde nach **Problemen bei ERP-Projekten** gefragt. Folgende Grafik zeigt die entsprechenden Resultate, die bei der Erstellung des Anforderungsprofils ebenfalls zu berücksichtigen sind:

Abb. [2-12]   Probleme bei ERP-Projekten

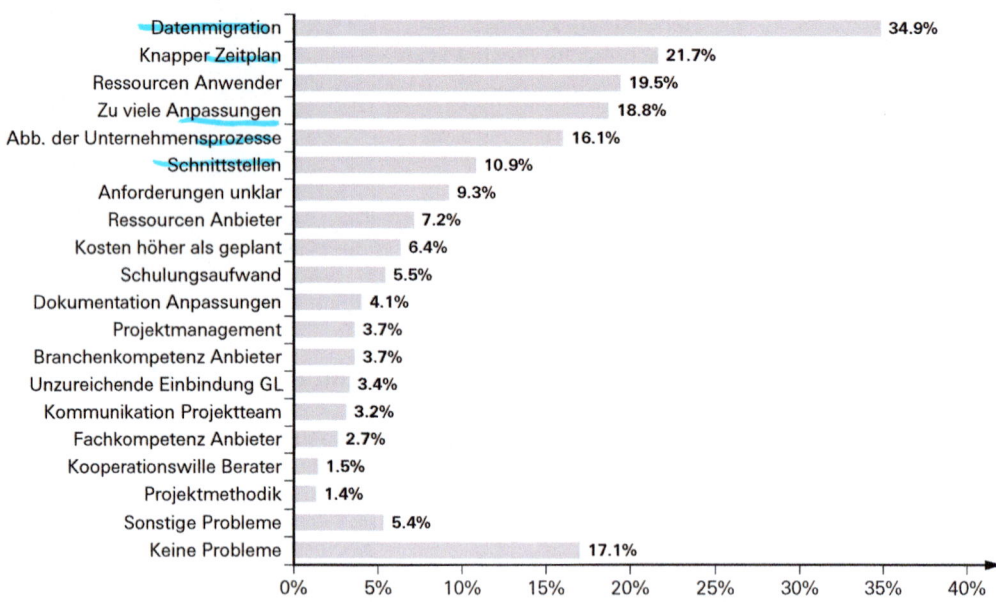

Problematische Punkte

Datenmigration	34.9%
Knapper Zeitplan	21.7%
Ressourcen Anwender	19.5%
Zu viele Anpassungen	18.8%
Abb. der Unternehmensprozesse	16.1%
Schnittstellen	10.9%
Anforderungen unklar	9.3%
Ressourcen Anbieter	7.2%
Kosten höher als geplant	6.4%
Schulungsaufwand	5.5%
Dokumentation Anpassungen	4.1%
Projektmanagement	3.7%
Branchenkompetenz Anbieter	3.7%
Unzureichende Einbindung GL	3.4%
Kommunikation Projektteam	3.2%
Fachkompetenz Anbieter	2.7%
Kooperationswille Berater	1.5%
Projektmethodik	1.4%
Sonstige Probleme	5.4%
Keine Probleme	17.1%

Quelle: www.it-matchmaker.com

Zusammenfassung

Software bezeichnet alle physisch nicht fassbaren Teile eines IT-Systems. Dazu gehören ERP-Systeme, Datenbanken, Standardprogramme und Betriebssysteme.

ERP-Systeme sind Programme für die Automation oder Unterstützung von Geschäftsprozessen und für die Information des Managements zur Steigerung der Entscheidungskompetenz. Typische Funktionsbereiche bzw. **Geschäftsprozesse** in ERP-Systemen sind **Managementprozesse, Kernprozesse** und **Supportprozesse.**

Wichtige **Komponenten von ERP-Systemen** sind die Materialwirtschaft, das **CRM (Customer Relationship Management),** die Buchhaltung und die Personaladministration.

Das **Management-Informationssystem (MIS)** sammelt unternehmensweit Daten, analysiert sie und präsentiert diese in verdichteter Form in einem Management-Cockpit.

Die Unternehmenssoftware kann als isolierte Anwendung eingesetzt werden. Die Systeme können auch vernetzt oder integriert werden. Bei Abwicklungen von Prozessen mit Partnern ausserhalb der Firmengrenzen wie z. B. das Supply Chain Management (SCM) spricht man von überbetrieblichen Anwendungen.

Datenbanken dienen zur dauerhaften und sicheren Ablage bzw. Speicherung von Daten. Sie sind meist als relationale Datenbanken strukturiert und über ein **Datenbankmanagementsystem** bedienbar. Im Unternehmen werden operative Datenbanken der einzelnen Geschäftsapplikationen, ein **Data Warehouse** für die integrierten Daten des ganzen Unternehmens und **Data Marts** für die Datenanalysen in den Bereichen eingesetzt.

Weiter sind in IT-Systemen **Standardprogramme** im Einsatz. **Betriebssysteme** sind die Plattformen, auf denen diese Programme laufen. Die Betriebssysteme organisieren die Ein- und Ausgabe und stellen für die Verarbeitung die notwendigen Dienste innerhalb eines Computers zur Verfügung wie Programmverwaltung, Speicherverwaltung, Geräteverwaltung und Dateiverwaltung.

Die Geschäftsapplikationen, Datenbanken und Betriebssysteme arbeiten eng zusammen. Ein mögliches Zusammenwirken wird in der Form einer **Drei-Schichten-Architektur** mit Präsentation, Geschäftslogik und Datenbank erreicht. Der Austausch von Daten muss über standardisierte Schnittstellen zwischen den Schichten und auch von Applikation zu Applikation sichergestellt werden.

Der Beschaffungsmarkt bietet Standardlösungen, Branchenlösungen oder auch Individuallösungen an. Einerseits können Geschäftsapplikationen **On-Premise** selbst lizenziert und betrieben werden. Andererseits kann mit externen **Providern** zusammengearbeitet werden. Es können auch **Cloud Services** eingesetzt werden, bei denen die Software als Service eingesetzt wird.

Mit der **Lizenzierung** verbinden sich Kosten, Rechte und Pflichten. Eine Softwarelizenz erteilt dem Käufer ein **einfaches Nutzungsrecht.** Bei Hosting oder Cloud Computing werden anstelle der Lizenzen Verträge mit den Dienstleistern abgeschlossen.

ERP-Systeme wie SAP unterstützen praktisch alle Geschäftsprozesse durch **Branchenlösungen** mit entsprechenden **Modulen** wie z. B. Rechnungswesen, Marketing und Verkauf (mit CRM), Personaladministration.

Geschäftsanwendungen erfordern intensive und anspruchsvolle Abklärungen für die Ermittlung der betrieblichen Anforderungen im Hinblick auf die Beschaffung. Standardsoftware kann auf spezielle Bedürfnisse einerseits durch Auswahl von **branchenbezogenen Modulen,** andererseits durch eine **Parametrisierung** auf die Bedürfnisse des Unternehmens angepasst werden. Durch **Third-Party-Add-ons** können ERP-Systeme optimiert werden.

Repetitionsfragen

Geschlossene Fragen

11 Geben Sie an, welche Aussagen zu ERP-Systemen zutreffend sind.

☐	Bei ERP handelt es sich um eine Groupwarelösung, um die Kommunikation und das kollaborative Arbeiten im Unternehmen zu unterstützen.
☐	Bei ERP handelt es sich um Branchenlösungen für die Unterstützung der Unternehmensprozesse. Lediglich ausgewählte Branchen können ihre Prozesse mit IT unterstützen.
☐	ERP ist eine Unternehmenssoftware, bestehend aus vielen Anwendungen und Datenbanken, die zur Planung und Unterstützung von Geschäftsprozessen eingesetzt werden.
☐	ERP ist ein modulares System, bei dem entschieden werden kann, welche Unternehmensbereiche damit abgedeckt werden sollen.
☐	ERP-Systeme sind Programme, die vorwiegend im Bereich Personaladministration eingesetzt werden.
☐	ERP ist das Betriebssystem des zentralen Servers eines Unternehmens und dient dazu, die wichtigsten Anwendungen zu betreiben.

12 Entscheiden Sie, welche Module bzw. Komponenten zu ERP-Systemen gehören.

☐	Netzwerkmanagement
☐	Führungsinformationssystem
☐	Logistik
☐	Lagerverwaltung
☐	CAD-Zeichnungsmodul
☐	Gebäudeautomationsmodul
☐	Lohnbuchhaltung
☐	Personalmanagement
☐	Kundenbeziehungsmanagement (CRM)
☐	Social Media
☐	Tabellenkalkulation (Excel)
☐	Firewall
☐	Passwortmanagement für den Zugang zu den Computern
☐	Vertrieb und Auftragsabwicklung
☐	Beschaffung / Einkauf
☐	Materialbewirtschaftung
☐	Produktionsplanung und -steuerung

13 Ergänzen Sie die Anfangsbuchstaben der populärsten ERP-Bereiche.

Pe ....

C ....

B ....

M ....

Pr ....

14 Ordnen Sie den Komponenten (Spalte links) die Funktionen (Spalte rechts) zu. Dabei können Funktionen auch zu mehreren Komponenten gehören.

Komponente	Zuordnung	Funktion
A] CRM		1. Personaldaten erfassen
		2. Erfassen von Rechnungen
B] Personalverwaltung		3. Erfassen von offenen Forderungen
		4. Mahnwesen
C] Lagerverwaltung		5. Bestandsverwaltung des Lagers
		6. Stammdaten pflegen
D] Debitorenbuchhaltung		7. Kunden-Profiling vornehmen
		8. Produktcodes erstellen
		9. Lieferscheine schreiben
		10. Sammlung der Kundenkontaktpunkte
		11. Speicherung der Kundenbedürfnisse
		12. Abwicklung von Beförderungen
		13. Organisation von Werbemassnahmen

15 Kreuzen Sie an, welche der folgenden Befürchtungen berechtigt sind.

Berechtigt	Unberechtigt	Befürchtung
☐	☐	Es ist schwer, die richtige ERP-Software aus dem grossen Angebot zu selektieren, weil diese Systeme sehr viel Funktionalität anbieten.
☐	☐	ERP-Systeme haben ein systembedingtes Sicherheitsrisiko, da sie mit dem Internet verbunden sind. Daten können abgezapft werden, wenn die Systeme genutzt werden.
☐	☐	Die Integration der Module bei ERP-Systemen verursachen immer wieder Probleme. Ein sicherer Datenaustausch kann nicht gewährleistet werden.
☐	☐	Unternehmensressourcen werden nicht effizient genutzt.
☐	☐	Die Clientprogramme (Browser) beanspruchen einen grossen Bereich des Arbeitsspeichers, sodass das Arbeiten mit den übrigen Programmen beeinträchtigt ist.
☐	☐	Durch das Arbeiten vieler Mitarbeitender am ERP-System ist die Vertraulichkeit der Geschäftsgeheimnisse nur gewährleistet, wenn abgestufte Zugriffsberechtigungen bestehen.
☐	☐	Die Ausarbeitung der Anforderungen an das ERP-System stellt eine grosse Herausforderung dar, wenn eigene Unternehmensprozesse sich gegenüber denjenigen der Branche unterscheiden.
☐	☐	Es gibt zu wenig Branchenlösungen. In den meisten Fällen muss die Standardsoftware an das eigene Unternehmen angepasst werden, was zu hohen Kosten führt.
☐	☐	Die Nutzungsmodelle der Softwarehersteller sind für kleinere KMUs nicht zweckmässig.
☐	☐	Die Übersicht über die Prozesse und die Einsicht in die Prozessabläufe geht verloren.

16 Kreuzen Sie an, welche der folgenden Aussagen zutreffend sind.

☐	Ein Benchmarking-Test zeigt beispielsweise, wie innovativ die Anbieter im Vergleich sind.
☐	Es sind besonders zwei Arten von Gartner Reports bekannt, nämlich der Hype-Cycle und die Vollständigkeit / Qualität von Anbietern. Diese Reports sind zweckmässig, um die globalen Produkte kennenzulernen.
☐	Gartner Reports geben Auskunft darüber, welche Nutzer dem System eine hohe Zufriedenheit attestieren.
☐	Aussagekräftige Vergleiche von Anbietern lassen sich nur vornehmen, wenn die genauen Anforderungen vorliegen.

17 Kreuzen Sie an, welche der folgenden Aussagen zutreffend sind.

☐	Verwaltung der Kundenstammdaten
☐	Schaffung eines Kunden-Profiling / Segmentation-Systems
☐	Versand von Rechnungen an den Kunden
☐	Sammlung der Kundenkontaktpunkte des Unternehmens
☐	Speicherung der Kundenbedürfnisse
☐	Einkauf von bestellten Artikeln für das Lager
☐	Organisation von Marketing- und Werbemassnahmen
☐	Vorratshaltung von Artikeln optimieren

18 Kreuzen Sie die typischen Aufgaben eines Client-Betriebssystems an:

☐	Ausführen der Unternehmens-ERP-Applikation
☐	Verwaltung der Schnittstelle, die die Maus steuert
☐	Ausführen von Updates des Betriebssystems
☐	Datenspeicherung für das ERP-System
☐	Zuordnung von Arbeitsspeicher für Programme
☐	Zugangsschutz für nicht autorisierte Benutzer
☐	Speichern von Dateien
☐	Programmstarts vornehmen (z. B. Browser)
☐	Verbindung mit der ERP-Datenbank aufbauen
☐	Ausführen von Standardprogrammen
☐	Ausgaben auf den Monitor steuern

19 Kreuzen Sie an, welche der folgenden Aussagen über die Aufgabenverteilung der 3 Schichten zutreffend sind:

☐	Die Datenbank ist auch von der dritten Schicht (Präsentation) direkt zu erreichen.
☐	Die Unternehmensapplikation wird i. d. R. auf einem Application Server ausgeführt.
☐	Auf der Präsentationsschicht können keine Eingaben in das System gemacht werden.
☐	Die Präsentation der Daten erfolgt beim Client über einen Browser oder ein ähnliches Client-Programm.
☐	Die Zwei-Schichten-Architektur, bei der die Unternehmensapplikation auf dem Anwender-PC läuft, ist eine Zukunftsvision, die in den nächsten Jahren zunehmend realisiert wird.

Minicases

20 Die Firma Haustechnik AG ist ein Handelsunternehmen mit 20 Mitarbeitenden. Sie unterstützt Private im Bereich Einbrecherschutz durch Beratungen und Verkauf von Sicherheitsprodukten. Die Firma möchte ihre bisherigen Einzellösungen durch ein integriertes ERP-System ersetzen. Mit der neuen Lösung erhofft sich die Unternehmensleitung eine Reduktion der Handarbeit bei den vielen administrativen Arbeiten wie z. B. dem Abklären, ob ein Artikel im Lager vorhanden ist oder welche Zahlungskonditionen ein Kunde hat.

Bisher hat das Unternehmen eine Buchhaltungssoftware im Einsatz, bei der die Buchungen anhand von Meldungen von Mitarbeitenden vorgenommen werden (Einkauf, Verkauf, Stundenrapporte usw.). Viele Daten wie der Lagerbestand werden aktuell mit einer Excel-Arbeitsplatzlösung bewirtschaftet.

Mit der neuen Lösung erhofft sich die Firmenleitung eine grössere Effizienz und Mitarbeiterzufriedenheit. Ebenso erwartet sie, dass konkreter auf die Kunden eingegangen werden kann. Wegen der aktuell etwas knappen Liquidität möchte sie die kostengünstigste Variante bei Erfüllung der Muss-Kriterien.

Zunächst sollen die folgenden Bereiche an die ERP-Software angeschlossen und als Modul in die ERP-Software integriert werden:

- Rechnungswesen
- Materialwesen
- CRM (ohne analytische Funktionen)

Aufgaben

A] Anforderungen an die ERP-Software:

Formulieren Sie zu jedem Bereich 3 zentrale Funktionen.

Modul	Funktion
Rechnungswesen	1. 2. 3.
Materialwesen	1. 2. 3.
CRM	1. 2. 3.

B] Daten der Module:

Geben Sie an, welche Daten von jedem der 3 Module gespeichert werden, um die formulierten Funktionen auszuüben.

Modul Rechnungswesen	Modul Lagerwesen	Modul CRM

C] Aussagen zur ERP-System-Beschaffung:

Beurteilen Sie, ob welche der folgenden Aussagen korrekt sind. Begründen Sie Ihre Antwort.

Nr.	Aussage	Wahr	Falsch
1	Die aktuell vorgesehenen Module des zu beschaffenden ERP-Systems sind bei allen Anbietern vorhanden, deshalb qualifiziert grundsätzlich jeder Anbieter für die Auswahl. Begründung:	☐	☐
2	Die bestehenden Daten sollen wegen des grossen Aufwands nicht ins neue System migriert werden. Dies soll nach Aussage des Buchhalters keine grossen Nachteile ergeben. Begründung:	☐	☐
3	Die Unternehmensleitung hat den Einkäufer der Firma damit beauftragt, die Betreuung des ERP-Systems zu übernehmen. Das ist eine empfehlenswerte Lösung, da er nur zu 80% ausgelastet ist. Begründung:	☐	☐
4	Die Unternehmensleitung hat sich für den Kauf der Software und den Betrieb im eigenen Unternehmen entschieden. Dazu beauftragt sie eine Beratungsfirma, um einen Anbieter vorzuschlagen. Der Verwaltungsrat stuft dies als einen zweckmässigen Beschaffungsvorgang ein. Begründung:	☐	☐

Teil B
Computer und Computernetze

3 Hardware

Lernziele

Nach der Bearbeitung dieses Kapitels können Sie ...

- das Konzept und den Aufbau des Computers erklären.
- die Komponenten des Computers und ihre Aufgaben beschreiben.
- die Aufgaben der Schnittstellen erkennen.
- verschiedene Computertypen und Peripheriegeräte charakterisieren.
- die Konzepte der Virtualisierung erläutern.
- die Grundsätze für die Hardwarebeschaffung, -wartung und -entsorgung beachten.
- die wichtigsten Anforderungen an die Hardwarekomponenten nennen.

Schlüsselbegriffe

Beamer, Bus, Client-Server-System, CPU, Desktop-PC, Drucker, DVI, Ein-/Ausgabewerk, EVA-Prinzip, FireWire, Hauptplatine, HDD, HDMI, Midrange-Rechner, Multifunktionsgerät, Netzwerkanschluss, Notebook, OCR, PCH, Peer-to-Peer-System, Prozessor-Architektur, RAM, Rechenwerk, Scanner, SDD, Server, Servervirtualisierung, Speicherkapazität, Speicherwerk, Steuerwerk, Tablet-PC, Taktfrequenz, Terminal-Host-System, Thunderbolt, UEFI, USB, VGA, Virtualisierung, Von-Neumann-Architektur, Workstation

Die physischen Teile («Festkörper») eines Computers werden auch **Hardware** genannt. Dazu gehören von aussen sichtbare und fassbare Teile wie z. B. das Gehäuse und der Bildschirm, alle darin enthaltenen physischen Komponenten wie z. B. Festplatten oder Prozessoren sowie daran angeschlossene Geräte wie z. B. Drucker. Als Computer werden nicht nur Grossrechner oder klassische Desktop-PCs bezeichnet, sondern auch Server, Notebooks bzw. Laptops, Tablet-PCs und Smartphones. In diesem Kapitel lernen Sie den Aufbau und die Komponenten eines Computers sowie wichtige Schnittstellen und Peripheriegeräte eines Computers kennen. Danach erfahren Sie mehr über die Möglichkeiten, um Hardware durch Software zu simulieren (Virtualisierung) und welche Anforderungen bei der Beschaffung, Wartung und Entsorgung zu berücksichtigen sind.

3.1 Aufbau eines Computers

3.1.1 Arbeitsprinzip und Architektur

Computer arbeiten nach dem **EVA-Prinzip,** wobei E für Eingabe, V für Verarbeitung und A für Ausgabe von Daten bzw. Informationen steht. Die manuelle **Eingabe der Daten** erfolgt über Eingabegeräte wie Tastatur, Maus, Touchpad oder Touchscreen. Die **Verarbeitung der Daten** erfolgt mithilfe von Prozessoren und Speicher. Die **Ausgabe der Daten** erfolgt via Monitor bzw. Screen oder Drucker:

Abb. [3-1]   EVA-Prinzip

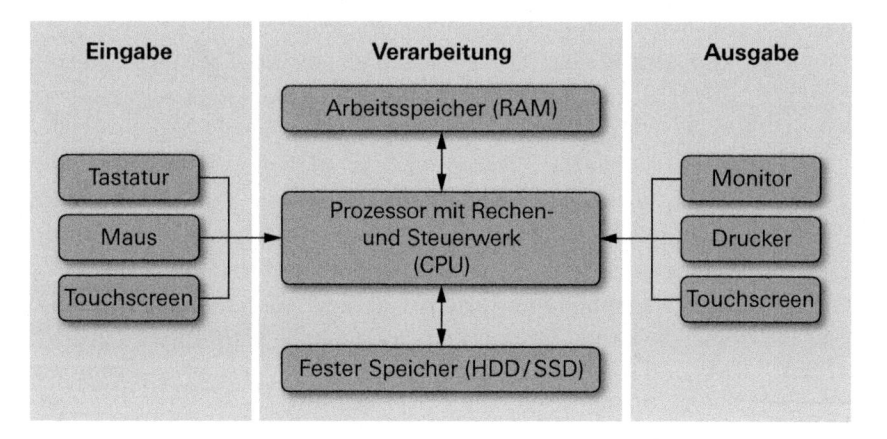

```
Eingabe                    Verarbeitung                    Ausgabe
                      Arbeitsspeicher (RAM)
  Tastatur                                                  Monitor
  Maus          Prozessor mit Rechen-                       Drucker
                  und Steuerwerk
  Touchscreen          (CPU)                                Touchscreen

                      Fester Speicher (HDD/SSD)
```

Hinweis   Wird für die Datenein- und -ausgabe ein von Menschen bedientes Gerät verwendet, spricht man von einer **Mensch-Maschine-Schnittstelle**.

Entsprechend diesem Arbeitsprinzip hat sich der grundsätzliche Aufbau eines Computers in den letzten Jahrzehnten kaum verändert. Auch wenn Desktop-PCs, Server, Notebooks oder Laptops, Tablet-PCs und Smartphones verschieden aussehen, basieren alle diese Computer auf der **Von-Neumann**[1]**-Architektur** mit folgenden Hauptkomponenten:

- **Rechenwerk** (Arithmetic Logic Unit, Zentraleinheit, Prozessor): Führt Rechenoperationen und logische Verknüpfungen durch.
- **Steuerwerk** (Control Unit, Leitwerk): Interpretiert die Anweisungen eines Programms, regelt die Befehlsabfolge und steuert die Befehlsverarbeitung durch das Rechenwerk. Die Aktivitäten eines Steuerwerks sind vom CPU-Zyklus abhängig.
- **Bus:** Kommunikationssystem zwischen mehreren Kommunikationsteilnehmern, die über einen gemeinsamen Übertragungsweg miteinander verbunden sind. Der **Datenbus** überträgt Daten zwischen Komponenten innerhalb eines Computers oder zwischen verschiedenen Computern. Der **Adressbus** überträgt die Speicheradressen und der **Steuerbus** steuert die Richtung des Datenverkehrs auf dem Datenbus (Lese- und Schreibvorgänge), die Interrupts, die Zugriffe, die Taktung (falls nötig) sowie die Reset- und Statusleitungen.
- **Speicherwerk** (Memory): Speichert die Programme und Daten, die für das Rechenwerk zugänglich sind.
- **Ein-/Ausgabewerk** (I/O Unit): Steuert die Eingabe und Ausgabe von Daten von / zu Anwendern über Tastatur bzw. Bildschirm oder von / zu anderen Systemen über Schnittstellen.

3.1.2   Hauptkomponenten

A] Prozessor (CPU)

Die **CPU**[2] ist das zentrale Gehirn eines Computers, bestehend aus Rechen- und Steuerwerk. Sie führt die Programme aus und verarbeitet die Daten. Für die Interpretation und Ausführung der Programme braucht sie einen **Befehlssatz.** Dies ist ein Bündel Anweisungen, die der Prozessor «verstehen» kann und in Form eines Mikrocodes intern abgespeichert hat. Weil ein Prozessor nur Programme und Daten aus dem Arbeitsspeicher verarbeiten kann, muss er sie vor der Ausführung in den Arbeitsspeicher laden. Lesen Sie zum Arbeitsspeicher auch den Abschnitt B, S. 74.

---

[1]   John von Neumann (1903–1957) schlug vor, dass Daten und Programm im gleichen Speicher gehalten werden.
[2]   Abkürzung für: Central Processing Unit.

Je nach Hersteller und Einsatzgebiet haben sich unterschiedliche **Prozessor-Architekturen** herausgebildet. Weitverbreitet sind folgende «Bauarten»:

- **x64-Architektur:** Die Prozessoren dieser Architektur rechnen mit 64 Binärstellen. Zunächst mit einem grossen Befehlssatz ausgerüstet (CISC)[1], wurde dieser stark reduziert (RISC)[2], um die Verarbeitungsgeschwindigkeit zu erhöhen. Prominente Vertreter dieser Architektur sind die Prozessoren der Intel-Familie (z. B. Intel Core i7).
- **ARM**[3]**-Architektur:** Die Prozessoren dieser Architektur zeichnen sich durch eine hohe Leistungsfähigkeit bei geringem Stromverbrauch aus. Dies wird durch kleinere Programme und neue, intelligente Befehle im Befehlssatz erreicht. ARM-Prozessoren können auch als **Embedded System**[4] gekauft werden und z. B. in ein Auto oder in eine Uhr eingebaut werden. Die meisten Smartphones und Tablet-PCs setzen auf diese Architektur.

Die **Leistungsfähigkeit eines Prozessors** wird v. a. durch folgende Faktoren beeinflusst:

- **Anzahl Bits:** Datenmenge, die ein Prozessor gleichzeitig verarbeiten und in einem Datensatz im Arbeitsspeicher abspeichern kann. Ein 64-Bit-Prozessor kann in einem einzigen Arbeitsschritt Daten «mit einer Länge» von 64 Bit verarbeiten. Damit verbunden ist auch eine Vergrösserung des Adressraums für den festen Speicher.
- **Taktfrequenz:** Anzahl an Grundoperationen, die ein Prozessor pro Sekunde durchführen kann. Je mehr Befehle (Instruktionen) pro Zeiteinheit ausgeführt werden können, desto leistungsfähiger ist ein Prozessor bzw. Computer. Die Anzahl der Instruktionen pro Sekunde wird in **MIPS**[5] angegeben. Der Pentium-i7-Prozessor mit einer Taktfrequenz von 2.93 GHz erreicht über 10 k MIPS.
- **Grösse und Organisation des Zwischenspeichers (Caches):** Der Cache beschleunigt den Zugriff auf die Daten im Arbeitsspeicher.

Zur Erhöhung der Leistungsfähigkeit werden in der Praxis mehrere Prozessoren eingesetzt. Bei solchen **Mehrprozessor-Systemen** werden mehrere Prozessoren in einen Chip integriert. Man spricht in diesem Zusammenhang auch von **Dualcore-Prozessoren** bzw. **Multicore-Prozessoren**.

Um die Leistungsfähigkeit weiter zu steigern, werden Aufgaben mit hohem Rechen- und Speicheraufwand ggf. auch von speziellen Prozessoren übernommen, wie z. B.:

- **Grafikprozessor:** Um ein Bild auf einem Monitor anzuzeigen, müssen jedes Mal Millionen von Bildpunkten neu berechnet und verarbeitet werden. Diese Aufgabe übernimmt der Grafikprozessor auf der Grafikkarte.
- **Signalprozessor:** Für die Verarbeitung von Audio- und Videodaten sind hohe Rechen- und Speicherkapazitäten nötig. Diese Aufgaben erledigt der digitale Signalprozessor.
- **Netzwerkcontroller:** Der Datenaustausch mit anderen Netzwerkteilnehmern ist eine arbeitsintensive Aufgabe. Fast zeitgleich muss ein grosser Bitstrom verarbeitet werden, um die Daten unterschiedlicher Teilnehmer zu empfangen und versenden. Diese Aufgabe wird vom Signalprozessor des Netzwerkcontrollers wahrgenommen.

B] Arbeitsspeicher (RAM)

Der **RAM**[6] hält alle Daten und Programme bereit, die der Prozessor für die Verarbeitung gerade benötigt. Weil der Arbeitsspeicher die Verarbeitungsdaten als elektrische Ladungen in den Kristallgittern des Halbleiters speichert, können sie nur so lange gehalten werden, wie der Computer eingeschaltet ist. Bei einem Spannungsabfall oder bei einem Stromausfall gehen

---

[1] Abkürzung für: Complex Instruction Set Computer.
[2] Abkürzung für: Reduced Instruction Set Computer.
[3] Abkürzung für: Advanced RISC Machines.
[4] Englisch für: eingebettetes System. Prozessor, der in ein bestimmtes technisches Umfeld eingebunden ist.
[5] Abkürzung für: Millionen Instruktionen pro Sekunde.
[6] Abkürzung für: Random Access Memory. Bei diesem Speicher kann jederzeit sofort auf beliebige Daten zugegriffen werden (random access). Im Gegensatz dazu muss bei einer Festplatte die Lesemechanik physisch zum jeweiligen Speicherort der Daten bewegt werden.

die elektrischen Ladungen wieder verloren. Aus diesem Grund wird der Arbeitsspeicher als **flüchtiger Speicher** bezeichnet.

Beim **Booten des Systems** (d. h. beim Hochfahren eines Computers) ergibt sich daraus das Problem, dass der Arbeitsspeicher das Betriebssystem noch nicht geladen hat und der Prozessor folglich keine Befehle ausführen kann. Abhilfe bot früher das **BIOS**[1], das inzwischen durch **UEFI**[2] abgelöst wurde, weil diese Schnittstelle wesentlich flexibler ist und auch grosse Festplatten direkt ansprechen kann. UEFI ist ein Programm, das der Prozessor unmittelbar nach dem Einschalten eines Geräts ausführt. Es muss in einem nicht flüchtigen Speicher bereitgestellt werden, weil der Arbeitsspeicher noch leer ist und feste bzw. externe Speicher noch nicht angesprochen werden können. Hat UEFI seine Aufgaben erledigt, übernimmt das Betriebssystem die Kontrolle über das Hardwaresystem. Jetzt können auch die Anwenderprogramme gestartet und genutzt werden.

Damit ein Prozessor grössere Datenmengen und Programmteile problemlos verarbeiten kann, muss der Arbeitsspeicher eine angemessene Grösse aufweisen. Die **Speicherkapazität** wird normalerweise in **Megabyte (MB)** und **Gigabyte (GB)** angegeben. Die folgende Tabelle gibt Aufschluss über die wichtigsten Speichergrössen:

Einheit	Grösse	Anzahl Byte	Umrechnungen
KB	Kilobyte	1 024 Byte (2^{10})	1 KB = 1 024 Byte
MB	Megabyte	1 048 576 Byte (2^{20})	1 MB = 1 024 KB
GB	Gigabyte	1 073 741 824 Byte (2^{30})	1 GB = 1 024 MB
TB	Terabyte	1 099 511 627 776 Byte (2^{40})	1 TB = 1 024 GB

Die **Leistungsfähigkeit eines Prozessors** bzw. Computers steht im direkten Zusammenhang mit der Grösse des Arbeitsspeichers. Bietet der Arbeitsspeicher nicht genügend Platz für alle Daten und Programme, die verarbeitet werden müssen, lagert das Betriebssystem bestimmte Teile auf einen festen Speicher aus und lädt sie bei Bedarf wieder zurück. Dieser Vorgang kostet Zeit und kann ein flüssiges Arbeiten mit einer Anwendung behindern.

Auf der Hauptplatine sind spezielle Steckplätze für RAM vorgesehen, um den Arbeitsspeicher zu erweitern und individuellen Leistungsanforderungen Rechnung zu tragen. Achten Sie bei der Beschaffung eines Arbeitsplatzcomputers darauf, dass der Arbeitsspeicher **mindestens auf 8 GB** aufgerüstet werden kann. Server sind für weit grössere Arbeitsspeicher ausgelegt. Der effektive Speicherbedarf richtet sich hier nach dem jeweiligen Einsatzzweck und Datenaufkommen.

Bei Mehrprozessor-Systemen, die sich Arbeitsspeicher teilen, oder wenn ein Grafikprozessor über keinen eigenen Speicher verfügt, spricht man von «**Shared Memory**».

C] Festplatten (HDD)

Für die dauerhafte Speicherung von Daten und Programmen ist ein **persistenter Speicher** mit hoher Speicherkapazität erforderlich. Bei einer **HDD**[3] wird die dauerhafte Speicherung durch eine Polarisierung der magnetischen Schicht auf Metallplatten erreicht. Aus diesem Grund bleiben die Daten auch ohne Stromzufuhr erhalten bzw. bestehen.

Ein **Festplattenspeicher** besteht aus mehreren rotierenden Metallplatten bzw. -scheiben, wobei jede Scheibe in mehrere Spuren und Sektoren unterteilt ist. Eine **Spur** ist derjenige Speicherbereich, der im gleichen Abstand vom Zentrum der Platte liegt. Ein **Sektor** entspricht einem bestimmten Abschnitt einer bestimmten Spur und ist die kleinste Speichereinheit einer Festplatte, auf die zugegriffen werden kann. Ein Sektor umfasst standardmässig 512 Byte

---

[1] Abkürzung für: Basic Input Output System.
[2] Abkürzung für: Unified Extensible Firmware Interface.
[3] Abkürzung für: Hard Disk Drive.

(Industriestandard für alle PC-Festplatten). Festplatten weisen ca. 63 Sektoren pro Spur auf. Ein **Cluster** ist die kleinste Speichereinheit, die ein Dateisystem lesen und beschreiben kann, und besteht aus einem oder mehreren benachbarten Sektoren. **Partitionen**[1] sind voneinander unabhängige Abschnitte bzw. Speicherbereiche einer Festplatte. Diese sind für den Benutzer als einzelne **Laufwerke** formatierbar und sichtbar. Jede Partition kann ihr eigenes **Dateisystem** haben und Fehler in einer Partition betreffen den Rest der Festplatte nicht.

Für die Ausrüstung eines Desktop-PCs mit Betriebssystem und üblicher Standardsoftware wird durchschnittlich eine HDD-Speicherkapazität von **100 GB** benötigt. Zum Vergleich: Die Brockhaus-Enzyklopädie mit 30 Bänden benötigt einen Speicherplatz von ca. 10 GB, sie hätte also 10-mal Platz auf einer solchen Festplatte.

Der Zugriff auf die Daten erfolgt über **Lese- und Schreibköpfe.** Aufgrund des mechanischen Aufbaus können die Zugriffszeiten nicht unter 5 ms gesenkt werden. Die Geschwindigkeit der Harddisk bestimmt die Performance eines Computers.

Aufgrund seines Aufbaus sind Festplatten gegenüber Erschütterungen empfindlich und oft von Ausfällen betroffen. Um die **Verfügbarkeit** sicherzustellen, werden daher wichtige Daten und Programme häufig auf mehreren Festplatten gleichzeitig (redundant) gespeichert. Lesen Sie dazu das Kapitel 7.5.3, S. 200.

D] Halbleiterspeicher (SSD)

SSD[2] sind permanente Speicher aus Halbleiter, die ihren Zustand auch beim Unterbruch der Stromversorgung nicht verlieren. Die darauf befindlichen Daten und Programme bleiben also dauerhaft erhalten. Als Flashspeicher in Memorysticks sind SSD schon länger bekannt.

Die SSD-Technologie bietet gegenüber HDD folgende Vorteile:

- Höhere Geschwindigkeiten beim Lesen und Schreiben von Daten
- Geringerer Energieverbrauch pro Zeiteinheit (Leistung)
- Geringere Empfindlichkeit gegenüber Erschütterungen (keine beweglichen Teile)

Weil die maximale Anzahl der Lese- und Schreibvorgänge bei SSD und HDD begrenzt ist, haben beide Technologien eine begrenzte Lebensdauer. Folgende Grafik zeigt den Aufbau einer Festplatte (links) und Vergleichsdaten zwischen HDD und SDD (rechts).

Abb. [3-2]   **Aufbau einer Festplatte (HDD) und Vergleich mit Halbleiterspeicher (SSD)**

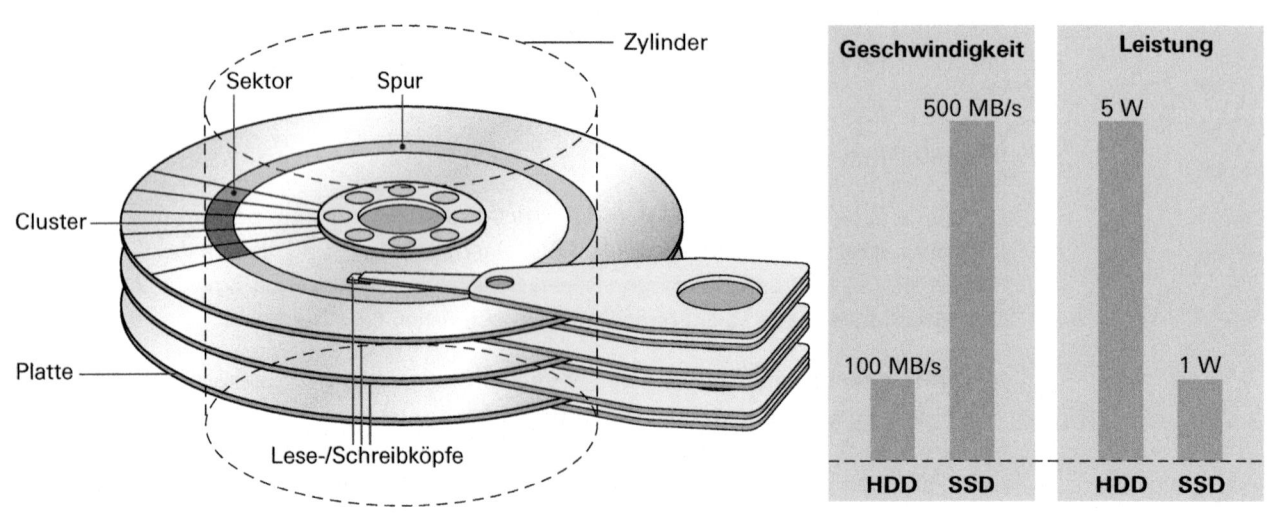

---

[1] Abgeleitet vom englischen Wort «part» = Teil.
[2] Abkürzung für: Solid State Drive.

Bei HDD und SSD ist die maximale Anzahl der Lese- und Schreibvorgänge begrenzt. Deshalb haben beide Technologien eine begrenzte Lebensdauer.

Weil ein Computer zuerst auf Arbeitsspeicher zugreift, werden diese als **Primärspeicher** bezeichnet. HDD und SSD sind dagegen **Sekundärspeicher,** ebenso wie CD-ROM oder DVD. **Externe Laufwerke** und **Speichernetzwerke** ermöglichen eine zusätzliche Erweiterung der Speicherkapazitäten. Lesen Sie dazu auch das Kapitel 8, S. 214.

3.1.3 Weitere Komponenten

Neben den beschriebenen Hauptkomponenten beinhaltet das Hardwaresystem eines PCs weitere Komponenten, die im Folgenden kurz vorgestellt werden. Folgende Abbildung gibt einen Überblick über den Aufbau eines **PC-Hardwaresystems**:

Abb. [3-3] Komponenten eines PCs

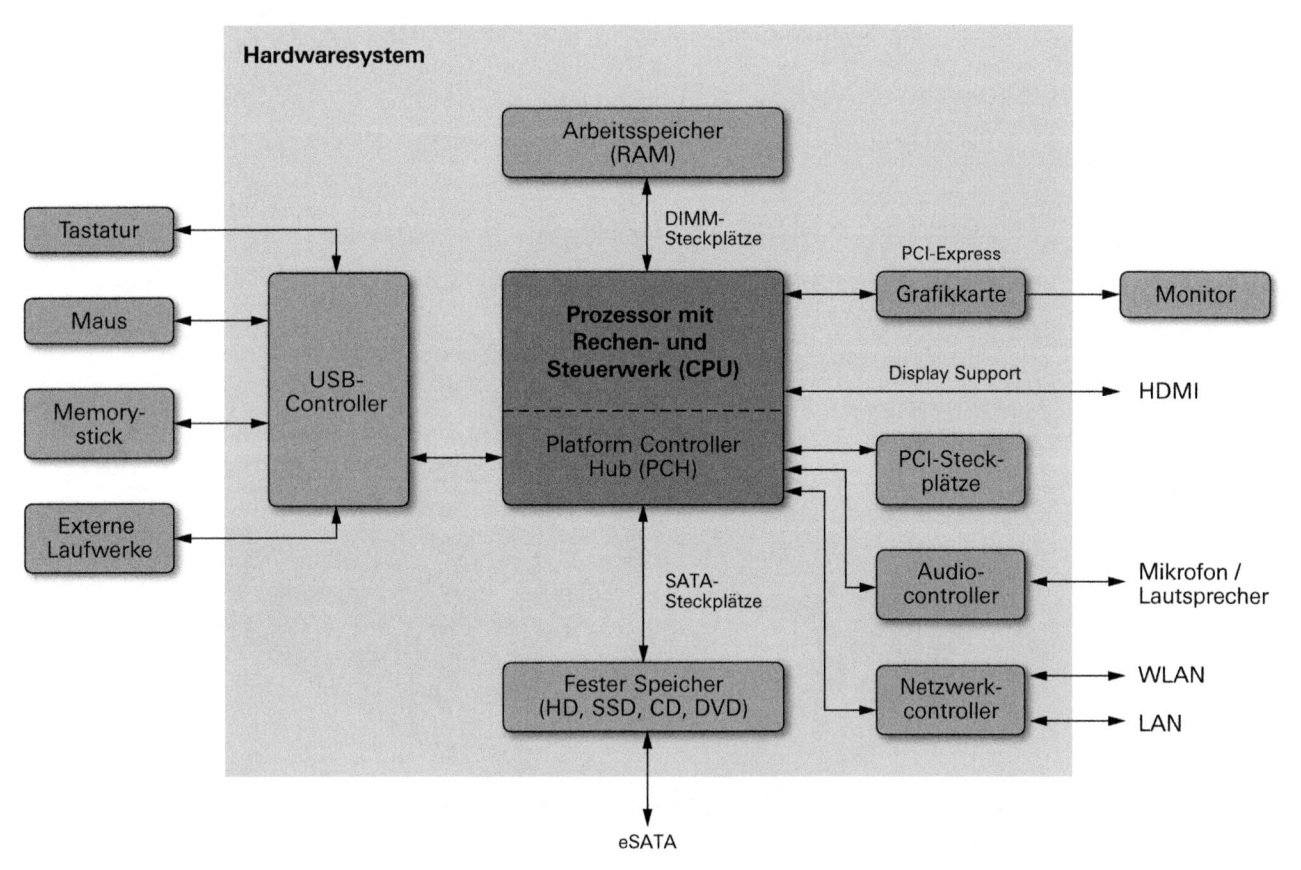

A] An der CPU angeschlossene Komponenten

Im oberen Bereich sehen Sie den **Arbeitsspeicher (RAM)** auf DIMM-Steckplätzen, rechts davon den PCI-Express als Steckplatz für die **Grafikkarte** und den Display Support für den **HDMI-Anschluss** eingezeichnet. Vergleichen Sie zu HDMI das Kapitel 3.2.2, S. 80.

B] Am PCH angeschlossene Komponenten

Im unteren Bereich sind Funktionsbausteine angeordnet, die zur Entlastung der CPU über einen **Platform Controller Hub (PCH)** verbunden sind. Über diese «Datenweiche» werden folgende Komponenten angeschlossen (von links nach rechts):

- **USB-Controller** mit Schnittstellen nach aussen z. B. zur Tastatur und Maus (soweit diese nicht über PS/2-Adapter verbunden sind) oder für Memorysticks und externe Laufwerke.

- **SATA-Steckplätze** als Verbindungen zu festen Speichermedien. Hier werden HD, SSD, CD-ROM oder DVD angeschlossen. SATA überträgt die Daten von und zu den Speichern seriell, d. h. Bit für Bit nacheinander mit einer Geschwindigkeit von 6 Gbit/s. Die Speichergeräte werden über Flachstecker und Flachbandkabel mit dem Motherboard verbunden. Über die Schnittstelle **eSATA**[1] werden externe Speichermedien angeschlossen.
- **Netzwerkcontroller** für den Anschluss des Computers ans LAN und WLAN.
- **Audiocontroller** für den Anschluss interner und externer Audiokomponenten wie z. B. Mikrofon oder Lautsprecher.
- **PCI-Steckplätze** für den Anschluss zusätzlicher Geräte. PCI-Steckplätze ermöglichen das Einstecken von eigenen Elektronikplatten für zusätzliche Funktionen sowie Schnittstellen zu externen Geräten (z. B. Alarmsensoren). Damit kann ein Computer flexibel um beliebige Funktionalitäten erweitert werden.

3.1.4 Hauptplatine

Die Komponenten des PC-Hardwaresystems werden auf einer sogenannten **Hauptplatine (Main- oder Motherboard)** aufgebaut. Das folgende Bild zeigt eine typische Hauptplatine eines Desktop-PCs. Es ist sichtbar, dass viele Komponenten auf Sockel oder Steckerleisten eingesteckt werden. Für zusätzliche Adapter stehen PCI-Steckplätze zur Verfügung. Sie sind in der folgenden Grafik rechts ersichtlich (weisse Steckerleisten):

Abb. [3-4]   **Hauptplatine mit typischen Komponenten**

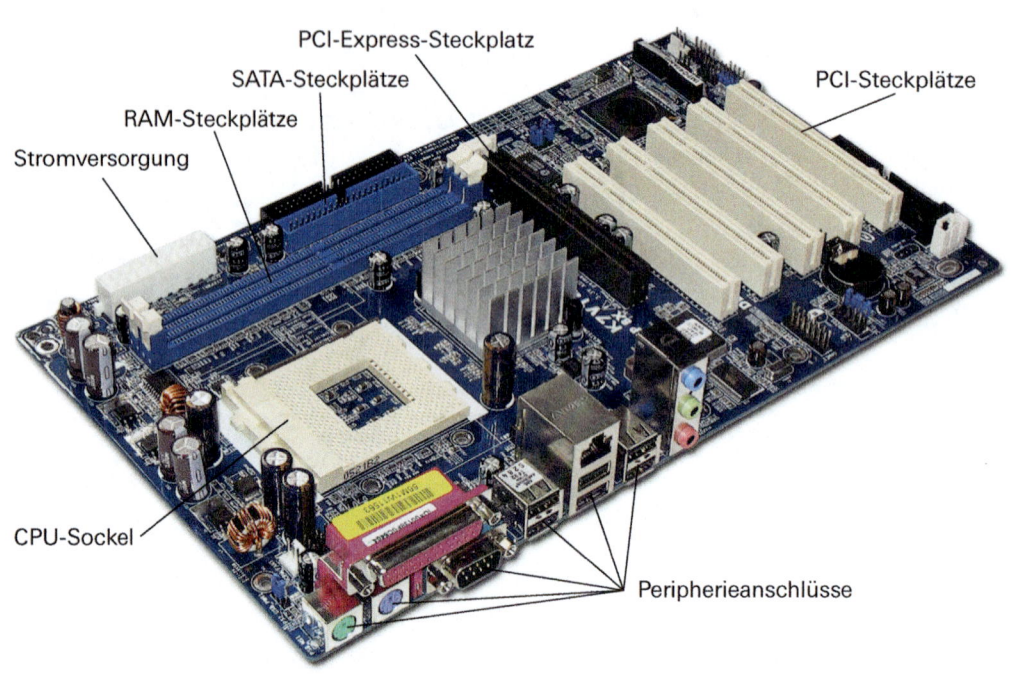

Quelle: http://de.wikipedia.org/wiki/Hauptplatine

Die Hauptplatine ist eine **Leiterplatte**[2], die üblicherweise mittels **4-Layer-Technik** aufgebaut ist und 4 Ebenen für Leiterbahnen zur Verfügung stellt. Darauf werden die Hardwarekomponenten eingesteckt oder aufgeklebt und verlötet. Weil die Masse und Bauteile der Hauptplatine weitgehend normiert[3] sind, können die Komponenten unterschiedlicher Hersteller miteinander kombiniert werden. Auf diese Weise lässt sich ein PC zusammenbauen, der den individuellen Wünschen eines Benutzers entspricht.

---

[1] Abkürzung für: External Serial Advanced Technology Attachment.
[2] Englisch: Printed Circuit Board (PCB).
[3] Man nennt die Normierung Formfaktor, z. B. ATX-Formfaktor (Abk. für: Advanced Technology Extended).

Technologische Fortschritte, Miniaturisierung und Senkung des Energieverbrauchs bei vielen Hardwarekomponenten erlauben es, **neue Bausteine** oder **leistungsfähigere Funktionen** in noch kleinere Endgeräte (Tablet-PCs, Smartphones) einzubauen.

Beispiel
- Touchscreen für die Ein- und Ausgabe von Daten
- Front Camera und Rear Camera für die Aufnahme von Bildern und Filmen
- Global Positioning System (GPS) für die Bestimmung des aktuellen Standorts
- SIM-Kartensteckplatz für Mobilfunkverbindungen
- Bluetooth-Adapter für Lautsprecher, Kopfhörer usw.
- Near Field Communication (NFC) für kontaktlosen Datenaustausch (z. B. Zahlungsverkehr)
- Lage- und Beschleunigungssensoren z. B. für das automatische Drehen der Anzeige
- Umgebungslicht-Sensor zur Anpassung der Helligkeit
- Fingerprint-Sensor für einen schnellen, sicheren Gerätezugang

3.2 Schnittstellen

Hardwareschnittstellen werden benötigt, um ein IT-System zu erweitern und neue Komponenten anzuschliessen oder miteinander zu verbinden. Geräte wie Desktop-PC, Notebook und Tablet-PC haben weitgehend einheitliche Schnittstellen. Viele davon werden für Netzwerk- bzw. Fernverbindungen benötigt. Anstelle von elektronischen Steckern werden für Aussenverbindungen häufig Komponenten verwendet, die elektromagnetische Wellen verarbeiten (senden und empfangen) können. Komponenten für die Ein- und Ausgabe von Daten werden oft direkt in das Endgerät eingebaut. Im Folgenden werden typische Hardwareschnittstellen (Stecker, Anschlüsse) und deren Möglichkeiten näher vorgestellt.

3.2.1 Universelle Schnittstelle

Der **Universal Serial Bus (USB)** ist eine vielseitige, leistungsfähige Schnittstelle, die bei den meisten Geräten zur Verfügung steht und für unterschiedliche Verbindungen eingesetzt wird. Neben Tastatur und Maus können darüber externe Festspeicher oder Netzwerkgeräte wie z. B. Drucker oder Scanner angeschlossen werden. Tablet-PCs können USB zusätzlich für den Ladevorgang verwenden. **USB 2.0** erlaubt Übertragungsgeschwindigkeiten bis 480 Mbit/s, **USB 3.1** erlaubt Übertragungsgeschwindigkeiten bis 10 Gbit/s. **USB-Hubs** sind Weichen für die Erhöhung der Zahl der Anschlüsse.

Anstelle von USB-Steckern des Typs A und von USB-Kupplungen des Typs B gibt es neu eine **bidirektionale Verbindung** mit der Typenbezeichnung C.

Abb. [3-5] Micro-USB, Mini-USB, USB 2.0, Micro-USB 3.0, USB-C (von links nach rechts)

Quelle: Tuomas Lehtinen / Shutterstock.com, pixelnest / Shutterstock.com, ANATOL / Shutterstock.com (von links nach rechts)

Hinweis Apple hat für die USB-Verbindung einen eigenen Steckertyp mit dem Namen «Lightning» geschaffen.

3.2.2 Schnittstellen für Monitor und Multimedia

A] DVI (Digital Visual Interface)

Über diese Schnittstelle wird der externe Monitor eines Computers angeschlossen. Bei **Mac-Computern** ist die Schnittstelle mit der Bezeichnung **DVI-A** verbreitet.

Abb. [3-6]   Monitor, DVI-Anschluss, DVI-Stecker (von links nach rechts)

Quelle: Milkovasa / Shutterstock.com, Black_Kira / Shutterstock.com, sofist / Shutterstock.com (von links nach rechts)

B] VGA (Video Grafics Array)

Ältere Desktop-PCs haben eine **VGA-Schnittstelle** für externe Monitore. Der Anschluss und der Stecker sind bei dieser Schnittstelle 3-reihig aufgebaut und seitlich leicht abgeschrägt. Folgende Varianten der VGA-Schnittstelle verwenden den gleichen Anschluss und Stecker, bieten aber unterschiedliche Bildqualität:

- SVGA mit 800 × 600 Pixeln
- XGA mit 1 024 × 768 Pixeln
- SXGA mit 1 280 × 1 024 Pixeln

Abb. [3-7]   Monitor, VGA-Anschluss, VGA-Stecker (von links nach rechts)

Quelle: Milkovasa / Shutterstock.com, Black_Kira / Shutterstock.com, apdesign / Shutterstock.com (von links nach rechts)

C] HDMI (High Definition Multimedia Interface) und Display Port

HDMI und **Display Port** ermöglichen Videoübertragungen mit hoher Bild- und Tonqualität. HDMI-Version 2.0 unterstützt Bildformate bis 4 K und erlaubt Übertragungen mit 1 920 × 1 080 Bildpunkten (Full HD) und Dolby. DisplayPort-Version 1.4 unterstützt Bildformate bis 8 K und erlaubt Übertragungen mit 7 680 × 4 320 Bildpunkten (UHD). Die Verbindungen sind einheitlich aufgebaut, bei den technischen Daten und Kabeltypen gibt es aber Unterschiede.

Abb. [3-8] HDMI-Stecker und HDMI-Anschluss (links), DisplayPort-Steckverbinder (rechts)

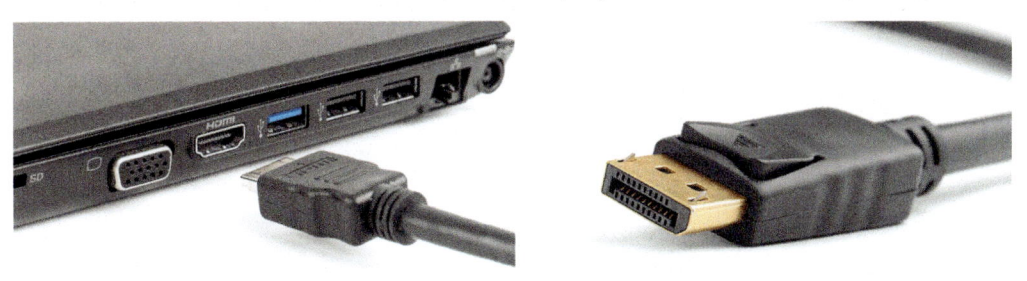

Quelle: mkos83 / Shutterstock.com (links), Peter Gudella / Shutterstock.com (rechts)

3.2.3 Weitere Datenschnittstellen

A] Thunderbolt

Thunderbolt ist eine vielseitige Kabelverbindung mit Datenübertragungsraten bis 40 Gbit/s. Sie eignet sich, um Bild-, Ton-, Energie- und Datenübertragungskanäle in einer Schnittstelle zu bündeln. Thunderbolt kann mit USB, eSATA und anderen Schnittstellen verbunden werden und ermöglicht dadurch hohe Flexibilität mit grossen Reichweiten. Für schnelle Verbindungen können auch Lichtleiter verwendet werden.

Abb. [3-9] Thunderbolt-Stecker (links) und Verbindungsmöglichkeiten (rechts)

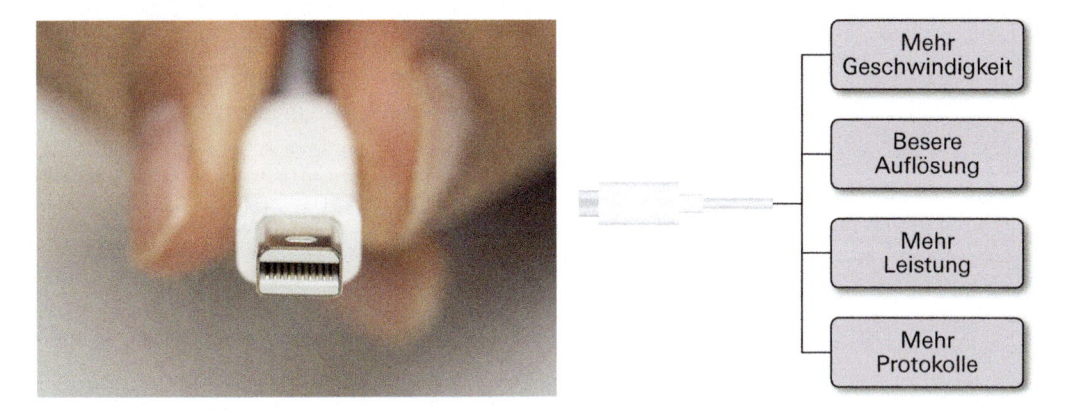

Quelle: LDprod / Shutterstock.com

B] FireWire

FireWire sind v. a. bei Apple-Computern zu finden und eignen sich besonders gut für Videoübertragungen. Diese Schnittstelle bietet einen 6-poligen oder 9-poligen Stecker bzw. Anschluss und eine Übertragungsgeschwindigkeit bis 3.2 Gbit/s. In der folgenden Abbildung sehen Sie eine FireWire IEEE 1394b in zwei verschiedenen Varianten:

Abb. [3-10] FireWire mit 9-poligem Stecker (links) und mit 6-poligem Stecker (rechts)

Quelle: Yorkman / Shutterstock.com

3.2.4 Audioanschlüsse

Für den Anschluss von Mikrofonen, Kopfhörern oder Lautsprechern bieten die meisten Computer relativ unscheinbare **Stereo-Klinkenstecker** im Durchmesser von 3.5 mm.

3.2.5 Netzwerkanschlüsse

Server, Desktop-PCs und Notebooks können über **RJ-45-Stecker** mit dem lokalen Netzwerk verbunden werden. Aktuell beträgt die Übertragungsgeschwindigkeit dieser Schnittstelle 1 Gbit/s. Laptops, Tablet-PCs und Smartphones verfügen zusätzlich über Schnittstellen für die drahtlose Kommunikation im Nahbereich wie **Bluetooth** oder **NFC**[1].

3.3 Peripheriegeräte

Geräte in der näheren Umgebung eines Computers werden als **Peripheriegeräte** bezeichnet. Sie sind über eine Schnittstelle mit dem Computer verbunden und können über diesen gesteuert werden. Wichtige Peripheriegeräte werden im Folgenden kurz vorgestellt.

3.3.1 Drucker

Voraussetzung für die korrekte Steuerung eines Druckers ist die Installation des richtigen **Geräte- oder Druckertreibers.** Von einem Computer kann nicht erwartet werden, dass er alle Peripheriegeräte beherrscht und z. B. alle bestehenden oder künftigen Druckermodelle aller Hersteller richtig anspricht. Um dieses Problem zu lösen, gibt das Betriebssystem vor, wie eine Klasse von Geräten angesprochen werden soll. Die Gerätetreiber kümmern sich dann um die Übersetzung dieser Funktionsaufrufe in gerätespezifische Steuersignale.

Sobald ein Computer einen Druckauftrag erteilt, wird das entsprechende Dokument in eine **Seitenbeschreibungssprache (PDL)**[2] übersetzt und an den Drucker weitergeleitet. Häufig eingesetzte PDL sind PostScript von Adobe Systems, PDF[3] von Adobe Systems und PCL[4] von HP Inc.

Der eigentliche **Druckvorgang** hängt von der jeweiligen Technologie ab:

- Beim **Tintenstrahldrucker** werden winzige Tintentröpfchen auf das Papier geschossen, um ein Druckbild zu erzeugen. Die Auflösung des Tintenstrahls in winzige Tröpfchen geschieht durch einen piezoelektrischen Wandler. Dabei werden die Tröpfchen elektrisch aufgeladen und zur richtigen Stelle gelenkt.
- Beim **Laserdrucker** wird eine statisch geladene, rotierende Bildtrommel mit **Toner** versorgt und über einen Drehspiegel von einem Laserstrahl belichtet. Dort, wo der Laserstrahl auf die Bildtrommel trifft, verliert diese ihre Ladung und den darauf haftenden Toner (helle Stellen). Durch Drehung der Bildtrommel und Endladung gelangt der Toner auf das Papier.

Je nach Aufgabe und Situation können Drucker auf verschiedene Weise in Geschäftsprozesse eingebunden werden. Prinzipiell lassen sich folgende **Betriebsarten** unterscheiden:

- **Einzelbetrieb:** Der Drucker wird direkt an eine bestimmte Arbeitsstation angeschlossen und kann ausschliesslich von diesem genutzt werden.
- **LAN-Betrieb:** Der Drucker wird an einen Server angeschlossen und kann über diesen Printserver von mehreren Netzwerkteilnehmern genutzt werden.

---

[1] Abkürzung für: Near Field Communication.
[2] Abkürzung für: Page Description Language.
[3] Abkürzung für: Portable Document Format.
[4] Abkürzung für: Printer Command Language.

- **WLAN-Betrieb:** Der Drucker wird mithilfe von IT-Services wie Apple AirPrint, HP ePrint oder iPrint von mobilen Geräten via WLAN genutzt. Voraussetzung dafür ist eine WLAN-Funktion im Drucker oder ein Access Point im Unternehmen. Dazu muss das App des Druckerherstellers installiert werden.
- **Internetzugriff:** Der Drucker kann ggf. auch aus der Ferne über das Internet angesteuert und genutzt werden, beispielsweise mittels Google Cloud Print (Achtung, Sicherheit!).

Die **Anforderungen an einen Drucker** richten sich primär danach, ob ein Arbeitsplatzdrucker oder ein Netzwerkdrucker benötigt wird und welches Volumen der Drucker bewältigen muss. Weiter ist die erforderliche Druckqualität zu berücksichtigen. Neben der Möglichkeit, schwarzweiss oder farbig auszudrucken, erfüllen Drucker unterschiedliche Anforderungen an Geschwindigkeit, beidseitigen Druck, Art, Stärke und Format des Papiers, Anzahl und Grösse der Papiermagazine etc. Auch Kosten-Nutzen-Überlegungen spielen eine entscheidende Rolle. Tintenstrahldrucker haben beispielsweise höhere variable Kosten (durch den Ersatz von Tintenpatronen), erzeugen aber wirklichkeitsnahe Fotoausdrucke. Bei der **Druckerauswahl** werden typischerweise folgende **Kriterien** herangezogen:

- Kosten pro Ausdruck A4
- Anzahl der Ausdrucke bis zum Wechsel der Patronen oder der Tonerkassette
- Dauer bis zum Wechsel der Bildtrommel
- Serviceintervalle und -kosten

3.3.2 Beamer

Mit einem **Beamer** kann der Inhalt eines Computerbildschirms auf eine helle Wand projiziert werden. Solche Geräte kommen z. B. für Präsentationen oder für das gemeinsame Betrachten von Bildern und Filmen bzw. Videos zum Einsatz. Zunehmend werden Beamer auch als TV-Ersatz verwendet. Beamer werden oft in Sitzungszimmern oder Konferenzräumen benötigt und setzen einen einfachen Anschluss an einen mobilen Computer (Notebook oder Tablet-PC) und ggf. eine Netzwerkverbindung voraus. Für den Computeranschluss besteht meist eine VGA- oder HDMI-Schnittstelle.

Bei Beamern mit **DLP**[1]**-Technik** wird für jeden Bildpunkt ein winziger Spiegel verwendet, der die Farben der Lichtquellen lenken und regeln kann. Die Helligkeit wird durch schnelles Umschalten (Kippen) der Spiegel erreicht (bis zu 5 000-mal pro Sekunde).

Massgebend für die **Auswahl eines Beamers** sind v. a. die Helligkeit, die Bildauflösung und die Geräuschentwicklung. Ein wichtiges Kriterium ist auch die erforderliche Projektionsfläche. Diese sollte im Verhältnis zur Raumgrösse stehen, um bei gegebener Betrachtungsdistanz die gewünschte Bildqualität zu erhalten.

3.3.3 Scanner und Multifunktionsgeräte

Ein **Scanner** tastet ein Objekt mit einem Laserstrahl systematisch ab und verarbeitet die Daten elektronisch. Scanner im Geschäftsumfeld können Dokumente oder Papierausdrucke mit Text, Bildern und Grafiken in elektronische Dateien verwandeln. Mittels Software können die Auflösung, die Farben bzw. Graustufen, der Ausschnitt und das Ausgabeformat bestimmt werden. Texte werden mithilfe der **OCR**[2]**-Technologie** digitalisiert.

Mittels **Dokumentenscanner** können v. a. Papierdokumente rasch eingelesen und digitalisiert werden. Ein **Flachbettscanner** kann je nach Ausstattung ein- oder doppelseitige Dokumente erfassen und auch das Einscannen von Broschüren und Büchern ist einfach. Demgegenüber bietet ein **Einzugsscanner** mit ADF[3] den Vorteil, dass mehrere Dokumente ohne weitere Eingriffe problemlos eingescannt werden können.

---

[1] Abkürzung für: Digital Light Processing.
[2] Abkürzung für: Optical Character Recognition.
[3] Abkürzung für: Automatic Document Feeder.

Daneben gibt es Scanner, die für spezielle Zwecke entwickelt worden sind und nur bestimmte Codierungen interpretieren und verarbeiten können. Dazu gehören etwa der **Barcodeleser**, der **QR-Leser** oder der **Kartenleser**. Solche Geräte kommen häufig beim Verkaufspunkt, bei der Lagerbewirtschaftung oder in Banken zum Einsatz.

Wenn Drucker oder Scanner um zusätzliche Funktionalitäten wie z. B. Kopieren oder Faxen erweitert werden, spricht man von **Multifunktionsgeräten**. Bei engen Platzverhältnissen sind solche Geräte sehr zweckmässig.

Massgebend für die **Auswahl eines Scanners** für das betriebliche Umfeld sind v. a. folgende Kriterien:

- Einsatzzweck: Einzelplatzscanner oder Netzwerkscanner
- Schnittstellen: USB oder RJ-45
- Bauform und Grösse: Aussenmasse geschlossen und offen
- Auflösung: mindestens 300 dpi[1]
- Anzahl Graustufen und Farben: mindestens 255 Graustufen oder 255 Farben
- Mechanische Eigenschaften: Zeitbedarf pro Scan, automatischer Einzug, doppelseitiges Scannen
- Softwareausstattung: Speicherformate, Zeichenerkennung (OCR), Einstellmöglichkeiten für Formate und Ausschnitte

3.4 Computertypen

3.4.1 Desktop-PC und Workstation

Der **Desktop-PC** wurde als persönliches, fest installiertes Arbeitsgerät für das Büro konzipiert. Daher kommt auch die Bezeichnung **Personal Computer**. Mit der Einführung des Betriebssystems MS Windows im Jahr 1995 wurde der PC wegen seiner durchgehend grafischen Benutzeroberfläche populär. Es konnte nun mit der Maus gearbeitet werden und Anweisungen mussten nicht mehr über die Kommandozeile erfasst werden.

Entsprechend seinem hauptsächlichen Einsatzgebiet laufen auf dem Desktop-PC häufig **Office-Anwendungen** (Textverarbeitung, Tabellenkalkulation, Präsentation) bzw. Tools und Applikationen, die Aufgaben und Prozesse im Backoffice unterstützen. Dazu gehören etwa Auftragsbearbeitung und Fakturierung, Rechnungswesen oder Projektmanagement. Hinzu kommen standardmässig ein E-Mail-Programm mit Kalender und Adressbuch für die Termin- und Kontaktverwaltung sowie Programme für die Wiedergabe von Grafiken, Video- und Audioaufnahmen.

Ein Desktop-PC ist normalerweise mit dem LAN und dem Internet verbunden. Für das WWW steht ein Internetbrowser und für die Speicherung grösserer Datenmengen eine lokale Festplatte zur Verfügung. Mehrkern-Prozessoren sorgen für schnelles Arbeiten. Massgebend sind auch die Taktfrequenz des Prozessors und die Grösse des Cache. Folgende **technische Merkmale** zeichnen einen **typischen Desktop-PC** aus:

- RAM: 8 GB, ausbaubar
- CPU: 64-Bit-Prozessor Intel Pentium oder AMD Athlon
- HDD: 1 TByte, wenn kein externer Speicher für die Datenablage eingesetzt wird
- Monitor: 24–27 Zoll mit einer Auflösung, die HDTV ermöglicht (1 920 × 1 080 Pixel), Bildwiederholfrequenz für flimmerfreie Anzeigen mindestens 100 Hz

Workstations sind High-End-Arbeitsplatzrechner, die sich durch eine hohe Leistungsfähigkeit auszeichnen und bezüglich Geschwindigkeit, Arbeitsspeicher und Festspeicher erheblich besser ausgerüstet sind als Desktop-PCs. Workstations werden für spezifische Aufgaben und

---

[1] Abkürzung für: dots per inch, engl. für: Punkte pro Zoll (1 Zoll = 2.54 cm).

Anwendungen eingesetzt wie z. B. für Bild-, Audio- und Videobearbeitung, für Datenanalysen und Simulationen, für Grafikprogramme oder CAD-/CAM-Anwendungen mit 3-D-Ansichten.

Je nach Einsatzgebiet haben Workstations unterschiedliche Eigenschaften. Daher sollten die Anforderungen von der geplanten Anwendung ausgehend ermittelt werden. Zu diesem Zweck bieten Vertriebsfirmen sogenannte **Konfiguratoren** an. Dies sind Programme, die eine individuelle und bedarfsgerechte Zusammenstellung von Workstations erleichtern. Folgende **technische Merkmale** zeichnen eine **typische Workstation** aus:

- RAM: 32 GB
- Monitor mit Wide-Quad-HD-Auflösung (2 560 × 1 440 Pixel) und Multitouch-Funktion

Zusätzliche Anforderungen bei Multimedia-Anwendungen:

- Schnittstellen: HDMI oder FireWire
- Grafikkarte: DirectX-9-kompatibel und HDCP[1]-kompatibel
- Monitor: HDCP-kompatibel, um HD-Videos in voller Qualität sehen zu können

3.4.2 Midrange-Rechner und Server

Midrange-Rechner sind Computer, die von der Leistungsfähigkeit her irgendwo zwischen Workstations und Grossrechnern[2] positioniert sind. Historisch sind sie als Minicomputer in den 1960er-Jahren entstanden und arbeiten mit herstellerspezifischen (proprietären) Betriebssystemen. Aus diesem Segment, das auch als **mittlere Datentechnik** bekannt ist, sind z. B. die Rechner DEC PDP, DEC VAX, IBM AS/400 und HP ProLiant hervorgegangen, die in der Industrie und der Verwaltung grosse Verbreitung gefunden haben.

Der **Server** ist der Nachfolger der Midrange-Rechner. Dieser Computertyp weist ähnliche Leistungsmerkmale auf, arbeitet aber in einem Client-Server-System und ist weitaus kleiner und handlicher. Zudem orientiert sich das Betriebssystem an den Betriebssystemen für PCs, was eine höhere Benutzerfreundlichkeit bedeutet. Mit dem Server können auch Multiuser-Applikationen schneller und günstiger realisiert werden. Mainframe- und Midrange-Rechner wurden deshalb nach und nach durch Client-Server-Systeme verdrängt.

Moderne Server sind **zentrale Hochleistungsrechner,** die rechenintensive Aufgaben durchführen und Datenbanklösungen oder IT-Services für andere Computer im Firmennetzwerk (Clients) zur Verfügung stellen. Sie sind über das LAN mit mehreren Arbeitsplatzcomputern verbunden. Weil sie rund um die Uhr verfügbar sein müssen und eine hohe Zuverlässigkeit aufweisen müssen, verfügen sie über grosse Arbeitsspeicher und ausfallsichere Festplatten und stehen aus Sicherheitsgründen in einem Serverraum.

Der Begriff Server bezieht sich primär auf die Funktionalität und nicht auf die Hardware. Sind Dienstprogramme wie z. B. ein Maildienst oder ein Druckerdienst installiert, spricht man von einem **Mailserver** bzw. von einem **Druckerserver.** Server, die den angeschlossenen Clients ein Dateisystem oder Teile davon zur Verfügung stellen, werden **Fileserver** genannt. Server werden durch ein **Serverbetriebssystem** gesteuert und oft laufen auf einer Serverhardware verschiedene Anwendungsprogramme. Ein Server, der nur für eine bestimmte Aufgabe vorgesehen ist, wird auch **dedizierter Server** genannt.

Folgende Abbildung zeigt einen **Bladeserver** der Firma HP, der betriebsbereit geliefert wird und in ein 19-Zoll-Rack[3] eingebaut werden kann. Dieser Server ist mit einem Unix-Betriebssystem für die Prozessor-Architektur von IBM Power Systems ausgestattet. Zur Erhöhung der Datensicherheit kann er zusätzlich mit Fail-Save-Mechanismen ausgerüstet werden.

---

[1] Abkürzung für: High-bandwidth Digital Content Protection. Verschlüsselungssystem für die sichere Übertragung von Audio- und Videodaten über die Schnittstellen DVI, HDMI und DisplayPort.
[2] Auch: Mainframe-Rechner.
[3] Englisch für: Gestell, Regal, Ständer.

Abb. [3-11]   Server (Beispiel)

Bild: © digitec.ch / galaxus.ch

Auch Server haben je nach Einsatzgebiet unterschiedliche Eigenschaften. Daher sollten die Anforderungen an Server zusammen mit Spezialisten ermittelt werden.

Wenn Sie einen Server selbst betreiben möchten, sind neben der Leistungsfähigkeit und den Speicherkapazitäten weitere Aspekte zu berücksichtigen:

- Speicherkonfiguration
- Organisation der Harddisks
- Datensicherung: Backup-&-Restore-Konzept
- Konzept der Virtualisierung
- Notfallkonzept: Szenarien und Massnahmen bei einem Serverausfall

3.4.3 Notebook und Laptop

Notebooks und **Laptops** sind mobile Computer, die eine ähnliche Leistungsfähigkeit wie Desktop-PCs aufweisen, aber unabhängig vom Stromnetz funktionsfähig sind und in einer Aktentasche Platz finden. Geschäftliche Anwendungen können im Offline-Modus betrieben werden und bei Bedarf kann über das Internet auch eine sichere Online-Verbindung zu den IT-Ressourcen des eigenen Unternehmens eingerichtet werden.

Gegenüber dem Desktop-PC ist die Dateneingabe und -ausgabe beim Notebook bzw. Laptop in das Gerät integriert, d. h., es gibt keinen externen Monitor, sondern einen internen Screen und anstelle der Maus kann ein **Touchpad** verwendet werden.

Abb. [3-12]   Notebook (Beispiel)

Bild: © vasabii / iStock / Getty Images

Die typischen Merkmale eines Notebooks sind mit einem Desktop-PC vergleichbar. Allerdings ist der Monitor deutlich kleiner und liegt zwischen 12 und 17 Zoll. Modelle mit den kleineren Bildschirmen haben keinen separaten Zahlenblock, sind dafür kleiner und handlicher beim Transport. Wichtig für die Mobilität ist auch die **Nutzungsdauer der Akkus**[1]. Sogenannte **Dockingstations** erleichtern den raschen Anschluss an die Stromversorgung, an externe Festplatten und an das LAN. Dafür müssen entsprechende Schnittstellen vorhanden sein.

3.4.4 Tablet-PC

Der **Tablet-PC** ist ein mobiler und flacher Computer in der Grösse und mit dem Gewicht einer Schreibtafel. Daher kommt auch der Name «Tablet». Der Bildschirm wurde als **Touchscreen** integriert und erlaubt sowohl die Bedienung des Geräts als auch Texteingaben. Texteingaben sind auch von Hand mit einem **Touchpen**[2] möglich – wie bei einem Notizblock. Eine mechanische Tastatur wie beim Notebook ist nötig, kann aber bei Bedarf optional per Bluetooth angeschlossen werden.

Tablet-PCs sind für Verbindungen mit dem **Mobilfunknetz** ausgerüstet und können prinzipiell an jedem Ort an das Internet und das Unternehmensnetzwerk angeschlossen werden. Die meisten Betriebssysteme für Tablet-PCs sind Weiterentwicklungen von Betriebssystemen für Smartphones, deren Funktionsumfang mithilfe von Apps erweitert werden kann. Es sind aber auch Tablet-PCs mit Betriebssystemen für Notebooks erhältlich, auf denen die vertrauten Anwendungen lauffähig sind. Bekannte Produkte in diesem Segment sind das iPad, Microsoft Surface, Lenovo Yoga oder Samsung Tablet.

Immer mehr Benutzer verwenden den Tablet-PC auch als Multifunktionsgerät beispielsweise zum Einlesen von Barcodes oder QR-Codes, zum Fotografieren und für Videoaufnahmen oder zum Drucken und Scannen von Dokumenten. Dank seiner Mobilität und Funktionalität bietet dieses Gerät ein grosses Potenzial an Produktivitätssteigerungen. Besonders leistungsfähige Tablet-PCs werden deshalb auch als **Business-Tablet-PCs** bezeichnet.

Abb. [3-13] **Tablet-PC (Beispiel)**

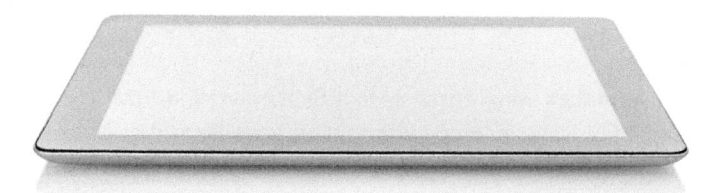

Bild: © goir / iStock / Getty Images

Bei der Prüfung der geschäftlichen Einsatzmöglichkeiten von Tablet-PCs steht die Frage im Vordergrund, ob die **gleichen Anwendungsmöglichkeiten** zur Verfügung stehen sollen wie bei einem Notebook oder ob nur **vorgegebene Apps** genutzt werden sollen wie bei einem Smartphone. Damit verbunden ist die Frage nach der **Kapazität von RAM und Festspeicher.** Auch die **Grösse des Tablet-PCs** richtet sich nach dem Einsatzzweck. Zur Auswahl stehen die Formate 7, 10 oder 12 Zoll. Beachten Sie unbedingt auch die **Laufzeit der Batterie.** Oft wird nur die maximale und nicht die minimal garantierte Betriebsdauer angegeben.

[1] Abkürzung für: Akkumulator: wiederaufladbarer Energiespeicher.
[2] Englisch für: Eingabestift, Stylus.

3.5 Computersysteme

3.5.1 Terminal-Host-System

Hosts sind Grossrechner im Verbund mit Terminals. Sie werden für rechenintensive Arbeiten eingesetzt, beispielsweise um grosse Datenmengen zu verarbeiten oder umfangreiche Transaktionen und komplexe Berechnungen zu bewältigen. Aus diesem Grund werden sie auch als **Numbercruncher** bezeichnet. Hosts bieten eine hohe Verfügbarkeit und Betriebssicherheit.

Terminals werden benötigt, um die Hosts zu bedienen. Sie bestehen im Wesentlichen aus einer Tastatur und einem Bildschirm und werden für die Eingabe von Daten oder Befehlen oder für die Ausgabe und Auswertung von Daten verwendet. Für die Eingabe steht i. d. R. keine grafische Benutzeroberfläche zur Verfügung, sondern nur eine zeichenorientierte Kommandozeile. Terminals sind also keine Computer mit eigenen Rechenkapazitäten, sondern reine Konsolen für die Datenein- und -ausgabe. Man findet sie weiterhin in Forschungslabors und Universitäten für technisch-wissenschaftlichen Anwendungen. Anstelle von Terminals können auch PCs eingesetzt werden, die mithilfe von **Emulationsprogrammen** wie z. B. Putty Terminals «nachahmen» können.

Abb. [3-14]   **Host und Terminals**

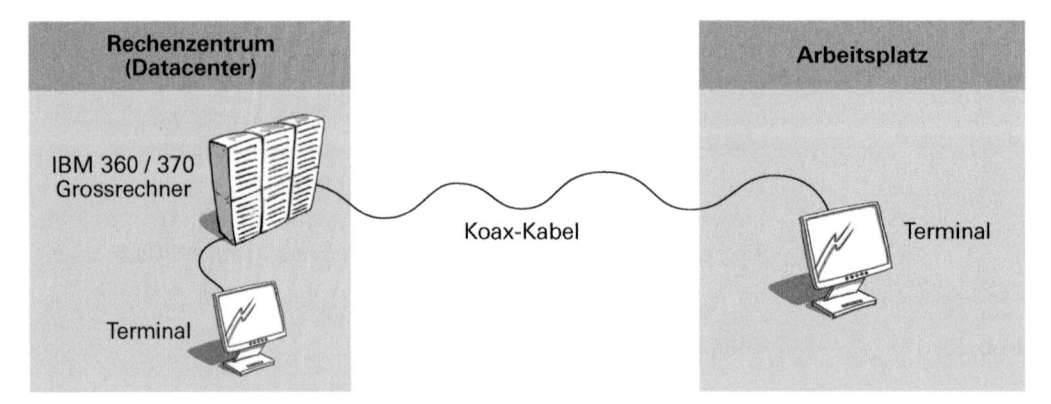

Bekannte **Hersteller** von Terminal-Host-Systemen sind IBM, Unisys, Fujitsu Siemens, Bull, Hitachi und NEC. Da jeder Hersteller sein **eigenes Betriebssystem** zur Verfügung stellt, sind diese proprietär, d. h. nicht standardisiert. Auch **Host-Applikationen** können i. d. R. nicht auf andere Systeme übertragen (portiert) werden, weil für deren Ausführung und Wartung Zusatzprogramme wie z. B. Entwicklungsumgebungen, Transaktionssysteme, Datenbanken benötigt werden, die an den jeweiligen Hersteller gebunden sind.

3.5.2 Peer-to-Peer-System

In einem **Peer-to-Peer-System** werden die Geschäftsapplikationen auf den einzelnen Arbeitsplatzcomputern installiert. Zugangsberechtigte Mitarbeitende greifen auf die lokal installierten Applikationen zu und erledigen betriebliche Aufgaben wie Rechnungsstellung, Buchhaltung (Debitoren, Kreditoren, Inkasso), Lagerbewirtschaftung oder Serienbriefe. Als Peripheriegeräte kommen z. B. Netzwerkdrucker und Netzwerkscanner zum Einsatz.

In einem Peer-to-Peer-System greift also jeder Benutzer auf die **eigenen IT-Ressourcen** zu, kann diese über das Netzwerk aber auch den anderen Teilnehmern zur Verfügung stellen. Zentrale Server, die bestimmte Dienste zur Verfügung stellen, gibt es hier nicht. Alle Rechner haben die gleichen Rechte und bilden eine Gruppe. Jeder Benutzer ist für seine IT-Ressourcen und deren Sicherheit selbst verantwortlich.

Abb. [3-15]   Funktionsprinzip Peer-to-Peer

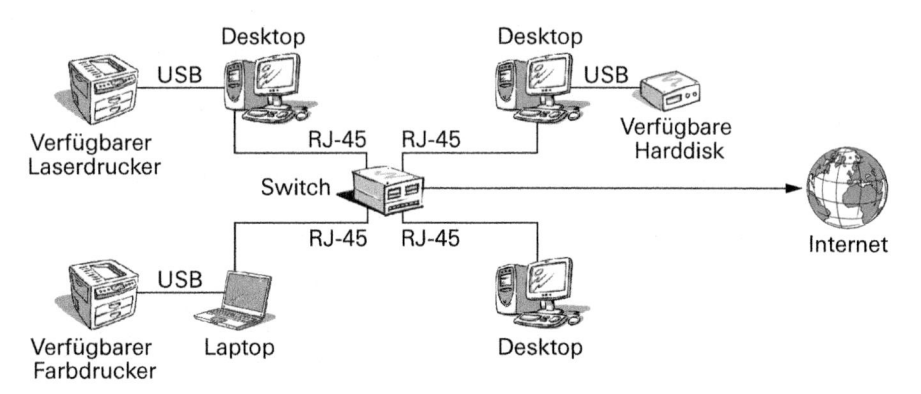

3.5.3 Client-Server-System

In einem **Client-Server-System** werden Computer mit unterschiedlicher Leistungsfähigkeit nach den geschäftlichen Bedürfnissen zusammengeschlossen. Der Begriff **Client** bezieht sich dabei primär auf die Funktion eines Rechners (Hardware) oder Programms (Software) im Sinne von «Kunde eines Servers». Als **Client-Rechner** kommen üblicherweise Desktop-PCs, Laptops, Tablet-PCs und Smartphones zum Einsatz. **Thin Clients** sind Computer, auf denen meist nur Webbrowser und kundenseitige Teile der Serverprogramme laufen. Sie sind also schlank bzw. schmächtig, was den Leistungsumfang betrifft.

Der **Server** ist ein zentraler und leistungsstarker Computer, der «seinen» Clients die benötigen Ressourcen und Dienste zur Verfügung stellt. Weil er für die Verarbeitung und Speicherung der Daten zuständig ist und in der Lage sein muss, mehrere Anfragen verschiedener Clients gleichzeitig und schnell zu bearbeiten, müssen Performance, Kapazitäten und Verfügbarkeit des Servers laufend auf die betrieblichen Bedürfnisse abgestimmt werden. Je nach Situation können mehrere Server für unterschiedliche Aufgaben eingerichtet und genutzt werden wie z. B. ein **Fileserver** für die Dateiablage, ein **Printserver** für Druckdienste, ein **Mailserver** für E-Mail-Dienste oder ein **Webserver** für WWW-Dienste.

Abb. [3-16]   Funktionsprinzip Client-Server

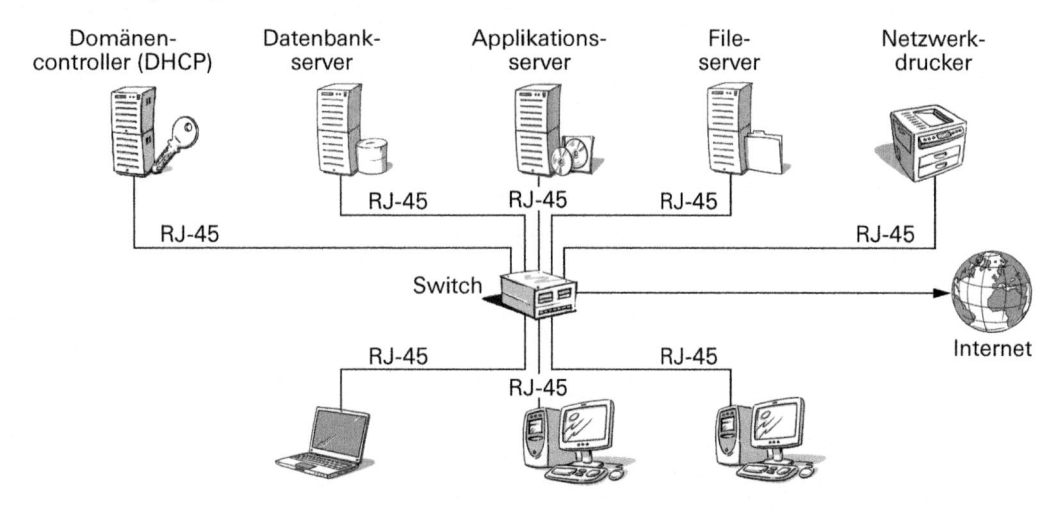

Je nach Aufgabenverteilung können Client-Server-Systeme unterschiedlich aufgebaut sein:

- In der **Zwei-Schichten-Architektur** laufen die Applikationen auf den Clients, während die Daten zentral auf der Datenbank des Servers abgelegt werden. Entsprechend müssen die Clients in der Lage sein, sowohl die Anwendungen auszuführen als auch die Ergebnisse darzustellen. Sie übernehmen gleichzeitig die Anwendungslogik sowie die Funktion der Präsentation. Die gemeinsamen Daten aller Clients werden auf dem Server gehalten.
- In der **Drei-Schichten-Architektur** übernehmen die Clients ausschliesslich die Funktion der Präsentation, d. h. der Ein- und Ausgabe von Daten. Dafür ist kein Fat oder Rich Client erforderlich; diese Aufgabe kann auch von einem Thin-Client wahrgenommen werden (z. B. von einem Tablet-PC, einem Smartphone oder vom Webbrowser eines Desktop-PCs). Die Anwendungslogik und die Datenhaltung werden getrennt und auf mehrere Server verteilt.

Ein Client-Server-System bietet gegenüber einem Terminal-Host-System folgende Vorteile:

- Günstiger bei gleicher Funktionalität
- Hohe Flexibilität dank standardisierter Hard- und Software
- Erhöhte Benutzerfreundlichkeit dank der grafischen Benutzeroberfläche (GUI)
- Einfache Bedienung, da die meisten Anwender die grafische Benutzeroberfläche vom Umgang mit den weitverbreiteten Mac-OS- und MS-Windows-Programmen her kennen

Ein Client-Server-System bietet gegenüber einem Peer-to-Peer-System folgende Vorteile:

- Geschäftsapplikationen können zentral auf dem Server installiert, konfiguriert und verwaltet werden.
- Die einfachere Systemadministration erlaubt Kosteneinsparungen von bis zu 30% gegenüber dezentralen Lösungen.

Ein Client-Server-System bietet gegenüber einem Peer-to-Peer-System folgende Nachteile:

- Thin Clients benötigen ein schnelles, zuverlässiges Netzwerk.
- Bei Netzwerkstörungen ist kein Systembetrieb mehr möglich.

3.6 Virtualisierung

Virtualisierung ist eine Technik für den flexiblen Einsatz von IT-Ressourcen. Diese können geteilt und anderen zur Verfügung gestellt oder von anderen bezogen werden. Dabei geht es darum, Rechenleistung (Prozessoren), Speicherplatz (Festplattenspeicher) oder Software (Programmausführung) verschiedenen Nutzern zur Verfügung zu stellen. Dank Virtualisierung können IT-Ressourcen so verteilt und genutzt werden, wie wenn sie lokal und exklusiv zur Verfügung stehen würden. Auf diese Weise lassen sich die bestehenden Ressourcen besser nutzen, entsprechend der Nachfrage zuordnen und die Verfügbarkeit der Systeme erhöhen.

3.6.1 Virtualisierungsformen

Bei IT-Ressourcen werden folgende **Virtualisierungsformen** unterschieden:

- **Hardwarevirtualisierung:** Hier nutzt ein Betriebssystem virtuelle statt reale Hardware. Darunter fallen folgende Varianten:
    - **Speichervirtualisierung:** Vorhandener Speicherplatz wird mehreren Nutzern zur Verfügung gestellt. Eingesetzt wird ein grosser Speicher, der flexibel auf die Nutzer aufgeteilt werden kann. Der Speicher kann sich im SAN (Storage Area Network) befinden.
    - **Prozessorvirtualisierung:** Arbeitsintensive Befehle können von Prozessoren auf anderen Systemen ausgeführt werden.
    - **Komponentenvirtualisierung:** Einem Programm wird beispielsweise ein zusätzlicher Netzwerkadapter virtuell zur Verfügung gestellt.

- **Softwarevirtualisierung:** Hier wird ein Programm auf einem fremden System ausgeführt oder eine Plattform wird für mehrere Betriebssysteme eingesetzt. Darunter fallen folgende Varianten:
  - **System- oder Betriebssystemvirtualisierung:** Mehrere Betriebssysteme laufen auf einer einzigen Hardware. Damit können Komponenten der Hardware wie z. B. der Arbeitsspeicher besser ausgenützt werden.
  - **Anwendungsvirtualisierung:** Ein Programm wird in einem Fremdsystem ausgeführt, als ob die Anwendung lokal läuft.

Folgende Grafik zeigt das Prinzip der Virtualisierung von Hardware und Software am Beispiel des Betriebssystems:

Abb. [3-17] Virtualisierung von Hardware und Betriebssystem

Hardwarevirtualisierung

Betriebssystem
Virt. Hardware
Prozessor | RAM | HDD | Adapter

Softwarevirtualisierung
(Betriebssystemvirtualisierung)

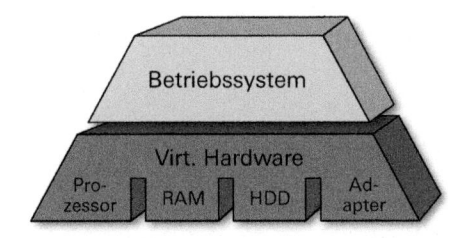

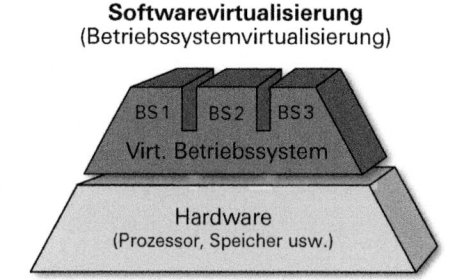

BS1 | BS2 | BS3
Virt. Betriebssystem
Hardware
(Prozessor, Speicher usw.)

Vorteile der Virtualisierung	Nachteil der Virtualisierung
• Zuschaltung von Ressourcen ohne Geräteerweiterung oder Neubeschaffung • Bessere Ausnützung der Ressourcen und Kosteneinsparung dank Volumeneffekten • Verringerung der Einrichtungszeit und Steigerung der Verfügbarkeit • Einsparung von Energie und Verringerung des Platzbedarfs	Ein Nachteil ist die erhöhte Komplexität der Systeme, die zusätzliches Fachwissen erfordert.

3.6.2 Virtualisierungspraxis

A] Servervirtualisierung

Am weitesten fortgeschritten ist die **Servervirtualisierung.** Dabei werden mehrere Server auf einer einzigen physikalischen Plattform betrieben. Dadurch können Kosten für Beschaffung, Betrieb der Hardware und der Energieverbrauch gesenkt und die Verfügbarkeit des Systems erhöht werden, da virtuelle Server im Idealfall unterbrechungsfrei auf eine andere Hardware verschoben werden können.

Die Umsetzung einer Servervirtualisierung ist unterschiedlich: Auf dem Betriebssystem eines Servers (Host System) laufen z. B. mehrere **Gastserversysteme (virtuelle Systeme),** wobei das Host-System die Hardwareressourcen den virtuellen Systemen zuordnet. Eine spezielle Software, der **Hypervisor,** ermöglicht den Betrieb unterschiedlicher Betriebssysteme und somit mehrerer **virtueller Maschinen (VM)** gleichzeitig auf einem physischen Rechner.

Beispiele
- XEN
- VMWare
- MS Hyper-V

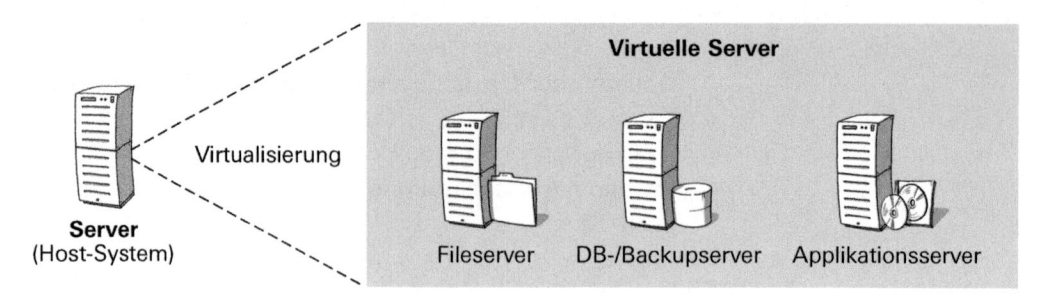

Abb. [3-18] Serverhardware mit virtuellen Servern

B] Weitere Betriebssysteme auf dem PC

VirtualBox kann als Anwendung innerhalb des PC-Betriebssystems installiert werden. Sie erzeugt einen virtuellen Prozessor, der mit realen Ressourcen des Gastcomputers verbunden werden kann. VirtualBox stellt auch virtuelle Netzwerkadapter zur Verfügung, um virtuelle Systeme untereinander und oder mit dem äusseren Netzwerk zu verbinden.

3.7 Beschaffung, Nutzung und Entsorgung

3.7.1 Beschaffungsmarkt und Vergleichsmöglichkeiten

Für die Beschaffung von Hardware stehen in der Schweiz zahlreiche **Online-Anbieter und OEM-Vertriebspartner** zur Auswahl. Viele KMUs kaufen ihre Hardwarekomponenten z. B. bei Anbietern wie Brack, Conrad, Digitec oder Steg-Electronic ein. Zum **Vergleich verschiedener Angebote** können Plattformen wie PC-Tipp.ch oder Chip.de sowie Benchmark-Tests bzw. entsprechende Charts zurate gezogen werden.

Bezüglich der **Hardwarekosten** sind folgende Aspekte zu beachten:

- Bei den Beschaffungskosten vergleichbarer Hardwarekomponenten sind üblicherweise keine grossen Unterschiede festzustellen.
- Betrachtet man den gesamten Lebenszyklus einer Hardwarekomponente, ist der Anteil der (einmaligen) Beschaffungskosten gegenüber (wiederkehrenden) Betriebskosten meistens gering.
- Je nach Beschaffungs- und Nutzungsmodell gibt es wesentliche Unterschiede in der Kostenstruktur und bei den Service- und Supportleistungen. Bei einem Vergleich sollten Sie das Augenmerk daher primär auf nichtfunktionale Anforderungen richten.
- Bei einer Servervirtualisierung müssen die Kostenvorteile gegenüber den Ausfallrisiken des Servers abgewogen werden.

3.7.2 Interner Beschaffungsrahmen

Grössere Beschaffungsvorhaben müssen im Einklang mit den unternehmerischen Vorgaben stehen. Vor der Beschaffung von Hardware ist daher der **interne Rahmen** zu prüfen:

- **Compliance und Beschaffungscodex:** Gibt es unternehmerische Vorgaben zur Einhaltung rechtlicher Normen und ethischer Standards bei der Beschaffung von Hardware? Welche Rolle spielen Arbeitssicherheit, Datenschutz oder Aspekte der Nachhaltigkeit wie z. B. Energieeffizienz, Ressourcenschonung und Klimaschutz? Welchen Stellenwert haben soziale Aspekte wie Kinderarbeit, Arbeitsbedingungen oder fairer Handel?

Siehe auch!	**Compliance und Beschaffungscodex** Im Buch «Unternehmensführung und Umwelt» dieser Lehrmittelreihe finden Sie eine Einführung in Compliance. Das Buch «Recht» dieser Lehrmittelreihe befasst sich mit dem Thema aus juristischer Sicht. Beschaffungscodex und Nachhaltigkeit werden im Buch «Supply Chain Management» dieser Lehrmittelreihe behandelt.

- **Leitbild, Strategien und Konzepte:** Gibt es Aussagen im Leitbild, in der strategischen Ausrichtung oder in Konzepten des Unternehmens, die für die Beschaffung von Hardware relevant sind?

Siehe auch!	**Strategisches Management** Unternehmensleitbild und Strategieplanung werden im Buch «Unternehmensführung und Umwelt» dieser Lehrmittelreihe thematisiert. Mehr über Beschaffungsstrategien und -konzepte erfahren Sie im Buch «Supply Chain Management» dieser Lehrmittelreihe.

- **Sourcing & Operating:** Welches Modell bietet sich für die Beschaffung, die Nutzung und den Betrieb von Hardware an oder wird ggf. in Anspruch genommen? Vergleichen Sie dazu das Kapitel 5, S. 132.

3.7.3 Allgemeine Beschaffungstipps

Folgende **Beschaffungstipps** sollten grundsätzlich befolgt werden, sofern sie dem internen Beschaffungsrahmen nicht widersprechen:

- **Keine Einzelbeschaffungen:** Vermeiden Sie den rollenden Austausch von Einzelgeräten. Besonders für grössere Firmen lohnen sich Sammelbestellungen. Viele Lieferanten sind bereit, grössere Bestellvolumen mit vorteilhaften Preisen und Konditionen zu belohnen.
- **Standardisierter Beschaffungsprozess:** Weil Computer i. d. R. alle 3–4 Jahre ersetzt werden müssen, lohnt sich für solche Beschaffungsobjekte ein standardisierter Beschaffungsprozess. Vergleichen Sie dazu das Kapitel 5, S. 132.
- **Standardisierte Geräte:** Viele unterschiedliche Gerätetypen und -modelle erhöhen die technische Komplexität und die TCO der IT-Infrastruktur. Um Aufwand und Kosten für die Administration und Wartung zu reduzieren, empfiehlt sich eine Standardisierung der im Unternehmen eingesetzten Geräte. Dadurch ergeben sich Vorteile bei der Installation und Konfiguration, aber auch beim Support oder Austausch durch Reservegeräte.
- **Bring Your Own Device:** Das BYOD-Konzept erlaubt die Verwendung privater, mobiler Geräte im Unternehmen. Dadurch werden standardisierte Geräte im Mobilbereich zwar verhindert. Dennoch lassen sich negative Auswirkungen abfedern, indem Regeln für den sicheren Gebrauch aufgestellt und Mitarbeitende pauschal abgegolten werden, die eigene Geräte für geschäftliche Zwecke nutzen, unterhalten und ggf. ersetzen.
- **Corporate Owned Personally Enabled:** Das COPE-Konzept erlaubt den Einsatz von Mobilgeräten, die dem Unternehmen gehören, für private Zwecke.
- **Folgen des Beschaffungsmodells bedenken:** Abhängig vom gewählten Finanzierungs- und Nutzungsmodell ergeben sich unterschiedliche Auswirkungen für die eigene Organisation. Diese müssen bedacht und vorbereitet werden. Dazu gehören etwa die Zuordnung der Kompetenzen, Aufgaben und Verantwortlichkeiten für Betrieb, Unterhalt, Entsorgung, Vereinbarungen für den korrekten Gebrauch der Hardware (besonders für mobile Geräte), Zutrittsregelungen (z. B. für Serverräume), Richtlinien zur Gewährung der Vertraulichkeit von Daten, Festlegung des Dokumentationsumfangs etc.

3.7.4 Nutzung, Betrieb und Wartung

Je nach **Finanzierungs- und Nutzungsmodell** kommen bei der Hardware unterschiedliche **Vor- und Nachteile** zum Tragen:

- Beim **Kauf von Hardware** ist eine gesetzlich vorgeschriebene Garantie von 2 Jahren ab Kaufdatum im Preis inbegriffen. Für Speichermedien und Laufwerke wird z. T. eine längere Garantiedauer gewährleistet. Je nach Hersteller oder Lieferant werden Garantiefälle in Form von Bring-In, Pick-Up und In-Home abgewickelt. Defekte Hardware wird i. d. R. nicht mehr repariert, sondern vollständig ersetzt. Bei ausgetauschten Computern müssen Sie also die Software (Applikationen) sowie die zugehörigen Daten wieder einspielen können (Backup & Recovery).
- Beim **Leasing von Hardware** bleibt das Leasingobjekt im Besitz des Leasinggebers. Der Leasingnehmer profitiert, indem er seine Liquidität schont und in den Genuss technisch aktueller Geräte kommt.
- Bei der **Nutzung von Hardware über das Internet**[1] können die bezogenen Ressourcen flexibel den geschäftlichen Bedürfnissen angepasst werden. Weil keine eigene Hardware angeschafft oder erweitert werden muss, fallen Beschaffungskosten weg, während die Betriebskosten nach den effektiv benutzten Ressourcen abgerechnet werden. Service Level Agreements garantieren die gewünschte Leistungsqualität bzw. Verfügbarkeit. Dem stehen gewichtige Nachteile wie die Abhängigkeit vom Serviceprovider sowie offene Fragen rund um die Datensicherheit gegenüber (z. B. bei den Cloud-Storage-Lösungen DropBox oder Google Drive).

Für die **ordnungsgemässe Nutzung von Hardware** sind folgende Aspekte zu beachten:

- Es sollte ein **Nutzungskonzept** vorliegen, das mindestens folgende Fragen beantwortet: Welche Geräte werden wo und wozu betrieben? Wer hat Zugriff auf welche Geräte und in welchem Ausmass? Wer erbringt welche Administrations- und Supportleistungen? Durch welche Massnahmen werden Datensicherheit und Datenschutz gewährleistet?
- Geräte wie z. B. Datenbankserver oder Drucker, die unternehmensweit eingesetzt werden, erfordern besondere Aufmerksamkeit. Von ihnen wird eine **hohe Verfügbarkeit** erwartet, weil Störungen bzw. Ausfälle erhebliche Kosten verursachen. Um dies zu verhindern, müssen geeignete technische und organisatorische Vorsorgemassnahmen getroffen und Notfallszenarien durchgespielt werden. Vergleichen Sie dazu auch das Kapitel 7, S. 190.
- Werden Hardwareressourcen extern bezogen, muss mit dem Dienstleister ein **Service Level Agreement (SLA)**[2] vereinbart werden, um die gewünschte Servicequalität (QoS) sicherzustellen. Welcher **Support** benötigt wird, hängt von der Bedeutung der Hardwareressourcen für die eigenen Geschäftsprozesse ab.

Beispiel Ein Support nach dem Next-Business-Day-Modell gewährleistet die Reparatur bzw. den Ersatz von Hardware am nächsten Arbeitstag.

3.7.5 Entsorgung

Im Kaufpreis von Hardwaregeräten ist eine **vorgezogene Recyclinggebühr (vRG)** enthalten, die den Käufer berechtigt, die Geräte ohne Zusatzkosten dem Lieferanten zurückzugeben. Auch an öffentlichen Entsorgungsstellen ist eine kostenlose Rückgabe möglich. Gesammelte IT-Geräte werden demontiert und umweltbelastende Bestandteile wie Schwermetalle oder wiederverwendbare Rohstoffe getrennt.

Bei der **Entsorgung von Datenträgern** ist besondere Vorsicht geboten. Mithilfe geeigneter Löschverfahren ist sicherzustellen, dass sich keine betriebliche Daten mehr darauf befinden. Vor allem sensible Geschäftsdaten und Personendaten sind schützenswert bzw. unterliegen dem Datenschutzgesetz. Es empfiehlt sich, für kritische Hardwarekomponenten ein eigenes Entsorgungskonzept zu erstellen und einen geordneten Entsorgungsprozess einzurichten.

---

[1] Cloud Computing bzw. Infrastructure as a Service (IaaS). Vergleichen Sie dazu das Kapitel 5, S. 132.
[2] Vergleichen Sie dazu das Kapitel 5.6, S. 145.

Siehe auch!	Entsorgungskonzept und -prozess
	Lesen Sie zur Entsorgung das Buch «Supply Chain Management» dieser Lehrmittelreihe.

3.8 Anforderungen an die Hardware

Anforderungen an die Hardware werden durch die einzusetzenden Geschäftsanwendungen bzw. Softwares vorgegeben. Dabei stellen sich insbesondere folgende Fragen:

- Welche funktionalen Anforderungen muss die Hardware erfüllen?
- Welche technischen Anforderungen müssen Schnittstellen und Peripheriegeräte erfüllen?
- Welche nichtfunktionalen Anforderungen müssen Anbieter bzw. Lieferant und Hardware erfüllen?
- Welche Service- und Supportleistungen brauchen wir in welcher Qualität (QoS)?

Technische Anforderungen an die Hardware können wie folgt gegliedert werden:

- Anforderungen an die Infrastruktur:
    - Serverräume mit geeigneter Ausrüstung
    - Installationen für die Arbeitsplatzcomputer (Stromanschluss, LAN-Anschlussdose, Telefon)
    - Ergonomische Einrichtung der Arbeitsplätze
- Anforderungen an die Hardware als Ganzes:
    - Kompatibilität zur Software
    - Unterstützung der Softwareschnittstellen
    - Skalierbarkeit, Ausbaufähigkeit
- Anforderungen an einzelne Geräte:
    - Funktional: Leistungsfähigkeit Prozessor, Speicherbedarf, Schnittstellen
    - Nichtfunktional: Bauform, Ausbaufähigkeit, Energieverbrauch, Qualität, Wartung und Support, Hersteller, Preis

Hier ein Beispiel für **technische Anforderungen** an ein Notebook bzw. einen Server:

Geräte	Ausrüstung	Leistungsgrössen
Notebook	• Textverarbeitungs- und Tabellenkalkulationssoftware • Mailclient • Unternehmensapplikationen lauffähig (Präsentationsschicht) • Zentrale Rechteverwaltung und Softwareupdates möglich • Schweizer Tastatur • Dokingstation	• Mindestens 8 GB RAM • Mindestens 250 GB SSD • Mindestens i5-INTEL-Quad-Prozessor (Geschwindigkeit) • 1000Base-T-LAN-Schnittstelle • HDMI-Schnittstelle und HDTV • Mindestens Netzunabhängigkeit von 4 Stunden
Server Einsatzzweck: Datenbankserver für eine 100-GB-Datenbank für 50 User	• Rackversion max. 2 Höheneinheiten • Vorgesehenes Betriebssystem und das gewählte Datenbankmanagementsystem mit der Datenbank lauffähig • Redundante Festspeicher (z. B. RAID-1) • Integrierte USV (unterbrechungsfreie Stromversorgung) • Lokale Administrationsmöglichkeit (Tastatur- und Monitoranschluss)	• CPU mit mind. 200 k MIPS • 32 GB RAM • 1000Base-T-LAN-Schnittstelle • 2× 10 TB Festspeicher (aktive Datenbank und Backup) • Parallelbetrieb von 2 identischen Systemen

Für das **Evaluationsverfahren** von Hardwarekomponenten ist ein **Anforderungskatalog** zu erstellen, der die wichtigsten Auswahlkriterien und Eckwerte beinhaltet.

Beispiel	Der Abteilungsdrucker muss ein netzwerkfähiger Laserdrucker sein. Die Laptops für unsere Vertreter müssen das Betriebssystem MS Windows haben und qualitativ hochwertig gebaut sein.

Hinweis	Lesen Sie zum Beschaffungsprozess und zum Vorgehen bei der Evaluation von Hardwarekomponenten das Buch «Supply Chain Management» dieser Lehrmittelreihe.

Zusammenfassung	**Computer** arbeiten nach dem **EVA-Prinzip**: Eingabe, Verarbeitung und Ausgabe der Daten. Hauptkomponenten des Computers sind Prozessor mit Rechen- und Steuerwerk, Arbeitsspeicher, fester Speicher (Harddisk) und Schnittstellen nach aussen.
	Der **Prozessor** kommuniziert wegen der hohen Anforderungen an die Geschwindigkeit direkt mit dem **Arbeitsspeicher (RAM),** dem Grafiksystem über die **PCI-Schnittstelle** und über die **HDMI-Schnittstelle** mit dem externen Monitor. Die übrigen Komponenten des Computers sind über den **Platform Controller Hub** mit dem Prozessor verbunden, der unterschiedliche Schnittstellen wie USB und SATA zur Verfügung stellt. Auf gleiche Weise sind auch die weiteren externen **Schnittstellen** des Computers verbunden. Zunehmend finden sich neben Notebooks auch mobile Geräte wie Tablet-PCs und Smartphones im Unternehmen.
	Ein herkömmliches **Computersystem** besteht aus **Mainframe-Rechnern** bzw. **Hosts,** auf denen alle Applikationen ausgeführt wurden, und zugeordneten **Terminals** für die Ein- und Ausgabe der Daten. Diese Systeme laufen mit hoher Zuverlässigkeit und können grosse Datenmengen verarbeiten, weshalb sie in grösseren Unternehmen immer noch eine wichtige Rolle spielen. Eine Weiterentwicklung dieses Prinzips sind **Client-Server-Systeme,** bei denen der Server bestimmte IT-Dienste für die angeschlossenen Clients zur Verfügung stellt. In einem **Peer-to-Peer-System** greift jeder Benutzer auf die eigenen IT-Ressourcen zu, kann diese über das Netzwerk aber auch den anderen Teilnehmern zur Verfügung stellen.
	Unter **Virtualisierung** versteht man die flexible Nutzung von Ressourcen. Beispiele dafür sind die Hardwarevirtualisierung und die Betriebssystemvirtualisierung. Die Servervirtualisierung ist in den letzten Jahren wichtig geworden.
	Vor der **Beschaffung von Hardware** sollten der aktuelle Beschaffungsmarkt untersucht und geeignete Vergleichsmöglichkeiten genutzt werden. Zudem sind der interne Beschaffungsrahmen, die angebotenen Finanzierungs- und Nutzungsmodelle sowie Entsorgungsaspekte zu berücksichtigen. Daraus lassen sich die relevanten **technischen Anforderungen** ableiten.

Repetitionsfragen

Geschlossene Fragen

21   Kreuzen Sie die zutreffenden Aussagen an.

☐	Zur Leistungsteigerung der Rechenleistung des Computers sind verschiedene Strategien gewählt worden. Die wichtigsten sind eine grosse Taktfrequenz der Prozessoren, Mehrfachprozessoren (Dual- oder Quadcore) und ARM-Architekturen (Advanced RISC Machines).
☐	Alle aktuellen Computer sind nach der Architektur von John von Neumann aufgebaut, d. h., es gibt grundsätzlich nur einen Speicher, der sowohl das Programm wie auch die Daten speichert.
☐	Der Prozessor rechnet im Dezimalsystem. Dazu wird jedem Zahlenwert einer Ziffer eine elektrische Spannung zugeordnet (0 V = Zahl 0, 0.1 V = Zahl 1, …, 1 V = Zahl 10).
☐	Hardwarevirtualisierung heisst, dass ein Betriebssystem virtuelle statt reale Hardware nutzt. Dies steigert die Flexibilität bei der Nutzung von Ressourcen und kann die Verfügbarkeit erhöhen.

22 Jede Funktion kann einer Hardwarekomponente zugeordnet werden. Treffen Sie die korrekten Zuordnungen.

Komponente	Zuordnung
Arbeitsspeicher	
Festspeicher	
Prozessor	

Funktion	
1. Führt das Programm aus	2. Programm- und Datenlager
3. Kapazität kann extern erhöht werden	4. Enthält einen Mikrocode
5. Kann logische Entscheide fällen	6. Oft mechanisch aufgebaut
7. Da befinden sich die aktuell ausgeführten Programme	8. Befindet sich oft auch ausserhalb der Computers
9. Verliert die Daten beim Ausschalten	10. Ist verantwortlich für die Leistungsfähigkeit
11. Kann Daten bis ca. 20 GByte enthalten	12. Grosse Speicherkapazität (TByte)

23 Kreuzen Sie in der folgenden Tabelle an, welche Aufgaben über die gegebenen Schnittstellen (ohne Zusatzsoftware) abgewickelt werden können.

Anschlussaufgabe	USB	DVI	VGA	HDMI	Thunderbolt	Klinken	Netzwerk (RJ-45)	WLAN	Bluetooth
Monitor an den PC	☐	☐	☐	☐	☐	☐	☐	☐	☐
Monitor an den Mac	☐	☐	☐	☐	☐	☐	☐	☐	☐
Internetverbindung	☐	☐	☐	☐	☐	☐	☐	☐	☐
Funkmaus	☐	☐	☐	☐	☐	☐	☐	☐	☐
Externe HDD	☐	☐	☐	☐	☐	☐	☐	☐	☐
Memorystick	☐	☐	☐	☐	☐	☐	☐	☐	☐
Headset	☐	☐	☐	☐	☐	☐	☐	☐	☐
Lautsprecher (schnurlos)	☐	☐	☐	☐	☐	☐	☐	☐	☐
E-Reader	☐	☐	☐	☐	☐	☐	☐	☐	☐
Smartphone	☐	☐	☐	☐	☐	☐	☐	☐	☐
Tastatur	☐	☐	☐	☐	☐	☐	☐	☐	☐

24 Kreuzen Sie die Leistungsdaten an, die für den Einsatz eines Desktop-PCs typischerweise erforderlich sind. Wählen Sie in der untersten Zeile eine Spalte aus.

Komponente	Leistungsdaten			
Netzwerkkarte	1 Mbit/s	10 Mbit/s	100 Mbit/s	1 000 Mbit/s
Mikroprozessor	0.5–1 GHz	1–2.5 GHz	2.5–4 GHz	4–6.5 GHz
HDD	20 GByte	50 GByte	0.1–2 TByte	2–5 TByte
RAM	1 GByte	2–4 GByte	4–8 GByte	>8 GByte
Monitor	16"	24"	30"	45"
	☐	☐	☐	☐

25   Markieren Sie diejenigen Aussagen, die korrekt sind.

☐	SSD sind grösser als HDD.
☐	SSD sind teurer als HDD.
☐	HDD sind unempfindlich gegenüber Schlägen.
☐	HDD haben eine geringere Leistung.
☐	HDD sind geräuschlos.
☐	SSD sind ca. 5-mal schneller als HDD.
☐	SSD haben mehr Sektoren und Spuren als HDD.
☐	Bei HDDs können gelöschte Dateien nicht mehr wiederhergestellt werden.

Minicases

26   Die Firma Elektromikro AG wurde vor 20 Jahren als Einzelunternehmen durch den heutigen Leiter, Herrn Baumeler, gegründet. Zuerst wurden Thermostaten und einfache Heizungsregler produziert. Mit der Zeit wurde der Handel mit Elektronikbauteilen ergänzt. Die Firma wuchs erfreulich schnell, sodass sich Herr Baumeler vor 10 Jahren für einen Wechsel zu einer Aktiengesellschaft entschloss. Heute hat die Firma 20 Mitarbeitende.

Die Firma ist wie folgt strukturiert (in Klammern: Anzahl Personen):

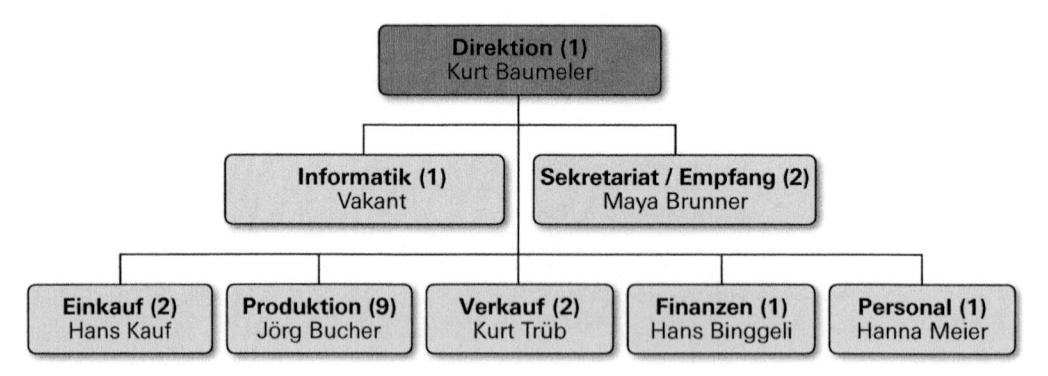

```
                    Direktion (1)
                    Kurt Baumeler
                   /            \
         Informatik (1)    Sekretariat / Empfang (2)
         Vakant            Maya Brunner
         /      |           |          |          \
   Einkauf (2) Produktion (9) Verkauf (2) Finanzen (1) Personal (1)
   Hans Kauf   Jörg Bucher    Kurt Trüb   Hans Binggeli Hanna Meier
```

Im produktiven Bereich werden folgende Unternehmensprozesse ausgeführt:

- Elektronikbauteile einkaufen, lagern und auf Bestellung Kundenlieferungen vornehmen.
- Standard-Thermostaten und -Heizungsregler herstellen und lagern.
- Kundenaufträge entgegennehmen (beim Kunden, per Internet oder per Telefon) und ausführen.
- Marketing betreiben (Internet, Ausstellungen, Vorträge, Kundenveranstaltungen inhouse, Kataloge, Mailings usw.).

Folgende IT-Infrastruktur ist vorhanden:

Hardware und Netzwerk:

- Alle Büroarbeitsplätze sind mit Desktop-PCs inkl. Internetzugang ausgerüstet.
- In jedem Büro befindet sich ein Drucker, vereinzelt auch ein Scanner. Im Gang ist ein leistungsfähiges Kopiergerät aufgestellt.
- Die Arbeitsplätze sind mit dem Firmennetzwerk (LAN) verbunden.
- Es sind 6 Server im Betrieb (Fileserver, Applikationsserver, Datenbankserver, Mailserver, Webserver und Backupserver).

Applikationen:

- Bürokommunikation und Internet mit MS Office und Browser.
- Terminmanagement mit MS Outlook, Mails über den eigenen Mailserver.
- Webauftritt mit dem eigenen Webserver.
- ERP-Applikation läuft auf dem Applikationsserver (zugeordnet Datenbankserver). Die Client-Software benötigt nur einen Internetbrowser.

Der Gebäudeplan Elektromikro AG sieht wie folgt aus:

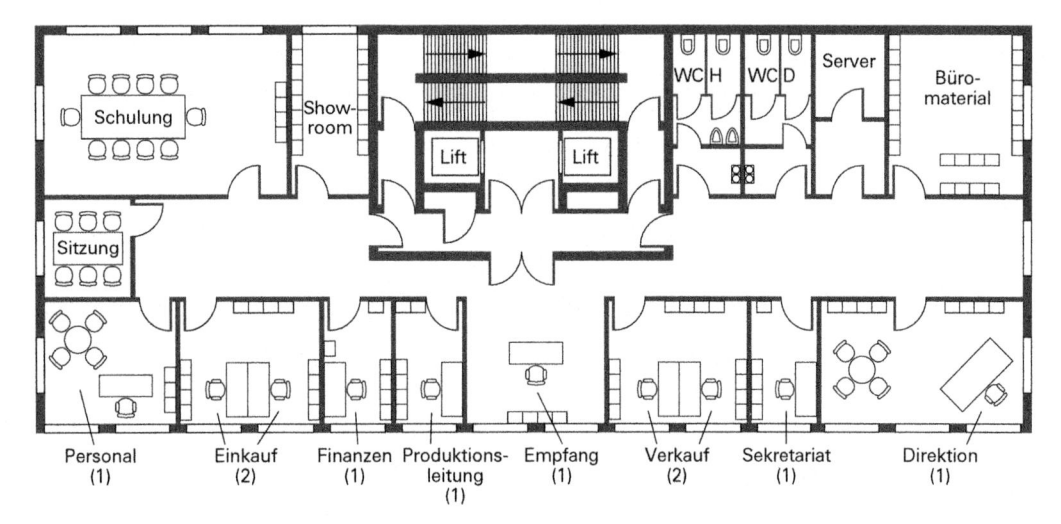

[Gebäudeplan mit folgenden Räumen: Schulung, Showroom, Lift, Lift, WC H, WC D, Server, Büromaterial, Sitzung, Personal (1), Einkauf (2), Finanzen (1), Produktionsleitung (1), Empfang (1), Verkauf (2), Sekretariat (1), Direktion (1)]

Schwachstellen der vorhandenen IT-Infrastruktur und der Organisation:

- Der Support ist schlecht organisiert. Oft dauert es lange, bis Störungen bearbeitet und Probleme behoben sind.
- Durch die unterschiedlichen Produkte der Hardware ergeben sich unerklärliche Probleme, die durch einen Geräteersatz gelöst werden.
- Es gibt keine Benutzerhandbücher, sodass es oft zu Fragen und Fehlbedienungen bei der Nutzung des ERP-Systems kommt.
- Die Arbeitsplatzdrucker genügen den Anforderungen bezüglich Geschwindigkeit und Funktionsumfang nicht mehr.

Der Unternehmensleiter möchte möglichst rasch zu einer optimalen IT-Infrastruktur kommen, die er in einem ersten Schritt durch Sie als neuen Assistenten vornehmen möchte, da die Stelle des Informatik-Verantwortlichen noch nicht besetzt ist. Als Leiter Assistent des Unternehmensleiters sollen Sie geeignete Vorschläge ausarbeiten.

Aufgaben

A] Optimierung der Drucker-Kopierer-Infrastruktur:

Die Beschaffung von leistungsfähigen Netzwerkdruckern ermöglicht Kosten- und Zeiteinsparungen bei ähnlichem Komfort wie die vorhandene Lösung. Sie sollen eine neue Lösung vorschlagen. Erstellen Sie ein Konzept für die Drucker-Kopierer-Infrastruktur (inkl. Scanner). Es soll ein einziger Netzwerkdrucker / Kopierer inkl. Scanner beschafft werden. Stellen Sie dazu tabellarisch eine Liste der verbleibenden Drucker im Bereich Büro der Elektromikro zusammen. Begründen Sie allfällige verbleibende Arbeitsplatzdrucker und -scanner in Büros. Tragen Sie Ihre Lösung in die Tabelle ein.

Gerätetyp	Standort	Benutzer	Begründung

B] Mitarbeiterinformation:

Sie denken schon jetzt an die Widerstände der Mitarbeiterinnen, wenn Sie diese informieren müssen, dass Sie – mit Ausnahmen – auf den persönlichen Drucker im Büro verzichten müssen. Nennen Sie 2 Argumente, um sie vom Wechsel zu überzeugen.

Argument 1	
Argument 2	

C] Bereinigung der IT-Infrastruktur:

Stellen Sie die Anzahl Geräte der erneuerten IT-Infrastruktur für die 4 skizzierten Lösungsvarianten zusammen. Tragen Sie in die leeren Felder die Anzahl der zu beschaffenden Geräte ein. Geben Sie an, welche Variante Sie bevorzugen.

Gerätetyp	Variante 1: alle Geräte inhouse	Variante 2: Servervirtualisierung	Variante 3: Web- und Mailserve-Hosting	Variante 4: SaaS (Cloud Computing)
Desktop-Computer				
Drucker				
Scanner				
Fileserver				
Applikationsserver				
Datenbankserver				
Mailserver				
Webserver				
Backupserver				
Bevorzugte Variante	☐	☐	☐	☐

Geben Sie 2 Vorteile Ihrer bevorzugten Variante an:

Vorteil 1	
Vorteil 2	

D] Vorschläge zuhanden der Geschäftsleitung:

Schlagen Sie 2 sofort umsetzbare Massnahmen zur Optimierung der IT-Infrastruktur vor:

Massnahme 1	
Massnahme 2	

Schlagen Sie 2 längerfristige Massnahmen zur Optimierung der IT-Infrastruktur vor:

Massnahme 1	
Massnahme 2	

4 Netzwerke

Lernziele	Nach der Bearbeitung dieses Kapitels können Sie ... • die Aufgaben von Netzwerken nennen. • Übertragungsmedien, räumliche Ausdehnung und Topologien erläutern. • die grundsätzliche Funktionsweise und deren Standardisierung verstehen. • den Aufbau eines LAN und eines WLAN und deren Netzwerkkomponenten erklären. • verschiedene Möglichkeiten des Anschlusses des Unternehmensnetzwerks mit dem Internet nennen. • den Einsatz von unterschiedlichen Netzwerkdiensten zur Integration des Internets in das Unternehmensnetzwerk beschreiben. • aus den zugeordneten Aufgaben Anforderungen an den Aufbau des Netzwerks ableiten.
Schlüsselbegriffe	Access Point, ADSL, ARP, Baumtopologie, Bluetooth, Bustopologie, CMTS, CTI, DHCP, DNS, DOCSIS, DSL, E-Mail, Ethernet-Netzwerk, Extranet, Filehosting, Firewall, Funktionsverbund, GAN, Glasfaserkabel, GSM, Internetanschluss, Intranet, IP-Adresse, LAN, Lastverbund, Leistungsverbund, LTE, MAC-Adresse, MAN, MDM, NDP, Netzwerkkabel, NFC, PAN, Patchpanel, Printserver, Remote Access, RFID, Ringtopologie, Roaming, Router, Routing-Tabelle, Speicherverbund, Sterntopologie, Subnetting, Switch, UMTS, Unified Messaging, VDSL, Verfügbarkeitsverbund, VLAN, VoIP, VPN, WAN, WLAN, WPA, WWW

Dieses Kapitel führt Sie in die Grundlagen der Vernetzung von Computern ein. Computer werden in Netzwerken zusammengeschlossen, damit sie Daten und Nachrichten miteinander austauschen können. Schwerpunkt sind das firmeneigene Netzwerk und die zusätzlichen Nutzungsmöglichkeiten, die sich durch eine Verbindung mit dem Internet ergeben.

4.1 Netzwerkgrundlagen

Netzwerke stellen innerbetriebliche und zwischenbetriebliche Datenverbindungen zwischen zwei oder mehreren IT-Systemen her. Sie ermöglichen die Kommunikation unterschiedlicher Geräte und Systeme miteinander zum Austausch von Daten.

4.1.1 Aufgaben

Netzwerke ermöglichen es, die IT-Ressourcen dort zur Verfügung zu stellen, wo sie benötigt werden, unabhängig vom Standort des Benutzers oder von der Anwendung. Dabei kann es sich um Daten, Programme, Speicher, Rechenleistung oder Geräte handeln. Je nach Bedarf lassen sich diese Ressourcen wie folgt bündeln:

- **Funktionsverbund:** Bestimmte Aufgaben werden durch spezialisierte Geräte und Server zentralisiert erledigt (z. B. Domainserver [Zugriffsmanagement], Netzwerkdrucker).
- **Datenverbund:** Die Unternehmensdaten werden auf speziellen Computern gehalten und zur Verfügung gestellt. Damit kann sichergestellt werden, dass diese Daten gültig und aktuell sind (z. B. Dateiserver, Datenbankserver).
- **Leistungs-/Lastverbund:** Arbeitsintensive Aufgaben werden durch mehrere Computer zusammen bearbeitet (z. B. Zusammenschaltung von Hochschulrechnern für rechenintensive Berechnungen in Forschungsprojekten). Bei Überlastung wird ein zweiter Computer zugeschaltet (z. B. Loadbalance zwischen Webservern).
- **Verfügbarkeitsverbund:** Computer oder Netzwerke werden zusammengeschaltet, um bei Ausfällen Funktionen zu übernehmen (z. B. Vermaschung von Netzwerken, um den Betrieb bei Geräten oder Leitungsausfällen sicherzustellen).

- **Speicherverbund:** Computer werden eingesetzt, um zusätzlichen Speicher zu verwalten (z. B. Fileserver, Speichernetzwerke).
- **Kommunikationsverbund:** Das Netzwerk wird als Kommunikationskanal benutzt. Dieser Verbund hat v. a. auch in Verbindung mit dem Internet eine grosse Bedeutung (z. B. E-Mail, Internettelefonie, Messengers).

4.1.2 Übertragungsmedien und räumliche Ausdehnung

Als **Übertragungsmedien** für Netzwerke werden **Kabel** (Koaxialkabel, Kabel mit verdrillten Aderpaaren), **Lichtleiter** und **elektromagnetische Wellen** eingesetzt. Bei Mobilfunknetzen kommen elektromagnetische Wellen zur Anwendung. Je nach räumlicher Ausdehnung lassen sich folgende **Netzwerktypen** unterscheiden:

- **PAN (Personal Area Network):** persönliches Netzwerk in nächster Umgebung. **USB-Schnittstellen** erlauben die drahtgebundene Vernetzung von IT-Geräten im Nahbereich. Ein **Wireless Personal Area Network (WPAN)** ist ein drahtloses Netzwerk im Nahbereich mit **Bluetooth** als Standard. Damit können mobile Geräte wie Notebook und Smartphones mit Kopfhörern oder Drucker über Distanzen bis 10 m miteinander kommunizieren. **NFC (Near Field Communication)** ist ein Standard für drahtlose Kleinstnetzwerke, bei denen mobile Geräte im cm-Bereich miteinander kommunizieren. NFC wird beispielsweise an Verkaufsstellen für bargeldloses Zahlen eingesetzt.
- **LAN (Local Area Network):** örtlich begrenztes, drahtgebundenes Netzwerk, das nach dem Ethernet-Standard aufgebaut ist und eine Ausdehnung von ca. 100 m aufweist. **WLAN (Wireless Local Area Network)** ist ein drahtloses Funknetzwerk, das für Verbindungen über Distanzen zwischen 20 und 50 m eingesetzt werden kann. Manche Unternehmen stellen den Zugang zum Internet über einen **Hotspot**[1] her. Dies ist ein räumlich begrenzter Bereich, der durch das Funknetzwerk erschlossen ist. Das **Intranet** ist ein innerbetriebliches (internes, nicht öffentliches) Firmennetzwerk für die Mitarbeitenden eines Unternehmens.
- **MAN (Metropolitan Area Network):** Netzwerk, das eine Stadt (ggf. inkl. Agglomeration) abdeckt und eine Ausdehnung bis ca. 100 km aufweist. Solche Netze tragen Namen wie Metro-Ethernet und basieren meist auf Glasfaserkabeln (Fibre).
- **WAN (Wide Area Network):** grosses Netzwerk mit einer Reichweite bis mehrere 1 000 km. Weil ein WAN einen grossen geografischen Bereich abdeckt, ist dessen Aufbau und Unterhalt mit hohen Investitionen verbunden. Deshalb wird ein WAN von professionellen Telekommunikationsfirmen aufgebaut und unterhalten. Ein WAN ist z. B. das Telefonnetz oder das Mobilfunknetz eines Lands. Beim kommerziellen Betrieb eines WAN ist wichtig, dass die Netzwerkdienste von möglichst vielen Kunden genutzt und möglichst genau abgerechnet werden können.
- **GAN (Global Area Network):** weltumspannendes Netzwerk, das mithilfe von Satelliten und Überseekabeln Verbindungen zwischen verschiedenen Kontinenten herstellt. Selbst für weltweit tätige Unternehmen lohnt sich der Aufbau und Betrieb einer eigenen globalen Netzwerkinfrastruktur nicht. Um die Investitionskosten möglichst tief zu halten, werden meist Netzwerkkapazitäten bei einem Telekommunikationsanbieter eingekauft und die bestehenden Internetdienste genutzt.

4.1.3 Netzwerktopologie

Mit **Netzwerktopologie** ist die Struktur gemeint, die bei der Verbindung von Computern zum Einsatz kommt. In der folgenden Tabelle werden verschiedene Grundstrukturen beschrieben und deren Vor- und Nachteile aufgeführt. Dabei werden die Teilnehmer als Arbeitsstationen bezeichnet. In Wirklichkeit können dies auch mobile Computer oder Peripheriegeräte wie z. B. Drucker sein.

---

[1] Englisch für: heisser Punkt.

Name	Beschreibung	Aufbau
Sterntopologie	Bei dieser Topologie werden die Arbeitsstationen an einen zentralen Knoten angeschlossen. Als zentraler Knoten wird meist ein spezielles Netzwerkgerät eingesetzt. Beispiel: LAN mit Switches als Knoten Vorteile: Änderungen am Netzwerk können relativ einfach vorgenommen werden, der Ausfall einer Arbeitsstation hat keine Auswirkungen auf das Netzwerk. Nachteile: Der Ausfall des zentralen Knotens blockiert das ganze Netzwerk.	
Ringtopologie	Bei diesem Netzwerkaufbau gibt es keinen zentralen Knoten. Jede Arbeitsstation ist mit ihren benachbarten Arbeitsstationen (links und rechts) verbunden. Die Übertragung der Daten erfolgt von Knoten zu Knoten (z. B. im Uhrzeigersinn) und wird bei Bedarf weitergeleitet. Beispiel: Hochleistungsringnetze im MAN, FDDI (Fiber Distributed Data Interface) Vorteile: keine zusätzlichen Geräte nötig, funktioniert mit Zusatzeinrichtung auch beim Ausfall einer Arbeitsstation Nachteile: höherer Verkabelungsaufwand, hoher Traffic bzw. hohes Datenaufkommen auf den Leitungen	
Bustopologie	Merkmal dieser Topologie ist ein gemeinsames Medium, auch Bus genannt, an den die Teilnehmer direkt angeschlossen sind. Es gibt keinen zentralen Knoten. Der Zugriff auf das gemeinsame Medium muss geregelt werden. Beispiele: Haustelefone, Funknetze wie das WLAN Vorteile: geringster Verkabelungsaufwand, zusätzliche aktive Netzwerkkomponenten sind nicht notwendig Nachteile: Ein Gerät kann das Netzwerk blockieren.	
Baumtopologie	Einem übergeordneten Gerät sind jeweils mehrere untergeordnete Geräte zugeordnet, die i. d. R. auch von diesem gesteuert werden. Beispiel: USB (Universal Serial Bus) mit USB-Hubs Vorteile: Erweiterbarkeit, der Ausfall von Endgeräten hat keine weiteren Konsequenzen. Nachteile: Der Ausfall eines Verteilers legt den ganzen Unterbaum lahm, Engpässe Richtung «Wurzel» (root) der Baumstruktur.	

4.1.4 Netzwerkadressen

Die meisten Netzwerke sind in Bezug auf Adressierung und Übertragungsprinzip nach dem Muster des **Internets** aufgebaut. Daher gelten die hier oben gemachten Aussagen sowohl für das Internet als auch für Unternehmensnetzwerke (LAN und WLAN).

Wie die Teilnehmer im Telefonnetz hat jedes Gerät in einem Computernetzwerk eine eigene Adresse, die **IP-Adresse**. IP-Adressen nach **IPv4**[1] bestehen aus 4 Zahlengruppen von 0 bis 255, die jeweils durch Punkte getrennt dargestellt sind (z. B. `192.168.1.100`). IP-Adressen nach **IPv6**[2] bestehen aus 8 Zahlengruppen, die hexadezimal dargestellt und jeweils durch Doppelpunkte getrennt sind (z. B. `2001:0db8:0000:08d3:0000:8a2e:0070:7344`).

---

[1] Abkürzung für: Internet Protocol Version 4.
[2] Abkürzung für: Internet Protocol Version 6.

Netzwerkadministratoren können die IP-Adressierung im Firmennetzwerk selbst vornehmen. Sobald das Unternehmensnetzwerk ans Internet angeschlossen wird, muss die Adresse des Netzwerks wie eine Telefonnummer registriert werden, damit die zugehörigen Computer weltweit identifizierbar und ansprechbar sind. Ein Unternehmensnetzwerk wird meistens so konfiguriert, dass die **IP-Adressen automatisch zugeteilt** werden. Damit die Datenpakete am richtigen Ort ankommen, brauchen die Router entsprechende Informationen. Millionen solcher Geräte sind über das ganze Netzwerk verteilt und arbeiten wie kleine Telefonzentralen. Anhand von **Routing-Tabellen** im Hauptspeicher wissen sie, was zu tun ist, um Datenpakete auf ihrem Weg vom Sender zum Empfänger ein Stückchen weiterzubringen. Weil sich das Netzwerk dauernd verändert, müssen die Routing-Tabellen laufend aktualisiert werden. Dafür ist das **Border-Gateway-Protokoll** zuständig. Mit dem Wachstum des Internets nimmt auch die Datenmenge, die auf diese Weise ausgetauscht wird, rasch zu und viele Router arbeiten an der Grenze zur Überforderung.

Die **MAC[1]-Adresse** (auch physikalische Adresse, Ethernet-ID, Airport-ID, Wi-Fi-Adresse) ist die Hardwareadresse eines Netzwerkadapters. Sie wird i. d. R. hexadezimal dargestellt und dient zur eindeutigen Identifikation eines Geräts in einem Netzwerk. Im Falle von Ethernet-Netzen besteht die MAC-Adresse aus 6 Zahlengruppen, die jeweils durch Bindestriche getrennt sind (z. B. `00-80-41-ae-fd-74`).

4.1.5 Netzwerkprotokolle und OSI-Referenzmodell

Um die Kapazitäten von Netzwerkverbindungen besser auszunutzen, werden Datenströme in viele kleine **Datenpakete** aufgeteilt. Jedes Datenpaket kann vom Absender zum Empfänger unterschiedliche Wege durch das Netzwerk einschlagen. Beim Adressaten werden sie wieder zusammengesetzt. Durch diese Technik stehen die Verbindungen prinzipiell jederzeit allen Netzwerkteilnehmern zur Verfügung. Weil die Datenpakete beim Empfänger nicht immer in der Reihenfolge eintreffen, wie sie gesendet wurden, werden Sie mit einer laufenden Nummer versehen. Die eigentlichen **Nutzdaten** werden also um Informationen erweitert, die für die korrekte Übertragung nötig sind.

Netzwerkprotokolle definieren Regeln und Formate für den Austausch von Daten in einem Netzwerk, damit sich alle kommunizierenden Teilnehmer verstehen. Zur Vereinfachung der Komplexität dieses Vorgangs werden Netzwerkprotokolle in übereinanderliegende Schichten gegliedert. Jede Schicht ist für die Erledigung der bestimmten Aufgaben zuständig, wobei höhere Schichten die Dienste tieferer Schichten verwenden. Für das Internet und die damit verbundenen Datennetzwerke ist das **OSI-Referenzmodell** massgebend.

4.2 Drahtgebundenes lokales Netzwerk (LAN)

4.2.1 Netzwerkgeräte

Für ein LAN werden mindestens folgende Netzwerkgeräte benötigt:

- **Switch** als Sternpunkt mit vielen Anschlüssen zum Einstecken der Verbindungskabel
- **Router,** der das LAN mit dem Internet oder mit anderen Netzwerken verbindet
- **Firewall** für den Schutz des LAN gegen aussen

Der Aufbau eines LAN richtet sich nach der Ethernet-Norm, die Leitungslängen bis 100 m ermöglicht. LANs werden deshalb als **Ethernet-Netzwerke** bezeichnet. In der folgenden Tabelle werden die einzelnen Netzwerkgeräte beschrieben und häufig verwendete Symbole (z. B. von CISCO[2]) dargestellt:

---

[1] Abkürzung für: Media Access Control.
[2] Weltweit bedeutender Hersteller von Netzwerkkomponenten wie z. B. Routern.

Symbol	Bezeichnung, Funktion, Beschreibung
oder	**Switches** verbinden die Netzwerkteilnehmer im eigenen Netzwerk untereinander. Sie weisen viele Netzwerkanschlüsse auf und bilden die Sternpunkte eines Netzwerks. Sie verbinden nach dem Verbindungsaufbau jeweils die beiden beteiligten Netzwerkteilnehmer. Grundsätzlich können Switches als elektrische Durchschalter betrachtet werden. Über den Switch können mehrere Verbindungen gleichzeitig laufen. Sie müssen nicht konfiguriert werden. Sie merken sich die MAC-Adressen der angeschlossenen Geräte.
oder	**Router** verbinden Netzwerke untereinander. Entsprechend befinden sie sich an der Aussengrenze eines Netzwerks und weisen mindestens einen zweiten Anschluss für das benachbarte Netzwerk bzw. Netzwerksegment auf. Router sorgen dafür, dass die Datenpakete zum gewünschten Netzwerk gelangen. Beim Router kann es sich um ein dediziertes Gerät handeln, die «Routing»-Funktion kann aber auch von einem Rechner bzw. Server wahrgenommen werden. Router verbinden das LAN mit dem WAN / Internet. Wenn ein Router gleichzeitig die Umsetzung der Signale für das Schmalband- oder das Breitbandnetz zum Internet vornimmt, wie das für Zugangsnetzwerke notwendig ist, wird er als Modem-Router oder Kabelmodem bezeichnet.
	Die **Firewall** trennt das Firmennetzwerk nach aussen ab (z. B. gegenüber dem Internet). Sie gewährleistet den Schutz des LAN. Die hier eingesetzte Firewall wird als externe Firewall oder Netzwerk-Firewall bezeichnet. Im Unterschied dazu befindet sich die Personal-Firewall auf einem einzelnen PC. In beiden Fällen handelt es sich um Programme, die den ein- und ausgehenden Datenverkehr analysieren und die vorgesehenen Schutzmassnahmen aktivieren.

Folgende Abbildung zeigt beispielhaft das **Netzwerkschema eines LAN,** bestehend aus 2 Arbeitsstationen und 1 Server, die über einen Switch miteinander verbunden sind. Die Verbindungen nach aussen (Netzwerk 2 und Internet) erfolgen über 2 Router.

Abb. [4-1]   Netzwerkschema eines LAN (Beispiel)

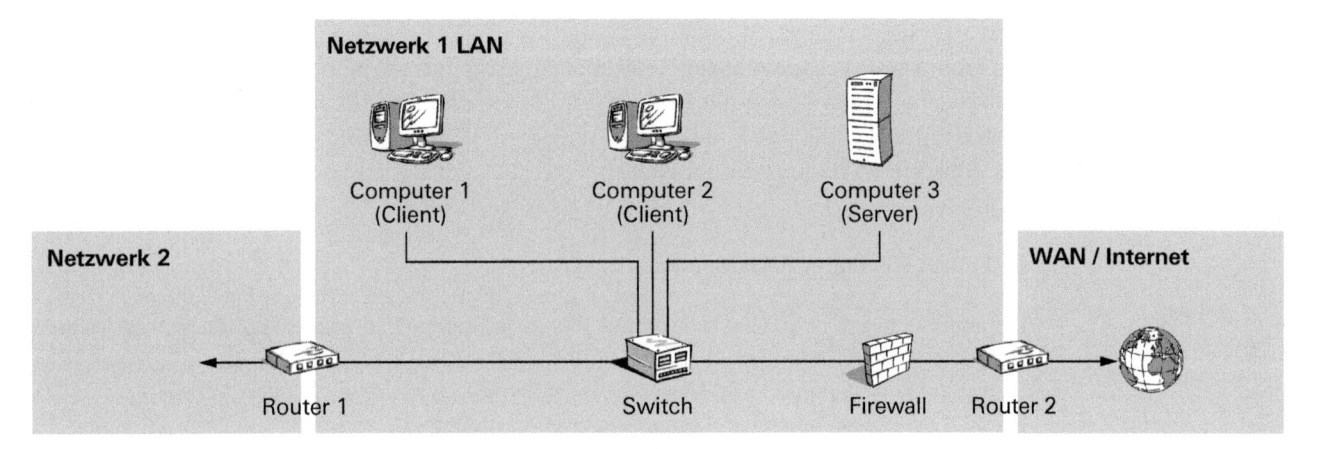

4.2.2 Übertragungsmedien

Räumliche Ausdehnung und Leistungsfähigkeit eines LAN sowie die Mobilität der Benutzer hängen direkt vom **Übertragungsmedium** ab.

A] Netzwerkkabel

Für die Verbindung von IT-Geräten innerhalb eines Gebäudes kommen meistens **Twisted-Pair-Kabel (TP-Kabel)** zum Einsatz. Bei diesen Kabeln werden jeweils 2 Kabeladern als Datenleitungen miteinander verdrillt. TP-Kabel kommen als **geschirmte Kabel (STP)**[1] oder als **ungeschirmte Kabel (UTP)**[2] zum Einsatz. Verdrillung und Schirmung der Kabeladern verhindern, dass sich die elektronischen Ladungen der Leitungen gegenseitig stören.

TP-Kabel können bis zu einer bestimmten Leitungslänge und Übertragungskapazität bzw. -geschwindigkeit eingesetzt werden. Für Netzwerke nach dem Ethernet-Standard sind die Bezeichnungen der Kabel normiert und deren Anforderungen festgelegt. In der folgenden Tabelle sehen Sie **Ethernet-Standards für TP-Kabel** mit den zugehörigen Spezifikationen:

Abb. [4-2]   Ethernet-Standards für TP-Kabel

Ethernet-Standard	Maximale Übertragungskapazität	Übertragungsmedium und Stecker	Bezeichnung	Maximale Leitungslänge	Verbreitung
IEEE 802.3u	100 Mbit/s	UTP-Kabel mindestens Cat 5, RJ-45-Stecker	**100Base-TX**	100 m	Aktuelle Verdrahtung der meisten LANs
IEEE 802.3z	1 Gbit/s	UTP- oder STP-Kabel mindestens Cat 5e (besser Cat 6 oder Cat 7), RJ-45-Stecker	**1000Base-T**	100 m	Alle Neuinstallationen
IEEE 802.3an	10 Gbit/s	STP-Kabel mindestens Cat 6a, RJ-45-Stecker	**10GBase-T**	Weniger als 100 m	Noch in Entwicklung

Die **Übertragungskapazität der TP-Kabel** ist so zu bemessen, dass im Unternehmen langfristig keine Engpässe bei der Datenübertragung entstehen. Stark beanspruchte Leitungen sollten z. B. mit 1000Base-T-Kabeln ausgerüstet und betrieben werden. Computer sind aktuell mit Adaptern für 1 Gbit/s ausgerüstet.

B] Lichtwellenleiter (Glasfaserkabel)

Lichtwellenleiter bzw. **Glasfaserkabel** bieten die schnellste kabelgebundene Verbindung. Sie werden überall dort eingesetzt, wo hohe Übertragungsgeschwindigkeiten auch über grössere Distanzen verlangt sind. Viele Schweizer Städte bauen Netzwerke mit Glasfaserkabeln auf, um leistungsfähige Datenverbindungen zu ermöglichen.

Ein Lichtwellenleiter besteht aus einem Bündel Glasfasern, wobei jede aus einem **Kern,** einem **Mantel** und einer **Beschichtung** besteht. Der transparente Kern führt das Licht und überträgt die Datensignale. Der Mantel besteht aus Glas, das dafür sorgt, dass das Licht bricht und im Kern bleibt. Die Beschichtung besteht aus Kunststoff und schützt das Kabel vor mechanischer Beschädigung.

Bei einem **Multimode-Glasfaserkabel** kann das Licht über verschiedene Wege durch die Glasfaser laufen. Dadurch ergeben sich unterschiedliche Laufzeiten des Lichts und eine Beeinträchtigung der Signalqualität. Bei einem **Singlemode-Glasfaserkabel** werden sehr dünne Kerne im Durchmesser von 5 µm verwendet, was die Signalqualität stark verbessert.

---

[1] Abkürzung für: Shielded Twisted Pair.
[2] Abkürzung für: Unshielded Twisted Pair.

Solche Kabel können auch über grössere Distanzen eingesetzt werden, sind allerdings teurer und im Handling anspruchsvoller.

In der folgenden Tabelle sehen Sie **Ethernet-Standards für Lichtwellenleiter** mit den jeweiligen Spezifikationen:

Abb. [4-3] Ethernet-Standards für Lichtwellenleiter

Ethernet-Standard	Übertragungs-kapazität	Übertragungs-medium	Bezeichnung	Maximale Leitungslänge	Verbreitung
IEEE 802.3u	100 Mbit/s	Multimode-Glasfaserkabel	100Base-FX	400 m	In Spezialfällen zur Überbrückung von grösseren Distanzen innerhalb des Unternehmens eingesetzt
IEEE 802.3z	1 Gbit/s	Multimode-Glasfaserkabel	1000Base-SX	200–550 m	Besonders interessant für noch grössere Distanzen
		Singlemode-Glasfaserkabel	1000Base-LX	Bis 5 km	Einsatz bei MANs

Hinweis   Zur Überbrückung grösserer Distanzen in einem WAN oder GAN sind andere Normen massgebend.

4.2.3 Netzwerkanschluss und -verbindungen

Grundsätzlich können alle IT-Geräte in ein LAN integriert werden, die Netzwerkverbindungen über Draht unterstützen. Für den Anschluss steht als einheitliche Netzwerkschnittstelle eine **RJ-45-Dose** zur Verfügung.

Abb. [4-4] IT-Geräte an Netzwerkdose anschliessen

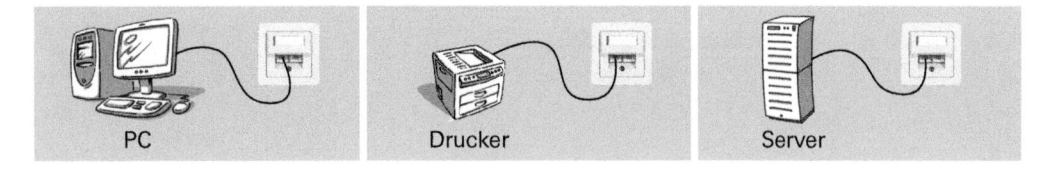

Die IT-Geräte bzw. Netzwerkteilnehmer werden über **Switches** miteinander verbunden, der die Daten zum gewünschten Adressaten weiterleitet. Dabei spielt es keine Rolle, ob es sich um ein Peer-to-Peer oder um ein Client-Server-Netzwerk handelt.

Folgende Abbildung zeigt, wie zwei Computer über einen Switch als Sternpunkt miteinander verbunden werden. Dazwischen liegt ein **Patchpanel (Rangierfeld)**, der die Verbindungsleitungen zum Switch (Ethernet-Kabel, Patch-Cords) ordnet. Wie bei einem Bahnhof mit vielen Gleisen und Weichen hilft das Rangierfeld, den Auf- und Ausbau komplexer Kabelstrukturen in Gebäuden zu vereinfachen:

Abb. [4-5] Computerverbindung via Patchpanel und Switch

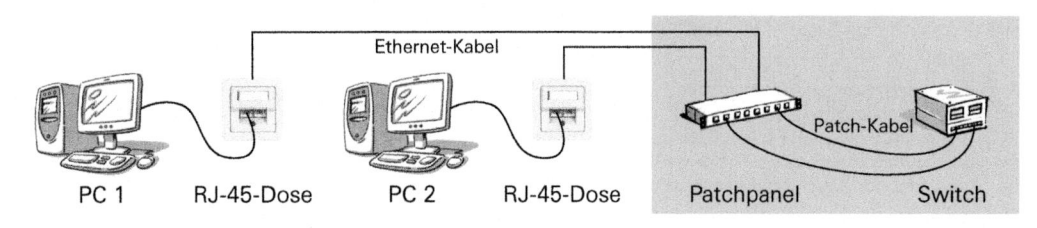

4.2.4 Netzwerkaufteilung, Adressierung und Zugriffsrechte

Oft wird ein LAN in **Unternetze**[1] aufgeteilt, um bestimmte Funktionsbereiche, Daten oder Anwendungen von den übrigen Teilnehmern zu trennen und die Sicherheit zu erhöhen. Die Aufteilung eines zusammenhängenden Adressraums von IP-Adressen in mehrere kleinere Adressräume nennt man **Subnetting**. Jedes Teilnetz ist ein physikalisches Netzwerksegment, in dem IP-Adressen mit der gleichen Netzwerkadresse verwendet werden. Alternativ dazu kann ein LAN durch **Virtualisierung** in mehrere Teilnetze aufgeteilt werden. Voraussetzung für solches ein **VLAN**[2] ist eine entsprechende Konfiguration der Switches und Router.

Zur **Adressierung der Geräte** im LAN kann die IP-Adresse automatisch zugeteilt oder von Hand (nach Vorgabe) eingestellt werden. Die automatische Adressierung bzw. die Zuordnung der **Netzwerkkonfiguration** geschieht durch einen Server mit dem Kommunikationsprotokoll **DHCP**[3]. Das **ARP**[4] ist ein Netzwerkprotokoll, das für die Auflösung von MAC-Adressen im LAN sorgt. Es ermittelt die physikalische Adresse (Hardwareadresse) einer bestimmten Netzwerkadresse und legt die Zuordnung in einer **ARP-Tabelle** der beteiligten Computer ab. Das ARP wird fast nur für IPv4-Adressierungen auf Ethernet-Netzen verwendet. Bei IPv6 wird die Adressierung durch das **NDP**[5] übernommen.

Das **DNS**[6] ist ein Verzeichnisdienst, der den Namensraum des Internets verwaltet. Dieser Dienst für IP-basierte Netzwerke ist weltweit auf zahlreichen **DNS-Servern** installiert und kümmert sich um die Übersetzung von **Domainnamen** wie z. B. ict-berufbildung.ch oder swissict.ch in entsprechende IP-Adressen. Das DNS kann mit einem Telefonbuch verglichen werden, das die Namen der Teilnehmer in entsprechende Telefonnummern auflöst. Folgende Bildschirmmasken zeigen beispielhaft die Einstellungen für eine automatische Zuordnung der IP-Adresse (links) und die alternativen manuellen Eingaben (rechts).

Abb. [4-6]   **Einstellungen des Netzwerkadapters (automatisch und manuell)**

Die **Regelung der Zugriffsrechte im LAN** erfolgt durch den **Domänencontroller.** Dies ist ein Server, der die Rolle der höchsten Instanz in einem Netzwerk einnimmt und eine zentrale Benutzer- und Geräteverwaltung ermöglicht. Die Benutzer können in verschiedene Gruppen

---

[1] Fachbegriff: Subnet, Subnetz.
[2] Abkürzung für: Virtual Local Area Network.
[3] Abkürzung für: Dynamic Host Configuration Protocol.
[4] Abkürzung für: Adress Resolution Protocol.
[5] Abkürzung für: Neighbor Discovery Protocol.
[6] Abkürzung für: Domain Name System.

eingeteilt werden, denen bestimmte Rechte zugewiesen oder untersagt werden. Neben der Zuordnung von Benutzerprofilen, mit denen die Benutzerrechte auf den Clients vorgegeben werden, kann der Domänencontroller zusätzliche **Aufgaben des Netzwerkmanagements** übernehmen wie z. B. die automatische Konfiguration und das Update der Netzwerkgeräte oder die Einschränkung des Netzwerkzugangs für registrierte Hardware.

Bevor ein Benutzer Zugang zum LAN erhält, muss er sich mit einem Kennwort und Passwort anmelden. Nach erfolgreicher **Authentifizierung** werden ihm die (seiner Benutzergruppe) zugeordneten Rechte erteilt. Diese Autorisierungstechnik ermöglicht es, dass sich Benutzer über beliebige Computer im Netzwerk anmelden und auf die zugewiesenen IT-Ressourcen zugreifen können.

4.2.5 Remote Access

Systemadministratoren müssen bei Bedarf auch ausserhalb des Unternehmens auf das LAN zugreifen können, um die Geräte zu verwalten. Auch Benutzer wie Berater, Verkäufer oder Homeoffice-Mitarbeiter müssen ggf. von extern auf Geschäftsanwendungen und Daten des Firmennetzwerks zugreifen. Dafür ist ein **Remote Access**, d. h. ein Zugang aus der Ferne, erforderlich. Programme wie Teamviewer und Netviewer sowie RDP[1] ermöglichen einen Remote Access unter MS Windows.

Bei der Zugriffsmethode **Remote Control** greift ein externer Client auf einen Rechner im LAN zu, um diesen aus der Ferne zu steuern. Dieser **Remote Client** ist kein «fester» Bestandteil des Netzwerks, sondern kontrolliert lediglich die Ein- und Ausgabegeräte (z. B. Tastatur, Maus und Bildschirm). Die Verarbeitung eines Programms geschieht weiterhin auf dem Rechner, der sich im LAN befindet, und an den Remote Client werden lediglich die Daten zur Steuerung der Ein- und Ausgabegeräte weitergeleitet.

Bei der Zugriffsmethode **Remote Log-in** meldet sich der Benutzer aus der Ferne im LAN an, um mit dem gewohnten IT-System zu arbeiten. Für die sichere Datenübertragung kommt die Verschlüsselungsmethode SSH[2] zum Einsatz. Ein bekanntes Remote-Log-in-Tool ist PuTTY, das häufig zur Fernkonfiguration von Webservern eingesetzt wird. Dieses Programm besitzt eine leicht zu konfigurierende Oberfläche und unterstützt alle Funktionalitäten von SSH. Für die Verbindungsaufnahme mit einem SSH-Server müssen lediglich die IP-Adresse und die Portnummer angegeben werden. Folgende Eingabemaske zeigt eine mögliche Konfiguration:

Abb. [4-7] **Remote Log-in konfigurieren (Beispiel)**

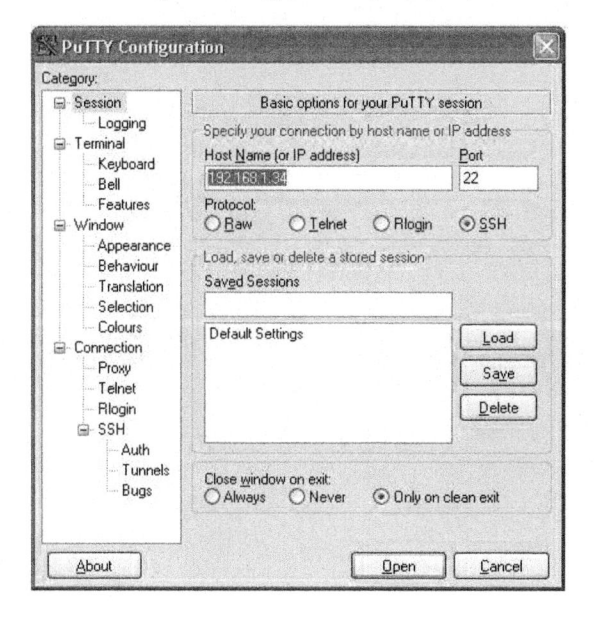

---

[1] Abkürzung für: Secure Shell.
[2] Abkürzung für: Remote Desktop Protocol.

4.2.6 Virtual Private Network (VPN)

Ein **VPN** bietet sichere Verbindungen zum LAN über ein Netzwerk, das «fremd» und daher potenziell gefährlich ist (z. B. das öffentlich zugängliche Internet). Durch dieses unsichere Gebiet wird eine gesicherte Verbindungsleitung gelegt, die zwar nicht physisch vorhanden ist, in ihrer Wirkung aber einem verborgenen Tunnel entspricht. Über diesen Tunnel können z. B. mobile Computer der Mitarbeitenden von zu Hause oder vom Kunden aus auf das Firmennetz zugreifen. Durch VPN wird also ein privates Netzwerk über das Internet zugänglich. Diese Technik wird sowohl für die **Verbindung externer Geräte** mit dem Firmennetzwerk als auch für die **Verbindung von LANs** untereinander verwendet (z. B. zwischen Filialen).

4.3 Drahtlose Netzwerke

Bei drahtlosen Netzwerken werden Daten mithilfe elektromagnetischer Wellen übertragen. Drahtlose Verbindungen sind aus physikalischen Gründen in ihrer Reichweite begrenzt und Sender und Empfänger müssen für die Kommunikation über Antennen verfügen, die auch unsichtbar im Gerät integriert sein können.

4.3.1 Wireless Local Area Network (WLAN)

Das **WLAN** ist eine Möglichkeit, um ein LAN um Funkgeräte rasch zu erweitern und örtlich flexibel zu gestalten. Das **Wi-Fi**[1]**-Logo** kennzeichnet Geräte, die für solche Einsatzzwecke zertifiziert sind. Prinzipiell kann jeder Computer, der mit einem **WLAN-Sender** bzw. einem **WLAN-Empfänger** ausgestattet ist, auf ein drahtgebundenes Netzwerk zugreifen. Als Verbindung zum LAN kommt ein **Access Point**[2] zum Einsatz, der über einen Funkempfänger und einen Netzwerkanschluss verfügt.

In der folgenden Grafik sehen Sie ein **Funknetzwerk** mit drei Computern, die mit dem LAN verbunden sind. Der Access Point wird via Switch an das Ethernet-Netzwerk angeschlossen. Der Internetzugang der Computer erfolgt via Switch und Router. Im drahtgebundenen LAN sind stellvertretend ein Netzwerkdrucker und ein Server eingezeichnet. Der Server kann z. B. als Fileserver die Unternehmensdaten zur Verfügung stellen.

Abb. [4-8]   WLAN mit drahtgebundenem Drucker und Server (Beispielschema)

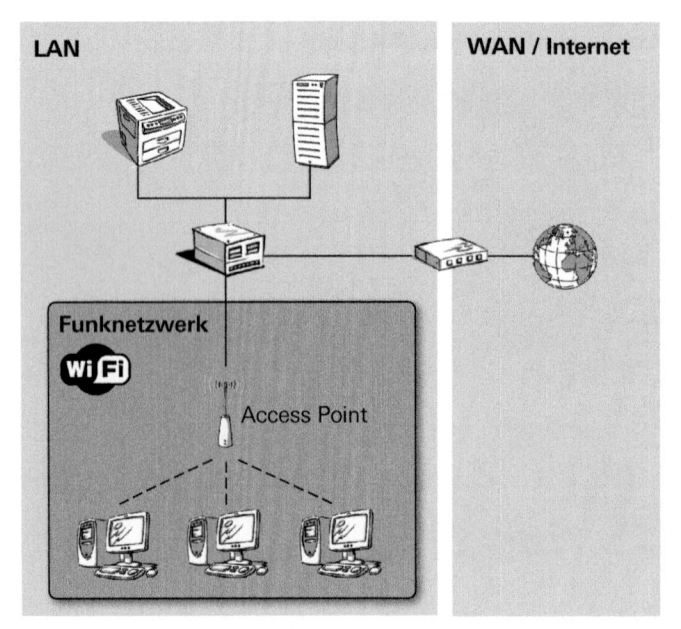

[1] Abkürzung für: Wireless Fidelity.
[2] Abkürzung für: Zugangspunkt.

Verschlüsselungsverfahren sind für die **WLAN-Sicherheit** von entscheidender Bedeutung. Ohne Verschlüsselung wären Unternehmensdaten öffentlich einsehbar und es bestünde das Risiko eines Missbrauchs durch Unbefugte. Aktuell wird das Verschlüsselungsverfahren **WPA2**[1] als ein ausreichender Schutz betrachtet. Interne Benutzer verwenden i. d. R. das Verschlüsselungsverfahren **WPA2 Enterprise,** bei dem die Authentifizierung durch den Radius Server im LAN vorgenommen. In der Folge sind für interne Benutzer das gleiche Kennwort und Passwort wie für den Zugang zum LAN gültig.

In der folgenden Tabelle sehen Sie **Ethernet-Standards für Funknetzwerke** mit den jeweiligen Spezifikationen:

Abb. [4-9]   Ethernet-Standards für WLAN

Ethernet-Standard	Übertragungskapazität	Frequenzbereich	Anzahl Kanäle	Technik	Kanäle
IEEE 802.11b/g	Bis 54 Mbit/s	2.4–2.484 GHz	13	OFDM[1] zur Verringerung der Kanalüberlappung	13 (USA 11), davon 3 überlappungsfrei
IEEE 802.11n	Bis 600 Mbit/s	2.4–2.484 GHz und 5.15–5.825 GHz (nicht durchgehend)	13	OFDM mit mehreren Antennen (MIMO[2])	13 (USA 11), davon 4 überlappungsfrei
IEEE 802.11ac	Bis 6.4 Gbit/s	5.15–5.825 GHz (nicht durchgehend)	36–64	Bis zu 8 Antennen mit MIMO	9 Kanäle à 40 Mbit/s oder 4 Kanäle à 80 Mbit/s

[1] Abkürzung für: Orthogonales Frequenzmultiplexverfahren.
[2] Abkürzung für: Multiple Input Multiple Output.

Hinweis   Mit «überlappungsfrei» wird der Umstand bezeichnet, dass 3 Kanäle parallel betrieben werden können, ohne dass sie sich stören. Theoretisch kann auf jedem Kanal, der freigegeben ist, ein WLAN betrieben werden. Da jeder Kanal für sich aber 20 MHz beansprucht (oder auch 40 MHz – siehe oben), sind nur 3 Kanäle gleichzeitig in diesem Frequenzband ohne Störung durch eine Überlappung nutzbar. In den USA sind das die Kanäle 1, 6 und 11, in Europa und Japan die Kanäle 1, 7 und 13.

4.3.2 Bluetooth

Bluetooth ist ein drahtloses PAN, das im Nahbereich für die Verbindung von mobilen Geräten eingesetzt wird. Damit können Daten und Sprache mit einer Übertragungsgeschwindigkeit von bis zu 1 Mbit/s übertragen werden. Kabelverbindungen für Distanzen von 1 bis 100 m zwischen den kommunizierenden IT-Geräten werden überflüssig. Bluetooth hat gegenüber Infrarot-Technologien den Vorteil, dass keine Sichtverbindung notwendig ist. Es arbeitet wie WLAN im Frequenzbereich von 2.4 GHz und verwendet zum Schutz vor Störungen das **Frequenzsprungverfahren,** bei dem die Frequenz laufend gewechselt wird.

Die aktuelle Version von Bluetooth bietet neben einer Datenverschlüsselung einen rascheren Verbindungsaufbau und einen reduzierten Energiekonsum dank Stromsparmodus bei Inaktivität. Bluetooth wird z. B. für kabellose Tastaturen und Headsets oder für die Datenübertragung von Schrittzählern an das Smartphone verwendet. **Einsatzmöglichkeiten** im Unternehmen gibt es viele. Stellvertretend werden an dieser Stelle zwei Beispiele angeführt:

- Content Distribution via Mobimat
- Bluetooth-Leuchtsäulen

[1] Abkürzung für: Wi-Fi Protected Access 2.

4.3.3 RFID

Die mit **RFID**[1] bezeichnete Technologie basiert auf einem Verfahren, bei dem auf einem **Transponder (Chip)** Informationen hinterlegt werden, und einem Lesegerät, das diese Informationen auf kurze Distanzen auslesen kann und an weitere Systeme zur Verarbeitung übergibt. Dabei handelt es sich um Informationsmengen im Bereich von einzelnen Bytes bis Kilobytes. RFID wird hauptsächlich in der Logistik eingesetzt. Das Konzept dabei ist, dass der Transponder so günstig wie möglich hergestellt werden kann, damit er auch im Umgang mit Massenprodukten wie Büchern, Musikträgern oder gar Lebensmitteln eingesetzt werden kann. Sei es zu der Überprüfung von Haltbarkeitsdaten, der Nachverfolgung von Kühlketten oder der Überwachung von Lieferwegen etc. Sogar Haustiere können anhand eines implantierten RFID-Chips gekennzeichnet und mittels Lesegerät identifiziert werden.

Bei den Transpondern gibt es passive und aktive Systeme. **Passive Transponder** versorgen sich aus den Funksignalen des Lesegeräts. **Aktive Transponder** dagegen verfügen über eine eigene Energiequelle. Und während bei passiven Transpondern die Reichweite im Meterbereich liegt, können aktive Systeme z. B. in der Containerlogistik eine Reichweite von Hunderten von Metern und mehr haben. Die Reichweite hängt nicht nur an der Energieversorgung, sondern auch an den eingesetzten Frequenzen. Je nach Einsatzgebiet kommen sehr unterschiedliche Frequenzen zum Einsatz, von Niederfrequenz-RFID (9–135 kHz) über HF (z. B. 6.78 oder 13.56 MHz) bis SHF (2.4 GHz ISM, 5.8 GHz und höher). Es gibt unterschiedliche Anforderungen an Informationsmenge, Stabilität und Reichweite, die so abgedeckt werden können.

Die **RFID-Technik** positioniert sich zwischen der aktiven lokalen Netzwerkverbindung wie WLAN oder Bluetooth (was für die Massenproduktion zu teuer und zu aufwendig ist) und dem bisherigen Barcode-Verfahren (zu wenig flexibel, zu wenig Informationen). Ist die Chip-Produktion im Cent-Bereich angelangt, ist dieses Verfahren auch von den Kosten her massentauglich wie heute der Barcode. Zudem muss bei RFID im Unterschied zum Barcode kein Sichtkontakt zum Auslesen bestehen und das System ist weniger anfällig auf äussere Einflüsse als der Barcode. Aktuelle RFID-Systeme verschlüsseln zudem ihre Kommunikation wie in ISO 18000 näher beschrieben.

Je nach Frequenz und Transponder sind die Reichweiten begrenzt. Ein weiterer Nachteil sind unterschiedliche Protokolle, die zum Einsatz kommen, und damit verbunden eine gewisse Abhängigkeit vom Hersteller einer RFID-Lösung.

4.3.4 NFC

Bei **NFC (Near Field Communication)** handelt es sich um einen Standard für die Datenübertragung im sehr kurzen Bereich von einigen Zentimetern. Die Technologie wird beispielsweise in Mobiltelefonen eingesetzt, um damit bargeldlose Zahlungen zu ermöglichen. Das bedeutet, dass dieser Chip im Kundengerät mit einem Geldbetrag aufgeladen wird, und durch die Kommunikation mit NFC-Terminals kann dann mittels dieses Guthabens bezahlt werden. Daher auch die kurze Übertragungsreichweite, nur der Träger des NFC-Chips soll die Kommunikation benutzen und damit sicher einsetzen können, ohne dass das Signal wie etwa bei WLAN über grössere Distanzen mitgelesen werden kann. Auch ein zufälliges Abbuchen soll dadurch verhindert werden, da bei Distanzen von unter 10 cm vom Kundengerät zum Terminal eine bewusste Aktion (Einverständnis) zudem nur bei offener Transaktion gegeben sein sollte.

---

[1] Abkürzung für: Radio-Frequency Identification.

Nebst Mobiltelefonen können auch Kreditkarten mit einem **NFC-Chip** ausgestattet werden. Damit entfällt dann das Aufladen, es geht nun lediglich um eine Beschleunigung des Zahlungsvorgangs mit der Kreditkarte (eine Unterschrift, keine PIN). Im weiteren Verlauf des Ausbaus soll ein NFC-Gerät als digitale Brieftasche auch Fahrkarten, Eintrittskarten sowie Kundenkartendaten direkt verwalten können.

4.3.5 Mobilfunknetze

Die Entwicklung des öffentlich zugänglichen Mobilfunknetzes verlief in folgenden Schritten:

- **GSM**[1]: Mobilfunkstandard der 2. Generation (2G). GPRS (General Packet Radio Service) ermöglicht Datenraten bis 55 Kbit/s und EDGE (Enhanced Data Rates for GSM Evolution) Datenübertragungsgeschwindigkeiten bis 220 Kbit/s.
- **UMTS**[2]: Mobilfunkstandard der 3. Generation (3G): Arbeitet im Frequenzbereich 1.9 und 2.1 GHz. HSDPA (High Speed Downlink Packet Access) ermöglicht Datenraten bis zu 7.2 Mbit/s und HSDA+ Datenübertragungsgeschwindigkeiten bis zu 42 Mbit/s.
- **LTE**[3]: Mobilfunkstandard der 4. Generation (4G): Ermöglicht Datenraten bis 100 Mbit/s.

Die Umsetzung des **BYOD-Prinzips** setzt voraus, dass mobile IT-Geräte in das Netzwerk des Unternehmens integriert werden können. Innerhalb der Firma wird der Datenverkehr über das WLAN abgewickelt. Ausserhalb der Firma laufen ggf. bestimmte Applikationen aber über das Mobilfunknetz. Teilweise werden für solche Zwecke auch firmeneigene Smartphones oder Tablet-PCs zur Verfügung gestellt. Diese bieten Möglichkeiten, um die Unternehmensdaten abzusichern. So kann die **Sicherheit** z. B. durch eine Authentifizierung des Mobilgeräts gewährleistet werden. Netzzugang erhalten dann nur registrierte Benutzer mithilfe der SIM-Karte und die Übertragung erfolgt verschlüsselt.

4.4 Internetanschlüsse

Folgende Grafik zeigt den möglichen Aufbau des Netzwerks eines KMU. Der physische Server steht im eigenen Unternehmen, wobei auf der Hardware weitere virtuelle Server eingerichtet sind. Der physische Server wird für das Netzwerkmanagement als **Domänencontroller** und **DHCP-Server** verwendet sowie mit einer unterbrechungsfreien Stromversorgung (USV) und einer Bandsicherung über ein **Storage Area Network (SAN)** abgesichert.

Als Clients im LAN und im WLAN sind stellvertretend jeweils 2 Computer eingezeichnet. Das LAN kann aus Sicherheitsgründen auch in mehrere VLANs aufgeteilt sein, was aber auf die Verkabelung keinen Einfluss hat. Am Switch sind auch ein **Netzwerkdrucker** sowie ein **Scanner** als Peripheriegeräte angeschlossen.

Der Zugang zum und vom Internet wird jeweils durch eine Firewall abgesichert. Dazwischen, in der sogenannten **demilitarisierten Zone (DMZ),** sind ein Mailserver und ein Webserver (für den Internetauftritt der Firma) angeschlossen. Rechts ist der Anschluss zum Internet symbolisch eingezeichnet.

---

[1] Abkürzung für: Global System for Mobile Communications.
[2] Abkürzung für: Universal Mobile Telecommunications System.
[3] Abkürzung für: Long Term Evolution.

Abb. [4-10]   Firmennetzwerk eines KMU

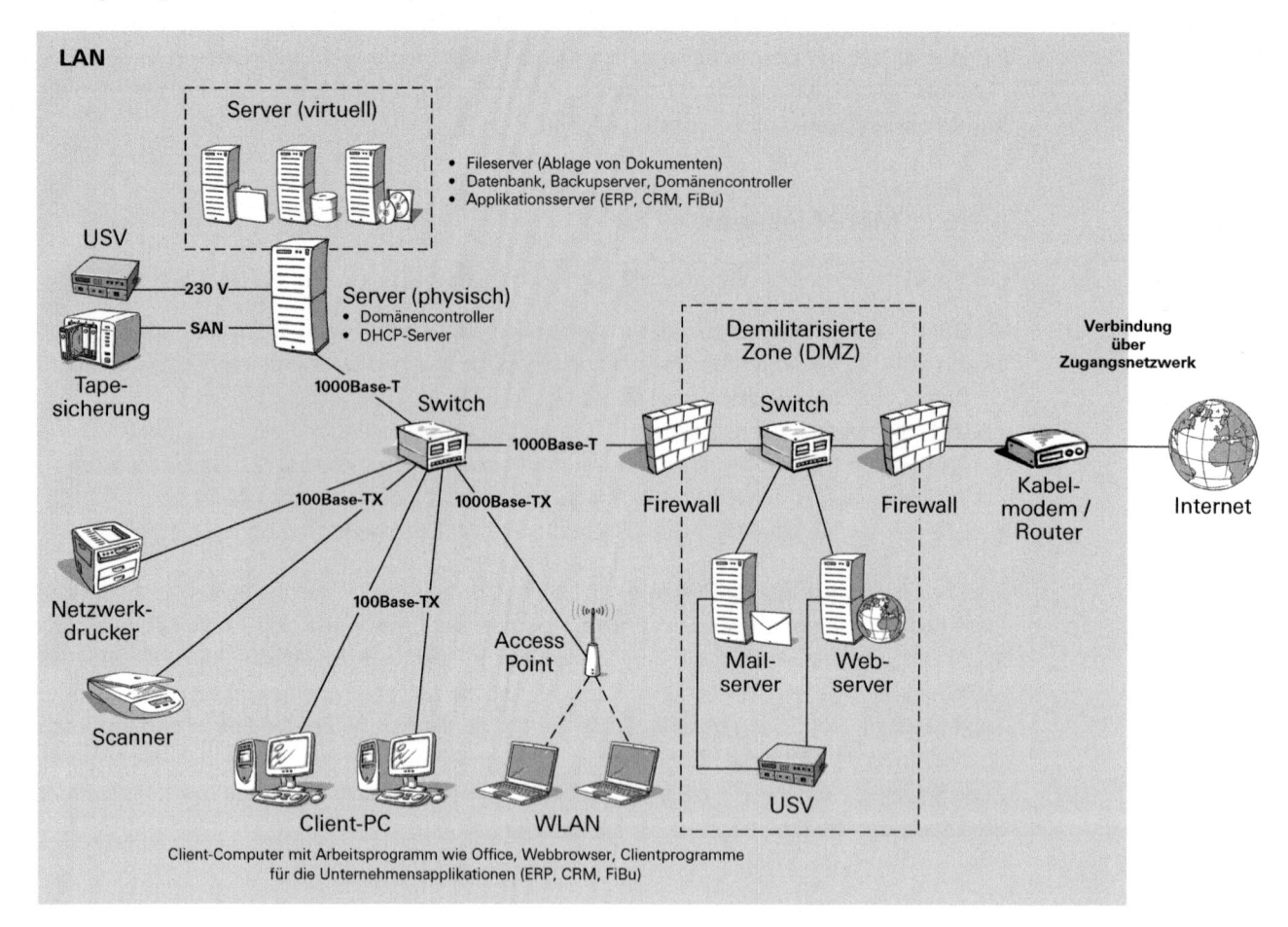

[Diagramm: Firmennetzwerk eines KMU mit LAN (Server virtuell: Fileserver, Datenbank/Backupserver/Domänencontroller, Applikationsserver ERP/CRM/FiBu; Server physisch: Domänencontroller, DHCP-Server; USV, Tapesicherung, Netzwerkdrucker, Scanner, Switch, Client-PCs, Access Point, WLAN-Laptops), DMZ (Switch, Firewalls, Mailserver, Webserver, USV) und Verbindung über Zugangsnetzwerk via Kabelmodem/Router ins Internet. Verbindungen: 230 V, SAN, 1000Base-T, 1000Base-TX, 100Base-TX.]

Das Diagramm zeigt den Netzwerkaufbau als vereinfachte **Prinzipdarstellung.** In der Realität sind die meisten Firmennetzwerke nach Etagen strukturiert und die Leitungen zu den Servern werden teilweise mehrfach geführt. Auch Steckdosen, Patchpanels und Etagenverteiler sind nicht eingezeichnet. Dagegen sind die Netzwerkverbindungen beschriftet, damit ersichtlich wird, welche Leitungen als Hochleistungsverbindungen dienen.

Der **Anschluss ans Internet** erfolgt über sogenannte **Zugangsnetzwerke.** Dabei stehen grundsätzlich folgende Möglichkeiten zur Verfügung:

- Verbindung über das Telefonnetz
- Verbindung über das (TV-)Kabelnetz
- Verbindung über Glasfaserkabel (Fiber)
- Verbindung über das Mobilfunknetz

Entscheidend für die Wahl des Zugangsnetzwerks sind die **Nutzungsmöglichkeiten,** die von einer Internetverbindung erwartet werden. Damit sind unterschiedliche Anforderungen an die Übertragungsgeschwindigkeit verknüpft. Als minimale Übertragungsraten gelten 27 Mbit/s für HDTV, 10 Mbit/s für Internetverbindungen pro User und 64 Kbit/s pro Telefonleitung.

4.4.1 Internetverbindung über das Telefonnetz

Das **Telefonnetz** ist Teil der Gebäudeinfrastruktur und kann getrennt oder gemeinsam von der IT-Infrastruktur betrieben werden. Der Anschluss ans Internet über das Telefonnetz erfolgt über die bestehenden Telefonleitungen. Für die Datenübertragung im Telefonnetz werden spezielle Protokolle wie z. B. das **PPP**[1] eingesetzt. Im Folgenden werden verschiedene Anschlusstechniken für Internetverbindungen über das Telefonnetz näher vorgestellt.

---

[1]   Abkürzung für: Point to Point Protocol.

A] ADSL (Asymmetric Digital Subscriber Line)

ADSL ist eine digitale Anschlusstechnik für Datenübertragungen über eine Telefonleitung, ohne die Qualität der Telefongespräche zu beeinträchtigen. Dabei wird das gleiche Kabel für Sprach-, Bild- und andere Datenübertragungen verwendet. Die Bezeichnung «asymmetrisch» bedeutet, dass der Download von Daten (vom Internet zum User) schneller ist als der Upload von Daten (vom User ins Internet). Damit wird der Tatsache Rechnung getragen, dass in der Praxis weitaus mehr Downloads als Uploads getätigt werden. Die ADSL-Technik wurde unter der Bezeichnung G992.1 standardisiert. Anfangs betrug die Download-Rate 8 Mbit/s und die Upload-Rate 1 Mbit/s. Inzwischen sind mit ADSL weit höhere Geschwindigkeiten möglich. Folgende Grafik soll den Aufbau dieser Anschlusstechnik verdeutlichen:

Abb. [4-11]   Internetverbindung mit ADSL-Modem

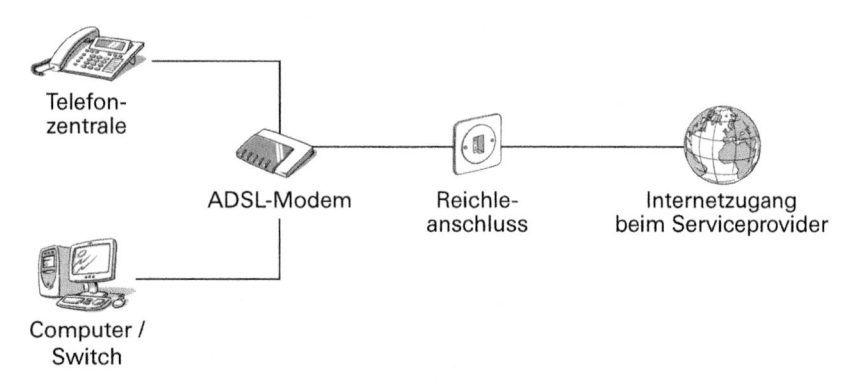

B] VDSL (Very High Bitrate Digital Subscriber Line)

VDSL-Übertragungsdienste sind Weiterentwicklungen auf der Basis von ADSL mit höherer Leistungsfähigkeit. Für geschäftliche Anwendungen werden VDSL-Internetverbindungen mit Übertragungsraten bis zu 100 Gbit/s symmetrisch angeboten. Nachfolgend werden die Geschwindigkeiten verschiedener Standards abhängig von der Leitungslänge dargestellt:

Abb. [4-12]   Übertragungsgeschwindigkeit und Leitungslänge

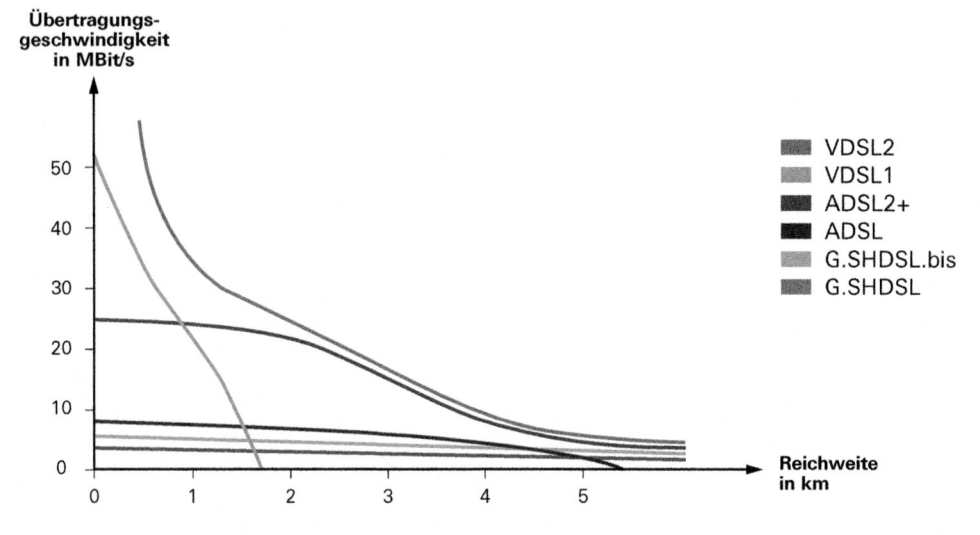

Quelle: https://www.elektronik-kompendium.de

G.Fast 106a ist eine genormte Schnittstelle für die Kupferdrähte von Telefonzuleitungen. Sie erlaubt bei geringer Reichweite hohe Übertragungsraten und ermöglicht z. B. einen schnellen Zugang zu Glasfaserleitungen, wenn diese nahe an das Unternehmensgebäude herangeführt werden. Folgende Tabelle fasst wichtige Werte der beschriebenen Anschlusstechnologien für das Telefonnetz zusammen:

Abb. [4-13] Übersicht über wichtige Daten im xDSL-Bereich

Technologie	Im Markt verfügbar seit	Downstream (maximal)	Upstream (maximal)	Maximale Entfernung
ADSL	1996	8 Mbit/s	1 Mbit/s	Bis 4 km
ADSL2	2002	12 Mbit/s	3.5 Mbit/s	Bis 4 km
ADSL2+	2003	24 Mbit/s	3.3 Mbit/s	Bis 3 km
VDSL	2004	52 Mbit/s	16 Mbit/s	Bis 1.5 km
VDSL2 17a	2006	100 Mbit/s	50 Mbit/s	Bis 0.8 km
VDSL2 30a	2006	100 Mbit/s	100 Mbit/s	Bis 0.6 km
G.Fast 106a	2014	500 Mbit/s	500 Mbit/s	Bis 250 m

Hinweis Um die Übertragungsgeschwindigkeiten «Bit pro Sekunde» in «Byte pro Sekunde» umzurechnen, müssen Sie die angegebenen Datenraten jeweils durch 8 dividieren (z. B. 8 Mbit/s = 1 MByte/s).

Zur Auswahl der optimalen Internetverbindung über das Telefonnetz müssen vorgängig die benötigten Leistungsdaten abgeklärt werden. Fast alle Internet Service Provider bieten eine entsprechende Funktion online an. Hier sehen Sie die Resultate eines Verfügbarkeitstests für einen xDSL-Anschluss an einer bestimmten Adresse in Zürich:

Abb. [4-14] Ergebnisse eines Verfügbarkeitstests für xDSL-Anschluss (Beispiel)

Standort: Schweighofstr. 157, 8045 Zürich Adresse ändern

❌ Glasfaser
Glasfaser nicht verfügbar

✅ Internetgeschwindigkeit am Standort
Download: max. 100 Mbit/s
Upload: max. 10 Mbit/s

4.4.2 Internetverbindung über das (TV-)Kabelnetz

Kabelnetze sind leistungsfähige Übertragungsnetze, die ursprünglich für das Kabelfernsehen entwickelt und zur Übertragung von Film- und Tonaufnahmen in hoher Qualität ausgelegt wurden. Inzwischen werden Kabelnetze auch für Internetverbindungen eingesetzt. Dabei kommen **Kabelmodems** zum Einsatz, die die Datenströme über freie Frequenzbänder des Kabelnetzes leiten. Sie verfügen über einen Netzwerkanschluss und übernehmen meist auch die Funktion des Routers. Damit kann das LAN ans Internet angeschlossen werden.

Abb. [4-15] Internetverbindung mit Kabelmodem

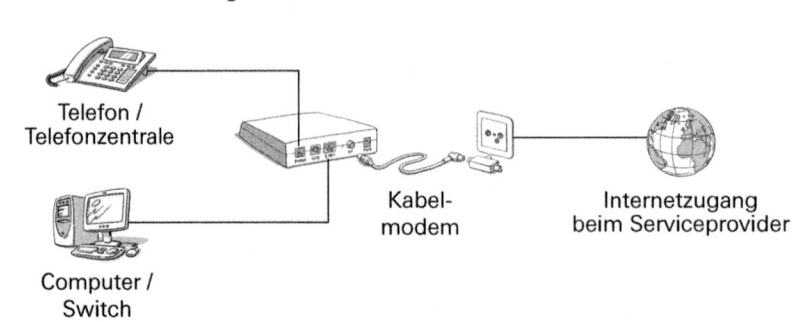

Internetverbindungen über das Kabelnetz basieren auf dem **DOCSIS**[1]**-Verfahren.** Gegenüber den xDSL-Verfahren für Telefonleitungen sind hier höhere Geschwindigkeiten über grössere Distanzen möglich, weil Kabel-TV-Betreiber ihre Netzwerke mit Koaxialkabeln aufgebaut haben. Dies ist ein Übertragungsmedium, das höhere Bandbreiten als herkömmliche verdrillte Kupferkabel zulässt. Folgende Grafik verdeutlicht die Unterschiede der beiden Verfahren in Bezug auf die Reichweite:

Abb. [4-16]   Übertragungsgeschwindigkeit und Leitungslänge: DOCSIS und xDSL im Vergleich

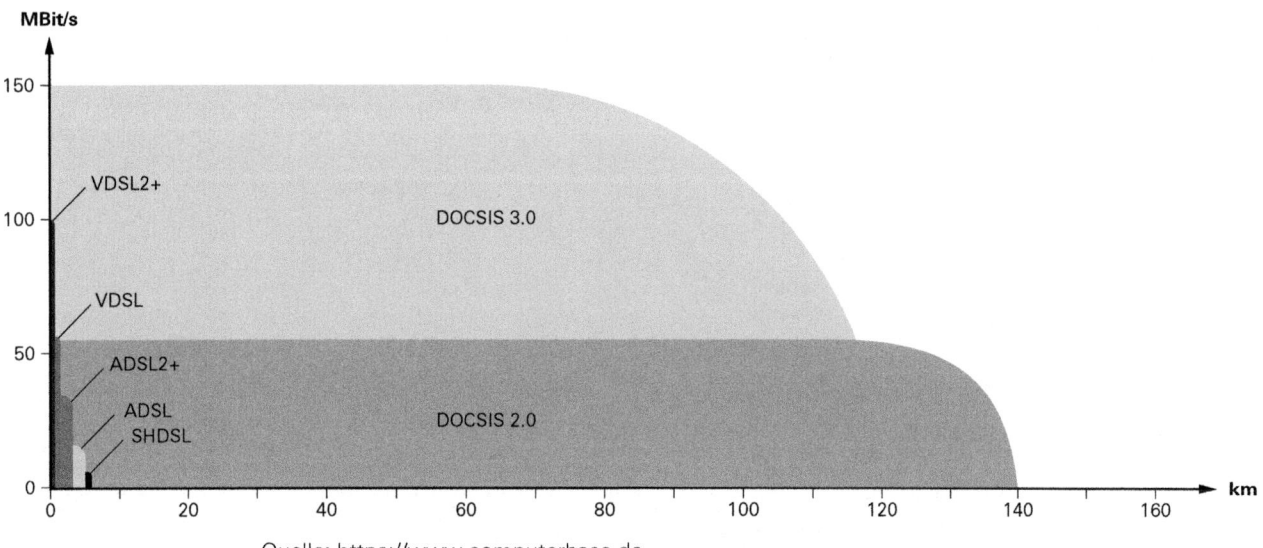

Quelle: https://www.computerbase.de

Folgende Tabelle fasst wichtige Werte diverser **DOCSIS-Standards für Kabelnetzwerke** zusammen. Bei den Datenraten werden jeweils die maximal erreichbaren Geschwindigkeiten angegeben («Best-Effort-Service»).

Abb. [4-17]   Übersicht über wichtige Daten im DOCSIS-Bereich

Technologie	Im Markt verfügbar seit	Downstream (maximal)	Upstream (maximal)	Maximale Entfernung
DOCSIS 1	1999	42 Mbit/s	10 Mbit/s	Bis 150 km
DOCSIS 2.0	2002	55 Mbit/s	30 Mbit/s	Bis 140 km
DOCSIS 3.0	2006	150 Mbit/s	122 Mbit/s	Bis 120 km
DOCSIS 3.1	2013	10 Gbit/s	1 Gbit/s	Nicht bekannt

Als Infrastruktur für Internetverbindungen über das Kabelnetz braucht es neben einem Kabelmodem auf Kundenseite ein **Cable Modem Termination System (CMTS)** auf Anbieterseite. Das CMTS als **Kabelkopfstelle**[2] empfängt die Signale aller angeschlossenen Kabelmodems und leitet die Signale aus dem Kabelnetzwerk in einem bestimmten Frequenzbereich weiter. Das CMTS bringt also die im Kabelnetz übertragenen Daten wieder in ein Übertragungsformat für das Internet und umgekehrt.

Ein zugeordneten Server übernimmt die Steuerung des Kabelnetzwerks. Über ihn können das CMTS und die Kabelmodems konfiguriert werden. Dadurch lassen sich die Übertragungsbandbreite und die vorgesehenen Dienste aktivieren oder deaktivieren. Weil die in einem Breitbandkabelnetz gesendeten Daten an alle Kabelmodems übertragen werden, muss die Privatsphäre der Kunden bzw. die Vertraulichkeit der Daten durch Datenverschlüsselung gewährleistet werden. Ein Router stellt die Verbindung zwischen dem CMTS und Internet-Backbone her. Folgende Grafik zeigt den Aufbau des Zugangsnetzwerks zum Internet:

---

[1]   Abkürzung für: Data Over Cable Service Interface Specification.
[2]   Fachbegriff: Headend, Hub.

Abb. [4-18]   Infrastruktur für Internetverbindungen über das Kabelnetz

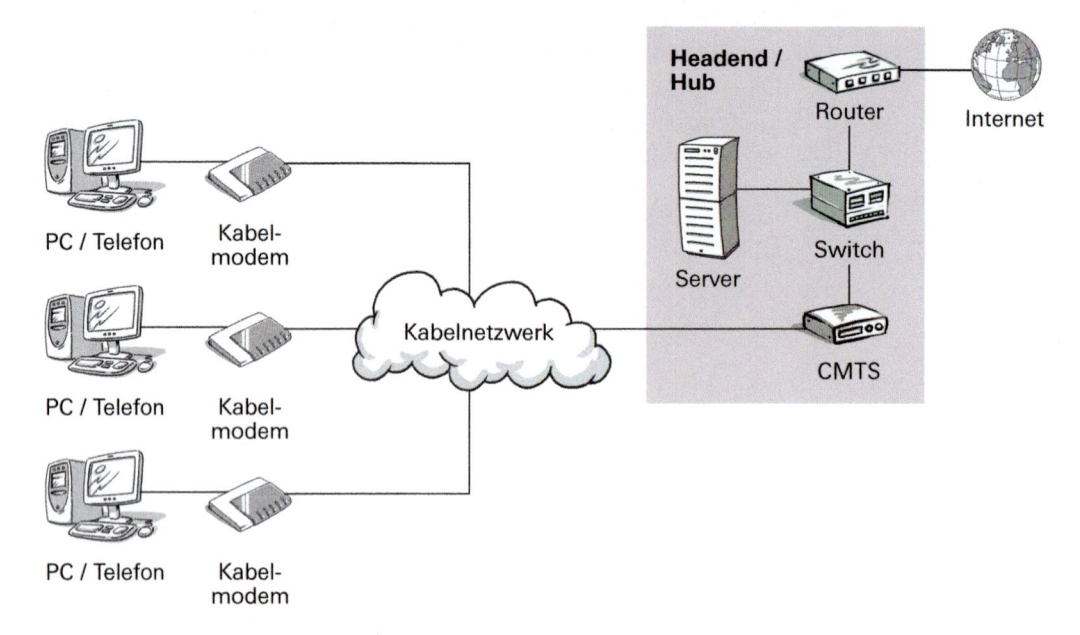

4.4.3   Internetverbindung via Glasfaserkabel (Fibre)

In der Schweiz sind die Telefon- und TV-Kabelnetze oft bereits bis zu den Hauptverteilern mit Glasfaserkabeln ausgerüstet. Die **«letzte Meile»** zwischen Hauptverteiler und Hausanschluss wird häufig mit herkömmlichen Telefonkabeln oder Koaxialkabeln überbrückt.

Wird das Glasfaserkabel bis in das (oder die) Gebäude einer Firma verlegt, spricht man von **Fibre to the Basement.** Bei Privatinstallationen, wenn das Glasfaserkabel bis in die Wohnung von Privatpersonen verlegt wird, spricht man von **Fibre to the Home.**

Die Leistungsdaten von Internetverbindungen über Glasfaser unterscheiden sich je nach Anbieter. Beim EWZ Zürich sind z. B. **symmetrische Datenübertragungsraten** von bis zu bis zu 1 Gbit/s für Geschäftskunden und 300 Mbit/s für Privatkunden möglich.

Für Internetverbindungen über Glasfaserkabel braucht es auf Kundenseite entsprechende IT-Geräte, die vom ISP bereitgestellt werden. Oft können diese Geräte flexibel eingesetzt und sowohl an Glasfaser als auch an das Telefonnetz angeschlossen werden. Folgende Abbildung zeigt beispielhaft Verbindungsmöglichkeiten einer **Sunrise Internet Box** an das Telefonnetz über einen RJ-11-Anschluss oder an Glasfaser über einen RJ-45-Anschluss:

Abb. [4-19]   **Anschluss an das Telefonnetz (links) oder an die Glasfaser (rechts)**

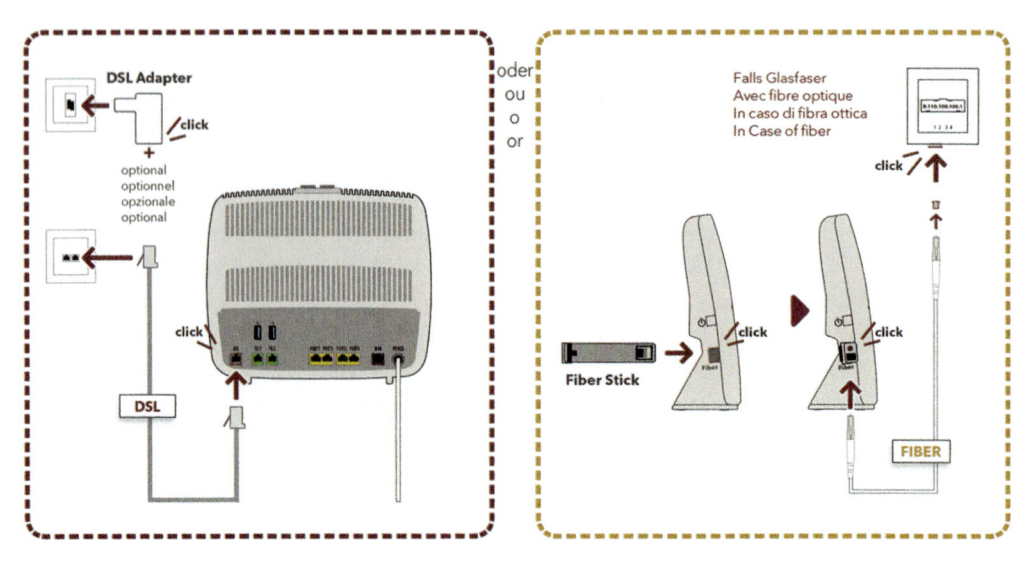

Bild: © Sunrise Communications AG

4.4.4 Internetverbindung über das Mobilfunknetz

Mit der Einführung von **LTE** und **LTE-Advanced** stehen für Mobilfunkgeräte Datenraten zur Verfügung, die eine Anbindung von Unternehmensnetzwerken an das Internet interessant machen. Mit dem Router Fritz!Box 6810 LTE kann eine solche Verbindung beispielsweise mit Geschwindigkeiten von bis zu 100 Mbit/s hergestellt werden.

4.5 Netzwerkdienste nutzen

4.5.1 Intranet und Extranet

Als **Intranet** werden Firmennetze bezeichnet, zu denen nur interne Benutzer (Mitarbeitende) Zugang haben. Als **Extranet** werden Firmennetze bezeichnet, die von registrierten externen Benutzern ebenfalls genutzt werden können. Der Zugang erfolgt i. d. R. über das Internet und ist potenziell weltweit und jederzeit möglich. Welche Benutzer eingebunden werden, hängt primär von den Inhalten und Applikationen ab, die zugänglich gemacht werden sollen. Je nach Situation werden z. B. Lieferanten, Grosskunden, Kursteilnehmer, Behörden integriert.

Voraussetzungen für die Nutzung des Intranets und des Extranets sind ein **Internetbrowser** und **browserbasierte Anwendungen,** damit Benutzer keine zusätzliche Software installieren müssen, um die bereitgestellten Applikationen einzusetzen.

4.5.2 Internetdienste

Das Internet bietet zahlreiche Dienste an, die günstig und in hoher Qualität genutzt werden können. Zu den grundlegenden Internetdiensten gehören das weltweite Informationsnetz (Word Wide Web, WWW), die elektronische Post (E-Mail) und die Internettelefonie (VoIP). Folgende Tabelle gibt einen Überblick über die Aufgaben, eingesetzten Protokolle und notwendigen Softwares dieser Dienste:

Abb. [4-20]   Überblick über grundlegende Internetdienste

Bezeichnung	Aufgabe	Protokolle	Software
World Wide Web (WWW) und Dateiverwaltung	Informationen und Dateien austauschen	Hypertext Transfer Protocol (HTTP), File Transfer Protocol (FTP)	Client: Browser, z. B. Firefox, Internet Explorer Server: Webserver, z. B. Apache, Internet Information Server (IIS)
Elektronische Post (E-Mail)	Nachrichten senden und empfangen	Simple Mail Transfer Protocol (SMTP), Internet Message Access Protocol (IMAP), Post Office Protocol (POP)	Client: Mailclient, z. B. Outlook Mailserver, z. B. Microsoft Exchange, Open-Xchange
Internettelefonie (VoIP)	Telefonieren über das Internet	Real Time Transport Protocol (RTP), Session Initiating Protocol (SIP)	Asterisk

Die Nutzung dieser Internetdienste bietet für alle Unternehmen zahlreiche Vorteile, stellt aber auch bestimmte **Anforderungen an die IT-Infrastruktur:**

- Für das **World Wide Web** muss die Internetverbindung genügend leistungsfähig sein. Missbräuche müssen technisch oder organisatorisch verhindert werden.
- Bei der Verwendung von **E-Mail-Programmen** müssen wirksame Massnahmen getroffen werden, um sich vor Spams und Malware zu schützen.
- Die Nutzung von VoIP setzt ein LAN und einen Internetzugang mit hoher Verfügbarkeit und kurzer **Latenzzeit**[1] (maximal 100 ms) voraus.

---

[1]   Fachbegriff für: zeitliche Verzögerung (auch: Reaktionszeit, Antwortzeit).

4.5.3 Internettelefonie

A] Kosten

Bei der Internettelefonie werden Audiosignale in Form digitaler Datenpakete über das Internet und angeschlossene Computernetze verschickt. Die Nutzung von VoIP durch Firmen ist weitverbreitet, weil viele Unternehmen einen Breitbandanschluss besitzen und einen Fixpreis für den Internetzugang bezahlen. Mitarbeitende können daher prinzipiell ohne weitere Kosten weltweit miteinander kommunizieren. Je nach Situation fallen lediglich **Investitionskosten** für die notwendige Hardware und Software an.

Unternehmen können auch weiterhin normale Telefonapparate einsetzen und i. d. R. merken die Benutzer gar nicht, ob das Gespräch über das Festnetz[1] oder über das Internet läuft.

Bei Anrufen auf einen Festnetzanschluss können **Ferngespräche zum Lokaltarif** geführt werden, weil die Audiosignale bis nahe zum Empfänger über das Internet transportiert und erst dort in das herkömmliche Telefonnetz gespeist werden.

B] Technologien

Die Internettelefonie beruht auf folgenden **Basistechnologien:**

- **Session Initiation Protocol (SIP):** Wie bei allen Verbindungen über das Telefonnetz muss erkannt werden, ob der Angerufene erreichbar ist. Dazu dient SIP. Es legt die Modalitäten der Kommunikation fest und ermöglicht den Aufbau, die Steuerung und den Abbau einer Kommunikationssitzung zwischen 2 und mehr Gesprächsteilnehmern.
- **Real-time Transport Protocol (RTP):** Eine flüssige Kommunikation setzt voraus, dass die Daten zwischen Gesprächspartnern möglichst in Echtzeit ausgetauscht werden können. Während das TCP/IP-Protokoll diesen QoS nicht gewährleisten kann, erlaubt RTP eine Übertragung von Multimedia-Daten (Audio, Bild, Video, Text) über Netzwerke in Echtzeit.

C] Infrastrukturen

Je nach Situation sind bei der **Infrastruktur für die Internettelefonie** verschiedene Varianten denkbar. Folgende Grafik zeigt mehrere Möglichkeiten auf:

---

[1] Public Switched Telephone Network (PSTN).

Abb. [4-21] VoIP-Infrastrukturen (Varianten)

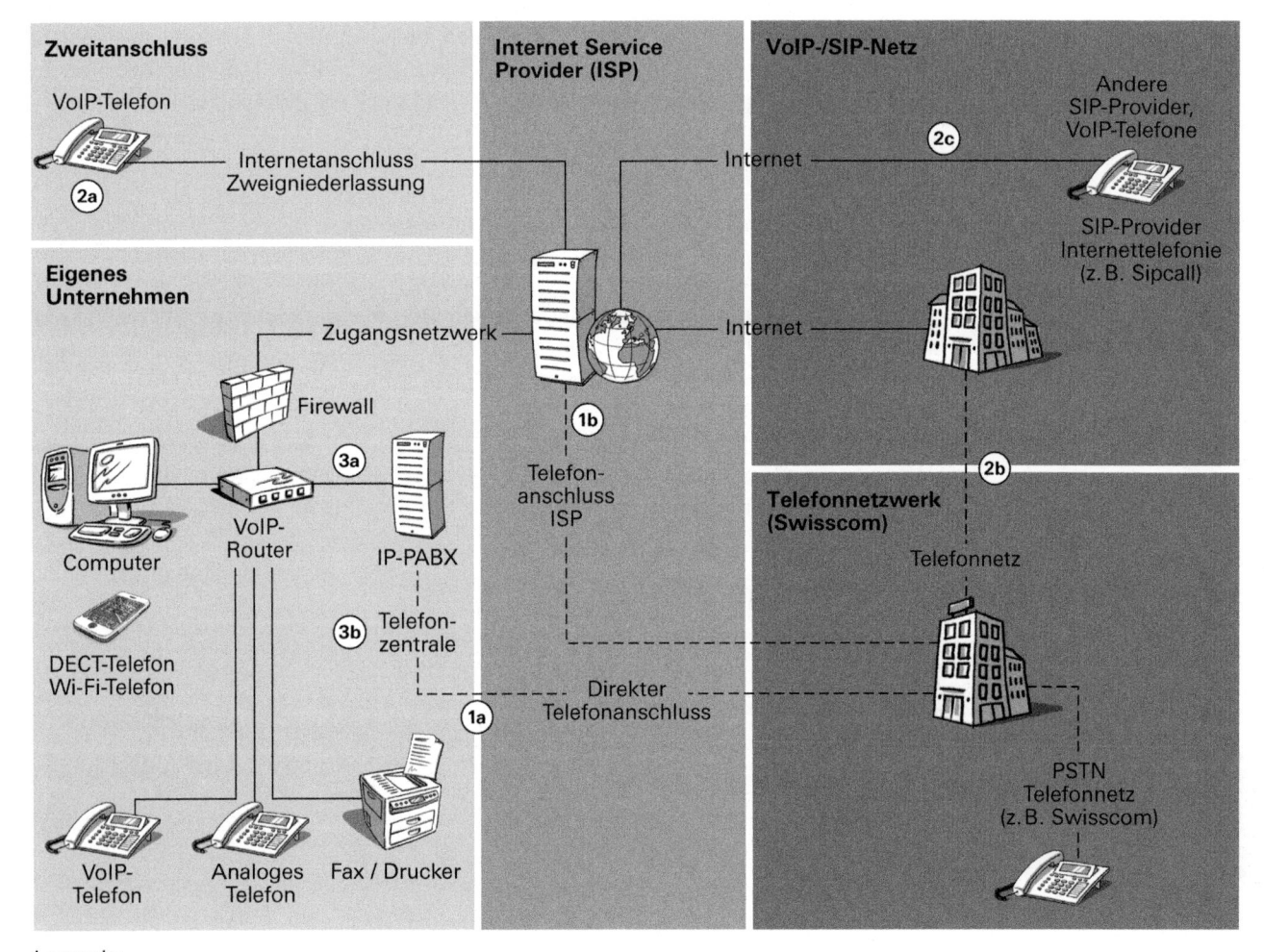

Zweitanschluss
- VoIP-Telefon
- (2a) Internetanschluss Zweigniederlassung

Eigenes Unternehmen
- Zugangsnetzwerk
- Firewall
- Computer
- VoIP-Router
- (3a) IP-PABX
- (3b) Telefonzentrale
- DECT-Telefon / Wi-Fi-Telefon
- VoIP-Telefon
- Analoges Telefon
- Fax / Drucker
- (1a) Direkter Telefonanschluss

Internet Service Provider (ISP)
- Internet
- (1b) Telefonanschluss ISP

VoIP-/SIP-Netz
- (2c) Andere SIP-Provider, VoIP-Telefone
- SIP-Provider Internettelefonie (z. B. Sipcall)

Telefonnetzwerk (Swisscom)
- (2b) Telefonnetz
- PSTN Telefonnetz (z. B. Swisscom)

Legende:
DECT = Digital Enhanced Cordless Telecommunications
IP-PABX = Internet Protocoll Private Automatic Branch Exchange
PSTN = Public Switched Telephone Network

Grundsätzlich können Telefonverbindungen sowohl über das **Internet (VoIP-/SIP-Netz)** als auch über das **reguläre Telefonnetz** (z. B. Festnetz der Swisscom) erfolgen. Folgende Tabelle fasst die dargestellten Varianten für VoIP-Infrastrukturen zusammen:

Voraussetzung	Var.	Beschreibung
Diverse (heterogene) Zugangsgeräte und eigene Telefonanlage bzw. IP-PABX[1]	1a	Das Unternehmen hat über die eigene Telefonanlage direkten Anschluss mit dem Festnetz.
	3a	Mit einer eigenen Telefonzentrale kann das Unternehmen VoIP-Telefone im Internet ansprechen.
	3b	Mit einer eigenen Telefonzentrale kann das Unternehmen IP-Telefonate bei Bedarf auf das Festnetz umleiten.
Zugangsnetzwerk und Internet Service Provider	1b	Die Telefonate werden über das Zugangsnetzwerk und via ISP mit dem Festnetz verbunden.
	2a	Der ISP übernimmt die Aufgabe der Telefonzentrale und sorgt für die Durchschaltung die Telefonate im Internet. Damit kann z. B. das VoIP-Telefon der Zweigniederlassung erreicht werden.
	2b	Der ISP kann IP-Telefonate an Adressaten im Festnetz verbinden.
	2c	Der ISP kann IP-Telefonate an VoIP-Telefone anderer Provider vermitteln.

[1] Abkürzung für: Private Automatic Branch Exchange mit Internetprotokoll. Zentrale für VoIP-Telefonie.

D] CTI-Systeme

Mit **Computer Telephony Integration (CTI)** ist die Einbindung der IP-Telefonie in IT-Geräte wie Desktop-Computer oder mobile Geräte wie Laptops gemeint. **CTI-Systeme** bieten im Wesentlichen eine Verknüpfung von Geschäftsanwendungen mit Telefondiensten.

Beispiel
- Rufnummer-Erkennung
- Automatische Weiterleitung eines Anrufers an den zuständigen Sachbearbeiter
- Initialisierung eines Kundenanrufs über eine Geschäftsanwendung

Die Einbindung von **Kommunikationsdiensten wie Skype** erfolgt durch die Installation des entsprechenden Programms für das jeweilige Betriebssystem. Bei der geschäftlichen Nutzung ist allerdings zu prüfen, welche Sicherheitsrisiken damit eingegangen werden.

Bei der Nutzung von CTI-Systemen wird auf dem gleichen Netzwerk oft via VoIP telefoniert und Daten von Anwendungen übertragen. Die Steuerung des Datenverkehrs übernimmt ein CTI-Server. Folgende Grafik zeigt den Aufbau eines CTI-Systems für ein Callcenter:

Abb. [4-22]   Aufbau eines CTI-Systems (Beispiel)

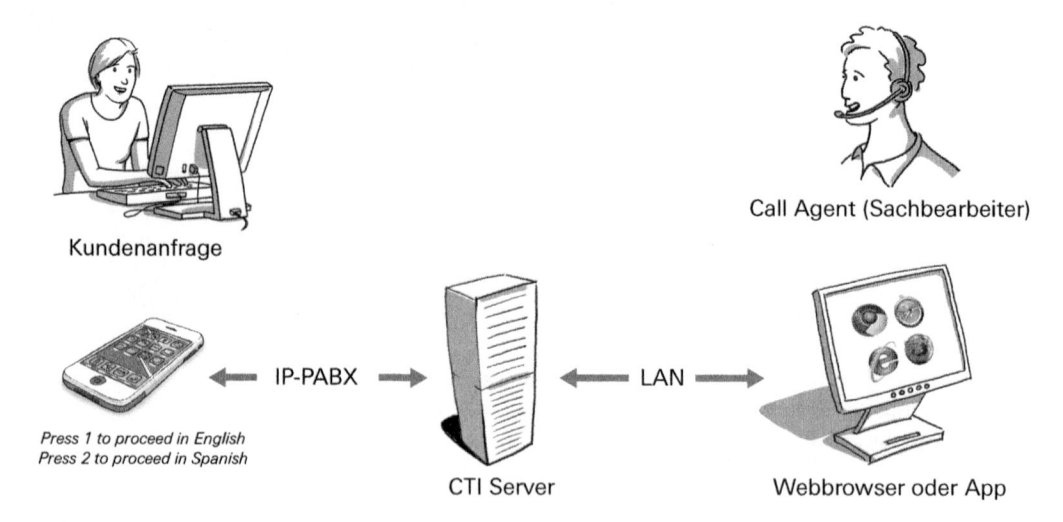

PABX = Private Automatic Branch Exchange

4.5.4 Unified Messaging

Bei **Unified Messaging (UM)** werden diverse Kommunikationsdienste in eine gemeinsame, einheitliche Anwendung integriert, die auf mehreren Endgeräten genutzt werden kann. Ein wichtiges Element ist ein zentraler «Briefkasten», in dem alle Nachrichten unabhängig vom Format verfügbar sind. Typischerweise werden in einer UM-Lösung folgende **Nachrichtenformate** verarbeitet:

- E-Mail
- Echtzeitnachrichten mittels RSS[1]-Feeds
- Voice Mail, Combox
- Fax
- SMS- und andere Kurznachrichtendienste
- WhatsApp
- Instant-Messaging-Dienste
- Automatisch generierte Nachrichten aus Kalenderfunktionen (Erinnerungen)
- To-do-Aktivitäten oder Aufgabenpendenzen

[1]   Abkürzung für: Really Simple Syndication.

Die Nachrichtenübermittlung erfolgt i. d. R. mittels **Push-Mail,** d. h., eintreffende Nachrichten werden vom Server direkt (meist in Echtzeit) an die Endgeräte weitergeleitet. Diese Funktion ist allerdings vom Server abhängig und muss ggf. auf den Endgeräten durch den Benutzer aktiviert werden. Auf diese Weise werden die Benutzer eines UM-Systems von einer aktiven Nachrichtenabfrage entlastet.

4.5.5 Filehosting

Manche Unternehmen nutzen **Speicherdienste im Internet**[1] wie z. B. Dropbox oder Google Drive, um Dateien extern zwischenzulagern oder auszulagern. Solche **Filehosting-Angebote** eignen sich etwa für den Austausch unkritischer Daten mit externen Geschäftspartnern oder zur Schonung der eigenen Speicherkapazitäten. Die Dateien stehen im Internet autorisierten Benutzern prinzipiell überall und jederzeit zur Verfügung. Auf der einen Seite wird dadurch das **ortsunabhängige Arbeiten** vereinfacht (Homeoffice, externe Meetings), auf der anderen Seite stellen sich diverse **Sicherheitsfragen,** die zu beantworten sind.

4.6 Mobile Kommunikationsgeräte nutzen

4.6.1 Mobile Geräte verwalten

Mobile Device Management (MDM) steht für die Administration mobiler Endgeräte im Unternehmen. Dabei werden alle mobilen Geräte und Kommunikationsdienste mithilfe einer **MDM-Software** verwaltet und die Sicherheitskonfigurationen durchgesetzt, insbesondere bei BYOD. Die Verwaltung erfolgt «OTA», d. h. «over the air». **MDM-Lösungen** bieten neben der Administration und Versorgung der Endgeräte mit den benötigten Daten, Updates und Patches auch Monitoring-Funktionen zur Erkennung von Störungen bzw. Problemen.

Bei Bedarf kommen **containerbasierte MDM-Lösungen** mit einer gesicherten Umgebung zum Einsatz, die von anderen Anwendungen auf dem Endgerät abgeschottet ist. Verbreitet ist z. B. «Good for Enterprise». Diese Anwendung bietet E-Mail, Kalender und Aufgaben sowie Browser-Funktionalitäten in einer einheitlichen, sicheren App an und steht für verschiedene mobile Betriebssysteme zur Verfügung.

4.6.2 Roaming und öffentliche WLAN-Hotspots

Roaming[2] bezeichnet die Fähigkeit eines Mobilfunk-Teilnehmers, sein Mobiltelefon in einem anderen, fremden Mobilfunknetz zu benutzen. Für diese Möglichkeit vereinbaren Mobilfunk-Provider untereinander sogenannte **Roaming Agreements.** Der eigene Provider entscheidet also, in welchen Ländern seine Kunden mit anderen Providern telefonieren dürfen.

Die Kosten werden vom Fremdprovider dem Ursprungsprovider verrechnet, der sie seinerseits seinen Kunden weiterverrechnet. Um hohe **Roaming-Kosten** zu vermeiden, erwerben Geschäftsreisende im Ausland oft eine SIM-Karte gegen im Voraus bezahlte Gebühren (Prepaid-Karte). In diesem Fall muss beachtet werden, dass die ursprüngliche Rufnummer des Mitarbeiters nicht mehr aktiv ist und ggf. zwischen dem Arbeitgeber und dem Mobilfunk-Provider vereinbarte Dienstleistungen nicht zur Verfügung stehen. Betroffene Benutzer sind dann vom Kommunikationsverbund ausgeschlossen. Eine andere Möglichkeit für Kosteneinsparungen besteht darin, **Pauschalbeträge** oder «**Flat Fees**»[3] für das Roaming zu vereinbaren.

---

[1] Fachbegriff: Cloud Storage.
[2] Englisch für: herumstreifen, herumwandern, streunen.
[3] Gebühren für die Nutzung bis zu einer bestimmten Grenze (z. B. 100 Minuten und 2 GB Inklusiv-Pakete ohne Mehrkosten mit Laufzeit 1 Jahr).

Auch für die Nutzung **öffentlicher WLANs** können Vereinbarungen mit dem Serviceprovider getroffen werden. Oft betreiben globale Telekom-Anbieter **öffentliche WLAN-Hotspots** in mehreren Ländern, die mit dem gleichen Kennwort und Passwort genutzt werden können. Dadurch profitieren Mitarbeitende auch im Ausland von günstigen Tarifen.

4.7 Anforderungen an das Unternehmensnetzwerk

4.7.1 Allgemeine Anforderungen

Bei der **Netzwerkplanung** sind ausgehend von der bestehenden IT-Infrastruktur betriebliche, technische, betriebswirtschaftliche und umweltbezogene Anforderungen zu berücksichtigen. In Bezug auf den **laufenden Netzwerkbetrieb** müssen v. a. Vorgaben für eine Betriebs- und Supportorganisation sowie für die Gewährleistung der IT-Sicherheit gemacht werden.

Die **Nutzung von Netzwerkdiensten** und die **Integration mobiler Kommunikationsgeräte** führen zu einer Ausweitung der Anforderungen an ein bestehendes Unternehmensnetzwerk. Meistens sind davon die Übertragungsgeschwindigkeit, die Abdeckung, technische Verfahren und Sicherheitsanforderungen betroffen. Je nach Situation eines Unternehmens bzw. den Bedürfnissen der Benutzer stehen unterschiedliche Aspekte und Anforderungen im Fokus.

Generell müssen folgende Aspekte berücksichtigt bzw. Fragen beantwortet werden:

- **Applikationen und Dienste:** Welche Geschäftsapplikationen und Dienste werden von wem benötigt? Wo und wie werden die Daten gespeichert oder archiviert und verwaltet? Welche Geschäftsanwendungen bzw. Dienste müssen für die Mobilgeräte zur Verfügung stehen? Welche Anforderungen werden an den QoS gestellt?
- **Netzwerkgeräte und -komponenten:** Welche technischen (Mindest)anforderungen werden an die Netzwerkgeräte bzw. -komponenten gestellt? Welche Vorgaben in Bezug auf Lieferant, Bauart, Aufstellungsort, Montage, Energieversorgung, Klima, Zugang sind zu beachten? Welche Geräte beinhaltet das BYOD-Konzept? Wie wird der Fernzugriff organisiert? Welche Schnittstellen müssen vorhanden sein? Welche Standards und Normen sind einzuhalten? Welche Vorgaben bezüglich der Energieeffizienz sind einzuhalten?
- **Business Continuity:** Mit welchen technischen und organisatorischen Massnahmen kann die Verfügbarkeit des Netzwerks und der Systeme gewährleistet werden? Wie wird das Netzwerkmanagement organisiert? Wer kümmert sich um Wartung und Reparatur?
- **Sicherheitsmassnahmen:** Durch welche organisatorischen und technischen Massnahmen werden Datensicherheit und Datenschutz gewährleistet? Welche Anforderungen werden an den Zugangs-/Zutrittsschutz, an die Verschlüsselung und an die Netzwerksicherheit gestellt?

Beispiel

- Datensicherheit: Vorgaben für die Passwörter per Gruppenrichtlinien programmieren. Vorgaben für die Administrationszugänge der Netzwerkgeräte erlassen, Konfigurationszugriffe auf Netzwerkgeräte für das WLAN sperren, Updates der Betriebssysteme umgehend ausführen.
- Verschlüsselung: Alle Daten im LAN und WLAN müssen verschlüsselt übertragen werden, als Verschlüsselungsverfahren im WLAN wird WPA2 vorgegeben.
- Netzwerksicherheit: Einrichtung von Firewalls, Aufteilung des Unternehmensnetzwerks (VLAN).

4.7.2 Anforderungen an das LAN

Bei den **Anforderungen an das LAN** stehen folgende Aspekte im Vordergrund:

- LAN-Anschlusspunkte: Versorgung der Gebäude und Räume einer Firma
- Netzwerkleitungen: Vorgaben für Kabeltypen, Leistungsklassen, redundante Leitungen
- Netzwerkgeräte: funktionale und nichtfunktionale Anforderungen, Vorgaben bezüglich Netzwerkaufteilung (VLAN) aus Gründen der Vertraulichkeit und Leistungsfähigkeit
- Netzwerkbetrieb: Vorgaben bezüglich der Administration, Überwachung und Reparatur des Netzwerks, Überbrückung bei Stromausfällen, Behebung von Störungen an Geräten und Leitungen

4.7.3 Anforderungen an das WLAN

Bei den **Anforderungen an das WLAN** stehen folgende Aspekte im Vordergrund:

- WLAN-Abdeckung: Um die besten Standorte der Access Points zu bestimmen, müssen deren Reichweite sowie die bautechnischen Gegebenheiten im Firmengelände analysiert werden. Gegebenenfalls ist auch vorzugeben, wo eine Abdeckung nicht erwünscht ist.
- Leistungskennzahlen: Übertragungsgeschwindigkeiten für die geplante Anzahl Nutzer, Roaming-Funktionen, Funkstandards.
- Benutzergruppen und Sicherheit: Werden externe Benutzer zugelassen, muss das Gastnetz abgetrennt werden, Schlüsselmanagement für externe Benutzer, Vorgaben für die Authentifizierung der internen Benutzer.

Beispiel
- Nur registrierte MAC-Adressen für User zulassen (ausser beim Gast WLAN).
- Neutrale Namen für das WLAN verwenden, damit keine Rückschlüsse auf das Unternehmen bzw. auf Verwendungszwecke möglich sind.

4.7.4 Anforderungen an die Internetverbindung

Bei den **Anforderungen an die Internetverbindung** stehen folgende Aspekte im Fokus:

- Gewünschte Internetdienste wie WWW, E-Mail oder VoIP
- Erforderliche Leistungsmerkmale wie Geschwindigkeit, Latenzzeit, Verfügbarkeit
- Weiter unterstützte oder unerwünschte Internetdienste (z. B. aus Gründen der Sicherheit, der Kompatibilität oder der Kosten)
- Sicherheit: Position und Art der Firewall, Schutzeinstellungen, Benutzerauthentifizierung, Verschlüsselung, Umfang des Monitorings (was soll ausgewertet werden?) Vorgehen bei Problemen (wann soll Alarm ausgelöst werden?), Vorgehen bei Notfällen (wer ist worüber zu informieren?)

Aspekt	Beschreibung
Übertragungskapazität	Die Anbindung ans Internet erfolgt i. d. R. durch einen Internet Service Provider. Massgebend für die Auswahl der Anbindung ist die notwendige Übertragungskapazität. Dies hängt davon ab, welche Geschäftstätigkeiten über das Internet laufen und ob Teile des Unternehmens über das Internet miteinander Daten austauschen möchten. Rechenbeispiel: Unter der Annahme, dass zu Spitzenzeiten 200 Kundinnen pro Minute auf die Firmenwebsite zugreifen und damit je 300 Kbyte an Daten beziehen, ergibt dies total 200 × 300 Kbyte übertragene Daten pro Minute. Auf die Sekunde umgerechnet: 200 × 300 Kbyte/min / 60 = 1 000 Kbyte/s oder 8 000 Kbit/s. Dies ist die benötigte Übertragungskapazität für die Bedürfnisse der Website. Dazu kommen die übertragenen Daten der Unternehmensmitarbeiter.
Verfügbarkeit	Anforderungen an die Verfügbarkeit ergeben sich aus der maximal tolerierbaren Ausfallzeit einer Internetverbindung. Üblicherweise werden die Verfügbarkeit des Internetzugangs sowie andere qualitative Aspekte eines Services[1] im Service Level Agreement (SLA) geregelt.

[1] Englischer Fachbegriff: Quality of Service (QoS).

4.7.5 Anforderungen an mobile Kommunikationsdienste

Anforderungen an mobile Kommunikationsdienste müssen ebenfalls auf die betrieblichen und technischen Bedürfnisse einer Firma abgestimmt werden. So benötigt ein Aussendienstverkaufsmitarbeiter andere Anwendungen bzw. Services als Mitarbeitende, die ab und zu von zu Hause aus arbeiten. Neben den internen Benutzergruppen sind auch externe Personengruppen zu berücksichtigen, die mit dem Unternehmen kommunizieren und möglicherweise auch bestimmte Anforderungen an mobile Lösungen stellen. Wie sind z. B. Kunden, Lieferanten oder Behörden in die Netzwerkinfrastruktur einer Firma eingebunden und welche mobilen Dienste sollen in welcher Form zur Verfügung gestellt werden?

In der folgenden Tabelle sind beispielhaft verschiedene **Benutzergruppen** und typische **Anforderungen an mobile Kommunikationsdienste** aufgeführt:

Abb. [4-23]   Benutzer mobiler Kommunikationsdienste und Anforderungen

Benutzergruppe	Anforderungen
Aussendienst	- Kommunikation zwischen Firmenstandort und mobilen Kommunikationsgeräten, z. B. E-Mail, Instant Messaging, Telefon - Integration von Unternehmensanwendungen wie CRM, ERP und Verkaufsunterstützung
Führungsebene	Geschäftsleitung, Verwaltungsrat, Public Relations müssen oft ausserhalb der Bürozeiten kritische Informationen teilen, dabei ist die Wahrung der Vertraulichkeit besonders wichtig.
Mitarbeitende in lang andauerndem Ausseneinsatz (national oder international)	Mitarbeitende, die wochen- oder monatelang auswärts (nicht am Firmenstandort) arbeiten, haben besondere Anforderungen an die Verfügbarkeit der Daten, Anwendungen und Endgeräte. Besonders wichtig sind die Versorgung mit Ersatzgeräten bei Verlust oder Diebstahl und eine automatische Konfiguration der Endgeräte. Wenn z. B. ein Mitarbeiter selbst ein neues Mobiltelefon oder Notebook vor Ort beschafft, muss dieses Gerät aus der Ferne für den betrieblichen Einsatz konfiguriert werden können.

Siehe auch!   **Neue Medien und soziale Netzwerke**

Lesen Sie zur Nutzung der Neuen Medien und sozialen Netzwerke auch das Buch «Mitarbeiterführung und Selbstmanagement» dieser Lehrmittelreihe.

Zusammenfassung

Mithilfe eines **Netzwerks** lassen sich die IT-Ressourcen eines Unternehmens besser nutzen und Kommunikationskanäle einrichten. Ein Erfolgsfaktor ist das problemlose Zusammenwirken von verschiedenartigen Geräten und Systemen. Dies wird gewährleistet durch eine fortgeschrittene Normierung, die unter dem Namen Ethernet-Standard weltweit erfolgt ist. Mit Netzwerken lassen sich sehr unterschiedliche Verbunde realisieren. Je nach räumlicher Ausdehnung spricht man von LAN, WAN, MAN oder GAN.

LANs werden in Sterntopologie mit Netzwerkgeräten wie Switch, Router und Firewall aufgebaut und werden mit Netzwerkkabeln verbunden. Das **WLAN** ist das ergänzende Drahtlosnetzwerk, bei dem ein Access Point als Sender eingesetzt wird und die Verbindung zum LAN übernimmt. Bluetooth ist ein Kurzdistanzfunksysem bis 10 Meter und verbindet nicht nur Mäuse mit dem Notebook, sondern hat sich als Übertragungssystem für Audiokomponenten wie Lautsprecher und Earphone etabliert.

RFID ist ein Funkübertragungssystem für noch kürzere Distanzen und wird eingesetzt für das Lesen von Produkteigenschaften eines Kaufgegenstands. Es konkurrenziert den Barcodeleser und ist interessant, da keine Sichtverbindung nötig ist. **NFC** ist beschränkt auf wenige Zentimeter und spielt beim bargeldlosen Zahlungsverkehr eine wichtige Rolle. Schliesslich ist der **Mobilfunk** zu nennen, das wohl grösste weltumspannende Funknetz.

Die **Anbindung des LAN ans Internet** kann über das Telefonnetz mit ADSL oder xDSL oder in Form von Fibre to the Basement erfolgen. Verbreitet ist auch eine Internetverbindung über das TV-Kabelnetz, die bezüglich Übertragungsgeschwindigkeit und Distanz dem Telefonnetz überlegen ist.

Zahlreiche **Internetdienste** können in einem Unternehmen nutzbringend eingesetzt werden. So ermöglicht es **VoIP** beispielsweise, Telefongespräche über das Internet zu führen. **CTI** steht für die Einbindung der IP-Telefonie in Desktop-PCs oder mobile Geräte. Via **Unified Messaging** lassen sich diverse Kommunikationsdienste in eine einheitliche Anwendung bzw. Oberfläche integrieren und **Filehosting-Angebote** erlauben den Austausch unkritischer Daten mit Dritten sowie die Einsparung von Speicherkapazitäten.

Bei der **Nutzung mobiler Kommunikationsgeräte** bieten sich MDM-Lösungen an, die die Verwaltung der Geräte vereinfachen. Roaming-Gebühren und die Nutzung öffentlicher WLAN-Hotspots sind wichtige Aspekte bei einer günstigen und sicheren Nutzung mobiler Geräte im In- und Ausland.

In Bezug auf die Beschaffung stehen je nach Netzwerktyp und Art der eingesetzten Geräte völlig unterschiedliche **Anforderungen** im Vordergrund. Sie lassen sich in allgemeine Anforderungen, Anforderungen an das LAN, Anforderungen an das WLAN, Anforderungen an die Internetverbindung und Anforderungen an mobile Kommunikationsdienste gliedern.

Repetitionsfragen

Geschlossene Fragen

27 Kreuzen Sie die korrekten Aussagen an:

☐	Computer müssen mit zusätzlichen Netzwerkadaptern ausgerüstet werden, damit sie ans Unternehmensnetzwerk angeschlossen werden können.
☐	Informationen des Unternehmens stehen den Netzwerkteilnehmern zur Verfügung.
☐	Der Zusammenschluss ermöglicht die Kommunikation der Teilnehmer untereinander über Dienste wie E-Mail, Messengers, Videokonferenzen.
☐	Beim Zusammenschluss ergibt sich die Problematik, dass die Teilnehmer Zugang erhalten zu vertraulichen Daten der Unternehmensleitung und der Personaladministration.
☐	Der Zusammenschluss ermöglicht, dass Services bei Systemstörungen unterbrechungsfrei auf andere Server verlagert werden können.
☐	Ressourcen wie Drucker, Serverdienste, Speicher können gemeinsam genutzt werden.

28 Ordnen Sie die gegebenen Übertragungssysteme den Netzwerktypen zu.

Übertragungssystem	Zuordnung
Internet	
WLAN	
Unternehmensnetzwerk (Ethernet)	
NFC	
Mobilfunknetz	
Bluetooth	
Metro-Ethernet	
USB	

Netzwerktyp
A: PAN
B: LAN
C: MAN
D: WAN
E: GAN

29 Kreuzen Sie an, welche der folgenden Aussagen zu Netzwerkarchitekturen korrekt sind.

☐	Bei der Drei-Schichten-Architektur wird die Unternehmensapplikation auf den Client-Computern ausgeführt und die Daten auf einer unternehmensweiten Datenbank abgelegt.
☐	Peer-to-Peer-Netzwerke eignen sich für grosse Unternehmen.
☐	Im Gegensatz zu Peer-to-Peer-Netzwerken sind Client-Server-Netzwerke schnell eingerichtet und kostengünstig.
☐	Beim Client-Server-Netzwerk werden die Ressourcen zentral verwaltet und als Dienste den Arbeitsstationen zur Verfügung gestellt.
☐	Client-Server-Netzwerke sind die Voraussetzung für E-Mail und Social Media.
☐	Client-Server-Netzwerke können als Zwei-Schichten- oder Drei-Schichten-Architekturen aufgebaut werden.
☐	Die Netzwerkarchitektur ist bestimmt durch das Betriebssystem des Domänencontrollers.
☐	Im Peer-to-Peer-Netzwerk sind die Computer gleichberechtigt und können sich gegenseitig Dienste anbieten.
☐	Die Zahl der Server im Client-Server-Netzwerk ist begrenzt.

30 Innerhalb des Unternehmens gibt es unterschiedliche Anforderungen bezüglich der Leistungsfähigkeiten der Netzwerkverbindungen. Kreuzen Sie die zutreffenden Antworten an.

☐	WLAN bietet eine grosse räumliche Abdeckung. Mit einem Access Point kann ein mittelgrosses Unternehmen verbunden werden.
☐	Teilweise verfügen Netzwerkadapter der älteren Geräte nur über eine maximale Übertragungsgeschwindigkeit von 100 Mbit/s statt 1 Gbit/s. Deshalb wird das LAN einheitlich auf 100 Mbit/s Geschwindigkeit ausgelegt.
☐	Die wichtigsten Verbindungen (Gebäudebackbone mit den Verbindungen zwischen den Stockwerken und die Server untereinander) sollten eine grosse Leistungsfähigkeit aufweisen, z. B. 1 Gbit/s, besser 10 Gbit/s.
☐	Für die Verbindungen zu den Arbeitsplatzcomputern sind Verbindungen von 1 Gbit/s vorgesehen, da dies mit preiswerten Kupferleitungen (TP-Kabel) realisiert werden kann.

31 Für Internetverbindungen gibt es unterschiedliche organisatorische Rahmenbedingungen und technische Anforderungen. Kreuzen Sie an, welche Aussagen darüber korrekt sind.

☐	Der Einsatz der Internettelefonie stellt an die Verfügbarkeit der Internetverbindung besonderes Ansprüche. Bei einem Ausfall muss eine Fallback-Verbindung vorhanden sein, um den ununterbrochenen Betrieb des Telefons zu gewährleisten (z. B. für Alarmauslösungen).
☐	Werden Services aus der Cloud bezogen, so spielen die Verfügbarkeit und die Übertragungsgeschwindigkeit eine untergeordnete Rolle.
☐	Wichtig ist eine kleine Latenzzeit (max. zeitliche Verzögerung, z. B. 100 ms), da beim Arbeiten im Browser jedes Mal störende Wartezeiten für Antworten entstehen.
☐	Für leistungsfähigere Anbindungen werden verdrillte Kupferkabel (TP-Kabel) eingesetzt anstelle von Lichtleitern (Fibre).
☐	Für den privaten Bereich werden vom Internetprovider technische Leistungsdaten meist als «best effort» ausgewiesen. Dies ist auch eine gute Basis für Serviceverträge im Businessbereich.
☐	Die Übertragungsgeschwindigkeit für den Upload ist oft ca. 1/4 der Geschwindigkeit für den Download (z. B. Download 50 Mbit/s, Upload 12 Mbit/s). Dies ist v. a. zweckmässig, wenn das Unternehmen einen eigenen Webserver inhouse betreibt.

32 Ordnen Sie den Netzwerkkomponenten die aufgeführten Aufgaben zu.

Netzwerk-komponente	Aufgaben-zuordnung
Switch	
Kabelmodem	
Router	
Access Point	
Firewall	
Backbone	

Aufgabe	
A	Verbindet das WLAN mit dem LAN
B	Verbindet verschiedene Netze miteinander
C	Verbindet anhand der IP-Adresse
D	Verbindet anhand der MAC-Adresse
E	Leitet die Datenpakete oft auf dem kürzesten Weg zum Ziel
F	Hochgeschwindigkeitsnetz als Kern eines Netzwerks
G	Schützt Netzwerke gegen unerwünschte Zugriffe
H	Sendet Funksignale aus
I	Verbindet die Teilnehmer innerhalb eines Netzes

Minicases

33 Die Transport AG ist ein KMU mit 16 Mitarbeitenden. 10 Mitarbeitende arbeiten vorwiegend im Aussendienst und führen Transportaufträge aus. Die Unternehmensleiterin möchte die IT erneuern. Das Unternehmen verfügt über ein LAN mit 8 Arbeitsplatzcomputern, wobei 2 davon für die Chauffeure und ihre Begleiter vorgesehen sind. In der Garage und im Kundenraum ist jeweils ein WLAN vorhanden. Die Server für das ERP werden inhouse betrieben (Applikationsserver und Datenbankserver), sind aber zu wenig leistungsfähig. Web- und Mailserver werden von einem Provider gehostet. Aufgrund der neuen Möglichkeiten durch mobile Geräte wurden folgende Ziele für das Firmennetz ausgearbeitet:

- Leistungsfähiges LAN: Die bestehenden Kabel sind nur Cat. 4 und ermöglichen eine Übertragungsgeschwindigkeit von 100 Mbit/s.
- Damit das Unternehmensnetzwerk die gewünschte Vertraulichkeit gewährleistet, sollen 3 Bereiche geschaffen werden: Unternehmensleitung, Administration und Chauffeure, Roaming für externe Personen im Kundenraum.
- Die mobilen Mitarbeitenden sollen auch unterwegs mit dem ERP-System verbunden werden, um Rapporte ausfüllen zu können.

Die Geschäftsleiterin erwägt zudem eine Auslagerung des ERP ins Internet und möchte die dafür notwendigen Entscheidungsgrundlagen unter Berücksichtigung der Kosten und Risiken.

Aufgaben

A] Systemkomponenten und organisatorische Massnahmen:

Mit der neuen IT ist nicht nur die Beschaffung eines Softwarepakets verbunden, sondern es sind viele Beschaffungskomponenten notwendig bzw. Services zu bestimmen und einzurichten, um das geplante System in einer hohen Qualität zu betreiben. Geben Sie zu den aufgeführten Funktionen des Systems je 1 Komponente an, die Sie beschaffen, oder 1 organisatorische bzw. vertragliche Massnahme, die Sie treffen. Markieren Sie jeweils mit K die Komponente und mit O die organisatorische Massnahme.

Funktion	Zu beschaffende Komponente (K) oder organisatorische Massnahme (O)	K oder O?
Software		☐ K ☐ O
Serverhardware mit Betriebssystem		☐ K ☐ O
Netzwerkinfrastruktur inkl. WLAN		☐ K ☐ O
Mobile Endgeräte für die Chauffeure		☐ K ☐ O
Wartung Netzwerk		☐ K ☐ O
Verbindung der Mitarbeitenden mit dem ERP über das Internet		☐ K ☐ O
Sicherheitskomponenten		☐ K ☐ O
Übernahme Stammdaten, Anpassung		☐ K ☐ O
Einführung, Schulung		☐ K ☐ O
Support, Wartung		☐ K ☐ O

B] Anforderungsspezifikation:

Geben Sie für die genannten Bereiche je 2 Anforderungen und mögliche Leistungsgrössen an.

Bereich	Anforderung	Leistungsgrösse
Verkabelung	1.	
	2.	
Vertraulichkeit im LAN	1.	
	2.	
Internetanbindung	1.	
	2.	
Variante 1: Server inhouse	1.	
	2.	
Variante 2: Server als SaaS aus der Cloud	1.	
	2.	
Verbindung der Mitarbeitenden mit dem ERP über das Internet	1.	
	2.	

Teil C
Systemkomponenten beschaffen und Services nutzen

5 Sourcing & Operating

Lernziele	Nach der Bearbeitung dieses Kapitels können Sie ... • grundlegende Beschaffungs- und Nutzungsmodelle für IT-Infrastrukturen aufzeigen und deren Vor- und Nachteile erklären. • Make-or-Buy-Entscheidungen für IT-Infrastrukturen vorbereiten und auf mögliche organisatorische oder technische Hürden hinweisen. • verschiedene Angebotsformen des Cloud Computing erklären und die Potenziale und Gefahren für das eigene Unternehmen darlegen. • die Anforderungen der Betriebs- und Nutzungsmodelle bezüglich Personal, Infrastruktur, Organisation, Sicherheit und Finanzierung beschreiben und darauf basierend das richtige Modell empfehlen. • Arbeitsplätze und Räume mit IT-Infrastrukturen so planen, dass die wichtigsten Anforderungen berücksichtigt werden.
Schlüsselbegriffe	Abzahlungsvertrag, Arbeitsräume, ASP, Betriebsmodell, Cloud Computing, Ergonomie, fester Arbeitsplatz, Finanzierungsmodell, Hosting, Housing, Hybrid Cloud, IaaS, Inhouse-Betrieb, Insourcing, ISP, IT-Service, Kauf, Leasing, Miete, mobiler Arbeitsplatz, Nutzungsmodell, Nutzungsrecht, Outsourcing, PaaS, Private Cloud, Public Cloud, SaaS, Service Management, SLA, Sourcing-Strategie, Telearbeitsplatz

5.1 Strategische Aspekte

Die **Unternehmensstrategie** betrifft alle Bereiche eines Unternehmens vom Einkauf über die Produktion und den Vertrieb bis zum Personal und Marketing. Planerische Entscheidungen dieser Bereiche müssen sich also an der Unternehmensstrategie orientieren. **Strategien** haben im Allgemeinen eine Geltungsdauer von 3–5 Jahren und müssen laufend angepasst werden, weil sich die Umwelt des Unternehmens ständig verändert. Genau dieser Umstand macht die **Planung der Infrastruktur** so schwierig. Während sich das Umfeld des Unternehmens verändert, wirken sich **Investitionsentscheidungen** in Infrastrukturen über mehrere Jahre aus – manchmal sogar über Jahrzehnte hinweg.

Siehe auch!	**Investitionsplanung** Vergleichen Sie zur Investitionsplanung das Buch «Finanzwirtschaft 2» dieser Lehrmittelreihe.

Strategische Aspekte sind auch für die **Beschaffung (Sourcing) und den Betrieb (Operating) der IT-Infrastruktur** von grosser Bedeutung. Sie müssen auf die Unternehmensstrategie ausgerichtet werden und gleichzeitig die betrieblichen Voraussetzungen (Finanzierung, Organisation, Räumlichkeiten) sowie die gegebenen Möglichkeiten (Nutzungs- und Betriebsmodelle) berücksichtigen. Folgende Grafik soll dies verdeutlichen:

Abb. [5-1] Sourcing & Operating zwischen Unternehmensstrategie und Optionen

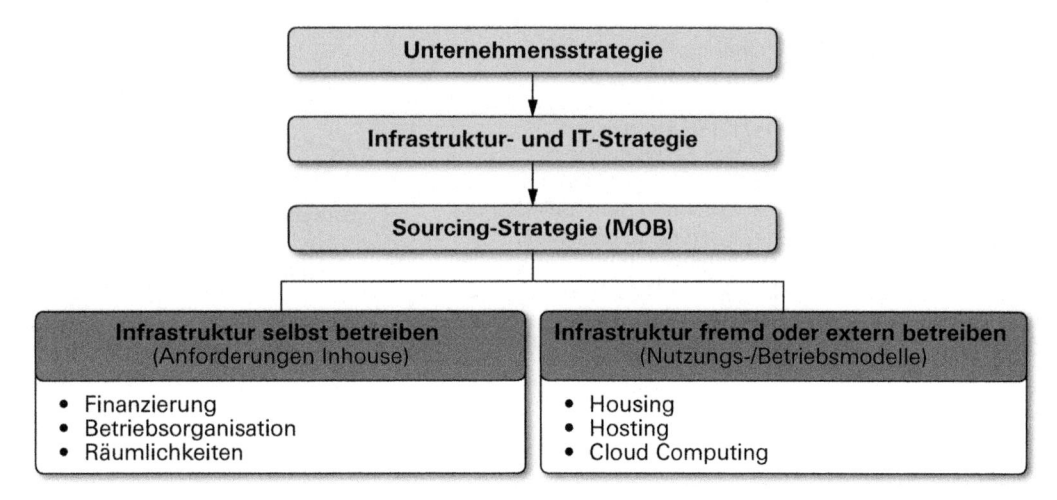

```
                    Unternehmensstrategie
                              ↓
                Infrastruktur- und IT-Strategie
                              ↓
                    Sourcing-Strategie (MOB)
                   ┌──────────┴──────────┐
```

Infrastruktur selbst betreiben (Anforderungen Inhouse)	Infrastruktur fremd oder extern betreiben (Nutzungs-/Betriebsmodelle)
• Finanzierung • Betriebsorganisation • Räumlichkeiten	• Housing • Hosting • Cloud Computing

In diesem Kapitel werden verschiedene **Möglichkeiten und Modelle** vorgestellt, die sich bei der Beschaffung und beim Betrieb von IT-Infrastrukturen anbieten. Folgende **Leitfragen** sind dabei von Bedeutung:

- Welche strategischen Vorgaben und Unternehmensziele sind für die IT-Infrastruktur relevant?
- Welche IT-Dienstleistungen sollen intern bezogen werden? Welche IT-Dienstleistungen sollen extern bezogen werden?
- Welche IT-Infrastruktur / Infrastrukturkomponenten sollen intern bezogen bzw. betrieben werden? Welche IT-Infrastruktur / Infrastrukturkomponenten sollen extern bezogen bzw. betrieben werden?
- Welches Finanzierungsmodell soll angewendet werden? Welche Partner wollen wir bevorzugen?
- Wer ist intern für die IT-Infrastruktur / welche Infrastrukturkomponenten zuständig?
- Wer ist extern für die IT-Infrastruktur / welche Infrastrukturkomponenten zuständig?
- Welche Ressourcen müssen für den Betrieb der IT-Infrastruktur bereitgestellt werden (Personal, Finanzen, Betriebsmittel, Räumlichkeiten)?
- Welche Organisation (Strukturen, Prozesse) ist nötig, um einen effizienten und effektiven Betrieb der IT-Infrastruktur sicherzustellen?

5.2 Make-or-Buy-Entscheidung

5.2.1 Gründe für ein Outsourcing

Weil die Komplexität der Informations- und Kommunikationstechnologien steigt, stellt sich für viele Unternehmen die grundsätzliche Frage, ob es sich lohnt, die **IT-Infrastruktur** zu beschaffen und selbst zu betreiben oder **IT-Ressourcen** auszulagern. Eine Auslagerung bzw. ein **Outsourcing** ist mit folgenden **Chancen und Risiken** verbunden:

Abb. [5-2]   Chancen und Risiken des Outsourcings

Chancen
- Minimierung der Betriebsrisiken
- Konzentration auf das Kerngeschäft
- Entlastung des Managements
- Erhöhung der Skalierbarkeit
- Nutzung zusätzlicher Fähigkeiten und Fertigkeiten
- Reduzierung und Variabilisierung der IT-Kosten
- Erhöhung der Umsetzungsgeschwindigkeit

Sourcing-Entscheidung

Risiken
- Erhöhung der Abhängigkeit von Lieferanten
- Verringerung der Flexibilität
- Kostensteigerung
- Kontrollverluste
- Hoher Steuerungsaufwand
- Know-how-Verlust
- Suboptimale / nicht bedarfsgerechte Leistungen
- Schwierige Partnerbeziehung
- Unzureichende Haftung des Dienstleisters

Eine Auslagerung von IT-Ressourcen hat i. d. R. folgende Vorteile:

- Reduktion der Komplexität
- Vereinfachung der Arbeitsabläufe
- Garantierte IT-Leistungen (bei SLA)
- Garantierte Servicequalität (QoS)

Eine Auslagerung von IT-Ressourcen bringt aber auch ein paar Nachteile mit sich:

- Abhängigkeit vom Anbieter (Marktpräsenz, Position)
- Verzicht auf eigene IT-Kompetenzen
- Notwendigkeit einer hohen Leistungsfähigkeit und Zuverlässigkeit der Internetanbindung
- Unsicherheiten bezüglich Vertraulichkeit der Unternehmensdaten

Der aktuelle Trend geht in Richtung Outsourcing der IT-Ressourcen. In einer Studie zu diesem Thema geben die befragten Unternehmen folgende **Gründe für eine Auslagerung** an:

Abb. [5-3]   Vorteile des Outsourcings (nach Häufigkeit der Nennungen)[1]

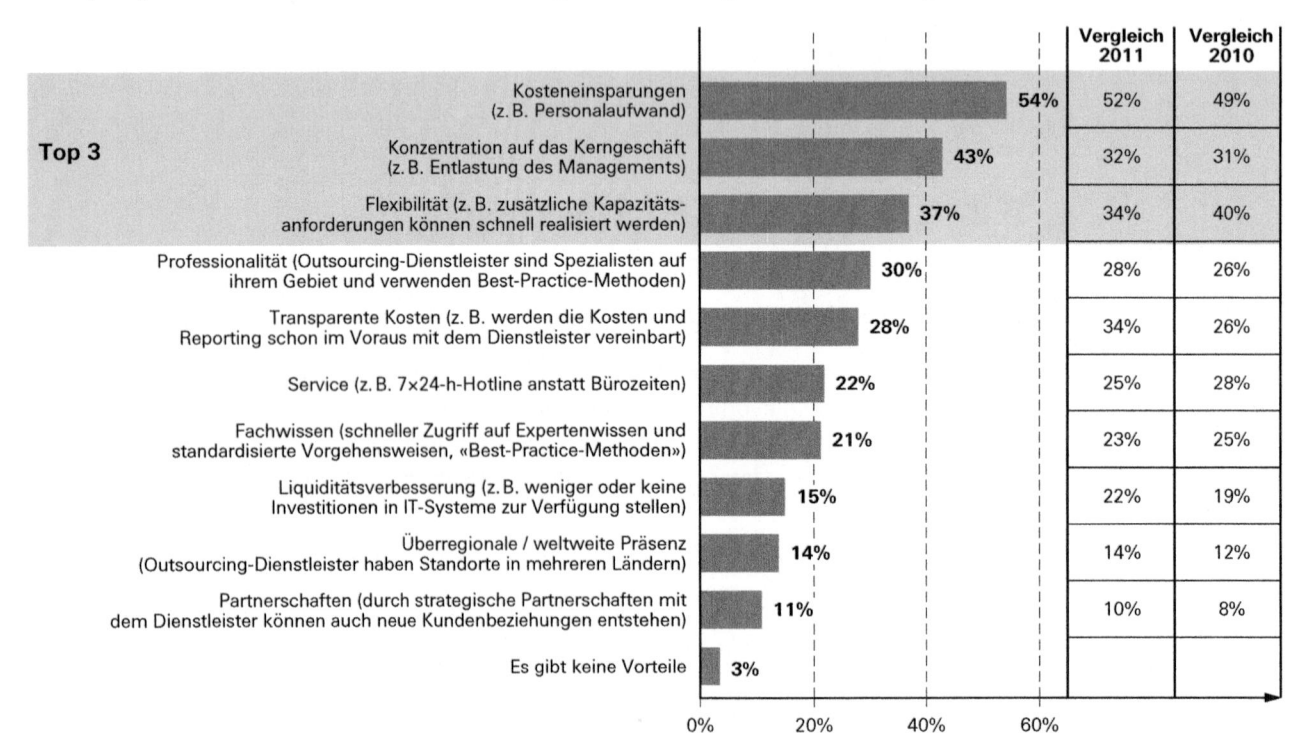

		Vergleich 2011	Vergleich 2010
Kosteneinsparungen (z. B. Personalaufwand)	54%	52%	49%
Konzentration auf das Kerngeschäft (z. B. Entlastung des Managements)	43%	32%	31%
Flexibilität (z. B. zusätzliche Kapazitätsanforderungen können schnell realisiert werden)	37%	34%	40%
Professionalität (Outsourcing-Dienstleister sind Spezialisten auf ihrem Gebiet und verwenden Best-Practice-Methoden)	30%	28%	26%
Transparente Kosten (z. B. werden die Kosten und Reporting schon im Voraus mit dem Dienstleister vereinbart)	28%	34%	26%
Service (z. B. 7x24-h-Hotline anstatt Bürozeiten)	22%	25%	28%
Fachwissen (schneller Zugriff auf Expertenwissen und standardisierte Vorgehensweisen, «Best-Practice-Methoden»)	21%	23%	25%
Liquiditätsverbesserung (z. B. weniger oder keine Investitionen in IT-Systeme zur Verfügung stellen)	15%	22%	19%
Überregionale / weltweite Präsenz (Outsourcing-Dienstleister haben Standorte in mehreren Ländern)	14%	14%	12%
Partnerschaften (durch strategische Partnerschaften mit dem Dienstleister können auch neue Kundenbeziehungen entstehen)	11%	10%	8%
Es gibt keine Vorteile	3%		

Top 3: Kosteneinsparungen, Konzentration auf das Kerngeschäft, Flexibilität

[1] Quelle: https://www.all-about-security.de

Beim Outsourcing werden IT-Ressourcen von einem **Serviceprovider** bereitgestellt bzw. über diesen bezogen. Viele KMUs greifen beispielsweise beim E-Mail-System oder Internetauftritt auf **Internet Service Provider (ISP)** zurück. Grössere Unternehmen lassen oft ihre Anwendungsserver «hosten», d. h. von einem externen Spezialisten betreiben.

Im Zusammenhang mit dem **Outsourcing von IT-Ressourcen** (Infrastruktur, Dienste, Personal) sind folgende Begriffe zu unterscheiden:

- **Offshoring** bedeutet ein Outsourcing ins Ausland. Dank der weltweiten Verfügbarkeit des Internets lassen sich Kostenvorteile bei der Beschaffung und beim Betrieb von Informatikmitteln erzielen.
- **Nearshoring** bezeichnet ein Outsourcing in das nähere Ausland. Für ein Schweizer KMU bedeutet dies meist eine Auslagerung von IT-Services nach Osteuropa. Obwohl die Löhne dort höher sind als im Fernen Osten, lassen sich aufgrund der kulturellen Nähe und der gleichen Zeitzone wieder Kosteneinsparungen erzielen.

Die Zusammenarbeit zwischen dem Anbieter und dem Bezüger von IT-Ressourcen wird i. d. R. mittels **Service Level Agreements (SLA)** geregelt. Vergleichen Sie dazu Kapitel 5.6, S. 145.

5.2.2 Gründe für ein Insourcing

Je grösser ein Unternehmen ist, desto wahrscheinlicher entscheidet es sich beim Auf- und Ausbau sowie beim Betrieb der IT-Infrastruktur für die **Option «Make»**. IT-Ressourcen werden nur dann eingekauft, wenn sie nicht geschäftskritisch sind und die dafür notwendigen Daten über **Schnittstellen zum Dienstleister** einfach ausgetauscht werden können. Für ein **Insourcing von IT-Ressourcen** kommen im Allgemeinen folgende **Gründe** zum Tragen:

- In Bereichen mit deutlichen **Wettbewerbsvorteilen** gegenüber der Konkurrenz wird weniger ausgelagert, weil meist Arbeitsprozesse und Ressourcen im Spiel sind, die einzigartig sind. Prozesse und Ressourcen in Bereichen, die keine (deutlichen) Wettbewerbsvorteile bieten, werden dagegen eher ausgelagert.
- Je grösser ein Unternehmen ist, desto komplexer sind die Abläufe und Strukturen. Mit zunehmender **Komplexität einer Organisation** wird es immer schwieriger, standardisierte IT-Ressourcen einzusetzen bzw. so anzupassen, dass vitale Bedürfnisse eines Unternehmens abgedeckt werden.
- Nicht alle **Informatikaufgaben und IT-Dienstleistungen** eignen sich gleichermassen für eine Auslagerung. Unternehmen, die Wissen und Kompetenzen im IT-Bereich als wichtig erachten und entsprechende Aufgaben oder Services selbstständig wahrnehmen bzw. erbringen wollen, entscheiden sich oft aufgrund einer «Alles-oder-nichts-Überlegung» für ein Insourcing. Die Wartung und die Betreuung der IT-Infrastruktur sind dagegen gut abgrenzbare Aufgaben, die viele Unternehmen gerne auslagern. In diesem Fall gehört die IT-Infrastruktur auch weiterhin dem Unternehmen und nicht dem Dienstleistungsanbieter.

5.3 Finanzierungsmodelle

Die **Finanzierung von IT-Ressourcen** ist im Allgemeinen mit der **Liquiditätsplanung** und mit **steuerlichen Überlegungen** des Unternehmens verknüpft – unabhängig davon, ob es sich um die Finanzierung von Investitionen in Personal, Services, Geräte, Gebäude oder Räume handelt. Entscheidungen zur Finanzierung von IT-Ressourcen sind daher Aufgabe der Geschäftsleitung, die zwischen folgenden **Optionen** abwägen muss:

Abb. [5-4]   Finanzierungsmodelle

```
                    Finanzierungsmodelle
                   /                    \
   Infrastruktur kaufen / abzahlen    Infrastruktur mieten / leasen
```

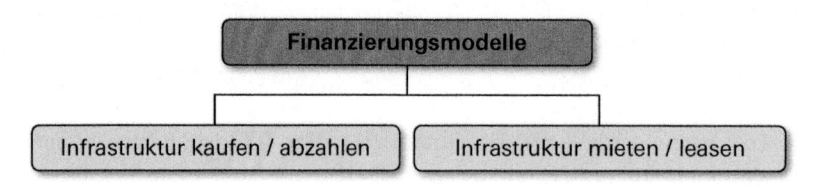

Nachfolgend werden diese Optionen unter Berücksichtigung von Informatikmitteln näher beleuchtet.

5.3.1 Informatikmittel kaufen

Beim **Kauf von Informatikmitteln** gehen physische Investitionsgüter wie z. B. Desktop-PCs, Notebooks, Tablet-PCs oder Server in den Besitz des Käufers über. Im Rahmen der Finanzbuchhaltung werden solche Geräte als **Investitionen** verbucht und nach betriebsinternen Vorschriften abgeschrieben. Im Gegensatz zu Hardware kann Software nicht gekauft werden, weil die Urheberrechte i. d. R. beim Entwickler bzw. Hersteller bleiben und der Käufer nur das **Nutzungsrecht im Rahmen der Lizenzbestimmungen**[1] hat. Aus diesem Grund können **Softwarelizenzen** auch nicht als Anlagevermögen abgeschrieben werden.

Als Folge des Kaufs von Informatikmitteln sind neben den einmaligen **Beschaffungskosten** wiederkehrende **Betriebs- und Wartungskosten** sowie zusätzliche **Folgekosten** zu tragen. Lesen Sie dazu das Kapitel 1.3.1, S. 16. Darunter fallen z. B. Schulungs- oder Trainingskosten für die Benutzer. Auch die **Verschiedenartigkeit**[2] **der IT-Infrastrukturkomponenten** kann Folgekosten aufgrund von Anpassungen oder gegenseitiger Abstimmung nach sich ziehen. Aus Kostensicht ist daher nicht zu raten, Server und Arbeitsplatzrechner unterschiedlicher Hersteller ggf. mit verschiedenen Betriebssystemen, Webbrowsern oder Datenbanksystemen einzusetzen. Je heterogener die Informatikmittel sind, desto grösser ist der Aufwand für Betrieb, Wartung und Support und desto höher sind die Folgekosten. Die Konzentration auf wenige zukunftsträchtige Technologien und ausgewählte Lieferanten bzw. Hersteller ist daher eine wichtige Voraussetzung für die **Wirtschaftlichkeit der IT-Infrastruktur.** In diesem Kontext sind Beschaffungskonzepte wie «Single Sourcing», «Dual Sourcing» und «Best-of-Breed»[3] relevant.

Siehe auch!   **Beschaffungskonzepte**

Lesen Sie zu verschiedenen Beschaffungskonzepten das Buch «Supply Chain Management» dieser Lehrmittelreihe.

Vor dem Kauf neuer Informatikmittel sind folgende **Fragen** zu klären:

- Sind die neuen Infrastrukturkomponenten mit dem bestehenden IT-System kompatibel?
- Wie hoch sind die Beschaffungs-, Betriebs-, Wartungs- und Folgekosten?
- Können beim Einkauf Mengenrabatte geltend gemacht werden?
- Wie gross ist der Aufwand, um Verbrauchsmaterialien und Ersatzteile zu beschaffen und verfügbar zu halten?
- Wie hoch ist das Risiko einer Systemstörung?

---

[1]   Vergleichen Sie dazu das Kapitel 2.6.2, S. 60.
[2]   Fachbegriff: Heterogenität.
[3]   Englisch für: das Beste einer Sorte / einer Art.

5.3.2 Informatikmittel abzahlen

Beim **Abzahlungsvertrag** werden die Eigentumsrechte und -pflichten vom Verkäufer an den Käufer übertragen, bevor dieser den gesamten Kaufbetrag bezahlt. Der Verkäufer verkauft also sozusagen auf Kredit. Ein Abzahlungsvertrag bietet ähnliche Vor- und Nachteile wie ein Leasing, allerdings liegt ein **Kaufvertrag** vor. Entsprechend kommen Abschreibungen ins Spiel und die Verantwortung für den Betrieb und den Unterhalt der Informatikmittel liegt beim Käufer.

Siehe auch!	**Kaufvertrag** Vergleichen Sie zum Kaufvertrag das Buch «Recht» dieser Lehrmittelreihe.

5.3.3 Informatikmittel mieten und leasen

Bei der **Miete** und beim **Leasing** bleiben der Vermieter bzw. der Leasinggeber weiterhin Eigentümer des Investitionsguts (z. B. des Servers oder des Abteilungsdruckers). Sie überlassen das **Miet- oder Leasingobjekt** dem Kunden lediglich gegen Entgelt zum Gebrauch für eine bestimmte Zeit.

Siehe auch!	**Miete und Leasing** Vergleichen Sie zu diesen besonderen Verträgen das Buch «Recht» dieser Lehrmittelreihe.

Miete und Leasing stellen alternative Finanzierungsmöglichkeiten dar, die folgende **Vorteile** bieten:

- Hohe Planungssicherheit bei den Kosten
- Geringerer Liquiditätsverlust
- Weniger Abhängigkeit aufgrund von Fremdfinanzierungen
- Höhere Flexibilität bzw. bessere Skalierung (z. B. um Lastspitzen abzufangen)
- Raschere Modernisierung (am Ende der Laufzeit wird die neueste Technologie eingesetzt)

Miete bzw. Leasing von Informatikmitteln kommt v. a. für grössere Unternehmen infrage, die ihre Hardware regelmässig erneuern müssen, um konkurrenzfähig zu bleiben. Je nach Investitionsobjekt und -zielen lohnt es sich aber auch für KMUs, diese beiden Finanzierungsmöglichkeiten zu erwägen.

Beispiel	Bei den tiefen Preisen der Laptops lohnt sich eine Miete oder ein Leasing solcher Mobilgeräte kaum. Anders ist die Situation bei High-Volume-Druckern. Hier profitiert der Mieter oder Leasingnehmer davon, dass er mit dem Service & Support nichts zu tun hat und die Geräte auf dem aktuellen technischen Stand gehalten werden.

5.3.4 Kauf oder Leasing?

Bei der Abwägung zwischen **Kauf, Miete oder Leasing** stellen sich folgende **Fragen:**

- Welche zusätzlichen Leistungen bieten Miete oder Leasing gegenüber dem Kauf?
- Wie schnell kann bei Miete oder Leasing auf technologische Veränderungen reagiert werden?
- Gibt es bei Miete oder Leasing weitere Vorteile, die höhere Gesamtkosten gegenüber dem Kauf rechtfertigen?

Nachfolgend werden wichtige **Vor- und Nachteile** einander gegenübergestellt, die sich aus einem Kauf oder einem Leasing ergeben:

Abb. [5-5] **Kauf und Leasing im Vergleich**

Modell	Vorteile	Nachteile
Kauf	• Vor jedem Kauf kann der Markt neu beurteilt, die Lieferanten neu ausgewählt und die Konditionen neu ausgehandelt werden. • Es fallen wiederkehrende Kosten für die Wartung, aber keine Leasinggebühren an. • Die Abhängigkeit von einem bestimmten Hersteller oder Provider ist geringer. • Das Kaufobjekt geht vollständig in den eigenen Besitz über.	• Der Kauf ist mit grossen Investitionen verbunden und setzt eine hohe Liquidität voraus. • Investitionen in Informatikmittel müssen in relativ kurzer Zeit abgeschrieben werden. • Auslastungsschwankungen lassen sich kaum auffangen; ungenutzte Systeme oder Kapazitäten bedeuten brachliegendes Kapital. • Nicht mehr benötigte Informatikmittel müssen fachgerecht entsorgt werden.
Leasing	• Beim Leasing entfallen die Beschaffungskosten, d. h., die Liquidität bleibt weitgehend erhalten. • Es besteht eine hohe Planungssicherheit bezüglich der Kosten. • Es kann ein regelmässiger Austausch durch Neugeräte vereinbart werden.	• Das Leasingobjekt bleibt im Besitz des Leasinggebers und kann bei ungenügender Nutzung bzw. Auslastung nicht veräussert werden. • Die Gesamtkosten sind höher, weil der Leasinggeber einen Gewinn erwirtschaften will und das Ausfallrisiko durch Leasinggebühren abdeckt.

Hinweis Finanzierungs- und Beschaffungsentscheidungen werden i. d. R. nicht miteinander verknüpft. Grundlage für eine systematische Beschaffung bilden die Beschaffungsstrategie und eine Evaluation der Lieferanten bzw. Lösungen. Vergleichen Sie dazu das Kapitel 6.1, S. 160.

5.4 Cloud Computing

Eine moderne Form der Auslagerung ist der Bezug von Hardware, Software oder IT-Services über das Netzwerk (Internet). Je nach Bedarf können verschiedene **IT-Ressourcen extern bezogen und betrieben** werden:

- Infrastrukturkomponenten (Hardware)
- Applikationen und Betriebssysteme (Software)
- IT-Spezialisten (Personal)

In der Praxis werden diese Ressourcen sowohl **separat** als auch **kombiniert** «fremd bezogen» bzw. «fremd betrieben». Werden IT-Ressourcen über das Internet (Cloud) von einem ISP extern bezogen oder betrieben, spricht man von **Cloud Computing**. Folgende Grafik zeigt das **Prinzip des Cloud Computing** aus technischer Sicht:

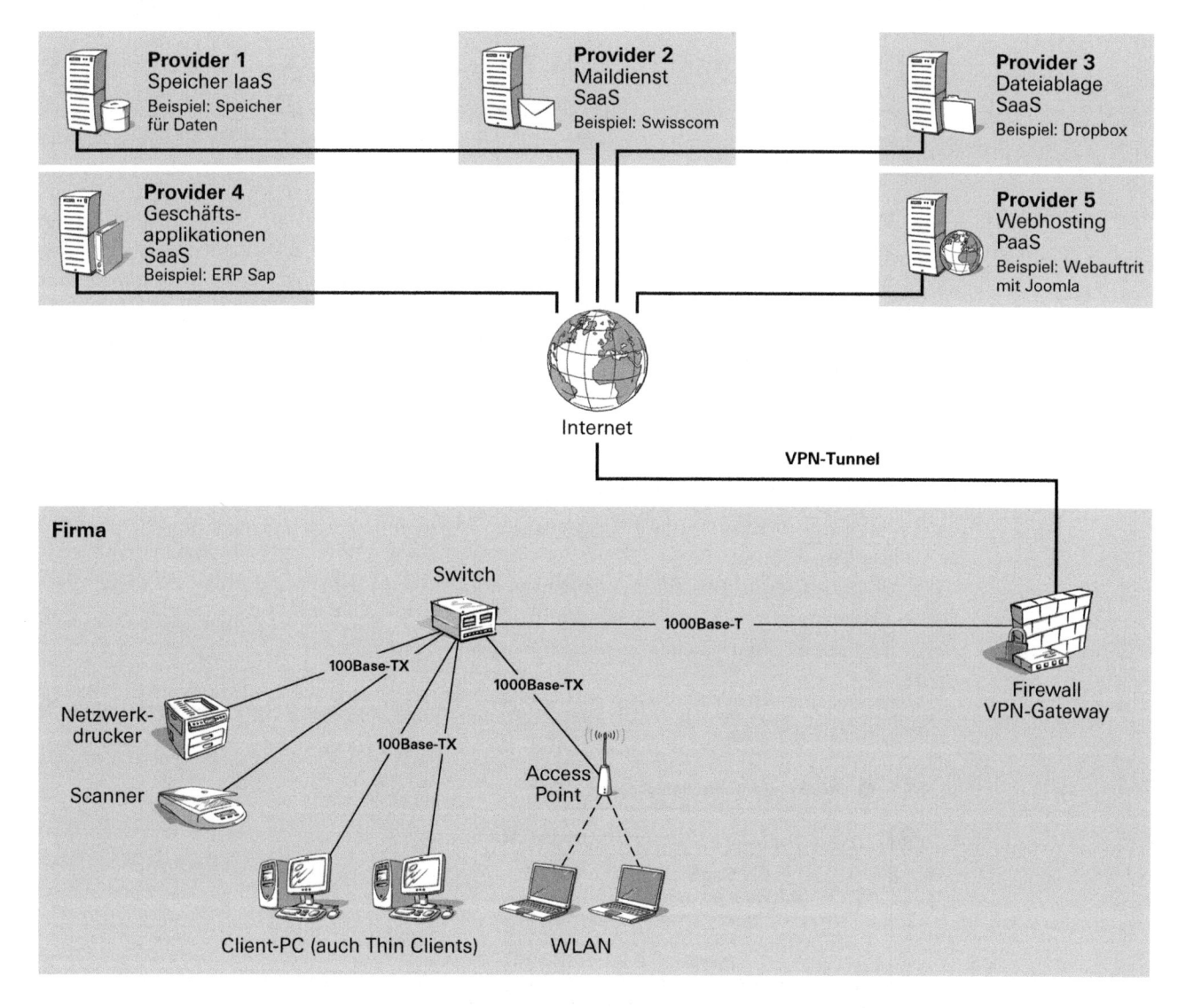

Provider 1
Speicher IaaS
Beispiel: Speicher für Daten

Provider 2
Maildienst SaaS
Beispiel: Swisscom

Provider 3
Dateiablage SaaS
Beispiel: Dropbox

Provider 4
Geschäftsapplikationen SaaS
Beispiel: ERP Sap

Provider 5
Webhosting PaaS
Beispiel: Webauftrit mit Joomla

Internet

VPN-Tunnel

Firma

Switch

1000Base-T

100Base-TX

1000Base-TX

100Base-TX

Netzwerkdrucker

Scanner

Access Point

Firewall VPN-Gateway

Client-PC (auch Thin Clients)   WLAN

Cloud Services sind **IT-Services,** die über das Internet bezogen und betrieben werden. Heute können Cloud Services für praktisch alle Leistungen eines IT-Systems beansprucht werden. Jedes Unternehmen kann auf diese Weise festlegen, welche IT-Ressourcen ausgelagert werden sollen. Folgende **Optionen** sind weitverbreitet:

- **Software as a Service (SaaS):** Applikationen werden extern zur Verfügung gestellt, unterstützt und gepflegt (Patches, Updates, Ugrades). Der Zugriff darauf erfolgt z. B. über den Webbrowser. Die Applikationsdaten werden in der Datenbank des Serviceproviders gespeichert. Für alle anderen Daten, die nicht im Rahmen des vereinbarten IT-Services anfallen, ist das Unternehmen selbst verantwortlich.
- **Platform as a Service (PaaS):** Betriebsfertige Computersysteme werden extern zur Verfügung gestellt und gewartet. Darauf können eigene Programme (Anwendungen) installiert werden.
- **Infrastructure as a Service (IaaS):** Die Hardware eines Computers wird extern zur Verfügung gestellt und kann wie ein eigener Rechner genutzt werden bzw. dessen Rechenleistung, Speicher oder andere Ressourcen.

Cloud Services sind **standardisierte Dienstleistungen,** die günstig angeboten werden können, weil sie effizient planbar, umsetzbar und verteilbar sind. Der Provider erreicht dies durch Rechenzentren mit einem hohen Automatisierungsgrad, optimierter Kapazitätsauslastung und einer breiten, potenziell globalen Kundschaft. Cloud Computing ist somit ein **Massengeschäft.** Attraktiv ist auch eine flexible Preisgestaltung, die sich an der **Inanspruchnahme von Leistungen** orientiert. Bezieht ein Unternehmen Leistungen von mehreren Providern, ist der Datenaustausch zwischen diesen allerdings nicht gewährleistet und technisch teilweise anspruchsvoll. Unter Umständen werden die Geschäftsdaten mehrfach gespeichert, was zu Versions- und Abstimmungsproblemen führt.

Neben den bereits genannten Optionen kann ein Unternehmen wählen, ob es Cloud Services allein oder gemeinsam mit allen anderen Kunden nutzen will. Folgende Varianten werden in diesem Kontext unterschieden:

- **Public Cloud:** Öffentlich zugängliche Cloud Services, die von jedem Unternehmen kostengünstig in Anspruch genommen werden können (z. B. Google Docs, Dropbox, MS Office 365). In Kombination mit Thin Clients am Arbeitsplatz ist diese Variante sehr preiswert und der Aufwand vor Ort minimal.
- **Private Cloud:** Cloud Services, die von einem Unternehmen exklusiv in Anspruch genommen werden können. Das technische Prinzip entspricht dem Cloud Computing mit automatisierten und standardisierten Dienstleistungen, deren Nutzung ist aber auf eine bestimmte Firma eingeschränkt. Dies ist v. a. für Firmen interessant, die keine eigene, teure IT-Infrastruktur vor Ort aufbauen und unterhalten wollen und gleichzeitig hohe Anforderungen an die IT-Sicherheit stellen. Die (Daten)sicherheit ist insofern gewährleistet, als die Daten und IT-Services des Unternehmens nach aussen hin abgeschottet werden.
- **Hybrid Cloud:** Mischform zwischen Public Cloud und Private Cloud. Unkritische Geschäftsprozesse bzw. IT-Services können z. B. in der Public Cloud betrieben werden und sicherheitskritische Anwendungen in der Private Cloud.

Folgende Grafik fasst die verschiedenen Ausprägungen von Cloud Services und typische Merkmale zusammen:

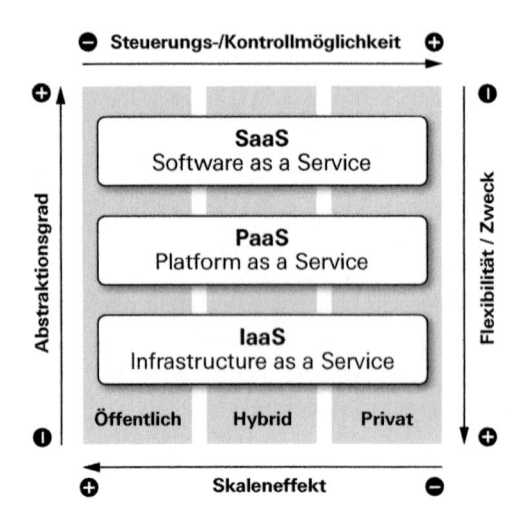

Unabhängig von der gewählten Variante kann Cloud Computing durch folgende **Merkmale** charakterisiert werden:

- **On-Demand Self Service:** IT-Services, bei denen die Preise der beanspruchten Ressourcen (z. B. Rechenleistung, Storage) automatisch berechnet und fakturiert werden, d. h. ohne Interaktion mit dem Provider.
- **Broad Network Access:** Die IT-Services sind mit Standardmechanismen über das Netz breit zugänglich und nicht an einen bestimmten Client gebunden.
- **Resource Pooling:** Anwender können Ressourcen aus einem Pool nach dem **Multi-Tenant**[1]**-Modell** beziehen. Dabei wissen die Anwender nicht, wo sich die Ressourcen befinden, können aber vertraglich den Speicherort festlegen (z. B. die Region, das Land oder das Rechenzentrum).

[1]   Englischer Fachbegriff für: mehrere Mieter, Kunden oder Benutzer im Sinne von: mandantenfähig.

- **Rapid Elasticity:** Die IT-Services können schnell und flexibel (skalierbar) zur Verfügung gestellt werden, in manchen Fällen auch automatisch. Aus Anwendersicht scheinen die Ressourcen daher unendlich zu sein.
- **Measured Services:** Die IT-Services werden gemessen bzw. überwacht und entsprechend bemessen den Anwendern zur Verfügung gestellt.

Folgende Tabelle fasst wichtige **Vor- und Nachteile des Cloud Computing** zusammen:

Vorteile	Nachteile
• Standardisierte Servicemodelle, sofort einsetzbar. • Im Unterschied zum Hosting erfolgt beim Cloud Computing das Einrichten und Konfigurieren der Services grösstenteils automatisiert (wird durch den Provider erledigt), was für KMUs interessant ist, weil kein technisches Spezialistenwissen notwendig ist. • In vielen Anwendungsfällen ist clientseitig nur einfache Standardsoftware nötig (z. B. ein Thin Client mit Citrix oder RDP) oder ein Webbrowser.	• Die IT-Infrastruktur kann nur beschränkt kontrolliert werden, was die Sicherheit, Vertraulichkeit, Verfügbarkeit sowie den Datenschutz beeinträchtigen kann. • Bei geschäftskritischen Anwendungen besteht eine erhöhte Abhängigkeit vom Provider. Entsprechend steigen die Anforderungen an die Auswahl des Providers sowie an die Ausgestaltung der Verträge. • Es müssen leistungsfähige Netzwerkkapazitäten (Bandbreiten) für den Datenaustausch mit dem Provider aufgebaut und finanziert werden. • Die Kooperation mit dem Provider muss etabliert werden und sich einspielen, was mit einem erheblichen Initialaufwand verbunden ist.

5.5 Betriebs- und Nutzungsmodelle

Nachfolgend werden weitere **Betriebs- und Nutzungsmodelle** vorgestellt, die auf unterschiedliche Bedürfnisse zugeschnitten sind und spezifische Merkmale aufweisen.

5.5.1 IT-Infrastruktur intern betreiben

Der **Inhouse-Betrieb** ist für Unternehmen attraktiv, die ihre Daten und Anwendungen selbst kontrollieren möchten. Hier kümmert sich die eigene IT-Organisation um den Betrieb und die Sicherheit der Server. In vielen Fällen ist nur ein einziger Server physisch vorhanden, während weitere Server als virtualisierte Server auf dem physikalischen Server installiert sind. Der Betrieb mehrerer Serverapplikationen auf einem einzigen Hardwareserver ist zwar vergleichsweise günstig, birgt aber auch erhebliche Ausfallrisiken. An den physischen Server sollten daher unbedingt eine **unterbrechungsfreie Stromversorgung (USV)** und eine **externe Datensicherung** angeschlossen werden. Die externe Datensicherung kann z. B. mittels Tapesicherung durch Backups im SAN durchgeführt werden. Abbildung 4-10, S. 114 zeigt das **Prinzip des Inhouse-Betriebs** aus technischer Sicht.

Eine besondere Herausforderung stellt der **sichere Betrieb des Web- und Mailservers** dar. Diese Server müssen sowohl intern (vom Unternehmen) als auch extern (vom Internet her) erreichbar sein und in beiden Richtungen durch eine **Firewall** geschützt werden. Der doppelt geschützte Bereich wird auch **demilitarisierte Zone (DMZ)** genannt. Weitere Informationen dazu finden Sie in Kapitel 7.5.7, S. 204. Folgende Tabelle fasst wichtige **Vor- und Nachteile des Inhouse-Betriebs** zusammen:

Vorteile	Nachteile
• Unabhängig von Providern, Know-how im Unternehmen, Leistungsfähigkeit und Verfügbarkeit des Internetzugangs sind nicht kritisch. • Eigene Gestaltungsmöglichkeiten. • Grössere Vertraulichkeit.	• Kompetenzaufbau für die Beurteilung der Beschaffungs- und Betriebskosten notwendig. • Gewährleistung der Sicherheit und der Verfügbarkeit erfordert Spezialisten.

5.5.2 Eigene Server extern betreiben

Beim **Housing** werden die eigenen Server im Rechenzentrum eines Providers platziert und durch diesen betrieben und gewartet. Dabei stellt der Provider für den «fremden» Server nicht nur seine Räumlichkeiten, sondern auch die notwendige Netzwerk- und Sicherheitsinfrastruktur zur Verfügung. So kann von einem **Housing-Anbieter** erwartet werden, dass

- eine ausfallsichere Stromversorgung besteht (z. B. USV-Anlage mit Notstromgenerator),
- das Rechenzentrum eine schnelle und permanent verfügbare Internetverbindung hat,
- ein klimatisierter, gesicherter und überwachter Raum zur Verfügung steht,
- das Gebäude einen verlässlichen Zutritts- und Elementarschadensschutz bietet und
- genügend geschultes und erfahrenes Personal vorhanden und einsatzbereit steht.

Das Housing stellt eine interessante Lösung z. B. für kleine Niederlassungen dar, bei denen keine Server laufen und deren Mitarbeitende dennoch alle Vorteile eines Client-Server-Netzwerks haben möchten. Denkbar ist auch, dass der firmeneigene Server in der Hauptniederlassung stationiert ist. Dienste wie Backup können auch durch den Provider erfolgen. Folgende Abbildung zeigt das **Prinzip des Housings** aus technischer Sicht:

Abb. [5-6]   Prinzip des Housings (Beispielschema)

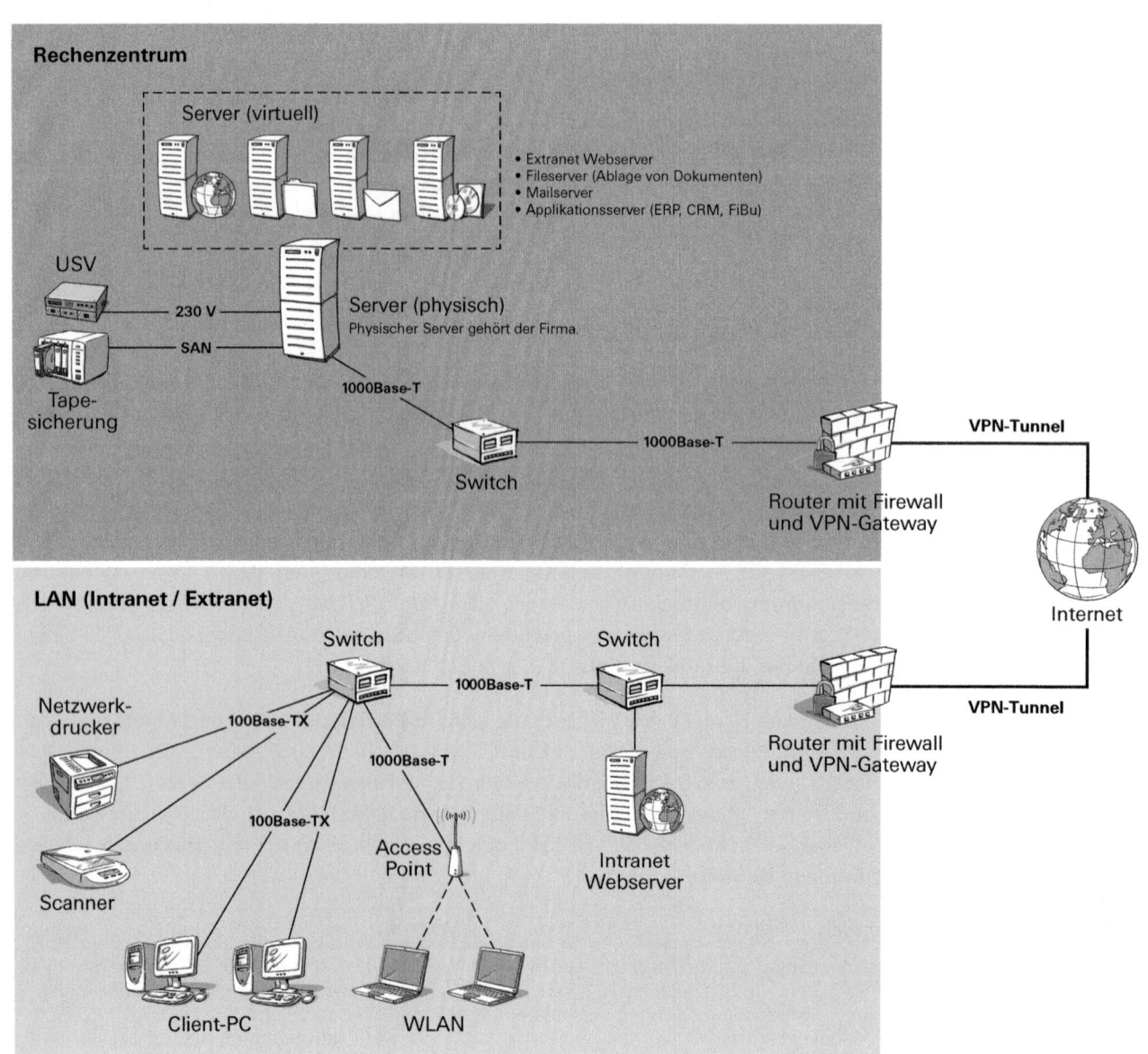

Der Server ist hier über eine sichere, **verschlüsselte Verbindung** mit den Servern bzw. mit allen notwendigen Diensten verbunden. Die Bedeutung des Housings hat in den letzten Jahren eher abgenommen, da es immer attraktivere Hosting-Lösungen gibt. Folgende Tabelle fasst wichtigste **Vor- und Nachteile des Housings** zusammen:

Vorteile	Nachteile
• Das Rechenzentrum des Providers ist meist optimal an das Internet angebunden und garantiert eine hohe Verfügbarkeit der Server und Dienste. • Die Unterbringung der Server erfolgt in speziell für den Betrieb konzipierten und gebauten Räumen. Diese sind klimatisiert, überwacht und mit einer Notstromversorgung ausgerüstet. Gerade kleinere und mittelgrosse Unternehmen können sich solche Investitionen kaum leisten. • Der Provider beschäftigt qualifiziertes Personal, um Störungen rasch zu beheben. Eigenes Betriebspersonal kann oft nicht genügend ausgelastet werden. • Eigene gestaltungsfähige Software möglich.	• Es müssen leistungsfähige Netzwerkkapazitäten (Bandbreiten) für die Kommunikation mit dem Provider aufgebaut und finanziert werden. • Betriebliche Stellen der IT-Organisation arbeiten ausser Haus und sind damit schlechter in das Unternehmen integriert. • Die Kooperation mit dem Provider muss aufgebaut und eingeübt werden, was mit einem erheblichen Initialaufwand verbunden ist (Ausarbeitung des Service Level Agreement). • Für die Sicherheit ist ein verschlüsselter Übertragungskanal notwendig.

Hinweis   Kauf und Leasing sind sowohl beim Inhouse-Betrieb als auch beim externen Betrieb der eigenen Infrastruktur bei einem Dienstleister (Housing) möglich. Beim Kauf und beim Leasing von Inhouse-Komponenten muss das Unternehmen eigene Räumlichkeiten für die IT-Infrastruktur bereitstellen, während die Informatikmittel beim Housing teilweise oder ganz bei Dritten untergebracht werden.

5.5.3 Anwendungen extern betreiben

Beim **Hosting** werden die eigenen Applikationen durch einen Provider betrieben, der auch die notwendige IT-Infrastruktur zur Verfügung stellt. Voraussetzung für das Hosting ist eine leistungsfähige Kommunikationsinfrastruktur, weil der Datenaustausch vollständig über das Netzwerk erfolgt. Während der externe Provider die Serverinfrastruktur betreibt, muss sich die interne IT-Organisation um die Softwarekonfiguration und um den Betrieb der eigenen Arbeitsplatzrechner kümmern.

Beim Hosting wird die **Leistung** zwischen Bezüger und Anbieter individuell vereinbart, d. h., jede Leistung hat ihren spezifischen Preis. Der Provider kümmert sich i. d. R. um die Sicherheit und das Monitoring von Betriebsvorfällen. Die Mindestlaufzeit einer solchen Vereinbarung liegt meist bei 6 oder 12 Monaten und erneuert sich stillschweigend. Im Vergleich zum Cloud Computing sind die IT-Services und die Preise beim Hosting nicht standardisiert. Dennoch sind Hosting-Anbieter preislich attraktiv, da sie meist Dutzende oder Hunderte von Kundenanwendungen betreiben und dadurch **Skaleneffekte** bei der Hardware sowie beim Betrieb und Support ausnutzen können. Auch das Personal eines Hosting-Anbieters steht grundsätzlich allen Kunden zur Verfügung und kann daher besser ausgelastet werden. Folgende Abbildung zeigt das **Prinzip des Hostings** aus technischer Sicht:

Abb. [5-7]   Prinzip des Hostings (Beispielschema)

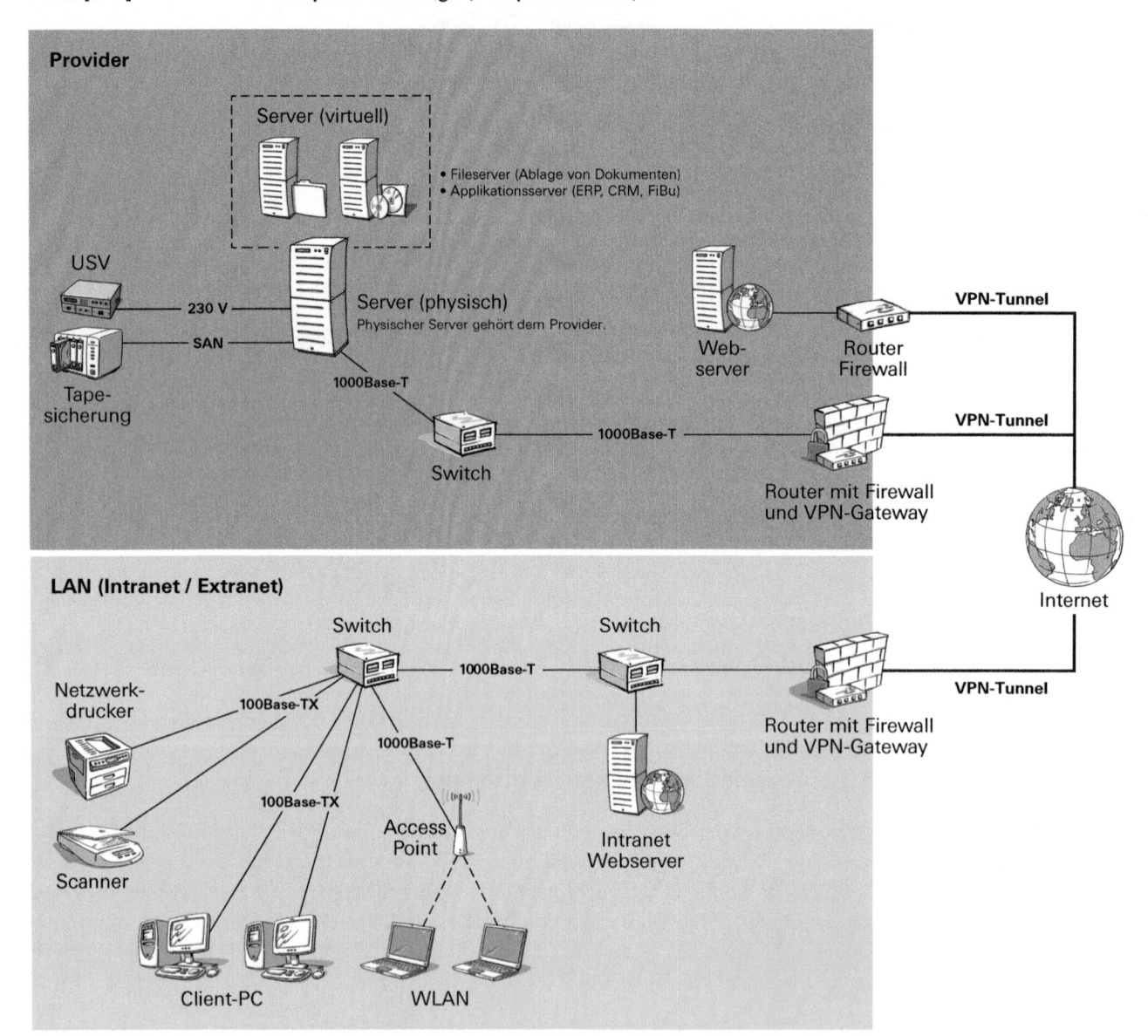

Lässt ein Unternehmen nur seine Anwendung(en) «hosten», ist von **Anwendungshosting** die Rede. Wenn der Hosting-Anbieter Standardanwendungen bereitstellt (z. B. eine Office-Suite), spricht man von **Application Service Providing (ASP)**. Werden solche Anwendungen über das Internet zur Verfügung gestellt, wird heute oft der Begriff **Cloud Computing** verwendet.

Die Bereitstellung und Pflege der Webseiten durch einen Provider nennt man **Webhosting**. Der Provider betreibt in diesem Fall den Webserver des Unternehmens. Üblicherweise wird dabei ein Server zur Verfügung gestellt, der als Webserver inkl. Datenbank durch den Kunden konfiguriert und inhaltlich aktualisiert werden kann. Dabei kommen **Content Management Systeme (CMS)** wie z. B. Joomla, Contao, Typo3 u. a. zum Einsatz.

Folgende Tabelle fasst die wichtigsten **Vor- und Nachteile des Hostings** zusammen:

Vorteile	Nachteile
• Inhouse wird keine eigene Serverinfrastruktur benötigt, sondern lediglich die Arbeitsplatzrechner und eine leistungsfähige Verbindung zum Provider. • Der Provider ist für die Sicherheit der Anwendung(en) verantwortlich. • Die Anwendungen stehen ortsunabhängig zur Verfügung, d. h., Mitarbeitende können sie von zu Hause aus, unterwegs oder vom Arbeitsplatz aus benutzen. • Da ein Provider mehrere Kunden bedient, kann er den Betrieb und die Wartung der Anwendung(en) professioneller und ökonomischer betreiben (Volumeneffekt). • Die eigene IT-Infrastruktur muss nicht auf Belastungsspitzen ausgelegt werden, weil die Bedarfsschwankungen beim Provider aufgefangen werden. Dadurch lassen sich teure, brachliegende Überkapazitäten (bei Normalbelastung) vermeiden (Effizienzsteigerung).	• Die IT-Infrastruktur kann nur beschränkt kontrolliert werden, was die Sicherheit, Vertraulichkeit, Verfügbarkeit sowie den Datenschutz beeinträchtigen kann. • Bei geschäftskritischen Anwendungen besteht eine erhöhte Abhängigkeit vom Provider. Entsprechend steigen die Anforderungen an die Auswahl des Providers sowie an die Ausgestaltung der Verträge. • Es müssen leistungsfähige Netzwerkkapazitäten (Bandbreiten) für den Datenaustausch mit dem Provider aufgebaut und finanziert werden. • Die Kooperation mit dem Provider muss etabliert werden und sich einspielen, was mit einem erheblichen Initialaufwand verbunden ist.

5.6 Leistungen definieren und mit externen Partnern vereinbaren

Im Rahmen des **Service Management** werden die Aktivitäten einer IT-Organisation in Form von **IT-Services** strukturiert und organisiert. Bei der Frage, welche IT-Services in welcher Form erbracht werden müssen, stehen folgende Überlegungen im Vordergrund:

- Welche Dienstleistungen werden von wem benötigt?
- Wann und in welcher Qualität werden diese Dienstleistungen benötigt?
- Wie viel Geld steht für die Bereitstellung dieser Dienstleistungen zur Verfügung?

Je mehr das Leistungsangebot einer IT-Organisation auf die Bedürfnisse eines Unternehmens abgestimmt ist, desto höher dessen Nutzen und Bedeutung. Bei der Definition von IT-Services werden daher die gewünschten **Serviceprozesse** entsprechend den Kundenanforderungen spezifiziert und zu **Servicepaketen** gebündelt.

Die **Leistungsvereinbarung** zwischen Bezüger und Erbringer von IT-Services erfolgt mittels **Service Level Agreement (SLA)**. Das SLA ist eine schriftliche Übereinkunft zwischen der IT-Organisation und ihren Kunden, die die zu erbringenden IT-Services quantitativ und qualitativ festlegt. Grundsätzlich kann zwischen folgenden Ausprägungen unterschieden werden:

- **Internes SLA:** Vereinbarung innerhalb eines Unternehmens zwischen der IT-Organisation und den Fachabteilungen, die die IT-Services nutzen. Darin verpflichten sich beide Seiten zu bestimmten Leistungen. Bei Nichterfüllung können auch Sanktionen definiert werden, die sich z. B. in der Kostenrechnung niederschlägt.
- **Externes SLA:** Vereinbarung zwischen zwei rechtlich selbstständigen Unternehmen. Ein externes SLA wird z. B. im Rahmen eines Outsourcings oder bei Cloud Services eingesetzt. Wer gegen das SLA verstösst, handelt sich die vereinbarten Sanktionen ein. Diese sind oft auch finanzieller Natur.

Ein SLA muss folgende **Inhalte** aufweisen:

- **Servicebeschreibung:** Beschreibung des Prozessergebnisses aus Sicht des Kunden: Was erhält der Kunde als Ergebnis dieses Services? Dazu gehören Aspekte wie Arbeitsschritte, Verantwortlichkeiten, Schnittstellen zwischen Dienstleister, Kunde und evtl. beteiligten Dritten.
- **Serviceparameter:** Gibt es wichtige Zielparameter für den Service (z. B. Verfügbarkeit, Reaktionszeit)? In welchem zeitlichen, organisatorischen und geografischen Rahmen soll der Service verfügbar sein? Dazu gehören Aspekte wie Zeitdimensionen, Dauer, Serviceorganisation, geografische Abdeckung.
- **Servicegrenzen:** Welche Elemente bzw. Aktivitäten sind nicht Bestandteil des Services? Innerhalb welcher Rahmenbedingungen gilt das SLA?
- **Service Pricing:** Was kostet der Service? Ist der vereinbarte Preis fest oder variabel? Wird der Preis vom Dienstleister garantiert oder handelt es sich um einen Schätz- bzw. Durchschnittswert?
- **Mitwirkungspflichten:** Welche Leistungen muss der Kunde beitragen?
- **Contracting:** Für welchen Zeitraum wird das SLA vereinbart? Verpflichtet sich der Kunde bzw. Servicenehmer zur Abnahme eines Mindestvolumens? Was passiert bei einer Über- oder Unterschreitung des veranschlagten Volumens?
- **Serviceziele und Metriken:** Welche quantitativen und qualitativen Ziele sind bei der Erbringung des Services einzuhalten? Wie wird die Zielerreichung ermittelt? Welche Sanktionen bzw. Massnahmen werden bei einer Nichteinhaltung der Serviceziele ergriffen?
- **Mess- und Reportingverfahren:** Wie werden die Serviceziele gemessen und wie wird darüber berichtet bzw. kommuniziert? Welche Daten bzw. Informationen muss der Serviceerbringer in welchen Intervallen vorlegen? Wer ist aufseiten des Kunden bzw. des Servicenehmers der Ansprechpartner für das Service Management?
- **Review- und Eskalationsverfahren:** Für den Fall, dass vereinbarte Serviceziele (immer wieder) verfehlt werden, müssen entsprechende Massnahmen vorgesehen werden: Überprüfung der Serviceziele, Metriken bzw. Messverfahren, Konventionalstrafen, vorzeitige Vertragskündigung.

Um den Überwachungsaufwand in vernünftigen Grenzen zu halten, empfiehlt es sich, pro Service nur wenige Ziele zu definieren, deren Einhaltung der Kunde nachvollziehen und auch beeinflussen kann. Jedes Ziel ist anhand von **Kennzahlen (Metriken)** zu präzisieren, um die effektiv erbrachte Servicequalität und somit die Erreichung oder Nichterreichung der Ziele zu belegen.

Beispiel

Die Verfügbarkeit des Netzwerks von 99.9% ist für einen Kunden kaum von praktischer Bedeutung. Besser sind in diesem Fall einfache und klare Ziele wie z. B. «Der Webserver darf nicht länger als 30 Minuten pro Arbeitstag ausfallen» oder «Das E-Mail-System darf höchstens 1-mal pro Monat während maximal 30 Minuten ausfallen».

5.7 Konsequenzen der Betriebs- und Nutzungsmodelle

Sie haben gesehen: Es gibt es eine grosse Bandbreite an Möglichkeiten und Zwischenstufen bei den Betriebs- und Nutzungsmodellen. Sie reicht von einer internen IT-Organisation, die alle IT-Services und die benötigte IT-Infrastruktur selbstständig zur Verfügung stellt, bis zur Variante komplett extern bezogener bzw. betriebener IT-Ressourcen. Je nach Ausprägung lassen sich für ein Unternehmen unterschiedliche **Anforderungen und Massnahmen** ableiten:

Aspekt	Anforderungen	Mögliche Massnahmen
IT-Infrastruktur selbst betreiben		
Know-how	Das nötige Wissen und die notwendigen Kompetenzen müssen im Unternehmen vorhanden sein.	Rekrutierung und Schulung von IT-Fachleuten
Infrastruktur	Die Räumlichkeiten für die IT-Infrastruktur (z. B. Serverraum) müssen zur Verfügung gestellt und entsprechend eingerichtet werden.	Umbau der Informatik-Räume (Kühlung, Überwachung, Zutrittsschutz)
Personal und Organisation	Die IT-Organisation muss personell, strukturell und von den Prozessen her in der Lage sein, alle anfallenden Aufgaben professionell wahrzunehmen.	Schulung der Mitarbeitenden, Rekrutierung, Aufbauorganisation der Informatik-Abteilung konzipieren, Prozesse rund um die IT definieren und überwachen, Verantwortlichkeiten definieren
Sicherheit und Datenschutz	Ein professionelles Risikomanagement muss die Sicherheit und den reibungslosen Betrieb der Informatik sicherstellen.	Risikomanagement und ein Notfallplan muss erstellt werden. Notfallszenarien müssen durchgespielt werden.
Kosten und Finanzierung	Die Finanzierung der Infrastruktur wird intern geplant und realisiert.	Investitionsplanung, Rückstellungen bilden, Liquidität planen
IT-Infrastruktur extern betreiben, Serverbetriebssysteme und Anwendungen selbst betreiben (IaaS)		
Know-how	Internes Informatik-Know-how beschränkt sich auf Software.	Reduktion des Personals mit Hardwarekenntnissen oder vorhandenes Personal für Softwareadministration und evtl. Entwicklung (um)schulen.
Infrastruktur	Falls eigene Infrastruktur (Housing), dann fällt nur der Raumbedarf weg, sonst, wenn Infrastruktur im Besitz des Dienstleisters, dann fallen auch Wartungsverträge und Lizenzen weg.	Reduktion des Platzbedarfs, mehr Raum kann für andere Zwecke genutzt werden.
Personal und Organisation	Kein Personal für Hardware notwendig. Die IT-Abteilung beschränkt sich auf den Betrieb und Weiterentwicklung bzw. Aktualisierung der Software.	Reduktion / Restrukturierung der Informatik-Abteilung, lückenlose Stellenprofile für das interne Personal (Softwarebereich)
Sicherheit und Datenschutz	Benutzerverwaltung muss gewährleistet sein. Sichere, performante und robuste Datenleitung zum Dienstleister muss garantiert werden.	Sicherstellen, dass die Datenleitungen eine garantierte Leistung erbringen, Aufbauen und Aktualisieren von Risiko-Szenarien im Fall eines Netzwerkunterbruchs
Kosten und Finanzierung	Gut ausgearbeitete und ausgewogene Service Level Agreements mit dem Dienstleister mit kostengerechten Schutzklauseln bei Systemunterbruch	Konstante, gleichbleibende Ausgaben für die Infrastruktur einplanen und zyklische oder projektbezogene Kosten / Investitionen für den Softwarebereich einplanen.
IT-Infrastruktur und Serverbetriebssysteme extern betreiben, Anwendungen selbst betreiben (PaaS)		
Know-how	Internes Informatik-Know-how beschränkt sich auf die Anwendungen.	Personalrektion, Schulung der Informatikmitarbeiter mindestens für die geschäftskritischen Anwendungen
Infrastruktur	Wartungsverträge und Lizenzen für Serverbetriebssysteme fallen weg.	Reduktion des Platzbedarfs, Datenleitungen evtl. ausbauen.
Personal und Organisation	Lückenlose Stellenprofile für das interne Personal (Softwareanwendungen) und gut ausgearbeitete und ausgewogene Service Level Agreements mit dem Dienstleister	Reduktion / Restrukturierung der Informatik-Abteilung
Sicherheit und Datenschutz	Benutzerverwaltung muss gewährleistet sein. Sichere, performante und robuste Datenleitung zum Dienstleister muss garantiert werden.	Sicherstellen, dass Softwarelizenzen erneuert werden. Dienstgüte der Datenleitungen garantieren, Risiko-Szenarien bei Netzunterbruch aufrechterhalten.
Kosten und Finanzierung	Gut ausgearbeitete und ausgewogene Service Level Agreements mit dem Dienstleister mit kostengerechten Schutzklauseln bei Systemunterbruch	Konstante, gleichbleibende Ausgaben für die Infrastruktur und die Serverbetriebssysteme einplanen und zyklische oder projektbezogene Kosten / Investitionen für den Bereich der Applikationen einplanen.

Aspekt	Anforderungen	Mögliche Massnahmen
IT-Infrastruktur, Serverbetriebssysteme und Anwendungen extern betreiben (SaaS)		
Know-how	Komplettes Informatik-Know-how kann ausgelagert werden. Intern braucht es nur eine IT-Koordinationsstelle mit Informatik-Basiswissen (z. B. Technische Kaufleute).	Komplette Personalrektion in der Informatik, Schulung der Informatik-Koordinationsstelle und der Benutzer für die geschäftskritischen Anwendungen
Infrastruktur	Es werden keine Wartungsverträge oder Softwarelizenzen mehr gebraucht. Es bleibt nur noch der Betrieb der Netzinfrastruktur für den Zugang zum Dienstleister.	Datenleitungen sind geschäftskritisch und müssen mehrfach gegen Ausfall abgesichert sein.
Personal und Organisation	Stellenprofile für die IT-Koordination, gut ausgearbeitete und ausgewogene Service Level Agreements mit dem Dienstleister	Kompletter Verzicht auf eine eigene Informatik-Abteilung
Sicherheit und Datenschutz	Benutzerverwaltung wird je nach SLA selbst oder vom Dienstleiter erbracht. Sichere, performante und robuste Datenleitung zum Dienstleister muss garantiert werden.	Dienstgüte der Datenleitungen garantieren, Risiko-Szenarien bei Netzunterbruch aufrechterhalten und im SLA mit dem Dienstleister berücksichtigen.
Kosten und Finanzierung	Gut ausgearbeitete und ausgewogene Service Level Agreements mit dem Dienstleister mit kostengerechten Schutzklauseln bei Systemunterbruch	Konstante, gleichbleibende Informatik-Ausgaben, praktisch keine projektbezogenen Kosten / Investitionen nötig ausser für die Auswahl von Dienstleistern (Evaluation)

5.8 Anforderungen definieren

5.8.1 Anforderungen an das Netzwerk

Bei allen Betriebs- und Nutzungsmodellen mit einer extern betriebenen IT-Infrastruktur bzw. mit extern erbrachten IT-Services bekommen die ausgetauschten **Daten** und das dazwischenliegende **Netzwerk** eine vitale Bedeutung. Betrachtet man die Strecke, die die **Datenpakete zwischen Kunden und Dienstleistungsanbieter** zurücklegen, stellt man fest, dass verschiedene **Netzwerkabschnitte** im Spiel sind. Und werden die IT-Services über das Internet bezogen, sind mit Sicherheit auch mehrere **Netzwerkbetreiber** daran beteiligt.

Beispiel Ein Unternehmen bezieht die ERP-Funktionalität über einen Cloud-Anbieter. Um Daten vom Server des Anbieters bis zur Arbeitsstation des Unternehmens und wieder zurück zu senden, sind folgende Netzwerkabschnitte bzw. -betreiber beteiligt: eigenes Netzwerk (LAN), mehrere Internet Service Provider (WAN), mehrere Network-Carrier (GAN) und das Netzwerk des Serviceproviders (LAN).

Abb. [5-8] Netzwerkabschnitte zwischen Servicebezüger und -anbieter

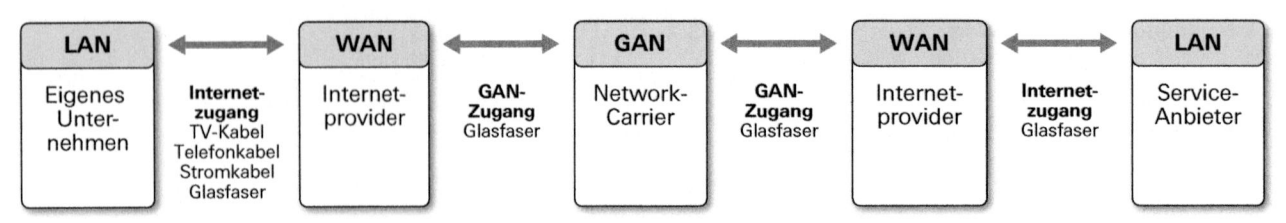

LAN		WAN		GAN		WAN		LAN
Eigenes Unternehmen	Internetzugang TV-Kabel Telefonkabel Stromkabel Glasfaser	Internetprovider	GAN-Zugang Glasfaser	Network-Carrier	GAN-Zugang Glasfaser	Internetprovider	Internetzugang Glasfaser	Service-Anbieter

Um die Netzwerkabschnitte und -betreiber zu reduzieren, könnte ein Unternehmen für den Datenaustausch mit dem Cloud-Anbieter auch eine **private Netzwerkleitung** einsetzen (z. B. eine Mietleitung) oder exklusiv eigene Netzwerkkapazitäten kaufen oder im Extremfall eine eigene Leitung legen. Diese Varianten sind zwar technisch möglich, aber meist extrem teuer.

Beim Bezug externer IT-Services müssen folgende **Anforderungen** berücksichtigt werden:

- Anforderungen an die **Netzwerkperformance**
- Anforderungen an die **Netzwerkstabilität**
- Anforderungen an den **Datenschutz** und die **Datensicherheit**
- Anforderungen an die Verlässlichkeit der **vertraglich definierten Dienstleistungen**

Folgende Tabelle zeigt auf, was diese Anforderungen für die einzelnen Parteien im Netzwerk konkret bedeuten:

Anforderungen an die Netzwerkperformance			
Eigenes Unternehmen	**Internetprovider**	**Global Network Carrier**	**Dienstleistungsanbieter**
Internet Netzwerk: Interne Verkabelung beachten.	Kabeltyp zwischen eigenem LAN und dem Provider-WAN ist ausschlaggebend für die Performance.	Netz-Performance ist vertraglich geregelt und garantiert zwischen Internetprovider und Global Network Carrier. (Quality of Service)	Netzzugang ist vertraglich geregelt und garantiert zwischen Internetprovider und Dienstleistungsanbieter. Antwortzeiten kann der Dienstleistungsanbieter nicht immer garantieren, weil zu viele fremde Netze dazwischenliegen.
Anforderungen an die Netzwerkstabilität			
Eigenes Unternehmen	**Internetprovider**	**Global Network Carrier**	**Dienstleistungsanbieter**
Netzwerkkomponenten müssen regelmässig erneuert werden.	Ist abhängig vom Kabeltyp zwischen eigenem LAN und dem Provider-WAN und der eingesetzten Zugangstechnologie (z. B. Standleitung, ADSL-Verbindung, kabellose Technologie)	Netz-Stabilität ist vertraglich geregelt und garantiert zwischen Internetprovider und Global Network Carrier. Der Carrier betreibt eine aufwendige Netz-Überwachung (Monitoring). Er besitzt für die Daten mehrere Kanäle und kann im Bedarfsfall Datenströme umleiten. (Quality of Service)	Netzzugang ist vertraglich geregelt und garantiert zwischen Internetprovider und Dienstleistungsanbieter. Dank Hardwarevirtualisierung können ausfallsichere Systeme angeboten und vertraglich garantiert werden.
Anforderungen an den Datenschutz und die Datensicherheit			
Eigenes Unternehmen	**Internetprovider**	**Global Network Carrier**	**Dienstleistungsanbieter**
Datensicherheit: Firewalls und weitere technische Massnahmen müssen möglichst viele Risiken (v. a. in der Kategorie «vorsätzliche Handlungen» und Malwareprogramme) abdecken können. Datenschutz: Es gilt die gesetzlichen und firmeninternen Datenschutz-Standards einzuhalten.	Datensicherheit: Muss durch geeignete Verschlüsselungsmechanismen gewährleistet werden. Datenschutz: Muss vertraglich geregelt werden.	Datensicherheit: Muss durch geeignete Verschlüsselungsmechanismen gewährleistet werden. Datenschutz: Muss vertraglich geregelt werden.	Datensicherheit: Muss durch Firewalls und geeignete Verschlüsselungsmechanismen gewährleistet werden. Datenschutz: Muss vertraglich geregelt werden.
Anforderungen an die Verlässlichkeit der vertraglich definierten Dienstleistungen			
Eigenes Unternehmen	**Internetprovider**	**Global Network Carrier**	**Dienstleistungsanbieter**
Zahlungen und Verpflichtungen, die im SLA definiert sind, müssen zuverlässig und regelmässig eingehalten werden.	Grösse und Reputation (z. B. Referenzen) des Anbieters müssen vor Vertragsunterzeichnung geprüft werden (bei der Evaluation).	Langfristige und lückenlose Verträge garantieren langjährige Partnerschaften.	Grösse und Reputation (z. B. Referenzen) des Anbieters müssen vor Vertragsunterzeichnung geprüft werden (bei der Evaluation).

5.8.2 Anforderungen an die Räumlichkeiten

Die Anforderungen an die Räumlichkeiten sind von der Art der Nutzung abhängig. Zur Vereinfachung werden folgende **Nutzungsarten** unterschieden:

Abb. [5-9]   Nutzungsarten von Räumlichkeiten

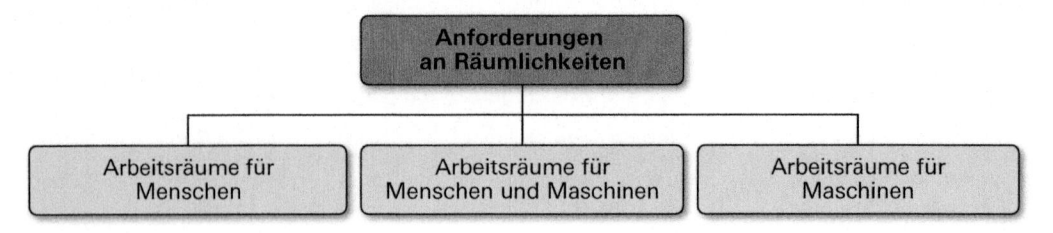

```
                    Anforderungen
                   an Räumlichkeiten
           ┌──────────────┼──────────────┐
    Arbeitsräume für   Arbeitsräume für    Arbeitsräume für
       Menschen      Menschen und Maschinen    Maschinen
```

A] Arbeitsräume für Menschen

Zahlreiche Untersuchungen belegen: Die **Qualität der Arbeitsräume** hat unmittelbare Auswirkungen auf die **Qualität der Arbeit.** Je länger sich Menschen in einem bestimmten Raum aufhalten, desto wichtiger sind **Faktoren wie Platzverhältnisse, Licht, Temperatur, Frischluftzufuhr und Geräuschpegel.** Sind mittel- bis langfristig produktive Mitarbeitende erwünscht, bekommen solche Faktoren eine noch grössere Bedeutung. Gut konzipierte Arbeitsräume wirken sich positiv auf die Arbeitsprozesse und Mitarbeiterleistungen aus. Je nach Inhalt und Dauer der Arbeit sind dabei unterschiedliche Ausprägungen der Faktoren zielführend. Damit die Mitarbeitenden ihr volles Potenzial ausschöpfen können, lohnt es sich, die **Ausprägungen folgender Elemente** genau festzulegen:

Element	Ausprägungen (Beispiele)
Lärmschutz	• Pflanzen • Trennwand • Fensterisolation • Geschlossene Räume • Offene Räume
Fläche pro Mitarbeiter	• Mindestens $5\,m^2$ • $5–10\,m^2$ • $10–20\,m^2$
Strom	• Normalstrom 230 V • Starkstrom 380–400 V
Vernetzung	• LAN • WLAN
Wasser	• Trinkwasser • Kühlwasser • Abwasser
Temperatur	• Heizung • Kühlung • Klimaanlage
Feuchtigkeit	• Kontrolle • Entfeuchtung • Befeuchtung
Licht (künstlich, natürlich)	• Fenster • Oberlicht • Raumlampen • Tischlampen • Bewegungslicht
Frischluft	• Fenster • Klimaanlage • Zuluft • Abluft

Durch die Zuordnung von Räumen und Ausprägungen können passende **Raumkonzepte** erstellt werden:

	Strom normal	Strom stark	WLAN	Netzwerkanschluss	Druckluftanschluss	Abwasseranschluss	Heizung	Kühlung	Ent-/Befeuchtung	Zuluft	Abluft	Tageslicht	Künstliches Licht	Fenster
Raum-Typ 1 (Büro)	✓		✓	✓			✓	✓		✓		✓		✓
Raum-Typ 2 (Werkstatt)	✓	✓	✓	✓	✓	✓	✓				✓	✓		✓
Raum-Typ 3 (Lager)	✓	✓	✓	✓	✓	✓			✓				✓	

B] Arbeitsräume für Menschen und Maschinen

Sobald sich Maschinen und Menschen im selben Raum befinden, stellt sich zusätzlich die Frage der Sicherheit und der Emissionen. Wobei sich hier die Sicherheit auf beide Seiten bezieht (Mensch und Maschine).

Die Menschen vor den Maschinen schützen:

- Gefahr von grosser **Bewegungsenergie** der Maschinen (z. B. Roboter-Arme, Walzen, Druck etc.)
- Gefahr vor zu grossem **Lärm**
- Gefahr vor **Vergiftung** (Dämpfe, Lösungsmittel etc.)

Die Maschinen vor Menschen schützen:

- Gefahr der **bakteriellen Verunreinigung**
- Gefahr vor allgemeinen Verunreinigung (z. B. ausfallende Haare, Hautschuppen etc.)
- Gefahr vor **Falschbedienung**

Nebst der Gefahren-Dimension muss in solchen Räumen auch an die **Synchronisation von maschinellen und manuellen Arbeitsprozessen** gedacht werden. Die Arbeitsgeschwindigkeiten von Maschinen und Menschen sind sehr unterschiedlich. So müssen oft Arbeiten wie **Halbfabrikate zwischengelagert** werden, damit **Pufferzonen** geschaffen werden können.

Beispiel	In einer Montagehalle arbeiten Montage-Roboter und Menschen. Für die stark repetitiven oder gefährlichen Arbeiten werden eher die Roboter eingesetzt. Für die anspruchsvolleren Aufgaben werden die Menschen eingesetzt. Durch die unterschiedlichen Geschwindigkeiten von Mensch und Maschine müssen bei den meisten Stationen Pufferzonen geschaffen werden.

C] Arbeitsräume für Maschinen

In Räumen, in der ausschliesslich Maschinen arbeiten, sind die Anforderungen an Überwachung, Kontrolle, Sensorik besonders hoch. Die Maschinen sind hier «allein». Muss ausserplanmässig doch der Mensch in einen solchen Raum, darf der Raum nicht lebensbedrohlich sein. So müssen Zugang und Gefahrenpotenziale von Anfang an bei der Konstruktion berücksichtigt werden.

Beispiel	Eine Turbine eines Wasserwerks läuft permanent, selbstständig und ohne Hilfe des Menschen. Die Maschine befindet sich immer unter Wasser. Muss aber eine Reparatur an der Turbine abgewickelt werden, dann muss ein wasserdichter Wartungsstollen den Zugang gewährleisten.

5.8.3 Anforderungen an die Arbeitsplatz-Infrastruktur

Je nach den Aufgaben der Mitarbeitenden, den räumlichen Verhältnissen und der Unternehmenspolitik sind unterschiedliche **Arbeitsplatzkonzepte** geeignet. Der Arbeitsplatz eines Entwicklers im betrieblichen Grossraumbüro bedingt z. B. eine andere Infrastruktur als der Arbeitsplatz eines Aussendienstmitarbeiters. Grundsätzlich kann zwischen folgenden Arbeitsplatzkonzepten unterschieden werden:

- Fester Arbeitsplatz
- Mobiler Arbeitsplatz
- Telearbeitsplatz

A] Fester Arbeitsplatz

Dieser Arbeitsplatz ist in vielen Unternehmen das am häufigsten anzutreffende Arbeitsplatzkonzept. Er befindet sich innerhalb der betrieblichen Arbeitsstätte. Er ist einem Mitarbeiter fest zugeteilt. Aus der Systemsicht ist damit meist ein fest installierter Arbeitsplatzrechner mit fest verbundenen Peripheriegeräten gemeint.

Fester Arbeitsplatz	Mitarbeitende	IT-Organisation
Vorteile	Personen, die fachlich zusammenarbeiten, sitzen auch zusammen (Förderung des Teamgeists).	Die IT-Infrastruktur kann den Aufgaben und Bedürfnissen unterschiedlicher Benutzergruppen angepasst werden.
	Der Arbeitsplatz kann persönlich gestaltet werden.	Peripheriegeräte können fest eingerichtet bzw. fix mit dem Arbeitsplatzrechner verbunden werden.
	Der Arbeitsplatz braucht am Abend nicht vollständig aufgeräumt zu werden.	Die Benutzerprofile können auf dem jeweiligen Arbeitsplatzrechner lokal gespeichert werden.
Nachteile	Keine	Es wird eine IT-Infrastruktur aufgebaut und bereitgestellt, die nicht immer genutzt wird bzw. werden kann.

Das Konzept des festen Arbeitsplatzes ist dann zu empfehlen, wenn

- die Mitarbeitenden regelmässig an ihrem Arbeitsplatz arbeiten (sollen).
- die Mitarbeitenden raschen Zugriff auf umfangreiche Papierdokumente benötigen.
- häufig vertrauliche Unterlagen benötigt werden.
- eine bestimmte, spezifische Arbeitsplatz-Infrastruktur nötig ist.

B] Mobiler Arbeitsplatz

Mobile Arbeitsplätze sind keinem bestimmten Mitarbeiter fest zugeteilt. Sie sind frei verfügbar. Der Anteil der mobilen Arbeitsplätze hat in den letzten Jahren stark zugenommen. Bei diesem Konzept «loggen» sich die Mitarbeitenden mit ihrem (mitgebrachten[1] oder fest installierten) Rechner an einen beliebigen freien Arbeitsplatz ein. Das Konzept wird deshalb auch als **«Shared Desk»** bezeichnet. Es eignet sich v. a. für Unternehmen, deren Mitarbeitende häufig an unterschiedlichen Unternehmensstandorten arbeiten (z. B. für Beratungsfirmen). Grundsätzlich kann dieses Konzept sowohl mit mobilen Rechnern (Notebooks) als auch mit fest installierten Arbeitsplatzrechnern umgesetzt werden.

---

[1] Private mobile Endgeräte wie Laptops, Tablets oder Smartphones in die Netzwerke von Unternehmen oder Schulen, Universitäten etc. einzubinden, liegt im Trend. Man spricht in diesem Zusammenhang von **«Bring Your Own Device» (BYOD)**. Dies bringt für das Unternehmen finanzielle Vorteile. Beispiel: Im Bildungsbereich bietet BYOD den Vorteil, dass keine schuleigenen Geräte beschafft werden müssen.

Mobiler Arbeitsplatz	Mitarbeitende	IT-Organisation
Vorteile	Die Arbeitsteams können sich beliebig und frei gruppieren.	Es braucht weniger eingerichtete Arbeitsplätze, als Mitarbeitende vorhanden sind. Je nach Branche kann das Verhältnis zwischen Arbeitsplatz und Mitarbeitenden zwischen 1:3 und 1:10 liegen.
	Jeder Mitarbeiter kann an einem beliebigen Standort des Unternehmens arbeiten, ohne den Arbeitsplatz neu einrichten oder neue Installationen vornehmen zu müssen.	Es braucht keine fest eingerichteten Arbeitsplatzrechner.
Nachteile	Der Arbeitsplatz kann nicht persönlich gestaltet werden.	Die IT-Infrastruktur muss auf mobile Arbeitsplätze ausgelegt werden.
	Die Zusammenarbeit zwischen den Mitarbeitenden wird durch den ständigen Wechsel erschwert.	Jeder Mitarbeiter muss unabhängig von seinem Arbeitsort auf die benötigten Anwendungen und Daten zugreifen können.
	Der Arbeitsplatz muss am Abend jeweils vollständig aufgeräumt werden.	–

Das Konzept des mobilen Arbeitsplatzes ist dann zu empfehlen, wenn

- die Anwendungen bzw. Dienste standortunabhängig genutzt werden (sollen).
- ein leistungsfähiges Netzwerk vorhanden ist.
- eine hohe Sicherheit der Netzwerkverbindungen gewährleistet ist.
- eine hohe Datensicherheit gewährleistet ist.

Beispiel Beim Shared-Desk-Konzept steigt der Aufwand für die Betreuung. Verschiedene Benutzer müssen beispielsweise unterschiedliche Drucker verwenden. Entsprechend muss die Infrastruktur so gestaltet werden, dass der mobile Arbeitsplatz grundsätzlich jeden Drucker des Unternehmens nutzen kann.

C] Telearbeitsplatz

Telearbeitsplätze sind räumlich vom betrieblichen Arbeitsort getrennt, d. h., ein **Telearbeiter** verrichtet seine Arbeit ausserhalb des Betriebs, ist mit dem LAN aber verbunden, wobei v. a. Intranet-basierte Kommunikationsmittel zur Anwendung kommen. Telearbeitsplätze eignen sich v. a. für Unternehmen, deren Mitarbeitende häufig von zu Hause («**Homeoffice**») aus oder unterwegs arbeiten (z. B. für verkaufs- bzw. vertriebsorientierte Unternehmensbereiche, Führungskräfte). Weil dabei hohe Ansprüche an die Datensicherheit gestellt werden, wird die Verbindung zwischen Telearbeitsplatz und LAN meist mittels **VPN-Technologie** verschlüsselt. Die Vor- und Nachteile dieser Form der Arbeit lassen sich wie folgt zusammenfassen.

Telearbeitsplatz	Mitarbeitende	IT-Organisation
Vorteile	Die Arbeitszeit kann flexibler gestaltet werden.	Es braucht keine fest eingerichteten Arbeitsplätze im Unternehmen.
	Die Arbeit kann von zu Hause aus oder unterwegs erledigt werden.	–
Nachteile	Die Zusammenarbeit zwischen den Mitarbeitenden wird durch die fehlende Nähe erschwert.	Die IT-Infrastruktur muss auf sichere Verbindungen und Daten ausgelegt werden.
	–	Die Kommunikationskosten sind höher als bei den anderen Arbeitsplatzkonzepten.

Das Konzept des Telearbeitsplatzes ist dann zu empfehlen, wenn

- Arbeiten anfallen, die nicht standortkritisch sind.
- Arbeiten anfallen, die nicht zeitkritisch sind.
- Arbeiten anfallen, die vorwiegend am Bildschirm erledigt werden können.
- Arbeiten anfallen, für die keine Teamarbeit vorausgesetzt wird.
- Mitarbeitende mehrheitlich ausserhalb der betrieblichen Arbeitsstätte arbeiten.

D] Ergonomie des Arbeitsplatzes

Arbeiten am Computer widerspricht der natürlichen Haltung des menschlichen Körpers. Die reduzierten Bewegungsabläufe sind zusätzlich belastend und fördern unerwünschte Langzeitschäden. Daher ist es wichtig, den Arbeitsplatz so haltungsschonend wie möglich einzurichten – also ergonomisch. Die Suva hat für die Schweiz verbindliche Richtlinien und Empfehlungen für die **Ergonomie** ausgearbeitet.

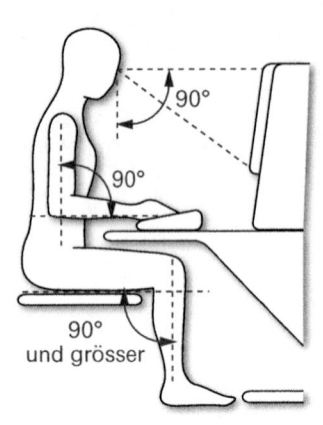

- Die Oberkante des Bildschirms soll horizontal zur Augenhöhe sein.
- Die Distanz zum Bild sollte mindestens 50 cm, besser 60 cm betragen.
- Der Stuhl muss gepolstert und höhenverstellbar sein (Höhe, Lehne, Sitzneigung).
- Wegen der Kippsicherheit ist ein 5-Rollen-Kreuz notwendig.
- Die Stuhlhöhe muss so eingestellt werden, dass die Unterarme beim Schreiben entspannt horizontal aufliegen.
- Wenn die Oberschenkel nicht aufliegen, muss der Stuhl höher gestellt werden.
- Reichen die Füsse nicht zum Boden, braucht es einen Schemel.
- Die Tastatur sollte eine Handballenauflage aufweisen.
- Die Arbeitsfläche muss im Halbkreis frei sein.
- Die Winkel Rumpf-Oberschenkel und Oberschenkel-Unterschenkel sollten 90° betragen.

Bewegung ist für den menschlichen Körper wichtig. Das gilt ganz besonders am Bildschirmarbeitsplatz. Daher sind elastische Lehnen zu empfehlen und es sollten immer wieder kurze Pausen eingelegt werden, während deren man sich bewegt. Drucker nicht neben dem Arbeitsplatz in Griffnähe platzieren, sondern so, dass man aufstehen und einige Schritte laufen muss.

Menschen mit Augenproblemen und v. a. ältere Menschen haben durch Bildschirmarbeit (wegen des starren Blicks) oft ausgetrocknete Augenoberflächen. Darum ist es von Vorteil, Arbeiten am Bildschirm mit anderen Büroarbeiten in kürzerem Rhythmus abzuwechseln.

Frische Luft tut gut. Wenn immer möglich jede Stunde eine kurze Pause machen und das Fenster öffnen. Sie bleiben so gesund und leistungsfähiger! Besonders wenn viele Kopierer und Drucker im Raum sind, steigt der Ozonpegel in der Atemluft an.

Die folgenden Massnahmen sind zur Steigerung des Wohlbefindens am Computerarbeitsplatz zusätzlich empfehlenswert:

- Auf dem Bildschirm dürfen keine Reflexionen von Lichtquellen oder Fenstern sichtbar sein (Fenster seitlich ist optimal).
- Der Bildschirm sollte nicht vor eine helle Front aufgestellt werden (z. B. Fenster).
- Die Raumbeleuchtung darf nicht flackern und soll der Farbtemperatur des Tageslichts gleichen.
- Kontrast, Helligkeit und Bildschärfe öfter kontrollieren und nachstellen.
- Für genaue Arbeiten müssen grosse Bildschirme verwendet werden! Das menschliche Auge hat ein Auflösungsvermögen von etwa 1°. Wenn also Objekte in Bildschirmgrösse von 2 bis 3 mm bearbeitet werden müssen, ist ein grösserer Monitor fällig, damit die Darstellung grösser wird!

- Flimmern ist zu vermeiden und kann Kopfschmerzen verursachen. Bildschirme sollten flimmerfrei sein (möglichst hohe Bildwiederholungsrate).
- Am Notebook sollten längere Arbeiten mittels externer Tastatur / Maus erledigt werden.

Siehe auch!	Arbeitsplatzgestaltung
	Lesen Sie zur Ergonomie und Gestaltung von Büroarbeitsplätzen auch das Buch «Mitarbeiterführung und Selbstmanagement» dieser Lehrmittelreihe.

Zusammenfassung	Die Frage, wie ein Unternehmen seine Infrastruktur beschaffen, beziehen und nutzen will, ist Teil der **Sourcing-Strategie**. Sie wird aus der **Unternehmensstrategie** abgeleitet. Grundsätzlich entscheidet das Unternehmen, welche Infrastrukturteile selbst und welche von externen Partnern betrieben werden sollen **(Make-or-Buy)**.
	Bei der IT-Infrastruktur kommen als **externe Betriebs- und Nutzungsmodelle** die Varianten **Hosting, Housing** oder **Cloud Computing** zum Einsatz. Grössere Unternehmen entscheiden sich eher, die Infrastruktur selbst zu betreiben, wegen der grösseren **Komplexität** der Firma, der **Konkurrenzvorteile**, der Bedenken in Sachen **Datenschutz / Datensicherheit** oder weil sich die Aufgaben nicht auslagern lassen. Beim **Eigenbetrieb** wird die Infrastruktur gekauft oder geleast. Die Unterschiede liegen v. a. beim Übergang von Nutzen und Gefahr und in der Belastung der Liquidität.
	Entscheidet sich das Unternehmen für einen externen Betrieb, dann können **Infrastruktur-, Applikations-** (Software-) oder **Personaldienste** bezogen werden. Bei der Auslagerung von Informatik werden **Hosting** und **Cloud Computing** voneinander unterschieden. Beim Hosting werden die Dienste auf die **Kundenbedürfnisse** massgeschneidert, beim Cloud Computing sind es **Standard-Angebote**, die zum Einsatz kommen. Der Trend geht eindeutig Richtung Cloud Computing. Diese Dienste werden mittels eines **Service Level Agreement** (SLA) schriftlich vereinbart. Die Auslagerung der eigenen Infrastruktur heisst **Housing**. Bei den anderen Outsourcing-Modellen gehört hingegen die Infrastruktur dem Provider. Es sind viele Zwischenvarianten des Auslagerns möglich. Standarddienste (Cloud-Dienste) können nur einzig die Infrastruktur umfassen **(Infrastructure as a Service)** oder die Hardware plus das Betriebssystem **(Platform as a Service)** oder auch die gesamte Applikation **(Application as a Service)**. Jedes der möglichen **Nutzungsmodelle** hat unterschiedliche Anforderungen an das Unternehmen. Gemeint sind Anforderungen an das **Know-how** der Firma, die **bereits installierte Infrastruktur** der **Organisation** von Menschen und Abläufen, an **Sicherheit** und **Datenschutz** und an die **Finanzierung**.

Traditionelles Modell (alles inhouse)	Hosting	Cloud Computing IaaS	Cloud Computing PaaS	Cloud Computing SaaS
Daten	Daten	Daten	Daten	Daten
Application	Application	Application	Application	Application
Virtuelles Betr'system	Virtuelles Betr'system	Virtuelles Betr'system	Virtuelles Betr'system	Virtuelles Betr'system
Physisches Betr'system	Physisches Betr'system	Physisches Betr'system	Physisches Betr'system	Physisches Betr'system
Speicher	Speicher	Speicher	Speicher	Speicher
Netzwerk	Netzwerk	Netzwerk	Netzwerk	Netzwerk

▫ Betrieb durch den Besitzer ▪ gemischter Betrieb ▪ Betrieb durch den Provider

Bei allen **Auslagerungsmodellen** bekommt die **Netzwerkinfrastruktur** eine tragende Rolle. Die Strecke vom eigenen Unternehmen bis zum Provider passiert mehrmals unterschiedliche **Netzwerkbetreiber.** Diese Schlüsselstellen müssen alle vertraglich geregelt werden und die Leistungen müssen garantiert werden **(Quality of Service).**

Alle Räumlichkeiten des Unternehmens müssen den Anforderungen der drei **Nutzungsarten** gerecht werden: **Maschinen-Räume, Arbeitsräume für Menschen und Maschinen** und **Arbeitsräume für Menschen.** Den Anforderungen von Arbeitsplätzen für Menschen wird besondere Aufmerksamkeit gewidmet (Licht, Sitzposition, Luft etc.). Es gibt auch modernere **Arbeitsplatzkonzepte** wie den **mobilen Arbeitsplatz** oder **Telearbeitsplatz,** auch als «**Homeoffice**» bekannt.

Repetitionsfragen

Geschlossene Fragen

34 Welche Modelle eignen sich bei der Beschaffung von Infrastrukturkomponenten, um die Liquidität eines Unternehmens zu schonen? Kreuzen Sie die zutreffenden Optionen an.

☐	Infrastructure as a Service (IaaS)
☐	Kauf mit Abzahlungsvertrag
☐	Kauf mit Barzahlung
☐	Leasing
☐	Miete

35 Ein Unternehmen möchte den Webauftritt auf der eigenen IT-Infrastruktur inhouse betreiben. Welcher Abschnitt muss im Auge behalten werden, um die spezifischen Anforderungen an die Leistungsfähigkeit des Netzwerks zu überprüfen?

☐	Netzwerkabschnitt zwischen internem Arbeitsplatz und Router des Providers (Downstream)
☐	Netzwerkabschnitt zwischen internem Arbeitsplatz und Router des Providers (Upstream)
☐	Netzwerkabschnitt zwischen WAN des Providers des Internetbesuchers und Router (Downstream)
☐	Netzwerkabschnitt zwischen WAN des Providers des Internetbesuchers und Router (Upstream)
☐	Netzwerkabschnitt zwischen WAN des Providers und GAN des Carriers (Downstream)
☐	Netzwerkabschnitt zwischen WAN des Providers und GAN des Carriers (Upstream)
☐	Netzwerkabschnitt zwischen Router des Providers und seinem WAN (Downstream)
☐	Netzwerkabschnitt zwischen Router des Providers und seinem WAN (Upstream)

36 Welche Inhalte kann ein Service Level Agreement (SLA) aufweisen, das mit einem Serviceprovider abgeschlossen wird? Wählen Sie aus folgenden Möglichkeiten aus:

☐	Ausstiegs- bzw. Rücktrittsklauseln, Gültigkeit und Vertragsdauer
☐	Beschreibung der Ausgangslage
☐	Bonussystem bei erfolgreichem Abschluss des Projekts
☐	Eskalationsmechanismen und zuständige Personen
☐	Meilensteinplanung
☐	Profile der beteiligten Mitarbeitenden mit Lebenslauf
☐	Projektorganisation (Projektleiter, Beirat, Projektsponsor)
☐	Reaktionszeiten und weitere Zielgrössen

37 Welche Gefahren lauern typischerweise in welchen Betriebsräumen (I = für Infrastrukturen, MM = für Menschen und Maschinen, M = für Menschen)?

I	MM	M	Gefahren
☐	☐	☐	Bakterielle Verunreinigung
☐	☐	☐	Fehlbedienung
☐	☐	☐	Hohe Bewegungsenergie
☐	☐	☐	Lärm
☐	☐	☐	Ungeeignete oder gefährliche Lichtverhältnisse
☐	☐	☐	Vergiftung
☐	☐	☐	Vibrationen, leichte Erschütterungen

| 38 | Welches Nutzungsmodell eignet sich in den nachfolgend kurz beschriebenen Situationen am ehesten (HT = Hosting, HS = Housing, CC = Cloud Computing)? |

HT	HS	CC	Situation
☐	☐	☐	Ein Unternehmen besitzt eigene IT-Infrastruktur, die sie bis zum Ende der Laufzeit, d. h. noch mindestens 5 Jahre lang nutzen möchte.
☐	☐	☐	Ein Unternehmen hat eine Geschäftsapplikation entwickelt, die es für spezifische Kernprozesse gewinnbringend einsetzt. Die Kosten für die eigene IT-Organisation sollen stark reduziert werden.
☐	☐	☐	Ein Unternehmen mit eigenständiger IT-Infrastruktur hat auf einen Schlag alle IT-Systembetreuer an die Konkurrenz verloren.
☐	☐	☐	Ein Start-up-Unternehmen aus der Gastronomiebranche braucht ein ERP-System.
☐	☐	☐	Ein Unternehmen möchte seine gesamte Informatik auslagern. Trotz intensiver Suche hat es keine geeignete Servicelösung gefunden.

Offene Fragen

| 39 | Was ist eine Sourcing-Strategie und wie wird sie erstellt? Antworten Sie möglichst kurz und knapp (maximal 3 Sätze). |

| 40 | Nennen Sie mindestens 3 Chancen und Risiken bei Make-or-Buy-Entscheidungen: |

Chancen	Risiken

41	Erklären Sie in 3 bis 4 Sätzen den Unterschied zwischen Hosting und Cloud Services.
42	Beschreiben Sie IaaS, PaaS und SaaS in jeweils höchstens 2 Sätzen.
43	Was ist ein SLA und welche Inhalte umfasst es?
44	Beschreiben Sie in 2 Sätzen den Unterschied zwischen Housing und dem Bezug von Cloud Services.
45	Für den Betrieb eines Webshops bietet sich Webhosting an. Wer kümmert sich bei diesem Betriebs- und Nutzungsmodell um die Inhalte der Webseiten? Und wie geschieht dies? Antworten Sie in maximal 3 Sätzen.
46	Sie nehmen unterschiedliche Cloud-Anbieter für ein CRM-, ERP- und Office-System unter Vertrag, weil diese die gewünschte Funktionalität genau abdecken und ihre Geschäftsprozesse perfekt unterstützen. Welche Probleme handeln Sie sich damit ein? Antworten Sie möglichst kurz und prägnant.

47 | Wie kann die Qualität einer Netzwerkverbindung zum Cloud-Anbieter geregelt werden (nennen Sie beispielhaft 5 Parameter) und wer kann sie gewährleisten?

Minicases

48 | Sascha Koller hat vor 30 Jahren die Koller Elektro gegründet. In diesen Jahren hat er die Welle des Baubooms perfekt genommen. Der Elektroinstallateur hat sein Unternehmen in kurzer Zeit auf über 20 Leute aufgebaut. Das Hauptgeschäft waren klassische Elektroinstallationen in Neubauten und bestehenden Häusern. Dann im Jahr 2003 hat er sein Geschäft mit Alarmanlagen-Installationen erweitert. Der Umsatzsprung war aussergewöhnlich. Innert 2 Jahren konnte er die Unternehmensgrösse auf 40 Mitarbeitende ausbauen. In dieser Zeit hatten seine 3 Söhne, ebenfalls Elektroinstallateure, angefangen, ihre eigenen Geschäfte aufzubauen. Der eine Sohn, Stefan Koller, baute sein Geschäft im Raum Basel auf. Er profitiert seither dort sehr von grossen Aufträgen aus der Chemie- und der Pharmaindustrie. Sein Unternehmen ist heute mit 25 Mitarbeitenden auch schon ein wichtiger Player in seiner Region. Seit er noch in die LED-Technologie eingestiegen ist, geht es schnell rauf mit den Umsatzzahlen. Der andere Sohn, Patrick Koller, hat dank der finanziellen Unterstützung des Vaters in der Zürich-Region ein regional gut positioniertes Elektroinstallateur-Geschäft gekauft. Die Firma ist 15 Mitarbeitende gross. Seitdem er ebenfalls in das Alarmanlagen-Geschäft eingestiegen ist, kann er das Geschäft laufend vergrössern. Der dritte Sohn wird vom Vater Sascha Koller als Geschäftsleiter in das Geschäft geholt. Der neue Geschäftsleiter erkennt sofort die Synergiepotenziale der 3 Unternehmen in der Familie. Man spricht offen über eine Fusion. Der Konzern soll Kollektra AG heissen.

Jeder der Unternehmen hat eine eigene Informatik-Konzeption. Alle 3 Unternehmen besitzen eine eigene Serverinfrastruktur für das ERP-System, jede Firma ein anderes ERP-System. Jede der Firmen hat ein anderes separates CRM-System. Die Daten zwischen ERP- und CRM-System werden heute noch bei allen 3 Firmen mittels Datenexport/-import in das andere System übertragen. Bei allen 3 Firmen werden Web- und E-Mail-Server von einem Hosting-Provider gehostet und betrieben. Für das ERP sind die Unternehmen selbst verantwortlich. Es wird überlegt, ob es nicht sinnvoll wäre, das gleiche ERP-System zu nutzen. Ein ERP-Anbieter hat sich bereits gemeldet und eine Cloud-Lösung angeboten.

Aufgaben

1. Falls in Zukunft nur noch ein ERP-System als Cloud Service in allen 3 Firmen zum Einsatz kommen soll, was sind zwingende Überlegungen in Sachen Datenabgleich?
2. Angenommen eine durchschnittliche Seitengrösse des neuen ERP-Systems kommt im Webbrowser auf eine Grösse von 712 KB. Damit eine vernünftige und professionelle Arbeitsweise am Computer möglich ist, muss die Antwortzeit max. 1 Sekunde betragen. Wenn alle 3 Unternehmen gleichzeitig am ERP-System arbeiten, sind durchschnittlich 30 Mitarbeitende über alle Standorte am System. Welche Mindestgrösse an Datendurchsatz muss beim jeweiligen Internet-Abo der einzelnen Firma des Kollektra-Konzerns gegeben sein?
3. Aktuell betreiben die Unternehmen des zukünftigen Kollektra-Konzerns ihre ERP-Server selbst. Welche 2 technischen Mindestmassnahmen müssen die Unternehmen in Sachen Datensicherheit treffen?
4. Der Geschäftsleiter des zukünftigen Kollektra-Konzerns fragt sich, wie er sicherstellen soll, dass alle 3 Unternehmen ohne unerwünschte Unterbrüche den Zugang zu ihren ERP-Daten haben. Nennen Sie je 1 mögliche organisatorische und technische Massnahme.

6 Beschaffung, Test und Einführung

Lernziele

Nach der Bearbeitung dieses Kapitels können Sie …

- die Bedeutung der zu beschaffenden Mittel und Objekte sowie die damit verbundenen Vor- sowie Nachteile darlegen.
- den modularisierten Systemaufbau und die Kernfunktionen von betriebswirtschaftlichen Anwendungen beschreiben und auf das eigene Unternehmen adaptieren.
- die wichtigsten Lieferobjekte von Ausschreibungen nennen.
- anhand des Kriterienkatalogs und der Angaben zu den beschaffenden Mitteln und Objekten ein Pflichtenheft erstellen.
- die Bewertungsgrundlagen anhand eines Beispiels erstellen, um eine objektive und nachvollziehbare Beurteilung aus technischer wirtschaftlicher Sicht eines Angebots sicherzustellen.
- Offerten miteinander vergleichen und bewerten.
- die Aktivitäten im Vertragskontext beschreiben.
- wichtige Aufgaben bei der Einführung von Mitteln, Objekten und Services nennen.
- das Vorgehen erläutern, um Migrationsinhalte nach einer Übernahme auf ihre Vollständigkeit und Richtigkeit zu überprüfen.
- verschiedene Möglichkeiten der Datenmigration aufzeigen und beurteilen, ob eine maschinelle oder eine manuelle Datenübernahme sinnvoll ist.

Schlüsselbegriffe

Abnahmetest, Beschaffungsprozess, Bewertungsdokument, Big-Bang-Einführung, Claim Management, Datenmigration, Detailevaluation, Einführungsstrategien, Erfüllungsgrad, Erweiterung, Evaluationsprozess, Feature Phone, Funktionalität, Grobevaluation, Kann-Kriterien, K. o.-Kriterien, Kosten-Nutzen-Analyse, Lastenheft, Modifikation, Muss-Kriterien, Nutzwertanalyse, öffentliche Ausschreibung, parallele Einführung, Parametrisierung, PDA, Pflichtenheft, Phablet, Prüfobjekt, QS-Massnahmen, QS-Plan, RFF, RFI, RFP, RFQ, Smartphone, Software Customizing, stufenweise Einführung, technische Parameter, Testauswertung, Testbericht, Testprozess, Testprotokoll, Vorgehensmodell, Wearable

6.1 Komponenten evaluieren und beschaffen

Zur Anpassung der betrieblichen IT-Infrastruktur kauft ein KMU meist die dafür benötigten Komponenten wie z. B. Hardware und Software ein. Im Rahmen von **Veränderungsvorhaben** muss eine IT-Organisation daher die verfügbaren bzw. infrage kommenden Lösungen oder Lösungskomponenten gezielt evaluieren und koordiniert beschaffen. Dadurch lassen sich erhebliche Qualitäts-, Zeit- und Kostenvorteile erzielen. In diesem Kapitel lernen Sie den grundsätzlichen **Evaluations- und Beschaffungsprozess** sowie dessen **Ergebnisse** kennen.

Siehe auch!

Veränderungsvorhaben

Lesen Sie zum Thema Projektmanagement das Buch «Organisation und Projektmanagement» dieser Lehrmittelreihe.

6.1.1 Evaluations- und Beschaffungsprozess

In der folgenden Grafik sehen Sie, welche **Aufgaben** eines Evaluations- und Beschaffungsvorhabens welchen **Phasen** des allgemeinen Vorgehensmodells zugeordnet werden können:

Abb. [6-1] Aufgaben bei der Evaluation und Beschaffung von IT-Lösungen

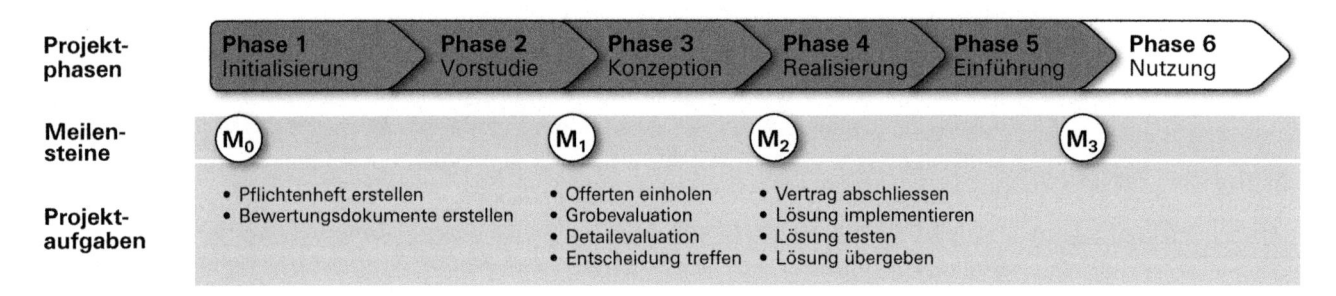

Projektphasen:

| Phase 1 Initialisierung | Phase 2 Vorstudie | Phase 3 Konzeption | Phase 4 Realisierung | Phase 5 Einführung | Phase 6 Nutzung |

Meilensteine: M_0, M_1, M_2, M_3

Projektaufgaben:

- Pflichtenheft erstellen
- Bewertungsdokumente erstellen
- Offerten einholen
- Grobevaluation
- Detailevaluation
- Entscheidung treffen
- Vertrag abschliessen
- Lösung implementieren
- Lösung testen
- Lösung übergeben

Folgende Tabelle fasst die wichtigsten **Aufgaben und Ergebnisse** des Evaluations- und Beschaffungsprozesses zusammen:

Aufgaben	Ergebnisse
Pflichtenheft erstellen	Pflichtenheft mit folgendem Inhalt: • Ausgangslage • Ist-Situation • Ziele • Anforderungen • Mengengerüst • Vorgaben zum Aufbau der Offerte • Administratives • Fragenkatalog
Bewertungsdokumente erstellen	Bewertungsdokumentation mit: • Kriterienkatalog • Bewertungsliste • K. o.-Bewertungs-Tabelle (Muss-Kriterien)
Offerten einholen	• Auswahlliste der Anbieter (Longlist) • Vergleichbare Offerten • Profile der Offertsteller
Grob- und Detailevaluation durchführen	• Rangfolge der Offerten • Kosten pro Offerte • Kosten-Nutzen-Verhältnis pro Offerte • Evaluationsbericht Entscheidungsgrundlagen mit: • Nutzwertanalyse • SWOT-Analyse (Stärken, Schwächen, Chancen, Risiken) • Risikobewertung • Kosten-Nutzen-Analyse oder TCO[1]
Entscheidung treffen und Vertrag abschliessen	• Lösungsvariante auswählen und zur Realisierung freigeben • Vertragsdokumente unterzeichnen und verteilen
Lösung implementieren, testen und übergeben	• Lösung an Systemumgebung angepasst (Konfiguration) • Erfolgreiche Installation (evtl. Pilot, Systemtests) • Erfolgreiche Abnahme • Betriebsorganisation vorbereitet • Wartung und Support organisiert

[1] Im Rahmen der Evaluation und Beschaffung kann TCO als Verfahren zur Abschätzung der Gesamtkosten von Investitionen in Hardware und Software über die gesamte Lebensdauer hinweg herangezogen werden.

Wie Sie erkennen können, müssen das Pflichtenheft und die Bewertungsdokumente fertig erstellt und aufeinander abgestimmt sein, bevor die ersten Offerten eingeholt werden. Wichtig ist v. a., dass die Kriterien und der Massstab festgelegt sind, damit die eingehenden Angebote «objektiv» miteinander verglichen werden können.

6.1.2 Öffentliche Ausschreibungen

In der Schweiz und in den EU-Ländern sind Behörden und staatliche Organisationen dazu verpflichtet, grössere Leistungseinkäufe ab einem bestimmten Beschaffungswert öffentlich auszuschreiben. Solche Ausschreibungen sind streng formalisiert. Dabei lassen sich folgende **Ausschreibungsverfahren** unterscheiden:

- Beim **offenen Verfahren** können alle interessierten Unternehmen ihr Angebot einreichen. Diese werden nach genau definierten Zuschlagskriterien überprüft und bewertet.
- Beim **selektiven Verfahren** gibt es eine Vorqualifikation, an der alle Unternehmen teilnehmen können. Dabei wird geprüft, ob ein Unternehmen überhaupt in der Lage ist, die ausgeschriebenen Leistungen zu erbringen, wobei die Bewertung nach vordefinierten Kriterien erfolgt. Wenn feststeht, welche Unternehmen geeignet sind, können diese wie in einem offenen Verfahren ihr Angebot einreichen.
- Beim **freihändigen Verfahren** werden nur bestimmte Unternehmen aufgefordert, ihr Angebot abzugeben. Dies ist z. B. bei der Weiterentwicklung einer Individualsoftware der Fall. Da der Entwickler einer Lösung i. d. R. am schnellsten in der Lage ist, Veränderungen vorzunehmen, wird nur dieser angeschrieben.
- Beim **Einladungsverfahren** erfolgt die Aufforderung zur Abgabe von Angeboten an bereits bekannte und entsprechend qualifizierte Unternehmen. Dies geschieht i. d. R. bei Aufträgen, für die eine begrenzte Anzahl von Anbietern infrage kommt und bei denen der Preis entscheidend ist.
- Eine Spezialform der Ausschreibung ist eine **Versteigerung von Aufträgen**. Auch hier muss der Auftraggeber eine detaillierte Beschreibung seiner Anforderungen abgeben. Potenzielle Lieferanten können sich dann um den Auftrag bewerben, wobei das Angebot mit dem tiefsten Angebotspreis gewinnt. Solche Versteigerungen können in mehreren Runden ablaufen, bis am Schluss nur noch ein Lieferant übrig bleibt.

6.1.3 Pflichtenheft erstellen

Das Pflichtenheft enthält alle Informationen, die potenzielle Anbieter haben müssen, um ein passendes Angebot offerieren zu können. Je detaillierter und präziser das Pflichtenheft ist, desto besser kann eine geeignete Lösung angeboten werden. Hier ein Überblick über die **Struktur und die Inhalte eines Pflichtenhefts:**

Kapitel	Inhalte
Ausgangslage	- Angaben zum Unternehmen - Organisation der Informatik - Beschaffungsgrund - Projektorganisation
Ist-Zustand	- Aufbauorganisation - Ablauforganisation - Applikationsportfolio - Systemplattform - Technische Infrastruktur
Ziele	- Nutzenrelevante Ziele - Systemziele - Vorgehensziele
Anforderungen	- Applikationsbezogene Anforderungen - Anbieterbezogene Anforderungen - Systemtechnische Anforderungen
Mengen und Häufigkeit	- Datenbewegungen - Datenbestände - Anzahl der Benutzer
Aufbau und Inhalt der Offerte	- Management Summary - Applikationsbezogene Angaben - Angaben zur Systemplattform - Anbieterbezogene Angaben - Kosten und Finanzierung

Kapitel	Inhalte
Administratives	• Vertraulichkeit • Evaluationsschwerpunkte • Rückfragen zum Pflichtenheft • Termine (Beschaffung und Realisierung) • Abgabe der Offerte und weiteres Vorgehen
Fragenkatalog	• Fragen zum Anbieter • Fragen zum Produkt • Fragen über Technik

6.1.4 Bewertungsdokumente erstellen

Bewertungsdokumente sind Hilfsmittel, die die Beurteilung der Angebote vereinfachen sollen. Dazu gehören beispielsweise ein Kriterienkatalog oder Dokumente für die Grob- und die Detailevaluation. Darin werden die Beurteilungskriterien entsprechend den Anforderungen aus dem Pflichtenheft hierarchisch angeordnet und gewichtet sowie das interne Bewertungsschema festgehalten. Bewertungsdokumente müssen vor dem Eintreffen der ersten Offerten fertig sein und dürfen nach dem Versand des Pflichtenhefts nicht mehr geändert werden. Dies ist eine wichtige Voraussetzung zur Wahrung der Objektivität beim Vergleich der Offerten.

6.1.5 Bestes Angebot auswählen

Generell ist zu bemerken, dass Sie sich bei der Auswahl eines bestimmten Angebots auf der Basis eines strukturierten Pflichtenhefts hauptsächlich auf die **Aussagen der Anbieter** (oder ggf. auf die im Angebot aufgeführten Referenzkunden) abstützen müssen. Der Beweis für die bestmögliche Erfüllung der wichtigsten Anforderungen kann erst nach der Inbetriebnahme der ausgewählten und implementierten Lösung erbracht werden.

6.2 Netzwerkkomponenten und -services wählen

Welcher Fileserver ist der richtige? Welche Switches halten am längsten? Welcher Serviceprovider bietet die besten Konditionen für die gewünschten Netzwerkservices bzw. welcher Hersteller oder Lieferant bietet die besten Konditionen für die benötigten Netzwerkgeräte? Solche Fragen müssen im Rahmen einer **systematischen Evaluation** beantwortet werden. Zentrale Voraussetzungen für ein solches Verfahren sind korrekt spezifizierte Anforderungen unter Berücksichtigung der firmenspezifischen Rahmenbedingungen, wie sie in Kapitel 2.2, S. 46 vorgestellt wurden.

Das **Pflichtenheft** für die Beschaffung der Netzwerkkomponenten sollte folgende Elemente beinhalten:

Inhalt	Kurzbeschreibung
Ist-Zustand	Beschreibung der bestehenden NW-Lösung, Darstellung der aktuellen Situation
Soll-Zustand	Beschreibung der gewünschten NW-Lösung, Darstellung der künftigen Situation
Auswahlkriterien	Beschreibung der Entscheidungskriterien auf der Grundlage der spezifizierten Muss- und Kann-Anforderungen (inkl. Service- und Supportleistungen, Garantieleistungen etc.)
Mengengerüst	Aufstellung der Beschaffungsmengen
Offertvorgaben	Vorgaben für den Aufbau und den Inhalt des Angebots (z. B. Anschaffungskosten, Mengenrabatte, Betriebskosten)
Informationen über Anbieter	Fragen zu Referenzen des Anbieters, administrative Angaben wie Kontaktpersonen und -nummern etc.

Die wichtigste Aufgabe bei der Erstellung des Pflichtenhefts besteht in der Formulierung der **Auswahlkriterien** entsprechend den spezifizierten Anforderungen. Diese können im besten Fall mit wenig Aufwand aus dem **Anforderungskatalog** abgeleitet werden. Vergleichen Sie dazu das Kapitel 2.1.2, S. 44.

Hinweis	Lassen Sie die Auswahlkriterien von den Verantwortlichen in Ihrem Unternehmen bzw. vom (internen oder externen) Kunden «absegnen», bevor Sie das Pflichtenheft verschicken, sonst besteht die Gefahr, dass präzisiert bzw. nachgebessert werden muss.

Für einen möglichst **reibungslosen System- bzw. Netzwerkbetrieb** sind neben technischen Kriterien auch Kriterien wie Service- und Supportleistungen oder Garantieleistungen, die Verfügbarkeit des Herstellers im Notfall sowie die Fristen für Ersatzteillieferungen zu berücksichtigen. Welche Ausfallzeiten des Firmennetzwerks können wir verkraften? Welche Antwortzeiten sind für unsere Geschäftsprozesse relevant? Solche Aspekte werden üblicherweise im Rahmen eines Service Level Agreement geregelt. Vergleichen Sie dazu das Kapitel 3.4, S. 84.

Bezüglich des **Anbieters** sind Informationen über dessen Marktstellung, über Erfahrungen mit ähnlichen Projekten (bei grösseren Projekten) sowie die Support- und Kontaktadressen von Interesse.

Parallel zum Pflichtenheft müssen **Bewertungsdokumente** erstellt werden, in denen ausgewiesen wird, wie die einzelnen Auswahlkriterien des Pflichtenhefts gewichtet werden. Die Bewertungsdokumente sind unbedingt fertigzustellen (und abzunehmen), bevor das Pflichtenheft den Anbietern übergeben wird.

Muss-Kriterien müssen erfüllt werden. Sie werden entweder vollständig erfüllt oder nicht, d. h., es gibt nichts dazwischen. Muss-Kriterien dienen dazu, Offerten auszuschliessen, die wesentliche Kriterien nicht erfüllen. Sie dienen also zur Vorselektion der Offerten und werden deshalb auch **K. o.-Kriterien** genannt.

Hinweis	Beschränken Sie sich bei den K. o.-Kriterien auf die zentralen Muss-Anforderungen, sonst bleiben für das weitere Auswahlverfahren (für die Detailevaluation) keine Angebote mehr übrig.

Kann-Kriterien können erfüllt werden, ggf. auch teilweise. Ein Kann-Kriterium ist aber nicht freiwillig zu erfüllen oder gar vernachlässigbar. Wenn Sie beispielsweise einen Netzwerkdrucker evaluieren und als Kann-Kriterium «Druckleistung: 45 Seiten A4 pro Minute» formulieren, dann fallen keine Drucker aus dem weiteren Evaluationsverfahren, die nur «40 Seiten A4 pro Minute» drucken, aber einen bedeutend besseren Nutzen (höheren Nutzwert) haben würden.

6.2.1 Grobevaluation

Nachdem Sie das Pflichtenheft und die Bewertungsdokumente erstellt haben, müssen Sie die infrage kommenden **Anbieter auswählen.** Zu diesem Zweck informieren Sie sich, wer über aktuelle Lösungen auf dem Markt verfügt bzw. wer die gewünschten Netzwerkkomponenten und -services überhaupt anbietet. Die möglichen Anbieter können national oder international ausgewählt werden, je nach Situation bzw. Projekt. Für ein national tätiges Schweizer KMU macht es z. B. nur wenig Sinn, für sein LAN / WLAN einen Anbieter in Indien anzuschreiben. Wenn es sich aber um eine internationale Firma handelt, die ein Netzwerkprojekt für die Implementation von Services aus einer zentralen geschützten Cloud aufsetzt, kann eine solche Offerte sinnvoll sein.

Bei kleineren bis mittelgrossen Projekten empfiehlt es sich, die Auswahl auf **5–10 Anbieter** zu beschränken und diesen das Pflichtenheft zu übergeben. Legen Sie auch den spätesten Einreichungstermin fest, damit Sie wissen, wann Sie mit der Auswertung der Angebote beginnen können.

Sobald alle Angebote bei Ihnen eingetroffen sind, beginnen Sie mit der **Grobevaluation**. Dabei werden die Offerten nach folgenden Aspekten vorselektiert:

- Sind alle K. o.-Kriterien erfüllt?
- Werden die Offertvorgaben eingehalten?
- Wird der Kostenrahmen eingehalten (Kostendach, TCO)?
- Werden die Muss-Kriterien eingehalten?

6.2.2 Detailevaluation

Offerten, die die Kriterien der Grobevaluation erfüllen, werden einer Detailevaluation unterzogen und anhand der Bewertungsdokumente bewertet. Dabei werden die Kann-Kriterien herangezogen und anhand einer Nutzwertanalyse beurteilt. Den **Total Cost of Ownership** sind dabei auch allfällige **Effizienzsteigerungen** gegenüberzustellen. Beim Einsatz mobiler Kommunikationsdienste und -geräte können die Netzwerkteilnehmer z. B. von unterwegs oder von verschiedenen Firmenstandorten aus an Sitzungen teilnehmen. Umgekehrt gilt: Wenn die Verbindungen den hohen Qualitätsanforderungen nicht genügen, können solche Sitzungen auch in ein Kommunikationschaos münden. Bei der Kostenbetrachtung einer neuen Lösung geht es also um den **Return on Investment**. Für die Evaluation von mobilen Kommunikationsdiensten müssen folgende **Kostenarten** berücksichtigt werden:

- Beschaffungskosten
- Gerätekosten (evtl. Mitfinanzierung durch User bei der privaten Nutzung von Geräten)
- Kosten für die Lösungsentwicklung: Konzeption der (mobilen) Kommunikationsdienste, Integration in bestehende Lösungen
- Kosten für Lizenzen für die erweiterte (mobile) Nutzung von Anwendungen, zusätzliche Kosten für mobile Anwendungen
- Kosten für die Umsetzung der Sicherheitsanforderungen für mobile Lösungen (gegenüber standortgebundenen Lösungen oft viel höher)
- Schulung der Teilnehmer
- Betriebskosten
- Kosten für die Speicherung mobiler Daten (abhängig vom Volumen)
- Limitierungen bei sogenannten «Flat Rates» (z. B. Drosselung der Übertragungskapazitäten bis zu vollständiger Deaktivierung der Verbindung bzw. stark erhöhte Preise)
- Roaming: Kosten für Gespräche und Datenvolumen im Ausland
- Ersatzgeräte: Versand bzw. Lieferung von Ersatzgeräten (weltweit, je nach Anforderung)

6.2.3 Auswahl der besten Lösung

Bei der Detailevaluation wird das Angebot mit dem höchsten **Nutzwert** ermittelt, d. h., diese Lösung erfüllt die gewichteten Anforderungen am ehesten. Für die Auswahl der «besten Lösung» werden zudem die Gesamtkosten berücksichtigt und mit dem Nutzwert verglichen. Auf dieser Basis können Sie eine Empfehlung für diejenige Lösung abgeben, die das beste **Kosten-Nutzen-Verhältnis** bietet.

6.3 Standortgebundene und mobile Kommunikationsdienste wählen

Bei der Auswahl standortgebundener und mobiler Kommunikationsdienste müssen diverse **Abhängigkeiten** berücksichtigt werden. So sind etwa alte und neue Technologien im Hinblick auf ihre Kompatibilität zu analysieren. Ein besonderes Augenmerk muss dabei auf möglichst offene Schnittstellen zwischen den bestehenden und zu beschaffenden Lösungen (ggf. auch verschiedener Hersteller) gelegt werden. Andernfalls wird der Aufwand, neue Kommunikationsdienste zu integrieren und verschiedene Dienste miteinander zu betreiben, höher als der daraus entstehende bzw. erhoffte Nutzen.

6.3.1 Ausgangssituation analysieren

Neue Kommunikationsdienste stellen ein Unternehmen vor **Sicherheitsprobleme.** Dies gilt besonders für mobile Dienste, weil mobile Geräte ausserhalb des Unternehmens betrieben und genutzt werden. Bei mobilen Kommunikationslösungen ist generell zu beachten, dass vertrauliche Daten oder Informationen leichter eingesehen und in unbefugte Hände gelangen können und so das Risiko des Datenabflusses steigt. Um solche Missbräuche zu verhindern, müssen geeignete **Massnahmen** wie z. B. Data Leak / Loss Prevention[1] getroffen werden. Mehr über Sicherheitsgefahren und -massnahmen erfahren Sie in Kapitel 7, S. 190. Der Wert von Daten und der Umgang mit vertraulichen Daten werden in Kapitel 8, S. 214 behandelt.

Oft sollen bestimmte Dienste auch ausserhalb des Unternehmens für mobile Geräte verfügbar gemacht werden, nicht aber alle Dienste.

Beispiel	Der E-Mail-Dienst soll auch ausserhalb des Unternehmens von mobilen Notebooks via VPN-Anbindung genutzt werden. Die CRM-Anwendung darf jedoch aufgrund von Datenschutzbestimmungen ausserhalb des Unternehmens nicht genutzt werden. Die technische Umsetzung solcher Einschränkungen darf wiederum die unternehmensinterne, standortgebundene Nutzung beider Dienste nicht einschränken.

In der folgenden Tabelle finden Sie typische Ausgangssituationen und Fragestellungen, die sich bei der **Auswahl standortgebundener und mobiler Kommunikationsdienste** stellen:

Ausgangslage (Infrastruktur)	Typische Fragen bei der Auswahl
LAN mit Office-Anwendungen	• Sollen die Dienste über mehrere Gebäude der Firma zur Verfügung gestellt werden? • Sollen die Dienste über mehrere Standorte der Firma zur Verfügung gestellt werden?
VPN- und Internetverbindungen	• Wo soll es Ein- und Ausgänge zum Internet geben? • Wie sollen diese Internet-Outbreaks mobil genutzt werden können?
Kunden-/Lieferantenanbindung	• Welche Dienste sollen Drittparteien wie Kunden oder Lieferanten zur Verfügung gestellt werden? • Wer übernimmt welche Funktion von wem und wer kann Vorgaben liefern, die für alle gelten? • Wie werden die Verbindungen zu Drittparteien gegenüber dem mobilen Gebrauch abgeschottet?
Client-Server-Systeme	• Welche standortgebundenen Dienste müssen für mobile Geräte zur Verfügung gestellt werden? • Welche Dienste müssen standortgebunden weitergeführt werden? • Welche Dienste müssen migriert werden, um das bestehende System nicht zu gefährden (z. B. VPBX anstelle der alten Telefonanlage)?

---

[1] Vorsorge vor unerwünschter Informationsweitergabe / vor unerwünschtem Datenabfluss, die bzw. der (potenziell) Schaden verursacht.

Ausgangslage (Infrastruktur)	Typische Fragen bei der Auswahl
Fat-Client-Anwendungen	• Welche Anwendungen müssen für mobile Geräte zur Verfügung gestellt werden? • Welche Anwendungen müssen standortgebunden weitergeführt werden?
Verschlüsselung	• Reicht die Rechenkapazität der mobilen Geräte aus, um die notwendigen Verschlüsselungsfunktionen zu unterstützen? • Reicht die Energieversorgung der mobilen Geräte aus, um die notwendigen Verschlüsselungsfunktionen zu unterstützen?
Übertragungskapazitäten	• Reichen die Übertragungskapazitäten für den Datenaustausch zwischen Client- und Server-Anwendungen beim Einsatz mobiler Kommunikationsgeräte aus? • Welche Übertragungskapazitäten stehen für mobile Kommunikationsgeräte zur Verfügung? Ist z. B. überall GSM mit 4G-Datenkapazität verfügbar? • Können die notwendigen Anwendungsfunktionen von mobilen Geräten mit geringen Übertragungskapazitäten überhaupt eingesetzt bzw. sinnvoll genutzt werden (z. B. hochauflösende Video-Feeds)?

In Bezug auf die **Funktionalität** sind besonders folgende Punkte zu berücksichtigen:

- Funktionen verschiedener Kommunikationslösungen lassen sich nicht immer «transparent» in eine neue Lösung überführen. Oft müssen Kompromisse eingegangen werden, was auf Kosten der «Unified Communication» geht, wenn bestehende Lösungen nur unvollständig integriert werden. Durch Befragungen der Benutzer, welche Funktionen der bestehenden Lösungen wie genutzt werden, lassen sich Akzeptanzrisiken aber weitgehend minimieren. Auch eine offene und frühzeitige Information der Benutzer über die künftig zur Verfügung stehenden Funktionen bzw. über Einschränkungen der bisher bekannten Funktionen können die Akzeptanz der «einheitlichen Kommunikationslösung» wesentlich verbessern.

- Eine besondere Herausforderung stellen Funktionen dar, die im Zusammenhang mit der Nutzung standortgebundener Dienste selbstverständlich sind, auf mobilen Geräten aber nicht umsetzbar sind oder nur unter Kompromittierung von Sicherheitsanforderungen.
Dazu gehören z. B. Funktionen für den Import und den Export von (externen) Daten. Besonders bei virtuellen Desktops (VDI[1] wie Citrix oder Microsoft Remote Desktop) werden deshalb bestimmte Funktionen wie z. B. «copy and paste» oft deaktiviert. Eine weitere beliebte Funktion ist das Drucken. Soll der Druck ermöglicht werden, wenn ein Mitarbeiter unterwegs oder zu Hause arbeitet? Welche Daten dürfen gedruckt werden? Welche Drucker stehen zur Verfügung und wie können diese installiert werden?

6.3.2 Mobile Kommunikationsgeräte auswählen

Viele Unternehmen setzen nicht sofort die aktuellen Kommunikationsgeräte der neusten Technologie ein, sondern warten ab, welche Geräte bzw. Technologien reif genug sind (breit im Einsatz, ausgetestet und stabil), um in der Praxis eingesetzt zu werden. Eine solche **«Late-Follower-Strategie»** lässt Ihnen Zeit, die Vor- und Nachteile der einzelnen Geräte bzw. Technologien genauer abzuwägen und bezüglich ihrer Eignung zur Erfüllung der eigenen Anforderungen zu beurteilen. Im Folgenden werden wichtige Kategorien und typische Vertreter mobiler Kommunikationsgeräte kurz vorgestellt:

---

[1] Abkürzung für: Virtual Desktop Infrastructure.

Abb. [6-2]　　　Mobile Kommunikationsgeräte

PDA	Feature Phone
Bild: © lenta / iStock / Getty Images	Bild: © AnikaSalsera / iStock / Getty Images
Smartphone	**Tablet-PC / Phablet**
Bild: © scanrail / iStock / Getty Images	Bild: © gerenme / iStock / Getty Images
Laptop / Notebook / Netbook	**Smart Watch / Wearable**
Bild: © mbortolino / iStock / Getty Images	Bild: © onurdongel / iStock / Getty Images

Die einzelnen Kategorien mobiler Kommunikationsgeräte lassen sich wie folgt beschreiben:

- **Personal Digital Assistant (PDA):** Vorgänger des Smartphones, bietet im Wesentlichen eine elektronische Agenda und ein Adressbuch mit der Möglichkeit zur (kabelgebundenen) Synchronisation an einem Desktop-Computer. Koexistenz neben dem klassischen Mobiltelefon (mit Funktionalität SMS und Sprachkommunikation) oder «Feature Phone».

- **Mobiltelefon (Feature Phone):** Mobiltelefone beherrschten zunächst nur die Sprachtelefonie. Instant Messaging mit SMS kam erst später dazu. Zunehmend wurden weitere, datengebundene Dienste angeboten (z. B. Abfrage Wetterbericht oder eingeschränkte Webseiten) mit dem sogenannten «WAP-Protokoll» und ersten Mobilfunk-Datendiensten (GPRS). Diese erweiterten Funktionen verliehen dem Mobiltelefon den Namen «Feature Phone».
- **Smartphone:** mobiles Telefon mit Betriebssystem und der Möglichkeit, beliebige Anwendungen (Apps) zu installieren. Im Unterschied zum «Feature Phone» ist ein Smartphone ein miniaturisierter Computer mit mehr oder weniger eingeschränkten Eingabe- und Ausgabeschnittstellen. Es gibt Modelle mit physischer Tastatur oder Modelle mit einer virtuellen Tastatur (Tastenfeld im Bildschirm).
- **Tablet-PC:** tragbarer Personal Computer, der nur aus einem flachen, berührungssensitiven Bildschirm besteht und mit kabellosen Kommunikationsprotokollen an ein Netzwerk angebunden wird. Ein Tablet Computer verfügt (prinzipiell) nicht über Funktionen der Mobiltelefonie (bekanntes Beispiel: iPad der Firma Apple).
- **Phablet:** Mischung aus Smartphone und Tablet, oft im Formfaktor «übergrosses Smartphone». Im Unterschied zum Tablet bietet ein «Phablet» Funktionen der Mobiltelefonie, daher die Bezeichnung «Phablet» als Kombination von «Phone» und «Tablet».
- **Laptop, Notebook, Netbook:** mobiler Personal Computer, je nach Grösse und Hersteller mit verschiedenen Bezeichnungen. Wird im Englischen oft auch schlicht mit «Portable», abgekürzt für «Portable Computer», bezeichnet. Der Begriff «Ultrabook» bezeichnet dagegen einen geschützten Markenbegriff und keine Geräteklasse.
- **Smart Watch:** elektronische Uhr für das Handgelenk mit erweiterten Funktionen oder Apps. Je nach Hersteller und Modell ist eine Smart Watch entweder von einem Smartphone abhängig oder kann unabhängig genutzt werden.
- **Wearables:** neue Generation mobiler Endgeräte, die am Körper getragen werden. Tauchten zuerst im Home-Bereich auf (z. B. Fitness oder Sport allgemein), werden aber zunehmend auch als mobile Unternehmenslösungen eingesetzt (z. B. in Brillen integrierte Leseeinheiten, die RFID-Codes ablesen).

6.3.3 Bestellung bzw. Vertragsabschluss

Ist die Entscheidung für eine bestimmte Lösung gefallen, können die **Bestellungen** ausgelöst bzw. bei grösseren Projekten entsprechende **Verträge oder SLAs** aufgesetzt werden.

6.4 Services vereinbaren

6.4.1 Services anfragen und ausschreiben

Ein **Service Request** ist eine formale Anfrage nach einer IT-Dienstleistung, die üblicherweise an den Service Desk gestellt wird.

Ein **Request for Information (RFI)** ist eine unverbindliche Anfrage nach einer Leistung. Dabei wird abgeklärt, ob das angeschriebene Unternehmen grundsätzlich in der Lage und gewillt ist, eine bestimmte Leistung zu erbringen. Ziel der Anfrage ist eine erste Sondierung der Angebote auf dem Markt. Eventuell lassen sich mittels RFI auch Stundensätze, Mengengerüste, Preise und mögliche Rabatte in Erfahrung bringen.

Ein **Request for Quotation (RFQ)** ist eine unverbindliche Preisanfrage zu einer bestimmten Leistung (aus dem Lasten- oder dem Pflichtenheft). Dabei wird abgeklärt, zu welchem Preis das angeschriebene Unternehmen in der Lage und gewillt ist, diese Leistung zu erbringen.

Ein **Request for Feature (RFF)** ist eine unverbindliche Anfrage nach einer bestimmten Funktionalität. Meist geht es dabei um die funktionale Erweiterung eines bestehenden Systems. Eine funktionale Erweiterung ist meist nur bei einer Standardsoftware möglich, die eine grosse Marktverbreitung hat.

Ein **Request for Proposal (RFP)** ist eine Ausschreibung im klassischen Sinn. Sobald ein Anbieter ein Angebot abgibt, ist dieses innerhalb einer festgelegten Frist bindend. Ein Vertrag kann schon allein durch die Annahme des Angebots zustande kommen, weitere Regelungen sind dann nicht nötig. In grossen Unternehmen bzw. Konzernen werden RFPs auch intern durchgeführt, um die Angebote bestimmter Abteilungen zu ermitteln und / oder deren Qualität zu vergleichen.

6.4.2 Serviceangebote bewerten

Die **Bewertung von Angeboten für IT-Services** ist meist keine einfache Aufgabe, weil IT-Services nur selten direkt (1 : 1) miteinander vergleichbar sind. Besonders wenn es um den Betrieb geschäftskritischer Systeme oder um die Entwicklung und Einführung neuer Anwendungen geht, ist eine sorgfältige Evaluation nötig. Im Folgenden werden einige Voraussetzungen und Methoden beschrieben, die dabei hilfreich sind.

A] Voraussetzungen

Ein **Bewertungskriterium** ist ein entscheidendes Merkmal, das für die Auswahl eines Services wichtig ist. Beispiele für solche Kriterien sind der Preis, die Durchlaufzeit oder die Datenmenge. Bei der Bewertung werden die Angebote daraufhin analysiert, ob und in welchem Ausmass (Grad) sie die definierten Kriterien erfüllen. **Kann-Kriterien** nehmen dabei eine zentrale Rolle ein. Werden diese nicht oder nur ungenügend erfüllt, muss bzw. kann ein Angebot zurückgewiesen werden. Eine solche Ablehnung kann entweder endgültig sein oder mit der Aufforderung zur Nachbesserung verbunden werden.

Der **Erfüllungsgrad eines Kriteriums** kann anhand einer **Bewertungsskala** ermittelt werden, die z. B. folgende Stufen umfasst:

Punkte	Erfüllungsgrad	Erläuterung
0	Nicht beurteilbar	Keine Angaben zum Kriterium gefunden.
1	Total ungenügend	Das Kriterium ist vorhanden, erfüllt die Requirements aber in keiner Weise.
2	Ungenügend	Das Kriterium ist vorhanden, erfüllt die Requirements aber nicht ausreichend.
3	Erfüllung	Das Kriterium ist erfüllt.
4	Gute Erfüllung	Das Kriterium ist qualitativ gut umgesetzt.
5	Sehr gute Erfüllung	Das Kriterium ist in einer sehr guten Qualität umgesetzt und erfüllt die Requirements vollständig.

Mit einer solchen Bewertungsskala lassen sich die meisten Angebote genügend differenziert bewerten. Wenn eine Bewertungsskala (viel) mehr Stufen hat, wird die Bewertung schwieriger und es entsteht eine zweifelhafte **Scheingenauigkeit.** Was ist z. B. ist der genaue Unterschied zwischen der Bewertung 8 und 9 in einer Skala von 1 bis 12? Es ist zu empfehlen, eher wenige Werte zu verwenden, diese aber präzise zu definieren.

B] Nutzwertanalyse

Bei einer **Nutzwertanalyse** sind die Angebote anhand gewichteter Kriterien zu bewerten. Nicht alle Bewertungskriterien sind gleich wichtig. Damit die Bedeutung der einzelnen Kriterien bei der Bewertung der Angebote zum Ausdruck kommt, müssen sie gewichtet werden. Die **Gewichtung** kann z. B. anhand von Prozentzahlen geschehen. Folgende Tabelle zeigt die relative Gewichtung verschiedener Messkriterien für eine Supportorganisation:

Abb. [6-3] Nutzwertanalyse

Bewertungskriterium	Punkte	Gewichtung	Nutzwert
Bearbeitungszeit eines Falls (Prozessdurchlaufzeit)	4	20%	80
Bearbeitungsvolumen pro Tag	5	20%	100
Erreichbarkeit	3	50%	150
Preis	3	10%	30
Summe		100%	360

Das obige Beispiel zeigt, dass das Bewertungskriterium «Erreichbarkeit» am höchsten gewichtet wurde und auch die Prozessdurchlaufzeit und das Bearbeitungsvolumen wichtig sind, der Preis des Angebots dagegen eine untergeordnete Rolle spielt. In diesem Beispiel entspricht der **maximale Nutzwert** 500 Punkten. Dies wäre der Fall, wenn alle Kriterien den Maximalwert 5 Punkte erreichen würden. Der Auftrag geht jeweils an denjenigen Anbieter, der die höchste Punktzahl aufweist.

C] Kosten-Nutzen-Analyse

Die **Kosten-Nutzen-Analyse** ist eine Variante der Nutzwertanalyse, bei der der Preis eine herausragende Rolle spielt. Diese Methode kommt meist bei **preissensiblen Bewertungen** vor und zeigt das Verhältnis zwischen den Kosten und dem Nutzen eines Angebots auf. Gewinner bei dieser Bewertungsmethode ist das Angebot, das den höchsten Nutzen im Vergleich zu den Kosten aufweist. Diese Methode ist v. a. dann interessant, wenn 2 Lösungen vorliegen, bei der die eine beispielsweise einen deutlich geringen Nutzen aufweist, aber im Preis auch deutlich tiefer liegt. Auf dieser Basis lässt sich eine wirtschaftliche Wahl bzw. Entscheidung treffen.

Abb. [6-4] Kosten-Nutzen-Analyse

IT-Service A			
Bewertungskriterium	Punkte	Gewichtung	Nutzwert
Usability	4	20%	80
Funktionalität	5	30%	150
Sicherheit	3	50%	150
Summe			380
Preis			100 000
Kosten-Nutzen-Verhältnis (Preis / Nutzenpunkte)			263
Nutzen-Kosten-Verhältnis (Nutzenpunkte / Preis)			0.0038
IT-Service B			
Bewertungskriterium	Punkte	Gewichtung	Nutzwert
Usability	2	20%	40
Funktionalität	4	30%	120
Sicherheit	2	50%	100
Summe			260
Preis			70 000
Kosten-Nutzen-Verhältnis (Preis / Nutzenpunkte)			269
Nutzen-Kosten-Verhältnis (Nutzenpunkte / Preis)			0.0038

Im obigen Beispiel spricht das **Kosten-Nutzen-Verhältnis** für den Service A, weil hier jeder Nutzenpunkt 6 Einheiten günstiger ist als beim Service B und das **Nutzen-Kosten-Verhältnis** gleich ist.

6.4.3 Servicevereinbarung

Ein **Service Level Agreement (SLA)** ist eine schriftliche Vereinbarung zwischen Kunden und Serviceprovider in Bezug auf bestimmte IT-Services. In dieser Vereinbarung werden Art und Umfang bzw. Qualität der zu erbringenden IT-Services festgelegt sowie die Pflichten und Rechte beider Seiten festgehalten. Wird von einem SLA gesprochen, sind damit häufig die Utility- und Warranty-Aspekte der vereinbarten IT-Services gemeint. Betrachtet man das SLA gesamthaft, werden aber folgende Aspekte für eine **erfolgreiche Zusammenarbeit** geregelt:

- **Geschäftsbeziehung:** Art und Weise der Zusammenarbeit zwischen dem Erbringer und dem Bezüger eines IT-Services
- **Servicebeschreibung:** funktionale und technische Spezifikation des IT-Services
- **Service-Level-Ziele:** Ziele für die Warranty-Aspekte des IT-Services
- **Serviceorganisation:** Definition der notwendigen Prozesse, Rollen und Ergebnisse beim Kunden und Serviceprovider für den regulären Betrieb, Störungsfall, Katastrophenfall und das Reporting

Mithilfe der **Servicebeschreibung** wird die erbrachte Leistung durch den IT-Service definiert. Dazu können nebst der reinen «Utility»-Beschreibung auch Umschreibungen der unterstützten Business-Prozesse und der Nutzen des IT-Service bei der Wertschöpfung gezählt werden.

A] Funktionale Parameter

Mit den **funktionalen Parametern** werden Funktionen beschrieben, die durch den IT-Service gegenüber dem Anwender erbracht werden. Es empfiehlt sich, die Beschreibung auf die wesentlichen Funktionen zu konzentrieren (nicht zu umfangreich) und in einer für den Anwender verständlichen Sprache zu halten. Folgende Aspekte sollten beschrieben werden:

Aspekt	Beschreibung, Beispiele
Zentrale Funktionen	Die businessrelevanten, für den Anwender sichtbaren Funktionen, Use Cases des IT-Services
Weitergehende Funktionen	Notwendige zusätzliche Betriebsleistungen wie Batch-Verarbeitungen, Archivierung
Verwaltete Informationen	Zum Beispiel Beschreibung der Objekte aus Core Data Model
Schnittstellen	Fachliche Beschreibung der Schnittstellen mit anderen Systemen inkl. Umfang und Periodizität
Reports	Beschreibung von bereitgestellten fachlichen Reports
Dokumentation	Welche Dokumentation des IT-Service wird für den Anwender bereitgestellt?
Wartungsarbeiten	Welche Wartungsarbeiten werden durch den Serviceprovider vorgenommen (Patches, Konfigurationen von Standardsoftware usw.)?

Falls eine detailliertere Beschreibung gewünscht wird, kann bei Bedarf auf die **Anforderungsspezifikation** Bezug genommen werden. Wird eine Standardsoftware eingesetzt, kann es durchaus auch reichen, auf die eingesetzten Module Bezug zu nehmen. Allenfalls sind auch die vorgenommenen Anpassungen an der Software (Customizing) von Interesse.

B] Technische Parameter

Bei den **technischen Parametern** werden technische Aspekte des IT-Services beschrieben, die für den Anwender relevant sind. Dabei geht es nicht um die Infrastruktur zur Bereitstellung des IT-Services, sondern um Aspekte, die sich direkt auf die Nutzung des Services auswirken und somit die Utility beeinflussen. Dazu zählen:

Aspekt	Beschreibung, Beispiele
Hardware-eigenschaften	s/w-Drucker vs. Farbdrucker, Etagen- vs. Arbeitsplatzdrucker, PC vs. Laptop
Anwendungen	Für diesen IT-Service zu installierende Software
Informationsspeicher	Beschreibung File-Systeme, Datenbanken inkl. Angabe des garantierten verfügbaren Speicherplatzes
Netzzugang	Nur Intranet, Internet, Extranet
Backup	Sind gelöschte Informationen wiederherstellbar, für wie lange, in welchen Zeitintervallen?
Umgebungen	Wird der Service auch auf einer Test- oder Entwicklungsumgebung bereitgestellt?

C] Servicevarianten und optionale Servicebestandteile

IT-Services werden nicht (immer) von allen Anwendergruppen gleich gebraucht. Es kann sein, dass verschiedene Gruppen leicht unterschiedliche Bedürfnisse haben oder aber nicht alle Nutzer den vollen Umfang eines IT-Services benutzen müssen. Mithilfe von **Servicevarianten** und **optionalen Servicebestandteilen** können IT-Services für verschiedene Bedürfnisse und Nachfragesituationen optimiert werden. Das Ziel und der Nutzen verschiedener Servicevarianten bleiben dieselben, jedoch werden die funktionalen und technischen Parameter auf bestimmte Anwenderbedürfnisse angepasst. In der folgenden Tabelle werden Servicevarianten für verschiedene Arbeitsplätze ausgewiesen:

Parameter	Büroarbeitsplatz	Verkäufer-Arbeitsplatz
Hardwareeigenschaften	• PC • Bildschirm • Etagendrucker	• Laptop • Dockingstation • Bildschirm • Arbeitsplatzdrucker
Anwendungen	• Office Suite	• Office Suite • CRM-System
Netzzugang	• Internet • Intranet	• Internet • Intranet • Extranet

Optionale Servicebestandteile sind Leistungen, die zusätzlich zu einem IT-Service bezogen werden können. Typische Beispiele sind die Möglichkeiten, für bestimmte Arbeitsplätze einen zweiten Bildschirm oder zusätzlich zur Office Suite eine Datenbanksoftware (z. B. MS Access) oder ein Zeichnungsprogramm einzurichten (z. B. MS Visio).

6.4.4 Vertragsphasen

Jeder Vertrag hat eine bestimmte Lebensdauer, die sich in folgende **Phasen** gliedern lässt:

1. **Vertrag erstellen:** In dieser Phase wird der Vertrag ins Leben gerufen. Dazu werden SLA-Verhandlungen geführt, entsprechende Dokumente erstellt, Genehmigungen eingeholt und administrative Aufgaben wie z. B. die Archivierung erledigt.
2. **Vertrag erfüllen:** In dieser Phase wird der Vertrag «gelebt», d. h., die vereinbarten Services werden erbracht und die Erfüllung oder Nichterfüllung des QoS wird nachgewiesen.
3. **Vertrag beenden oder erneuern:** In dieser Phase wird der Vertrag aufgelöst oder (falls befristet) verlängert. Idealerweise werden die bisherigen Erfahrungen ausgetauscht oder Probleme diskutiert und der Vertrag entweder beendet oder erneuert.

6.4.5 Nachforderungen stellen

Ein **Claim** ist eine Nachforderung, die sich aus Abweichungen gegenüber vertraglichen Vereinbarungen ergibt. Solche Abweichungen können z. B. hinsichtlich der Termine, der Kosten oder der Qualität eines vereinbarten IT-Services entstehen (oder aus einer Kombination mehrerer Faktoren).

Das **Claim Management** ist während der Laufzeit eines Vertrags von grosser Bedeutung. Viele Service Manager kennen sich mit dem Change Management aus, können aber mit Nachforderungen nicht angemessen umgehen. Das Change Management hat den Fokus auf neuen Leistungen oder Leistungsänderungen, die noch nicht vereinbart sind. Beim Claim Management geht es um die Einforderung bereits vereinbarter Leistungen, die vertraglich fixiert sind.

Nachforderungen gehören zum Handwerk eines Service Manager. Denn sobald ein Service eine gewisse Komplexität erreicht, sind Änderungen während der laufenden Vertragszeit nicht die Ausnahme, sondern eher die Regel. Die Gründe dafür sind folgende:

- **Unvollständige Spezifikation:** Ab einer gewissen Komplexität (z. B. der IT-Infrastruktur) lassen sich nicht alle Aspekte und Anforderungen im Vorfeld vollständig berücksichtigen.
- **Unklare Vereinbarungen:** Mehrdeutige, unbestimmte oder widersprüchliche Vereinbarungen führen dazu, dass eine Leistung nicht wie erwartet funktioniert.
- **Lange Vertragslaufzeiten:** Änderungen im wirtschaftlichen und technologischen Umfeld führen zu neuen Anforderungen, die Nachforderungen oder ggf. Neuverhandlungen notwendig machen.
- **Unvorhergesehene Probleme:** Menschliche, technische oder organisatorische Fehler, Inkompatibilitäten bzw. Probleme führen dazu, dass eine Lösung nicht wie vorgesehen funktioniert.

Der Auftraggeber macht Nachforderungen geltend, wenn ein Lieferant seinen Verpflichtungen nicht nachkommt Für den Auftragnehmer ergeben sich aus den Nachforderungen des Auftraggebers zusätzliche Erlöschancen. Es ist sinnvoll, bereits während der Vertragsverhandlung festzulegen, wie mit Claims umzugehen ist, und entsprechende **Regeln und Prozesse** zu definieren. Anspruchsgrundlage für eine Nachforderung ist das SLA. Dort sind die Liefer-, Abnahme- und Mitwirkungspflichten der beteiligten Parteien festgehalten.

Der **Claim-Management-Prozess** beginnt mit der Identifikation einer Abweichung. Sobald eine Abweichung festgestellt wird, kann sie analysiert und die Konsequenzen hinsichtlich Kosten, Terminen, Mengengerüsten, Ressourcen, Risiken etc. abgeschätzt werden. Nachdem dies geschehen ist, sind die Abweichungen zu kommunizieren. Danach kann gemeinsam eine Lösung für die Nachforderung entwickelt werden. Dies geschieht mit den bekannten Methoden der Vertragsverhandlung und der Projektabwicklung.

6.4.6 Typische Probleme bei der Vertragserfüllung

Während der Laufzeit eines SLA gibt es immer wieder problematische Situationen. Typischerweise ist mit folgenden Problemen zu rechnen, die frühzeitig zu klären bzw. abzufangen sind:

- Schuldnerverzug
- Annahmeverzug
- Verletzung der Meldepflicht

Siehe auch!	Verträge und Vertragserfüllung
	Lesen Sie zur Entstehung von Obligationen sowie zur Erfüllung und Auflösung von Verträgen das Buch «Recht» dieser Lehrmittelreihe.

6.5 Komponenten testen

Der **Testprozess**[1] und die Bemühungen, die Qualität zu verbessern, stehen nicht isoliert da. Sie beeinflussen die umgebenden Prozesse und unterstützen diese nach Möglichkeit. Die Maxime ist dabei immer, Fehler zu vermeiden oder so früh als möglich zu entdecken. Folgende Grafik zeigt das **Zusammenspiel des Testprozesses** mit umgebenden Prozessen auf:

Abb. [6-5] QS-/Testprozess im Kontext eines Entwicklungsprojekts

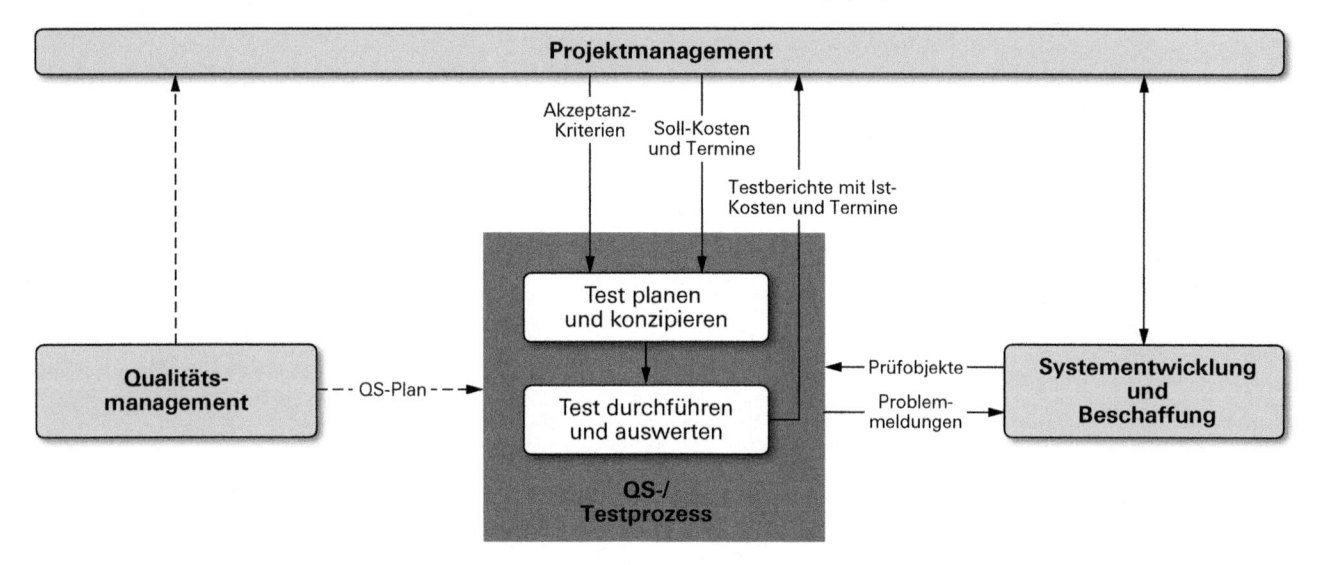

6.5.1 Beziehung zur Qualitätssicherung

Die Abteilung Qualitätssicherung arbeitet Qualitätsstandards für das gesamte Unternehmen aus. Die Qualitätsrichtlinien werden im **QS-Plan** niedergeschrieben und gelten für die Tätigkeiten im Testprozess als verbindliche Rahmenbedingungen. Grundsätzlich werden folgende zwei Arten von **QS-Massnahmen** vorgeschlagen:

- **Konstruktive QS-Massnahmen** möchten die Qualität bereits bei der Erstellung des Systems einbringen. Diese beinhalten technische Vorgaben von Methoden, Sprachen und Werkzeugen sowie organisatorische Regelungen wie Richtlinien, Standards und einzusetzende Checklisten.
- **Analytische QS-Massnahmen** haben wiederum zum Ziel, die Qualität der erstellten Produkte zu überprüfen. Dabei werden erstellte Dokumente mit den Beteiligten verifiziert und lauffähige Systeme gegenüber den Anforderungen validiert.

6.5.2 Beziehung zum Projektmanagement

Das Ziel des **Projektmanagements** ist es, ein Projekt innerhalb der vorgegebenen Zeit mit den budgetierten Kosten abzuschliessen und das Produkt in der gewünschten Qualität zu liefern. Der Projektleiter setzt die allgemeinen Richtlinien aus dem QS-Plan voraus und kann nötigenfalls darauf Bezug nehmen.

A] Termine und Kosten

Anhand der Projektplanung gibt der Projektleiter Soll-Termine für die Meilensteine vor (z. B. für die Systemabnahme). Der verantwortliche Testmanager erhält zudem die Soll-Kosten als Budgetvorgabe. Damit verfügt er über einen **Kostenrahmen für den Testprozess** und kann die zugehörigen Prüf- und Testaktivitäten planen. Diese bilden die Basis für den **Testplan**.

---

[1] Statt «Testprozess» wird je nach Vorgehensmodell ein anderer Begriff verwendet (z. B. QS-Prozess, Prüfprozess).

Im periodischen **Testbericht** erhält der Projektleiter das Feedback über den aktuellen Stand der Arbeit. Der Testmanager rapportiert im Rahmen der **Testauswertung** die Ist-Termine und Ist-Kosten und zeigt allfällige Abweichungen oder vorhersehbare Engpässe auf.

B] Produktqualität

Um die Produktqualität sicherzustellen, gibt der Projektleiter konkrete **Akzeptanzkriterien** vor. Diese fliessen in den **Testentwurf** ein und werden während der Testausführung geprüft. Der Testfortschritt, der im Testbericht an die Projektleitung gemeldet wird, zeigt die Erreichung der gewünschten Akzeptanzkriterien auf.

Die Zusammenarbeit zwischen dem **Projektleiter** und dem **Testmanager** ist für den Erfolg des Projekts ausschlaggebend. Diese sollte über das ganze Projekt hinweg intensiv gepflegt werden, da die Testkonzepte bereits in der Softwareentwurfsphase erstellt werden müssen. Die geschätzten Planzeiten eines erfahrenen Testmanagers bilden einen wertvollen Input für eine realistische Zeit- und Aufwandsschätzung des gesamten Projekts.

Siehe auch! **Projektmanagement**

Lesen Sie zum Thema Projektmanagement das Buch «Organisation und Projektmanagement» dieser Lehrmittelreihe.

6.5.3 Beziehung zur Systementwicklung

Die **Softwareentwicklung** liefert die zu prüfenden Objekte. Bei der Testdurchführung werden die Prüfobjekte anhand der **Testfallspezifikation** geprüft und das Ergebnis im **Testprotokoll** festgehalten. Der zuständige Softwareentwickler bearbeitet die Fehlermeldungen als Teil des Testprotokolls und korrigiert bzw. verbessert so das Prüfobjekt. Je nach Situation lassen sich folgende **Prüfobjekte** unterscheiden:

- Anforderungsspezifikation (z. B. Use-Case-Modell, Prozessmodell, Datenmodell)
- Design (z. B. Eingabemasken, Architektur, Prozessbeschreibungen, Reports)
- Programm im Sourcecode (z. B. Modul, Klasse, Komponente, Applikation)
- Anwendungssoftware inkl. Dokumentation
- Betriebs- und Systemsoftware
- Datenbankmanagementsystem (DBMS)
- Hardware (z. B. Workstation, Server, Netzwerkkomponenten)
- Netzwerk (z. B. LAN, WAN, VPN)

Die Beziehung zwischen der Softwareentwicklung und Tests kann anhand standardisierter Vorgehensmodelle für die Softwareentwicklung beschrieben werden. Das **Phasenmodell** ist durch einen linearen Ablauf gekennzeichnet. Die Testarten laufen i. d. R. nicht überlappend, sondern sequenziell nacheinander ab. **Reviews**[1] werden beim Fach- und DV-Konzept durchgeführt. Die **Codeinspektion**[2] und die **Unit-Tests**[3] finden während der Realisierung statt. Der **Integrationstest**[4] wird bei der inkrementellen Variante bereits in der Realisierungsphase begonnen und in der Testphase abgeschlossen. Die Testphase umfasst Tests, die das ganze System betreffen. In der Praxis bleibt für diese Phase aber oft wenig Zeit, weil die Realisierung mehr Zeit in Anspruch nimmt und der Druck einer baldigen Produkteinführung hoch ist.

---

[1] Manuelle Prüfmethode, um Stärken und Schwächen eines schriftlich vorliegenden Prüfobjekts zu identifizieren.
[2] Manuelle Prüfmethode, um den Programmcode nach unterschiedlichen Analysekriterien zu untersuchen.
[3] Prüfung der einzelnen Programme, Module, Komponenten eines Systems (v. a. auf deren Funktionalität).
[4] Prüfen des Zusammenspiels der einzelnen Programme, Module, Komponenten im Gesamtsystem.

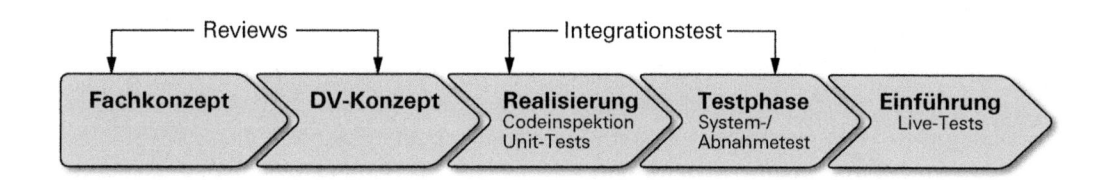

```
┌──── Reviews ────┐        ┌── Integrationstest ──┐
▼                 ▼        ▼                      ▼
Fachkonzept  >  DV-Konzept  >  Realisierung       >  Testphase        >  Einführung
                               Codeinspektion        System-/            Live-Tests
                               Unit-Tests            Abnahmetest
```

Bei den **QS-Aktivitäten** liegen die Schwerpunkte bei der **Verifizierung** und **Validierung** der Prüfobjekte. Bei der Verifizierung wird überprüft, ob ein Ergebnis korrekt und konsistent erstellt, d. h. nach den Vorgaben im Sinne von «doing the things right» entwickelt wurde. Bei der Validierung wird überprüft, ob das Ergebnis die funktionalen und nichtfunktionalen Anforderungen im Sinne von «doing the right things» erfüllt. Folgende Grafik soll diesen Sachverhalt verdeutlichen:

Abb. [6-6]   Verifizierung und Validierung eine Software

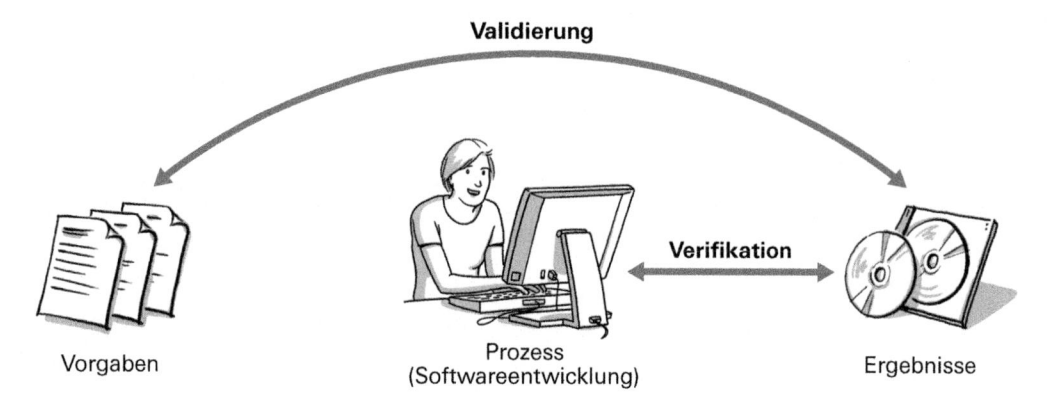

```
                         Validierung
        ┌─────────────────────────────────────────┐
        ▼                                         ▼
    Vorgaben        Prozess                    Ergebnisse
                (Softwareentwicklung)
                         ◄── Verifikation ──►
```

6.5.4 Beziehung zum Beschaffungsprozess

Im Beschaffungsprozess wird im Gegensatz zum Systementwicklungsprozess das zu prüfende Objekt nicht selbst hergestellt, sondern auf dem Markt beschafft. Für die eingekauften IT-Systemkomponenten sind **Abnahmetests** vorzusehen. Die Akzeptanzkriterien sind im Voraus im Pflichtenheft sauber zu definieren. Diese Kriterien gehen – mit Priorität und Gewichtung versehen – in die Entscheidungs- und Bewertungsmatrix ein. Bei Lieferung wird die entsprechende Testorganisation aufgezogen und der Abnahmetest gemäss den Kriterien vorgenommen.

6.6 Anwendungen integrieren und migrieren

6.6.1 Standardsoftware customizen

Beim **Software Customizing** wird Standardsoftware entsprechend den unternehmerischen Anforderungen angepasst. Dabei wird die Software aus dem Lieferzustand des Anbieters in den vom Nutzer gewünschten bzw. verlangten Zustand gebracht. Software Customizing bedeutet für ein Unternehmen aber meist mehr. Darunter fallen alle Anpassungsaufgaben, die bei der Einführung eines standardisierten Anwendungssystems umzusetzen sind. Ziel der Softwareanbieter ist es zwar, mit diesen Anwendungssystemen die bestehenden Unternehmensprozesse so weit als möglich zu unterstützen, trotzdem müssen immer auch die betrieblichen **Geschäftsprozesse** und **Organisationsstrukturen** angepasst werden. Beim Software Customizing werden üblicherweise folgende **Methoden** unterschieden:

- Parametrisierung
- Modifikation
- Erweiterung

A] Parametrisierung

Parametrisierung der Standardsoftware erlaubt es, ohne Programmänderungen das Programmverhalten innerhalb der vom Hersteller vorgegebenen Leitplanken zu verändern. Es ist sozusagen eine im Voraus eingebaute Flexibilität des Softwareherstellers, wobei der **Quellcode unverändert** bleibt, weil die Softwareparameter und ihre Auswirkungen auf die Systemprozesse i. d. R. dokumentiert sind. Folgende Abbildung soll die Parametrisierung der Fakturierung am Beispiel der ERP-Software R/3 von SAP veranschaulichen:

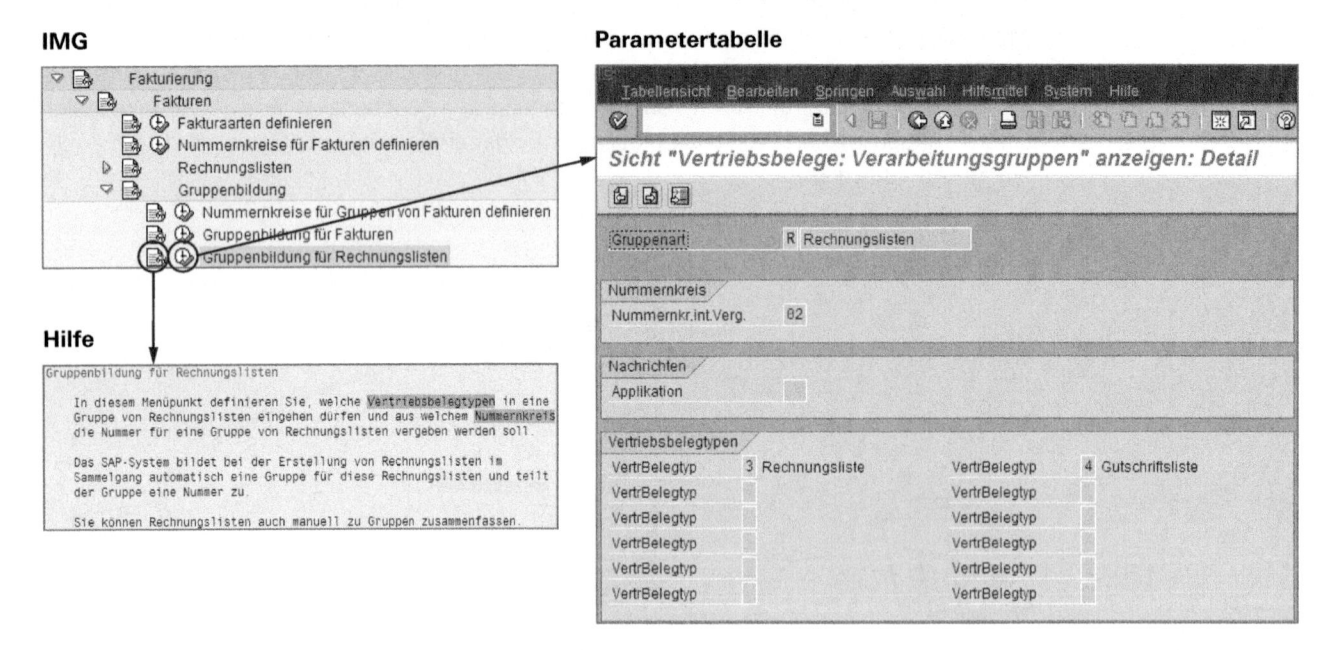

IMG

- Fakturierung
  - Fakturen
    - Fakturaarten definieren
    - Nummernkreise für Fakturen definieren
    - Rechnungslisten
  - Gruppenbildung
    - Nummernkreise für Gruppen von Fakturen definieren
    - Gruppenbildung für Fakturen
    - Gruppenbildung für Rechnungslisten

Hilfe

Gruppenbildung für Rechnungslisten

In diesem Menüpunkt definieren Sie, welche Vertriebsbelegtypen in eine Gruppe von Rechnungslisten eingehen dürfen und aus welchem Nummernkreis die Nummer für eine Gruppe von Rechnungslisten vergeben werden soll.

Das SAP-System bildet bei der Erstellung von Rechnungslisten im Sammelgang automatisch eine Gruppe für diese Rechnungslisten und teilt der Gruppe eine Nummer zu.

Sie können Rechnungslisten auch manuell zu Gruppen zusammenfassen.

Parametertabelle

Sicht "Vertriebsbelege: Verarbeitungsgruppen" anzeigen: Detail

Gruppenart: R Rechnungslisten

Nummernkreis
Nummernkr.int.Verg. 02

Nachrichten
Applikation

Vertriebsbelegtypen
- VertrBelegtyp 3 Rechnungsliste | VertrBelegtyp 4 Gutschriftsliste
- VertrBelegtyp | VertrBelegtyp
- VertrBelegtyp | VertrBelegtyp
- VertrBelegtyp | VertrBelegtyp
- VertrBelegtyp | VertrBelegtyp

Parametrisierung ist die wichtigste Form des Customizings von Standardsoftware. Bei einer Versionsänderung können die Parametertabellen problemlos übernommen und müssen nicht angepasst werden.

Beispiel

Beim Customizing eines ERP-Systems werden normalerweise die Grundeinstellungen vorgenommen und die Parametertabellen angepasst, die das Verhalten der einzelnen Module beeinflussen. Je nach Art und Anzahl der eingesetzten Module müssen dabei verschiedene Tabellen parametrisiert werden. Beim Modul Fakturierung können in der Parametrisierungstabelle z. B. 4 Zahlungsfristen hinterlegt werden: 10 Tage netto, 20 Tage netto, 10 Tage 2% Skonto oder 30 Tage netto und 60 Tage netto.

Die wichtigsten **Vor- und Nachteile der Parametrisierung** sind:

Vorteil	Nachteil
Rasche Änderung komplexer Systemprozesse	Systemanpassungen sind nur im Rahmen der vom Hersteller vorgesehenen Optionen möglich.
Inhalte können auf unternehmensspezifische Bezeichnungen geändert werden.	Die Möglichkeit der Parametrisierung verleitet zur vorschnellen Herstellung eines Prototyps, ohne zuvor ein umfassendes und integriertes Konzept erarbeitet zu haben.
Parametrisierung führt zu klar bestimmten Änderungen des Systemverhaltens.	Parametrisierungen können, wegen der hohen Systemverflechtung, auf andere Systemprozesse unbeabsichtigte Auswirkungen haben.

Vorteil	Nachteil
Ausbaufähigkeit des Systems in den Grenzen der Parameteroptionen bleibt erhalten.	Bei Releaseänderungen können neue Parameteroptionen hinzukommen, deren Verhalten man berücksichtigen muss.
Parametereinträge sind releasefähig.	Parametrisierungen in ein produktiv laufendes System könnten den laufenden Betrieb stören oder unerwünschte Auswirkungen auf Prozesse haben.
Dokumentationen der Systemprozess-Änderungen wird durch klare Parameter erleichtert.	Die Dokumentation der Systemprozess-Änderungen wird häufig nicht zeitgleich während der Implementation vorgenommen und verlangt eine hohe Disziplin vom Projektteam.

B] Modifikation

Wenn die unternehmerischen Anforderungen durch eine Parametrisierung nicht erfüllt sind und auch Änderungen an den Geschäftsprozessen keine Option ist, kann die Modifikation der Applikation eine Lösung sein. Bei der **Modifikation** wird in den Quellcode eingegriffen. Dieser wird so geändert, dass das Programmverhalten die unternehmensspezifischen Anforderungen abdeckt. Systemeingriffe dieser Art sind problematisch. Sie können im Extremfall die Vorteile einer Standardsoftware bezüglich der Wartung und Release-Fähigkeit infrage stellen. Grundsätzlich sollten nur unvermeidliche Modifikationen vorgenommen werden. Diese Änderungen an der Standardsoftware sind ein starker Eingriff in die komplexen Mechanismen der Software und ein dauernder Risikofaktor. Denn bei einem neuen Release müssen auch die Modifikationen wieder angepasst werden.

C] Erweiterung

Im Unterschied zur Modifikation wird bei einer **Erweiterung** nicht in den Quellcode des Standards eingegriffen, sondern es werden komplett neue Funktionsbausteine oder Programme entwickelt. Diese Programme sind von den Standardprogrammen getrennt und beeinflussen sie damit nur indirekt. Diese Programme sind releasefähig. Wenn mit diesen Zusatzprogrammen Daten nur aufbereitet und dargestellt werden, arbeiten sie problemlos. Falls Daten mittels dieser Erweiterungen erfasst, modifiziert oder gelöscht werden, gelten die gleichen Einschränkungen und Risiken wie bei der Modifikation. Die Entwicklung und Integration von Zusatzprogrammen ist also nicht nur aufwendig und setzt Programmierkenntnisse voraus, Probleme ergeben sich, wenn die Software einen neuen Release bekommt. Dann müssen auch die Modifikationen wieder angepasst werden. Deshalb sehen Softwarehersteller für Erweiterungen spezielle Programmstellen, die «Kundenerweiterungen» oder «User Exits» genannt werden.

D] Schnittstellen definieren

Mithilfe von definierten **Schnittstellen** lassen sich Insellösungen bei Anwendungssystemen verhindern. Schnittstellen sind Verknüpfungspunkte für Daten und zeigen gleichzeitig die Abhängigkeiten zwischen einem System und seiner Umwelt bzw. zwischen einzelnen Elementen eines Systems auf. Entsprechend lassen sich bei der Definition von Schnittstellen folgende Unterscheidungen treffen:

- Externe Schnittstellen
- Interne Schnittstellen

6.7 Daten migrieren

Im Folgenden erfahren Sie mehr über den Begriff und die Techniken der Datenmigration sowie über ein geeignetes Vorgehensmodell.

A] Begriff

Mit **Datenmigration** ist der Transfer von Daten aus einer bestimmten Systemumgebung in eine andere Systemumgebung gemeint. Dabei werden die Daten vom alten **Quellsystem** in ein neues bzw. verändertes **Zielsystem** überführt. Das Quellsystem enthält die zu migrierenden Daten und wird nach erfolgreicher Datenmigration durch das Zielsystem abgelöst. Wichtige Voraussetzung für eine erfolgreiche Datenmigration sind genaue Kenntnisse über die Datentypen, -strukturen und -beziehungen sowohl im Quellsystem als auch im Zielsystem.

B] Techniken

Folgende Techniken sind weitverbreitet, um Daten vom Quellsystem ins Zielsystem zu laden:

- **Spreadsheets** werden i. d. R. für die Datenerfassung und -überprüfung verwendet. Sie sind einfach zu bedienen und sind verständlich.
- **ETL-Tools** vereinfachen die Aufgabe der Extraktion der Daten aus Legacy-Systemen und erlauben den Analytikern, automatische Datenbereinigung, Transformation und Harmonisierung der Daten vorzunehmen.

C] Vorgehen

Die Migration von Daten ist ein komplexes Vorhaben. Daten könnten dabei verloren gehen oder korrumpiert (ungewollt verändert) werden. Informationen oder Datenbeziehungen, die sich aus dem Zusammenhang der Quelldaten ergaben, könnten im Zielsystem nicht mehr wiederhergestellt werden. Um solche Gefahren zu vermeiden, muss bei der Datenmigration systematisch vorgegangen werden. Das Vorgehensmodell **Hermes** propagiert eine Datenmigration in **5 Schritten**:

1. Data Collection
2. Data Extraction
3. Data Cleaning & Data Transformation
4. Data Loading
5. Data Migration Testing

Die **Qualität der migrierten Daten** lässt sich anhand der Konsistenz, fachlichen Korrektheit, Vollständigkeit, Redundanzfreiheit und referenziellen Integrität bestimmen. Aus Benutzersicht sind v. a. die Kriterien **Vollständigkeit** und **fachliche Korrektheit** von Bedeutung. Aus Sicht des Datenbankadministrators sind **Konsistenz** und **referenzielle Integrität** relevant. Diese **Kriterien der Datenqualität** müssen nach der Datenmigration mithilfe geeigneter Tests und Stichproben überprüft werden.

6.8 Anwendungen einführen

6.8.1 Einführungsstrategien

Bei der Integration einer Anwendung ist es wichtig, sich frühzeitig über die Art und Weise der Einführung Gedanken zu machen und die Umsetzung im Detail zu planen. Folgende **Einführungsstrategien** können unterschieden werden:

Big-Bang-Einführung	Die Neuerungen werden per Stichtag in Betrieb genommen, d. h., sie werden in vollem Umfang in allen Gestaltungselementen gleichzeitig eingeführt. Eine solche Einführung ist nur möglich, wenn die Qualität der Neuerungen in allen Gestaltungselementen durch ausgiebige Qualitätssicherungsmassnahmen (Testen) gewährleistet werden kann und das Fehlerrisiko somit sehr klein ist.
Parallele Einführung	Die Neuerungen werden parallel zum regulären Geschäftsbetrieb eingeführt. Bis zur vollständigen Einführung befinden sich die neuen und die alten Lösungen gleichzeitig im Einsatz.
Stufenweise Einführung	Die Neuerungen werden örtlich begrenzt und zeitlich gestaffelt eingeführt. Während der Einführungszeit kommen falls nötig Übergangsprozesse, -organisationen usw. zur Anwendung.

Jede Einführungsstrategie hat ihre spezifischen **Vor- und Nachteile**:

Strategie	Vorteile	Nachteile
Big-Bang-Einführung	• Der Aufwand für das Rollout, die Schulung und allfällige Datenmigrationen fällt nur einmal an. • Die Stakeholder und Betroffenen können die neuen Lösungen per Stichtag um- oder einsetzen. • Das Projekt hat einen klar definierten Endtermin. • Nicht mehr benötigte Komponenten oder Artefakte in den Gestaltungselementen können rasch ausser Betrieb genommen werden.	• Hohe Einführungsrisiken: Es erfordert ein Fallback-Szenario. • Der vollständige Umfang der Neuerungen muss per Stichtag realisiert sein. • Funktionieren die Systemanwendung oder andere Lösungen nicht korrekt, kann das Geschäft gefährdet werden. • Die Einführung muss minuziös geplant und vorbereitet werden. • Hohe Anforderungen an das Change Management.
Parallele Einführung	• Geringe Einführungsrisiken: Die Neuerungen können ggf. in einem weniger kritischen Bereich eingeführt werden. • Die Lösungen können parallel zum regulären Geschäftsbetrieb eingeführt werden.	• Bis zur vollständigen Einführung befinden sich die neuen und die alten Lösungen gleichzeitig im Einsatz. • Der Aufwand für das Rollout, die Schulung und evtl. Datenmigrationen fällt mehrmals an.
Stufenweise Einführung	• Geringe Einführungsrisiken: Bei Problemen kann auf die letzte lauffähige Version / Release der Gestaltungselemente zurückgegriffen werden. • Komplexe Veränderungsvorhaben können schrittweise eingeführt und das Risiko kann somit minimiert werden. • Die Erfahrungen mit den bereits eingeführten Lösungen können in den Entwicklungsprozess einbezogen werden. Änderungswünsche können ggf. noch berücksichtigt werden.	• Die Aufwände für das Rollout, die Schulung, das Change Management und evtl. die Datenmigrationen fallen mehrmals an. • Es kann lange dauern, bis der vollständige Umfang der Neuerungen genutzt werden kann. • Diese Art von Strategie hat in der Praxis oft auch Verschiebungen von Einführungsterminen zur Folge. Es muss daher sichergestellt werden, dass sie nicht zur «never ending story» ausartetet. • Die Neuerungen in den anderen Gestaltungselementen müssen dem Einführungsplan der Informationssysteme folgen.

6.8.2 Vorgehensmodell

Der Aufwand für die Systemanpassungen bei der Integration einer Anwendung ist nur schwer abschätzbar. Aus diesem Grund liefern viele Hersteller von ERP-Systemen einen Plan, eine Anleitung oder eine Roadmap für ein bewährtes Vorgehen. Auch **Phasenmodelle** helfen in dieser Situation weiter. Auf der Grundlage definierter Meilensteine kann der Projektfortschritt gemessen und dargestellt werden. Hier ein mögliches **Vorgehensmodell für die Einführung eines ERP-Systems:**

Abb. [6-7] **Phasenmodell für ERP-Einführung**

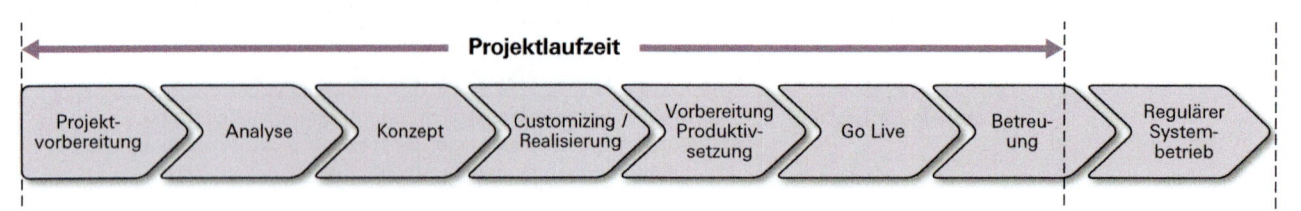

Projektlaufzeit: Projektvorbereitung → Analyse → Konzept → Customizing / Realisierung → Vorbereitung Produktivsetzung → Go Live → Betreuung → Regulärer Systembetrieb

Die einzelnen Phasen dieses Modells lassen sich wie folgt beschreiben:

- **Projektvorbereitung:** Hier werden die Voraussetzungen für das Gelingen des Projekts und die Entscheidungsgrundlagen für die Einführung der neuen Anwendung geschaffen. Typische Aufgaben in dieser Phase sind:
  - Situationsanalyse
  - Umfeldanalyse
  - Projektzielsetzung
  - Machbarkeitsanalyse
  - Erste Aufwands- und Kostenschätzung
  - Projektorganisation
- **Analyse:** Hier werden die funktionalen und nichtfunktionalen Anforderungen für die Einführung der neuen Anwendung untersucht. Betrachtet werden insbesondere die relevanten Mengengerüste (Stamm- und Bewegungsdaten, Transaktionsvolumen) sowie die von der ERP-Einführung bzw. Systemänderung betroffenen Geschäftsprozesse (z. B. mittels Fit-Gap-Analyse).
- **Konzept:** In dieser Phase wird der Zielzustand des Systems nach der ERP-Einführung bzw. nach der Systemänderung definiert. Dazu gehören neben den Ausprägungen des Soll-Systems auch die Spezifikation neuer oder geänderter Geschäftsprozesse.
- **Customizing / Realisierung:** In dieser Phase wird das Konzept umgesetzt. Je nach Bedarf bzw. Situation müssen dabei einzelne Systemkomponenten erweitert, modifiziert, neu parametrisiert bzw. konfiguriert oder zusätzliche Schnittstellen programmiert werden.
- **Vorbereitung Produktivsetzung:** Nach der Umsetzung und vor der Inbetriebnahme muss das geänderte System ausgiebig getestet werden. Beim Integrationstest werden die neu entwickelten bzw. konfigurierten Systemkomponenten daraufhin geprüft, ob sie im Zusammenspiel wie gefordert funktionieren und die Geschäftsprozesse wie gewünscht unterstützen. In diese Phase fällt auch die Datenmigration bzw. die Übernahmen der Stammdaten und Bewegungsdaten in das Ziel- bzw. Soll-System.
- **Go Live:** In dieser Phase wird das geänderte und getestete System in Betrieb genommen bzw. produktiv gesetzt.
- **Betreuung:** In dieser Phase wird die produktive Nutzung des geänderten Systems eng begleitet, um ggf. noch auftretende Fehler zu beheben und einen reibungslosen Systembetrieb sicherzustellen.
- **Regulärer Systembetrieb:** In dieser Phase kümmert sich die IT-Organisation um den ordentlichen Betrieb des geänderten Systems. Je nach Bedarf und Vereinbarung gehören dazu auch dessen Wartung und der Benutzersupport. Auch wenn diese Phase nicht mehr zur eigentlichen Projektabwicklung gezählt wird, ist sie für das Projekt insofern relevant, als bestimmte Projektergebnisse (Dokumente, neue bzw. geänderte Geschäftsprozesse) in die Betriebsorganisation überführt werden müssen.

Siehe auch!	**Projektmanagement, Widerstände und Ängste bei den Mitarbeitenden**
	Lesen Sie zu den Themen Projektmanagement und Veränderungen in Organisationen das Buch «Organisation und Projektmanagement» dieser Lehrmittelreihe.

Zusammenfassung	Den Kern des **Beschaffungs- und Evaluationsprozesses** bilden die Phasen Konzeption und Einführung. Dieser Prozess lässt sich in die folgenden Arbeitsschritte gliedern:

1. Pflichtenheft und Bewertungsdokumente erstellen.
2. Offerten einholen.
3. Grob- und Detailevaluation durchführen.
4. Entscheidung treffen und Vertrag abschliessen.
5. Lösung umsetzen, implementieren, testen, abnehmen und einführen.

Die **Bewertungsdokumente** beinhalten die Bewertungstabelle, die Liste der gewichteten Anforderungen und die K. o.-Kriterien. Die Bewertungstabelle lehnt sich an die Struktur der Anforderungen aus dem Pflichtenheft an.

Die **K. o.-Kriterien** dienen zur ersten Grobevaluation. Angebote, die die K. o.-Kriterien nicht erfüllen, werden nicht mehr weiterbearbeitet und rasch ausgesondert. Auf diese Weise wird die Anzahl der Angebote, die in die engere Auswahl kommen, auf ein vernünftiges Mass reduziert und die Effizienz des Evaluationsprozesses erhöht. Das Verfahren bei der Grob- und der Detailevaluation einer neuen Lösung kann anhand des Sieb- oder Filtermodells erklärt und in folgende **Selektionsstufen** gegliedert werden:

- **Vorfilter:** Die erste Selektionsstufe besteht in der Auswahl des Anbieters. Diese Vorauswahl wird oft unbewusst vorgenommen. Das heisst, wenn Sie hier den richtigen Anbieter nicht dabeihaben, werden Sie evtl. auf die «beste» Lösung verzichten müssen.
- **Grobevaluation:** Bei der Grobevaluation (auch Grobfilter) findet eine Selektion nach den K. o.-Kriterien, der Vollständigkeit der Offerte und einer ersten Kostenüberprüfung statt.
- **Detailevaluation:** Die Detailevaluation (auch Feinfilter) besteht aus einer Benotung und Bewertung der einzelnen Anforderungen und Kosten verschiedener Angebote. Dabei wird u. a. die Technik der **Kostenwirksamkeitsanalyse** eingesetzt.
- Die **Risikoanalyse** dient der Erfassung und Minimierung möglicher Risiken einer Lösung. Gleichzeitig vervollständigt sie die Bewertungsdokumentation und bildet die Basis für einen fundierten Entscheidungsprozess.

Bei der **Entscheidung** für eine bestimmte Lösung stützt man sich hauptsächlich auf folgende Informationen: Kosten, Nutzwertanalyse und Risikoanalyse. Nach der Entscheidung kann mit dem ausgewählten Lösungsanbieter ein **Vertrag** über die Erstellung eines Detailkonzepts abgeschlossen werden, das die Umsetzung der Lösung im Detail beschreibt. Nach der Evaluation werden die weiteren Projektphasen bis zur Einführung der Lösung durchlaufen.

Die Bewertung der Angebote ist ein kritischer Prozess, besonders wenn es um den Betrieb von IT-Lösungen, die Entwicklung einer neuen Software oder die Evaluation einer Standardsoftware geht. Ein zentrales Instrument für solche **Evaluationen** ist die Nutzwertanalyse.

Verträge regeln das Miteinander von Vertragsparteien. Auf die Erstellung von Verträgen ist grosse Sorgfalt zu verwenden. Solange alles gut geht, haben Verträge keine grosse Relevanz. Sobald aber die ersten Probleme oder Unklarheiten auftreten, sind sie die entscheidende Grundlage für das weitere Vorgehen. Sobald ein Vertrag eine gewisse Komplexität erreicht hat, sind Veränderungen während des laufenden Betriebs keine Ausnahme, sondern eher die Regel.

Ein **Service Level Agreement (SLA)** ist ein Vertragswerk zwischen dem Kunden und dem Serviceprovider, das den IT-Service beschreibt und die Verantwortlichkeiten zwischen den beiden Parteien festlegt. Dabei hat es neben einer rein vertraglichen Funktion auch die Funktion eines Hilfsmittels, um die Erwartungen des Kunden mit den Möglichkeiten des Serviceproviders abzustimmen und auf einen gemeinsamen Level zu bringen.

Ein SLA dokumentiert darum nicht nur **Utility- und Warranty-Aspekte,** sondern regelt alle wesentlichen Punkte, die es für eine erfolgreiche Zusammenarbeit braucht.

Verschiedene Service-Level-Ziele werden häufig vonseiten der Serviceprovider zu Service Level Packages zusammengefasst.

Da die Aufgabenteilung für gewisse Aufgaben nicht immer klar vorgegeben ist, sondern von der konkreten Situation des Kunden und des Serviceproviders abhängig ist, gilt es, die **Verantwortlichkeiten** zu definieren und die **Zusammenarbeit** zu regeln.

Es wird empfohlen, die im Rahmen des Service Lifecycle anfallenden **Geschäftsvorfälle** zu identifizieren und die dafür notwendigen Aktivitäten und Verantwortlichkeiten im Vertrag festzuhalten. Im Weiteren gilt es, die **Wartungsfenster,** das **Service Reporting** sowie die **Zusammenarbeit im Katastrophenfall** festzuhalten.

Die Serviceleistungen eines externen Serviceproviders müssen bezahlt werden. Darum lohnt es sich, im Vertragswerk folgende **Verrechnungsgrössen pro Service** zu definieren.

Bei einem internen Serviceprovider kann bezüglich der Verrechnung zwischen Profit Center und Cost Center unterschieden werden.

Je nach Menge und Umfang der Vereinbarung ist es nicht sinnvoll, alle Informationen in einem einzigen Dokument unterzubringen. Durch ein **SLA Framework** mit verschiedenen Dokumenten können Doppelspurigkeiten vermieden und die Verwaltung der Vereinbarungen vereinfacht werden. Die genaue Form dieses Framework ist von Fall zu Fall zu definieren.

Im **IT-Qualitätssystem** wird der Rahmen für eine umfassende Qualitätssicherung während der Beschaffung und des Betriebs eines IT-Systems geschaffen. Während die konstruktiven QS-Massnahmen qualitätsfördernd sind, weisen die analytischen QS-Massnahmen prüfenden Charakter auf. Die verbindlichen Richtlinien sind im QS-Plan festgelegt und bilden den Input für die strategische Testplanung.

Die **IT-Systemqualität** lässt sich anhand folgender Qualitätsdimensionen messen und ausdrücken:

- **Funktionalität:** Der Funktionsumfang des IT-Systems ist den Aufgaben angemessen und führt diese richtig und in der gewünschten Genauigkeit aus.
- **Zuverlässigkeit:** Das IT-System zeichnet sich durch Robustheit und Reife aus. Ausfälle kommen nur in seltenen Fällen und nur für kurze Zeit vor.
- **Benutzbarkeit:** Die Benutzer des IT-Systems lernen die Bedienung intuitiv und rasch. Die Anwenderfreundlichkeit und Bedienbarkeit wird durch GUI-Konformität sichergestellt.
- **Effizienz:** Das IT-System kann Belastungsspitzen ohne nennenswerte Performance-Einbussen bewältigen.
- **Wartbarkeit:** Auftretende Softwarefehler müssen innert angemessener Frist behoben werden. Sich ändernde Anforderungen sollten über die Parametrisierung oder Erweiterung der Software vorgenommen werden können.
- **Übertragbarkeit:** Die Software soll einfach auf den Zielplattformen installierbar und wieder deinstallierbar sein. Ein Einsatz auf verschiedenen Betriebssystemplattformen ist in den meisten Fällen erwünscht.

Auslöser einer **Migration** können entweder die Migration eines Altsystems oder die Ablösung eines Altsystems durch Standardsoftware sein.

Erfolgsfaktoren für die Datenmigration sind eine geeignete Migrationsstrategie, der Aufbau eines fachlich versierten Teams und die Qualität der eingesetzten Mapping Rules.

Unter dem Begriff **ERP** werden alle Anwendungen zur Unterstützung und Optimierung von standardisierbaren Geschäftsprozessen zusammengefasst. Diese Standardsoftware kann auf spezielle Bedürfnisse angepasst (parametrisiert) oder über standardisierte Schnittstellen erweitert werden. Um bei der **Einführung einer ERP-Lösung** weder das Budget noch den Zeitrahmen zu sprengen, müssen ein passendes **Phasenmodell** und eine geeignete **Einführungsstrategie** gewählt werden.

Bei der **Einführungsstrategie** kann generell zwischen folgenden Ansätzen unterschieden werden:

- **Big-Bang:** Hier werden an einem Stichtag sämtliche Module eines ERP-Systems auf einmal implementiert und in das Gesamtsystem integriert.
- **Step-by-Step:** Hier werden die Module nacheinander (schrittweise) implementiert und in das Gesamtsystem integriert.

In der Praxis werden meistens **Mischformen** dieser beiden Ansätze verwendet.

Repetitionsfragen

Geschlossene Fragen

49 Die K. o.-Kriterien können das Ergebnis eines Beschaffungsprojekts wesentlich beeinflussen. Welche Aussage über K. o.-Kriterien trifft zu?

☐	K. o.-Kriterien müssen ausführlich beachtet werden.
☐	K. o.-Kriterien müssen zwingend vom Auftraggeber verabschiedet werden.
☐	K. o.-Kriterien müssen unbedingt erfüllt werden.
☐	K. o.-Kriterien unterliegen einer 5-jährigen Garantiefrist.
☐	Die Projektgruppe bewertet die K. o.-Kriterien.

50 Um das beste Angebot auszuwählen, werden die eingehenden Angebote selektioniert. Dabei werden verschiedene Filter in mehreren Schritten eingesetzt? Welche?

☐	Eingangsfilter, Zwischenfilter, Feinfilter
☐	Vorfilter, Grobfilter, Feinfilter
☐	Eingangsfilter, Hauptfilter, Schlussfilter
☐	Netzfilter, Hauptfilter, Feinfilter
☐	Projektfilter, Hauptfilter, Nachfilter

51 Um Angebote möglichst objektiv miteinander zu vergleichen, müssen Sie eine Bewertungstabelle erstellen. Welche Spalten brauchen Sie dafür?

☐	System, relativer Wert, absoluter Wert, minimaler Nutzwert, Nutzwert pro Angebot
☐	Klassenwert, minimaler Wert, relativer Wert, Totalwert pro Angebot
☐	Kriterien, absoluter Wert, maximale Punkte, maximaler Nutzwert, Nutzwert pro Angebot
☐	Kriterien, totaler Wert, maximale Punkte, maximaler Nutzwert, Nutzwert pro Angebot
☐	Aufgaben, minimaler Wert, absoluter Wert, Totalwert pro Angebot

| 52 | Sie erstellen ein Pflichtenheft für mögliche Anbieter. Welche Inhalte enthält dieses in welcher Reihenfolge? |

☐	Soll-Zustand, Ist-Zustand, Grobkriterien, Mengengerüst, Budget, Anbieterinformationen
☐	Ist-Zustand, Ziele, Risiken, Budget, Offertvorgaben, Anbieterinformationen
☐	Anbieterinformationen, Soll-Zustand, Ziele, Systembeschreibung, Kosten, Anbieterinformationen
☐	Kriterien, Soll-Zustand, Budget, Garantieanforderungen, Anbieterinformationen, Systemangebot
☐	Ist-Zustand, Soll-Zustand, Auswahlkriterien, Mengengerüst, Offertvorgaben, Anbieterinformationen

| 53 | Sie bereiten die Datenmigration aus dem Altsystem «Capo» in das Neusystem «Axus» vor. Welche Schritte müssen Sie in der korrekten Reihenfolge durchführen? |

☐	Datenmodellierung, Data Collection, Datennormalisierung, Datenanalyse
☐	Datenanalyse, Data Redesign, Data Cleaning, Data Loading
☐	Data Extraction, Data Upload, Data Migration Testing, Data Redesign, Data Integration
☐	Data Collection, Data Extraction, Data Cleaning and Transformation, Data Loading, Data Migration Testing
☐	Data Checkout, Data Extraction, Data Cleaning and Transformation, Data Loading, Data Migration Checkin

Offene Fragen

| 54 | Sie stehen kurz vor der Einführung der neuen CRM-Lösung. Um diese möglichst effizient und erfolgreich einzuführen, überlegen Sie sich, welche Einführungsstrategie die beste ist. Nennen Sie 3 mögliche Strategien und führen Sie zu jeder Strategie einen wichtigen Vorteil an. |

Strategie	Vorteil

55	Welche Aufgaben (Testarten) müssen in der Phase «Testing» durchgeführt werden?
56	Welche Gründe führen in der Vertragserfüllung immer wieder zu Nachforderungen? Identifizieren Sie 4 mögliche Gründe und beschreiben Sie diese in je 1 Satz.
57	Welche 3 Punkte sind bei einem Service Request im SLA von grosser Bedeutung und verlangen eine erhöhte Aufmerksamkeit in der Ausarbeitung.
58	Sie erstellen ein neues SLA und überlegen sich, welche Aspekte zwingend hineingehören. Nennen Sie die wichtigsten 4 Aspekte und führen Sie jeweils 2–3 Beispiele an.

59 Im nachfolgenden Abschnitt sollen die Lücken ergänzt werden.

Für die Auswahl eines Informatikangebots bildet das .... die Grundlage. Im Rahmen der Erarbeitung müssen gleichzeitig die .... erstellt werden. Diese enthalten die Bewertungstabelle mit den gewichteten Anforderungen und den .... Für die Ausschreibungen der öffentlichen Hand bestehen erhöhte Anforderungen, die in einem klar .... geregelt sind. Um die Erfüllung der Aufgaben und Services im Aufbau und Betrieb sicherzustellen, werden entsprechende .... zwischen den betroffenen Parteien ausgearbeitet. In diesem dynamischen Umfeld ergeben sich immer wieder verschieden grosse Änderungen, die im .... bearbeitet werden mit dem Ziel, mögliche Nachforderungen zu erkennen. Um jederzeit eine umfassende Qualitätssicherung zu gewährleisten, wird ein .... geschaffen. Um eine Ablösung eines Systems durchzuführen, wird eine .... durchgeführt, diese stellt u. a. die Überführung bestehender Programme und Daten sowie der Benutzerschnittstellen sicher. Damit Sie eine sichere Einführung der Lösung sicherstellen können, können Sie eine .... oder .... Lösung verwenden.

Minicases

60 Die GRIMI AG hat in ihrer Unternehmensstrategie festgelegt, dass bestehende Prozesse durch den verstärkten Einsatz von IT optimiert werden sollen. Dabei wurde im Strategiepapier festgehalten, dass neue Technologien alle Geschäftsbereiche sowie verwandte künftig mögliche Betätigungsfelder abdecken sollen. Da alle Geschäftsleitungsmitglieder aus den Bereichen Rezeptur / AVOR, Logistik, Produktion, Finanzen, Unternehmensentwicklung zu viel Zeit für das Tagesgeschäft und die «Bürokratie» benötigen sowie zu viele Mitarbeitende mit administrativen Aufgaben, Abklärungen von Lieferbarkeit und Lagerbestand usw. besetzt sind, will man hier den Hebel ansetzen.

Das bestehende ERP-System ist in die Jahre gekommen und soll ersetzt werden – der Hersteller existiert nicht mehr. Der bisherige Händler unterstützt die Software zwar ausgezeichnet, ist jedoch nur ein kleines IT-Unternehmen mit 5 Mitarbeitenden. Nur der Firmeninhaber verfügt über die notwendigen Kenntnisse vom vorhandenen ERP-System.

Die verwendete Datenbank (DB2.1 Database Engine) wird schon seit Jahren technisch nicht mehr unterstützt, läuft aber tadellos. Greifen jedoch mehr als 8 Benutzer gleichzeitig auf die Datenbank zu, so bricht die Performance massiv ein. Ein Test auf einer aktuellen Serverumgebung brachte keine Besserung, die Software konnte auch nur dank des intensiven Einsatzes des Händlers zum Laufen gebracht werden. Einige Probleme bestehen weiterhin.

Daten aus der bisherigen Software müssen immer mit einem Tabellenkalkulationsprogramm (z. B. Excel) ausgewertet werden. Schnittstellen zu aktuellen Technologien, ausser verschiedenen Finanzbuchhaltungen, sind keine vorhanden. Logistik und PPS werden überhaupt nicht abgedeckt. So kann z. B. nur ein einziges Lager definiert werden.

Dem Senior-Chef ist die bestehende Software in den vergangenen 20 Jahren ans Herz gewachsen, er findet diese gut. Seine direkten Mitarbeitenden hingegen sehen einige Gefahren. Die Abteilungsleiter würden gerne eine neue, zeitgemässe ERP-Lösung beschaffen. Sie werden aufgefordert, Argumente für die Ablösung der bisherigen Lösung zusammenzustellen.

Aufgaben

A] Bestehende Lösung: Probleme orten.

Nennen Sie 5 Gründe, die für die Ablösung der bisherigen ERP-Lösung sprechen:

	Gründe für die Ablösung der bestehenden ERP-Lösung
Grund 1:	
Grund 2:	
Grund 3:	
Grund 4:	
Grund 5:	

B] Anforderungen an die neue ERP-Software:

Die Anforderungen an die neue ERP-Software sollen in einer Projektgruppe erarbeitet werden (inkl. der Schnittstelle an die Buchhaltungssoftware). Dabei sollen die 5 wesentlichen und betroffenen Abteilungen mitarbeiten. Die mitarbeitenden Abteilungen sind bereits definiert. Zu welchen passenden Anforderungen der jeweiligen Abteilung erwarten Sie einen Input?

	Abteilung	Erwartete Anforderungen (1 pro Abteilung)
Abteilung 1:	AVOR / PPS Rezeptur	
Abteilung 2:	Erstellung Milchprodukte, Käse, Convenience-Food	
Abteilung 3:	Finanzen (Services)	
Abteilung 4:	Beschaffung / Lager (Services)	
Abteilung 5:	Unternehmens-entwicklung (Services)	

Teil D
Sicherheit und Daten managen

7 Sicherheitsmanagement

Lernziele

Nach der Bearbeitung dieses Kapitels können Sie ...

- Bedrohungen und deren Auswirkungen für IT-Systeme erkennen.
- Ziele der Informationssicherheit nennen und erklären.
- Massnahmen für den Schutz der IT-Systeme vor unbefugtem Zugriff erläutern.
- die Bedrohungsformen der Computer im Internet und geeignete Abwehrmassnahmen aufzeigen.
- die Verfahren für die sichere Datenübertragung und Authentifizierung des Absenders beschreiben.
- die einzelnen Funktionen und Kompetenzen zur Gewährleistung der Sicherheit innerhalb der IT-Organisation nennen.
- die Prozesse zur Planung und Einrichtung der IT-Sicherheit erläutern.
- die wichtigsten Inhalte des IT-Sicherheitskonzepts aufzeigen.
- ein systematisches Vorgehen für den Notfall darlegen.

Schlüsselbegriffe

Access Management, Antivirenprogramm, Authentizität, Backup, Benutzerverwaltung, Business Continuity Management, Datenschutzbestimmungen, Datensicherheit, Datensicherung, DDoS, DMZ, DNS-Attacke, Eintrittswahrscheinlichkeit, Firewall, IDS, Integrität, ISO / IEC 27002, IT-Grundschutz, Notfallhandbuch, Notfallplan, Notfallszenario, Notfallübung, PKI, RAID, Ransomware, Recovery, Risiko, Risikoanalyse, Schadensausmass, Schutzbedarf, Sicherheitskonzept, Sicherheitsmassnahme, Sicherheitsorganisation, Sicherheitspolitik, Sicherheitsziel, SSL, TLS, Tunneling, USV, Verbindlichkeit, Verfügbarkeit, Verletzbarkeit, Verschlüsselungsverfahren, Vertraulichkeit, VPN, Wirkungsanalyse

7.1 Bedrohungen und Auswirkungen

Sicherheitsbedrohungen sind Ereignisse, Handlungen oder Situationen, die für IT-Systeme eine Gefahr darstellen und in einem Unternehmen Schaden anrichten können. Gemäss dem deutschen **Bundesamt für Sicherheit in der Informationstechnik (BSI)** lassen sich dabei folgende Kategorien von Sicherheitsbedrohungen unterscheiden:

Abb. [7-1] **Gefahrenkategorien**

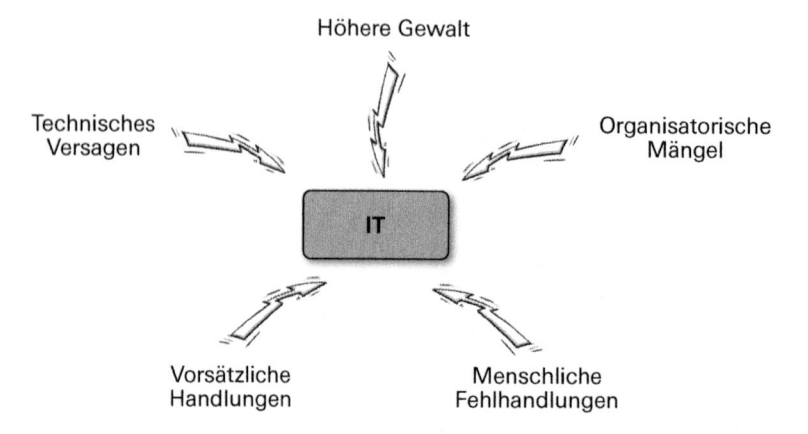

- Höhere Gewalt
- Technisches Versagen
- Organisatorische Mängel
- Vorsätzliche Handlungen
- Menschliche Fehlhandlungen

→ IT

Verletzbarkeit oder **Vulnerabilität** bedeutet das Vorhandensein von Sicherheitslücken bzw. Schwachstellen, die ein System anfällig gegen Bedrohungen macht.

Ein **Risiko** ist ein mögliches Ereignis, das ein bestimmtes Objekt bzw. einen bestimmten Prozess betrifft. Generell besteht ein Risiko immer dann, wenn eine Bedrohung auf eine Schwachstelle des Objekts bzw. des Prozesses trifft. Risiken entstehen bei einer Verletzbarkeit des Objekts bzw. des Prozesses. Der **Zusammenhang zwischen Bedrohung, Verletzbarkeit und Risiko** lässt sich grafisch wie folgt darstellen:

Abb. [7-2] **Risiken ermitteln**

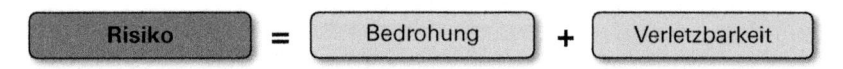

Risiko = Bedrohung + Verletzbarkeit

Soll ein Risiko versichert werden, muss der mögliche **finanzielle Schaden bei Eintreten des Schadensereignisses** abgeschätzt werden können, also die Schadenssumme pro Ereignis. Um die Schäden in der Informatik zu quantifizieren, wurden folgende Kategorien geschaffen:

- **Direkter Schaden** (z. B. an Maschinen, Programmen, Datenträgern oder Daten)
- **Folgekosten** (z. B. entgangener Gewinn durch einen Betriebsunterbruch, Nichterfüllung von Dienstleistungen bzw. Verträgen, verspätete oder fehlende Informationen)

Um die effektiven Kosten, also das **Schadensausmass**, zu berechnen, braucht es neben der Schadenssumme pro Ereignis auch die **Eintrittswahrscheinlichkeit**. Dies ist eine Annahme über die Wahrscheinlichkeit, mit der ein mögliches Ereignis eintritt. Es werden zwei Arten von **Eintrittswahrscheinlichkeiten** unterschieden:

- Die objektive Wahrscheinlichkeit ist messbar bzw. kalkulierbar.
- Die subjektive Wahrscheinlichkeit ist nicht messbar und wird eingeschätzt.

Gefühle wie Unsicherheit, Angst etc. stellen für die **subjektive Eintrittswahrscheinlichkeit** ein taugliches «Frühwarnsystem» dar. Oft deuten Anzeichen auf ein Schadensereignis hin. Für die folgenden Berechnungen spielt die subjektive Wahrscheinlichkeit aber keine Rolle.

Für die Bestimmung der **objektiven Eintrittswahrscheinlichkeit** wird häufig das Zahlenmaterial einschlägiger Studien und Statistiken herangezogen. Die folgende Grafik weist die Ursachen von Ausfällen von Informationssystemen sowie deren Anteile im Verhältnis zu allen gemeldeten Schäden aus.

Abb. [7-3] **Gründe für den Ausfall von IT-Systemen**

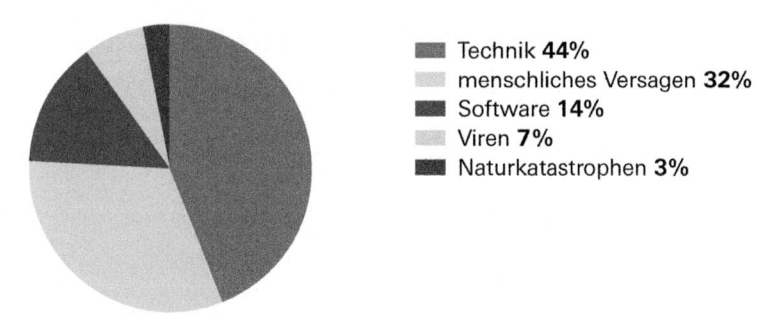

- Technik **44%**
- menschliches Versagen **32%**
- Software **14%**
- Viren **7%**
- Naturkatastrophen **3%**

Die wesentlichen **Ursachen** liegen in folgenden Bereichen:

- **Technik:** Stromausfälle, Überspannung, Plattencrash
- **Menschliches Versagen:** Bedienungsfehler, Diebstahl, Sabotage
- **Software:** Programmierfehler, Laufzeitfehler
- **Viren:** Bootsektor-Viren, Trojaner, Würmer
- **Naturkatastrophen:** Blitzschlag, Feuer, Hochwasser

Das **Schadensausmass** hängt von der Eintrittswahrscheinlichkeit und vom Schaden pro Ereignis ab. Das Schadensausmass gibt auch einen Hinweis darauf, welche Kosten die Gegenmassnahmen maximal erreichen dürfen.

Abb. [7-4]   Einflussgrössen für das Schadensausmass

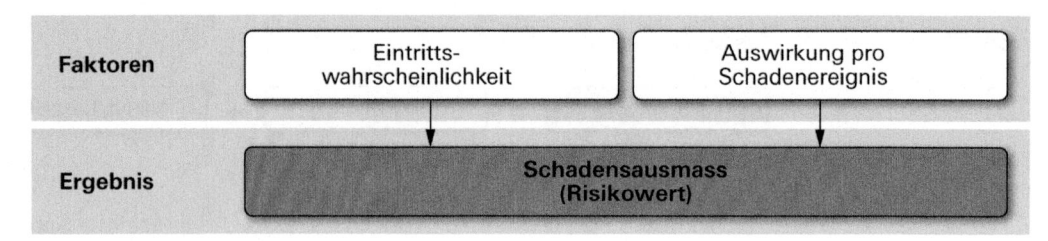

Faktoren	Eintrittswahrscheinlichkeit	Auswirkung pro Schadenereignis
Ergebnis	Schadensausmass (Risikowert)	

In der folgenden Tabelle werden Beispiele für mögliche Ereignisse und Schäden aufgeführt:

Ereignis	Schaden
Versehentliches Löschen von Adressdaten	Zeitverlust von einer Viertelstunde
Zerstörung eines Laptops durch äussere Gewalteinwirkung	Verlust einer 300-seitigen Dokumentation
Diebstahl eines PCs	Vertrauliche Kundendaten gelangen in die Hände eines Wettbewerbers.
Virusinfektion bei einem PC	• Ausfall des PCs für 2 Tage • Rekonstruktion des Betriebssystems und der ausgefallenen Programme • Kein Datenverlust dank regelmässiger Datensicherung
Festplattencrash beim Anwendungsserver durch einen Hardwarefehler	• Ausfall des Servers für einen Tag • Anschaffung einer neuen Festplatte • Neuinstallation des Betriebssystems und der Anwendungsprogramme • Neuerfassung der Daten wegen fehlender Datensicherung

Anhand der Beispiele wird deutlich, dass sich der finanzielle Schaden nur selten genau beziffern lässt. Je nach Risiko setzen sich die Kosten aus folgenden Anteilen zusammen:

- Kosten für die Beseitigung des Schadens (Zeitaufwand)
- Kosten für den Ersatz (Materialaufwand für Hardware, Software)
- Kosten für den Produktionsausfall (entgangene Umsätze bzw. Gewinne)

7.2 Grundlagen des Sicherheitsmanagements

7.2.1 Sicherheitsziele

Informationssicherheit ist gegeben, wenn die Sicherheitsziele Vertraulichkeit, Integrität, Verfügbarkeit und Authentizität (kurz **VIVA**) gewährleistet sind:

Abb. [7-5] Sicherheitsziele der Informationssicherheit

Kreisdiagramm mit vier Quadranten:
- **Verfügbarkeit**: Zugriff auf die Daten ist sichergestellt
- **Vertraulichkeit**: Daten können nur durch Befugte genutzt werden
- **Integrität**: Daten sind unverfälscht und vollständig
- **Authentizität**: Echtheit der Daten(quellen) ist sichergestellt

Was bedeuten diese **Sicherheitsziele** im Einzelnen?

- **Verfügbarkeit (Availability):** Verfügbarkeit bedeutet, dass Sie stets Zugriff auf Ihre Daten und Informationen haben. Dies bedeutet einerseits, dass Ihre IT-Systeme zuverlässig arbeiten, andererseits aber auch, dass keine Informationen «verschwinden». Daten können durch Fehlmanipulationen versehentlich gelöscht werden oder dann durch mutwillige Aktionen entfernt worden sein.
- **Integrität (Integrity):** Integrität bedeutet, dass Ihre Daten nicht verändert werden können, sei es durch Unbefugte, durch technische Probleme oder durch Unachtsamkeit. Eine unbemerkte Manipulation der Daten wird damit ausgeschlossen. Sie können davon ausgehen, dass Sie immer über richtige, unverfälschte und komplette Dokumente und Daten verfügen.
- **Vertraulichkeit (Confidentiality):** Vertraulichkeit bedeutet, dass Unbefugte keinen Einblick in diese Informationen haben können. Die entsprechenden Daten müssen also speziell geschützt werden, sodass eine Weitergabe an unberechtigte Nutzer verhindert werden kann.
- **Authentizität (Authenticity):** Authentizität bedeutet, dass Sie sicher sein können, dass Dokumente auch von derjenigen Person verfasst worden sind, die angegeben ist. Sie bedeutet Echtheit und Glaubwürdigkeit. Bei der Übermittlung von Dokumenten über das Internet muss z. B. sichergestellt sein, dass die Daten mit Sicherheit von demjenigen Absender stammen, als den er sich ausgibt. Besonders wichtig ist dies bei Geschäftsprozessen, die über das Internet abgewickelt werden. Wird eine Bestellung in einem E-Shop ausgeführt, so muss sie rechtskräftig sein. Es muss also gewährleistet sein, dass nicht jemand anders als der angegebene Besteller am Werk war.
- **Verbindlichkeit (Nichtableugbarkeit, Non-Repudation)** ist eine unmittelbare Folge von Authentizität und bedeutet, dass Geschäftsvorgänge, die elektronisch abgewickelt werden (wie z. B. eine Geldüberweisung oder ein Vertragsabschluss), rechtsverbindlich nachgewiesen werden können. Ein verbindliches E-Mail kann z. B. mit einem eingeschriebenen Brief verglichen werden. Dieses Sicherheitsziel hat eine grosse Bedeutung beim E-Commerce, wenn ein Kauf, ein Tausch oder eine finanzielle Transaktion über das Internet durchgeführt werden. Verbindlichkeit von Dokumenten kann mit einer elektronischen Signatur erreicht werden.

7.2.2 Sicherheitsnormen

Nachfolgend sind wichtige Gesetze und Standards aufgeführt, die sich auf die Informationssicherheit auswirken.

- **Datenschutzbestimmungen:** Bestimmungen für den Persönlichkeitsschutz. In der EU sind die Datenschutzrichtlinie 95/46/EU und die Richtlinie für die Verarbeitung personenbezogener Daten 2002/58/EU massgebend, in der Schweiz gilt das DSG.
- **ISO / IEC 27002:** internationaler Standard mit Empfehlungen zur Informationssicherheit. Swisscom und weitere Institutionen bieten Workshops zur Analyse von Sicherheitsrisiken an, bei denen IT-Prozesse auf die Einhaltung dieser Norm bzw. auf ihren Reifegrad hin überprüft werden.
- **COBIT:** ISACA setzt die Empfehlungen von COBIT und anderen Standards um und gibt Dokumente für die Sicherheitsrisikoanalyse im Unternehmen heraus. Die Website enthält viele konkrete Hinweise zur Informationssicherheit im Unternehmen und bietet auch ein Vorgehensmodell IT-Risikoanalyse.
- **IT-Grundschutz:** Das deutsche Bundesamt für Sicherheit in der Informationstechnik (BSI) gibt viele wertvolle Hinweise zum Thema Informationssicherheit. Unter dem Stichwort «IT-Grundschutz» sind diverse Massnahmenkataloge verfügbar, um den Standardschutz eines Unternehmens zu gewährleisten.

7.2.3 Sicherheitspolitik

Die Geschäftsleitung muss vorgeben, welche Sicherheitsrisiken toleriert werden können und welche Sicherheitsrisiken wie abgefangen werden. Die **Sicherheitspolitik** zielt darauf ab, das Gesamtrisiko bis zum akzeptierbaren bzw. tragbaren Restrisiko zu reduzieren. Die Umsetzung dieses übergeordneten Ziels lässt sich wie folgt veranschaulichen:

Abb. [7-6]   **Reduktion des Risikos auf ein akzeptables Restrisiko**

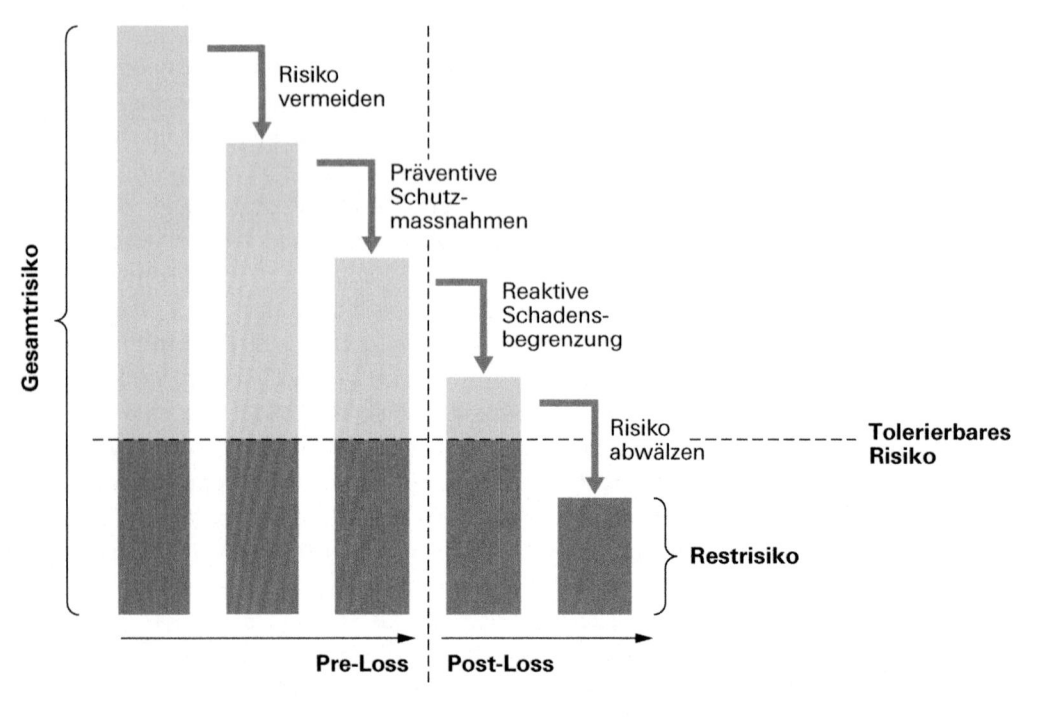

Hinweis   **Pre-Loss-Massnahmen** werden vor einem Schadenereignis ergriffen, **Post-Loss-Massnahmen** danach.

7.2.4 Sicherheitsaufgaben

Zentrale Aufgaben des **Sicherheitsmanagements** sind die Definition von Vorgaben für den Betrieb der IT-Infrastruktur sowie deren Überwachung und Steuerung. Es beinhaltet daher sowohl strategische als auch taktische und operationelle Aufgaben:

Abb. [7-7]   Sicherheitspyramide

Pyramide mit drei Ebenen:
- **Strategisch** – Sicherheitsbedarf
- **Taktisch** – Sicherheitskonzepte, Bedrohungs-/Risikoanalyse
- **Operationell** – Massnahmenumsetzung und Kontrolle

Sicherheitsaufgaben auf strategischer Ebene:

- Bewusstseinsförderung beim Management
- IT-Sicherheitsnormen
- Ermöglichen einer Zertifizierung (z. B. ISO 27001)
- Berücksichtigen anderer Management-Normen (ISO 9000)
- Verwendung von definierten Instanzen und Prozessen
- Durchgeführte (und dokumentierte) Prozessanalyse
- Eindeutige Zuordnung von Systemen und Prozessen zu Personen (Process Owner)

Sicherheitsaufgaben auf taktischer Ebene:

- Feststellung der momentanen Bedrohungssituation
- Identifikation der Schutzobjekte
- Anwendung Grundschutz
- Sorgfältige Risikoanalyse
- Bewertung der Risiken (Schadenswert und -häufigkeit)
- Suche nach adäquaten Massnahmen
- Bewertung dieser Massnahmen (Kosten / Nutzen)
- Auswahl und Realisierung durch Management (Restrisikobestimmung)
- Kontrolle

Sicherheitsaufgaben auf operationeller Ebene:

- Einführung, Umsetzung und Kontrolle von Sicherheitsmassnahmen
- Organisatorische Massnahmen
- Personelle Massnahmen
- Technische Massnahmen
- Bauliche Massnahmen

7.3 Sicherheitsmassnahmen planen

7.3.1 Schutzbedarfsermittlung

Bei der **Ermittlung des Schutzbedarfs** sind folgende **Fragen** zu stellen:

- Welche Daten und Komponenten sind zu schützen?
- Wovor müssen die Daten bzw. Komponenten geschützt werden?
- Wie kann ein wirksamer Schutz erreicht werden?
- Welche Schutzmassnahme ist am wirtschaftlichsten?

Damit die Frage beantwortet werden kann, welche Daten und Komponenten zu schützen sind, müssen die Firmendaten und LAN-Komponenten entsprechend ihrer **Schutzwürdigkeit** klassifiziert werden. Dabei geht man i. d. R. von folgenden **Klassen** aus:

- Öffentlich
- Intern
- Vertraulich
- Streng vertraulich / geheim

Als hilfreiches **Instrument** eignet sich eine Tabelle mit den betroffenen Sicherheitszielen:

Frage	Sicherheitsziele
Welche Personendaten dürfen nicht in die Hände Dritter gelangen?	Vertraulichkeit
Welche betrieblichen Daten dürfen nicht in die Hände Dritter gelangen?	Vertraulichkeit
Welche Daten müssen wem und wann zur Verfügung gestellt werden?	Verfügbarkeit
Welche Daten und Dokumente müssen vor absichtlicher oder unabsichtlicher Manipulation geschützt werden?	Integrität Authentizität
Welche Systembenutzer und Geschäftspartner müssen sich eindeutig identifizieren, bevor ein bestimmter Geschäftsvorgang getätigt werden kann?	Authentizität

Bei der **Klassifizierung der Daten** sind die gesetzlichen Vorgaben des Datenschutzes zu berücksichtigen. Besonders schützenswerte Personendaten gehören z. B. in die Klasse «streng vertraulich / geheim». Entsprechend kommen diejenigen LAN-Komponenten in die höchste Klasse, die solche Daten speichern oder bearbeiten.

Zur Beantwortung der Fragen, wovor die Daten bzw. Komponenten geschützt werden sollen und wie ein wirksamer Schutz erreicht werden kann, sind die **spezifische Bedrohungslage** sowie die **unternehmerische IT-Infrastruktur und IT-Organisation** zu untersuchen. Wichtig ist, dass die Sicherheitsmassnahmen nicht nur auf die spezifische Bedrohungslage des Unternehmens angepasst, sondern auch gegenseitig aufeinander abgestimmt werden.

7.3.2 Risikoanalyse

Aufgrund des ermittelten Schutzbedarfs und anhand der Arbeitsumgebung der Mitarbeitenden können die wichtigsten Sicherheitsrisiken in folgenden Schritten analysiert werden:

1. **Bedrohungen ermitteln:** Auswahl der Gefahren, die zu schützende Daten bedrohen.
2. **Verletzbarkeit ermitteln:** Hier wird analysiert, welche Komponenten der IT-Infrastruktur und / oder der IT-Organisation in Bezug auf die einzuhaltenden Sicherheitsziele welche Schwachstellen aufweisen.
3. **Risiken ermitteln:** Anhand der Bedrohungen und der Verletzbarkeit lassen sich die Risiken ermitteln.

4. **Schaden pro Ereignis bestimmen:** Hier wird festgestellt, mit welchem Schaden das Unternehmen beim Eintritt des Risikos rechnen muss.
5. **Eintrittswahrscheinlichkeit ermitteln:** Hier wird untersucht, wie hoch die Wahrscheinlichkeit ist, dass das Risiko effektiv eintritt.

Der Eintritt eines Risikos kann sowohl **materielle Schäden** als auch **immaterielle Schäden** verursachen. Je nach Art und Umfang des Schadens reicht das Spektrum von einem Vertrauensverlust beim Systembenutzer über einen Imageverlust bei den Kunden bis hin zu massiven finanziellen Einbussen für das Unternehmen.

7.3.3 Sicherheitsorganisation

Aufgrund der Analyseergebnisse wird eine **IT-Sicherheitsorganisation** aufgebaut, die sich i. d. R. folgenden **Aufgaben** widmet:

- IT-Sicherheitskonzept für das Unternehmen erstellen.
- Notfallkonzept für Systemausfälle und Systemeinbrüche erstellen.
- Tauglichkeit des Notfallkonzepts regelmässig überprüfen.
- Notfallkonzept ggf. anpassen.
- IT-Sicherheitsmassnahmen analysieren und beurteilen.
- Umsetzung der IT-Sicherheitsmassnahmen planen (Realisierungsplan).
- Wirksamkeit der umgesetzten Sicherheitsmassnahmen überprüfen.
- Richtlinie bzw. Weisung mit Sicherheitsbestimmungen für die Mitarbeitenden erlassen.
- Einhaltung der Sicherheitsbestimmungen schulen und regelmässig überprüfen.
- Informationsfluss zum Geschäftsleiter (und zum Leiter der IT-Organisation) sicherstellen.

7.3.4 Sicherheitskonzept erstellen

Das **IT-Sicherheitskonzept** bildet die Basis für eine kontinuierliche Planung, Umsetzung, Überprüfung und Verbesserung der betrieblichen Sicherheitsmassnahmen. Folgende **Inhalte** gehören in ein solches Konzept:

Abb. [7-8]   **Inhalte des IT-Sicherheitskonzepts**

Rubriken	Inhalte
Anforderungen	• Gesetzliche und interne Anforderungen • Anforderungen aufgrund der bestehenden Anwendungen, des Systembetriebs und der IT-Infrastruktur
Risikoanalyse	• Gefährdungskatalog • Risikobewertung anhand von Szenarien und Risikoberechnung
Risikostrategie	• Vorgaben an die IT-Organisation • Vorgaben an die Massnahmen
Massnahmen	• Vorsorgemassnahmen: Lesen Sie dazu Kapitel 7.5, S. 199. • Business Continuity Management: Lesen Sie dazu Kapitel 7.4.2, S. 199. • Notfallmassnahmen: Lesen Sie dazu Kapitel 7.6, S. 206.
Verantwortlichkeiten	• Zuständigkeiten für die Planung und Realisierung • Überprüfungsmassnahmen • Sensibilisierungsmassnahmen
Kosten und Wirtschaftlichkeit	• Kosten für die Planung, Umsetzung und das Controlling • Nutzen der Sicherheitsmassnahmen • Gesamtbudget

IT-Sicherheitsmassnahmen können **präventiv (vorbeugend)** oder **reaktiv (nachsorgend)** wirken und primär technischer oder organisatorischer Natur sein. Nachfolgend werden für jede Kategorie einige Beispiele aufgeführt:

- **Technische Sicherheitsmassnahmen**
    - Bauliche Massnahmen (z. B. abschliessbarer gekühlter Serverraum, Alarmanlage)
    - Massnahmen in den Bereichen Hardware und Software (z. B. Firewall, Virenscanner, Verschlüsselung der Datenübertragung)
    - Regelmässige Datensicherung bzw. -archivierung (z. B. Backup & Restore)
    - Überwachung der Systemzugriffe und Datenbearbeitung (z. B. Monitoring, Protokollierung, Alarmierung)
- **Organisatorische Sicherheitsmassnahmen**
    - Betrieb der technischen Sicherheitsmassnahmen (z. B. durch Systemadministrator)
    - Informationen über Sicherheitsrisiken (z. B. anhand von Gefahren- oder Eventanalysen)
    - Überwachung sicherheitskritischer IT-Geräte und / oder Räumlichkeiten
    - Festlegung, Kontrolle und Anpassung der Berechtigungen für Systemzugriffe und Datenbearbeitungen
    - Erstellung, Kontrolle und Anpassung des IT-Sicherheitskonzepts
    - Einrichtung, Überprüfung und Anpassung der Notfallorganisation
    - Bekanntmachung, Kontrolle und Anpassung der Sicherheitsbestimmungen
    - Schulung des Sicherheitsverhaltens der Mitarbeitenden

7.4 Sicherheitsmassnahmen umsetzen

Welche Sicherheitsmassnahmen ausgewählt und effektiv umgesetzt werden, hängt vom **Schutzbedarf der Daten und Komponenten** sowie von den **konkreten Risiken in der aktuellen Arbeitsumgebung** der Mitarbeitenden ab. Bei der Umsetzung ist darauf zu achten, dass sich vorbeugende, aufdeckende, korrigierende und / oder lenkende Massnahmen sinnvoll ergänzen und aufeinander abgestimmt werden. Sicherheitsmassnahmen müssen **wirksam und wirtschaftlich** sein, d. h., neben den Beschaffungskosten müssen immer auch die Betriebs- und Unterhaltskosten berücksichtigt werden. Werden evaluierte Massnahmen nicht umgesetzt, müssen die Gründe für die (bewusste) Nichtberücksichtigung dokumentiert und das **Restrisiko** ausgewiesen werden.

7.4.1 IT-Grundschutz nach BSI

Ein **IT-Grundschutz nach BSI** soll ein Mindestmass an **Sicherheit für IT-Systeme** gewähren. Zu diesem Zweck werden Kataloge mit Sicherheitsmassnahmen in verschiedenen Bereichen geführt, die ein mittleres bis hohes Sicherheitsniveau ermöglichen und ausbaufähig sind:

- **Massnahmen im Bereich «Gebäude und Infrastruktur»:** Massnahmen in diesem Bereich sollen verhindern, dass sich unbefugte Personen Zugang zu Gebäuden oder Räumlichkeiten mit Kommunikationseinrichtungen oder Geräten verschaffen können, die kritische Geschäftsprozesse unterstützen. Dazu gehören auch Sicherheitsmassnahmen, um Systemstörungen durch Stromausfälle, Wassereinbruch, Überhitzung oder Erschütterung abzufangen. Neben baulichen Massnahmen wird empfohlen, den Zugang zu Räumen mit wichtigen IT-Geräten (Server, Router) zu kontrollieren oder zu überwachen.
- **Massnahmen im Bereich «Hardware und Software»:** Massnahmen in diesem Bereich sollen sicherstellen, dass nur befugte Personen auf sensible Daten oder Informationen und geschäftskritische Anwendungen oder Dokumente zugreifen können. Besonders schützenswerte Personendaten oder vertrauliche Unternehmensdaten müssen im Rahmen der Benutzerverwaltung durch Zugriffsbeschränkungen und ggf. weitere technische Massnahmen geschützt werden.
- **Massnahmen im Bereich «Personal und Organisation»:** Die grösste Gefahr für die IT-Sicherheit geht von den Mitarbeitenden im Unternehmen aus. Fehlhandlungen passieren meist unbewusst durch fehlende Aufmerksamkeit der Benutzer. Nicht selten werden

IT-Systeme aber auch vorsätzlich manipuliert und die Sicherheit ausgehebelt, z. B. aus Rache oder Gewinnsucht. Durch geeignete personelle und organisatorische Massnahmen können bewusste oder unbewusste menschliche Fehlhandlungen weitgehend abgefangen werden. Bei den personellen Massnahmen steht die Schulung des Sicherheitsbewusstseins im Vordergrund. Grundlage dafür sind das Sicherheitskonzept, überprüfbare Sicherheitsrichtlinien oder Prozess- und Arbeitsanweisungen. Bei den organisatorischen Massnahmen wird die Einrichtung einer Sicherheitsorganisation empfohlen.

7.4.2 Business Continuity Management

Das **Business Continuity Management** umfasst alle Massnahmen und Aktivitäten, um den ordentlichen Geschäftsbetrieb zu gewährleisten und Betriebsstörungen des IT-Systems zu vermeiden, beispielsweise wenn ein schwerwiegendes Ereignis eintritt. Dies geschieht i. d. R. in folgenden Schritten:

1. **Dienste priorisieren:** Hier werden diejenigen IT-Services definiert, die prioritär geschützt oder wiederhergestellt werden müssen. Dabei wird ermittelt, welche Geschäftsprozesse oder Leistungen für die Existenz der Firma höchste Priorität haben und wie lange die Firma ohne diese überleben kann.
2. **Wiederherstellungszeit bestimmen:** Hier wird die Zeit für die Wiederherstellung der priorisierten IT-Services ermittelt. Dabei stehen folgende Fragen im Vordergrund:
    - Wie lange dauert es, bis der betreffende Dienst wieder zur Verfügung steht?
    - Können wir uns die nötigte Wiederherstellungszeit überhaupt leisten?
    - Gibt es Alternativen, um die Wiederherstellungszeit zu verkürzen (z. B. IAAS gegen den Ausfall wichtiger Hardwarekomponenten)?
3. **Sofortmassnahmen einleiten:** Hier werden geeignete Massnahmen eingeleitet, um die Wiederherstellungszeit so zu verkürzen, dass die Existenz der Firma nicht gefährdet ist.

7.5 Vorsorgemassnahmen

Vorsorgemassnahmen oder Präventivmassnahmen sollen die Eintrittswahrscheinlichkeit einer Störung oder eines Ausfalls geschäftskritischer Systemkomponenten reduzieren.

7.5.1 Datensicherung

Eine regelmässige **Datensicherung** ist die wichtigste Massnahme, um die Verfügbarkeit der Daten sicherzustellen. Zur Durchführung der Datensicherung ist ein **Datensicherungsplan** notwendig. Darin wird festgehalten, wann das **Backup** für die zu sichernden Daten erfolgt und wie das **Recovery** durchgeführt wird, d. h., wie die gesicherten Daten auf das IT-System «zurückgespielt» werden. Die wesentlichen **Inhalte eines Datensicherungsplans** sind:

- Liste der regelmässig zu sichernden Software und Daten: Geschäftsapplikationen und Datenbestände bzw. Datenbanken, Laufwerke und Verzeichnisse
- Zeitpunkt, Art und Umfang der Backups
- Liste der Aufbewahrungsorte und dort vorhandener Datenträger mit Datensicherungen
- Angewendetes Backup- und Recoveryverfahren: eingesetzte Programme, Hardware, Konfiguration, Art der Datenträger und verantwortliche Personen

Zu einem vollständigen Datensicherungsplan gehören auch die **Konfigurationsdateien der aktiven Netzwerkkomponenten** und die **Datenbestände mobiler Geräte.** Daten von Laptops oder Notebooks können z. B. auf externen Datenträgern gesichert werden. Der Vorteil dieses Verfahrens liegt darin, dass die Datensicherung praktisch an jedem Ort und zu jeder Zeit durchgeführt werden kann. Nachteilig ist, dass stets ein externer Datenträger mit genügend hoher Speicherkapazität mitgeführt werden muss und für die Benutzer ein zusätzlicher Aufwand entsteht. Wenn ein mobiles Gerät regelmässig an das unternehmerische Netzwerk angeschlossen werden kann, kann die Datensicherung auch auf diese Weise erfolgen.

Je nach Situation ist der Umfang der Datensicherung unterschiedlich. Entsprechend kommen verschiedene **Arten des Backups** zum Einsatz:

- **Vollständige Datensicherung:** Hier werden alle Daten komplett gespeichert.
- **Differenzielle**[1] **Datensicherung:** Hier werden diejenigen Daten gespeichert, die sich seit der letzten vollständigen Datensicherung verändert haben.
- **Inkrementelle**[2] **Datensicherung:** Hier werden diejenigen Daten gespeichert, die seit der letzten (inkrementellen) Datensicherung hinzugekommen sind.

Auch dem **Aufbewahrungsort der Datensicherung** ist hohe Aufmerksamkeit zu schenken. Im Notfall müssen die Datenträger und Zugangsschlüssel rasch verfügbar sein. Gleichzeitig muss die missbräuchliche Verwendung von Datensicherungen durch Unbefugte bzw. Dritte ausgeschlossen werden. Für den Fall eines Elementarereignisses müssen die Datenträger ausreichend geschützt und räumlich getrennt vom System aufbewahrt werden.

Hinweis Vergleichen Sie zum Umgang mit Unternehmensdaten auch das Kapitel 8, S. 214.

Siehe auch! Dokumentation und Archivierung

Lesen Sie zur Aufbewahrungspflicht von Dokumenten sowie zum Archivierungskonzept das Buch «Unternehmensführung und Umwelt» dieser Lehrmittelreihe.

7.5.2 Unterbrechungsfreie Stromversorgung

Spannungsspitzen und Spannungseinbrüche im Stromnetz können Datenverluste zur Folge haben. Um dieser Gefahr zu begegnen, lohnt sich der Einsatz einer **unterbrechungsfreien Stromversorgung**[3] **(USV)**. Laut Statistik müssen Verbraucher in der Schweiz pro Jahr mit 128 Spannungsspitzen und 264 Spannungseinbrüchen rechnen. Jedes dieser Ereignisse kann mehr oder weniger schwerwiegende Störungen im betrieblichen Netzwerk verursachen. Im Handel werden verschiedene **USV-Systeme** angeboten:

- **Offline-USV-Anlage (Mitlaufbetrieb):** Bei einer Offline-USV wird der Strom im Normalbetrieb direkt vom Netz bezogen. Fällt die Stromversorgung durch das Netz aus, übernimmt nach einer Umschaltzeit von 1–10 ms eine Batterie mit Wechselrichter die Stromversorgung. Für den erneuten Netzbetrieb ist wiederum eine Umschaltung notwendig. Zum Schutz vor Spannungs- und Störspitzen müssen Netzfilter vorgesehen werden.
- **Online-USV-Anlage (Dauerbetrieb):** Eine Online-USV besteht aus einer Akkuanlage mit Ladeeinrichtung und Wechselrichter, der aus der Gleichspannung des Akkus wieder 230 V Wechselspannung erzeugt. Das Prinzip dieser Technik besteht darin, dass Verbraucher den Strom immer direkt ab Wechselrichter beziehen, d. h., die Online-USV-Anlage bezieht den Strom konstant vom Akku, der vom Netz unter Ladung gehalten wird. Wenn die Stromversorgung über längere Zeit ohne Unterbruch funktionieren muss, muss zusätzlich ein Dieselgenerator für den Notstrombetrieb eingerichtet werden. Online-USV-Anlagen bieten eine sehr hohe Sicherheit und sind besonders bei wichtigen Geschäftsdaten und empfindlichen IT-Systemen zu empfehlen.

7.5.3 Ausfallsichere Festplatten

Zur Erhöhung der Ausfallsicherheit eines IT-Systems können Daten gleichzeitig auf mehreren Festplatten gespeichert werden. In diesem Zusammenhang spricht man auch von **Hardwareredundanz** oder von **Redundant Array of Independent Disks (RAID)**. Bei dieser Technik

---

[1] Differenz = Unterschied.
[2] Inkrement = Zuwachs.
[3] Englischer Fachbegriff: Uninterruptible Power Supply (UPS).

werden mehrere unabhängige Festplatten zu einem logischen Laufwerk verbunden. Die Benutzer greifen nun nicht mehr auf die einzelnen Festplatten zu, sondern auf das logische Laufwerk, das eine **virtuelle Festplatte** darstellt. Fällt eine Festplatte in diesem Verbund aus, werden verlorene Daten mithilfe der redundant gespeicherten Daten der funktionierenden Festplatten rekonstruiert.

Das Ziel von RAID ist die **Erhöhung der Verfügbarkeit.** Allerdings können mit dieser Technik keine Daten wiederhergestellt werden, die von Benutzern gelöscht oder durch ein Ereignis wie Viren, Diebstahl oder Feuer zerstört worden sind. Deshalb benötigt man immer auch ein Backup, um das System vor solchen Bedrohungen zu schützen.

Die wichtigsten drei **RAID-Levels** lassen sich wie folgt charakterisieren:

- **RAID 0 (Data Striping):** Mit RAID 0 wird die Schreib- und Lesegeschwindigkeit erhöht. Dazu werden 2 oder mehr Festplatten zusammengeschaltet und die Nutzdaten in kleine Blöcke aufgeteilt. Damit kann auf 2 oder mehr Festplatten parallel zugegriffen werden, was den Zugriff beschleunigt.
- **RAID 1 (Drive Mirroring / Drive Duplexing):** Hier werden die identischen Daten auf 2 Festplatten gespeichert. Dadurch entsteht eine 100%ige Redundanz. Fällt eine der beiden Festplatten aus, arbeitet das Betriebssystem mit der funktionierenden Festplatte weiter. RAID 1 bietet zwar optimale Ausfallsicherheit, setzt aber doppelte Plattenkapazität voraus.
- **RAID 5 (Block Striping mit verteilter Parität):** Dafür werden mindestens 3 Festplatten benötigt, auf die die Datenblöcke verteilt werden. Bei der Konfiguration wird zu je 2 Datenblöcken ein **Paritätsblock** gebildet, der abwechselnd auf je einer Festplatte abgespeichert wird. Zu diesem Zweck wird ziffernweise die Quersumme der einzelnen Blöcke berechnet. Ein Paritätsblock ist also immer 2 Datenblöcken zugeordnet und erlaubt es, verloren gegangene Daten beim Ausfall einer Festplatte wiederherzustellen. Die Performance dieses RAID-Levels ist sehr gut, wenn man grosse zusammenhängende Dateien lesen oder speichern möchte.

7.5.4 Parallelbetrieb von Servern

Um die Verfügbarkeit eines Client-Server-Systems zu erhöhen, wird die **Serverleistung** oft redundant bzw. mehrfach zur Verfügung gestellt. Bei der **redundanten Auslegung kritischer Systemkomponenten** sind folgende Stufen zu unterscheiden:

Stufe	Bezeichnung	Beschreibung (Vor- und Nachteile)
1	Cold Site	Minimales Vorsorgesystem, das mit den wichtigsten Systemkomponenten ausgestattet ist. Muss im Notfall vom Notfallpersonal ausgebaut und in Betrieb genommen werden. Der **Vorteil** liegt in den tiefen Kosten. Der **Nachteil** liegt im geringen Bereitschaftsgrad, d. h., die Zeitspanne zwischen Schadenereignis und Betriebsbereitschaft des Ersatzsystems ist hier am grössten.
2	Warm Site	Reservesystem, das mit allen Systemkomponenten ausgestattet ist und gewartet wird. Muss im Notfall vom Notfallpersonal in Betrieb genommen werden. Der **Vorteil**: Die Zeitspanne zwischen Schadenereignis und Betriebsbereitschaft des Ersatzsystems ist kürzer als bei einer Cold Site.
3	Hot Site	Reservesystem, das mit allen Systemkomponenten inkl. des benötigten Personals für den Notfallbetrieb ausgestattet und rund um die Uhr betriebsbereit ist. Der **Vorteil** liegt im hohen Bereitschaftsgrad. Die Zeitspanne zwischen dem Schadenereignis und der Betriebsbereitschaft des Ersatzsystems ist klein. Der **Nachteil** liegt in den hohen Kosten.
4	Mobile Site	Bewegliche, flexible IT-Infrastruktur, die im Notfall von einem Serviceprovider zugemietet wird. Die **Vor- und Nachteile** sind mit einer Hot Site vergleichbar.
5	Mirrored Site	Maximales Vorsorgesystem mit gespiegelten Daten, das jederzeit sofort betriebsbereit ist. Diese Auslegung ermöglicht im Notfall einen nahtlosen Systemwechsel. Der **Vorteil** liegt im hohen Bereitschaftsgrad. Die Zeitspanne zwischen dem Schadenereignis und der Betriebsbereitschaft des Ersatzsystems ist am kleinsten. Der **Nachteil** liegt in den sehr hohen Kosten.

7.5.5 Systematische Benutzerverwaltung

Eine weitere wichtige Vorsorgemassnahme ist der Schutz der IT-Systeme vor unbefugtem Zugriff. Es dürfen nur diejenigen Personen Zugriff auf Systeme oder Systemkomponenten haben, die dafür berechtigt sind. Alle anderen (unberechtigten) Personen müssen wirksam von einem **Log-in** abgehalten werden. So verlangen beispielsweise die Betriebssysteme, viele Anwendungen und Netzwerkgeräte wie Router oder Firewall eine Zugriffsberechtigung. Daneben muss der Zugriff auf sensible Daten und ggf. auch auf das Internet geregelt werden.

Der Vorgang zur Feststellung einer Zugriffsberechtigung wird als **Authentifizierung** oder **Identifizierung** bezeichnet. Bei diesem Vorgang wird die Authentizität bzw. Identität einer Person nachgewiesen, die ein IT-System benutzen will. Weil im englischen Sprachraum nicht zwischen Authentifizierung und Identifizierung unterschieden wird, werden diese Begriffe im vorliegenden Lehrmittel synonym verwendet.

Jedes Unternehmen muss die **Zugriffsrechte der Benutzer** regeln und die **Benutzerprofile** aktuell halten. In grossen und dynamischen Netzwerken bzw. in IT-Systemen mit zahlreichen Anwendern kann der Überblick schnell einmal verloren gehen, wenn kein **systematisches Access Management** betrieben wird. Dies geschieht in folgenden Schritten:

1. **Benutzerkonto einrichten:** Für jede Systembenutzerin muss ein Benutzerkonto eröffnet werden, das aus einem Benutzernamen, einem Passwort und den wichtigsten Benutzerdaten (z. B. für die Suche) besteht. Die Vergabe des Benutzernamens innerhalb des Unternehmens sollte nach einem einheitlichen Schema erfolgen.
2. **Benutzergruppe zuweisen:** Jedes Benutzerkonto kann einer oder mehreren Benutzergruppen zugewiesen werden, wobei jede Benutzergruppe über spezifische Zugriffsrechte bzw. Berechtigungen verfügt. Indem die Zugriffsrechte bzw. Berechtigungen für die gesamte Benutzergruppe definiert werden, kann der Administrationsaufwand gering gehalten werden. Neben vordefinierten Benutzergruppen (wie z. B. Administrator, «regulärer» Benutzer und Power User) können auch funktionale Benutzergruppen angelegt werden, die über eigene Rechte verfügen und auf Daten oder Anwendungen zugreifen können, die nur bestimmten Funktionsstufen oder Organisationseinheiten offenstehen.
3. **Benutzerrechte zuordnen:** In jedem IT-System sind diejenigen «Objekte» zu ermitteln, die mit spezifischen Zugriffsrechten bzw. Berechtigungen versehen werden müssen. Typischerweise sind die Rechte für folgende Systemobjekte zu regeln:
   - Anwendungen bzw. Funktionen (Nutzungsrechte)
   - Dateien bzw. Daten (Lese-, Schreib-, Löschrechte)
   - Verzeichnisse bzw. Netzwerklaufwerke (Lese-, Schreib-, Löschrechte)
   - Peripheriegeräte (Nutzungsrechte)
   - Internetdienste (Nutzungsrechte)

Hinweis Voraussetzung für die korrekte Zuweisung der Benutzerrechte ist Klarheit über die Aufgaben, die Verantwortung und die Kompetenzen der einzelnen Benutzerkonten bzw. Benutzergruppen. Ansonsten besteht das Risiko, dass unbefugte Personen sensible Daten einsehen oder Manipulationen vornehmen, die die Sicherheit des IT-Systems gefährden.

7.5.6 Sichere Datenübertragung

Ein- und Verkäufe via Webshops oder Bankgeschäfte bzw. Zahlungen via E-Banking setzen ein hohes Mass an Sicherheit bei Datenübertragungen voraus. Durch **Datenverschlüsselung** soll verhindert werden, dass vertrauliche Daten in einem Netzwerk von unbefugten Personen eingesehen oder missbräuchlich verwendet werden.

A] Verschlüsselungsverfahren und Verschlüsselungsprotokoll

Grundsätzlich lassen sich folgende **Verschlüsselungsverfahren** unterscheiden:

- **Symmetrische Verschlüsselung:** Hierbei wird ein Schlüsselpaar generiert. Beide Kommunikationspartner besitzen denselben Schlüssel und müssen diesen vor Beginn der Kommunikation sicher austauschen.
- **Asymmetrische Verschlüsselung:** Hierbei wird für jeden Kommunikationspartner ein Schlüsselpaar generiert, wobei jeweils nur ein Schlüssel öffentlich gemacht wird. Mit einem Schlüssel können die Daten immer nur verschlüsselt, mit dem anderen Schlüssel immer nur entschlüsselt werden.

Für die sichere Datenübertragung im Internet wurde das Netzwerkprotokoll **Secure Sockets Layer (SSL)** entwickelt, das heute unter der Bezeichnung **Transport Layer Security (TLS)** weiterentwickelt und standardisiert wird. TLS ist ein offener Standard für den Aufbau sicherer Kommunikationskanäle auf der Basis von TCP/IP und öffentlichen Schlüsseln. Bekannte Implementierungen des Protokolls sind OpenSSL, LibreSSL und GnuTLS.

Im OSI-Schichten-Modell liegt TLS direkt oberhalb der Transportschicht. Dadurch können darüber liegende Protokolle ohne eigene Sicherheitsmechanismen sichere Verbindungen zur Verfügung stellen. Dafür ist keine Programminstallation nötig. Jeder Webbrowser kann sichere Kommunikationsverbindungen mit **HyperText Transfer Protocol Secure (HTTPS)** aufbauen. Auf diese Weise wird eine Unabhängigkeit von Anwendungen erreicht.

B] Tunneling und VPN

«**Tunneling**» ist ein Verfahren, um schützenswerte Daten sicher über ein öffentliches bzw. unsicheres Netzwerk zu übertragen. Dabei wird ein Kommunikationskanal aufgebaut, der einem sicheren Tunnel gleicht. Zu diesem Zweck werden die Übertragungsdaten mit einem Netzwerkprotokoll übertragen, das in ein anderes Netzwerkprotokoll eingebettet ist.

Ein **Virtuelles Privates Netzwerk (VPN)** besteht aus Netzwerkknoten im Internet, die sicher miteinander kommunizieren. Mithilfe von Verschlüsselungstechnologien und anderen Sicherungsmechanismen (z. B. Komprimierung der Dateien) wird erreicht, dass die übertragenen Daten nicht gelesen werden können. Ein VPN verhält sich wie ein abgesichertes privates Netzwerk, das sich in einem öffentlichen Netzwerk befindet. Die Vorteile eines VPN sind:

- Firmen können Netzwerke zusammenschalten, die sich an verschiedenen Standorten befinden, ohne eine feste Leitung installieren oder mieten zu müssen.
- Mitarbeitende können zu Hause oder unterwegs auf das LAN einer Firma zugreifen. Aus diesem Grund hat VPN stark zur Verbreitung von Homeoffice beigetragen.
- Externe Clients können in die eigene Domäne integriert und optimal administriert werden.

C] WLAN-Verschlüsselung

Ein WLAN muss zwingend verschlüsselt werden, weil Funknetze für Benutzer meist offen sind, die sich im Empfangsbereich eines Access Point aufhalten. Der WLAN-Standard IEEE 802.11 setzt das Verschlüsselungsverfahren **Wired Equivalent Privacy (WEP)** ein. Dies ist eine 64- bis 256-Bit-Verschlüsselung, die zur Gewährleistung der Sicherheit heute allerdings nicht mehr genügt. Der WLAN-Standard IEEE 802.11i setzt als Verschlüsselungsverfahren **Wi-Fi Protected Access (WPA)** zusammen mit dem **Temporal Key Integrity Protocol (TKIP)** ein und bietet eine bessere Sicherheit. Der Nachfolger **WPA2** verwendet **Advanced Encryption Standard (AES)** als Verschlüsselungsverfahren, das zurzeit als nicht entschlüsselbar gilt, solange keine trivialen Passwörter verwendet werden.

D] Datenintegrität

Um zu verhindern, dass Daten versehentlich oder absichtlich verändert werden, haben sich folgende Gegenmassnahmen bewährt:

- **Überwachungssystem einrichten:** Diverse Monitoring-Tools sind darauf spezialisiert, Datenmanipulationen gezielt aufzudecken. Dabei arbeiten sie meist unbemerkt vom Systembenutzer auf einem zentralen Rechner im Hintergrund. Um Veränderungen festzustellen, erstellen Überwachungssysteme eine Kopie der Daten und vergleichen sie mit den aktuellen Daten. Allerdings können solche Systeme nur die Datenintegrität in einer überwachten Umgebung und nicht im Rahmen einer Datenübertragung gewährleisten.
- **Prüfziffern einfügen:** Diverse Protokolle berechnen anhand der zu übertragenden Daten sogenannte Prüfziffern (z. B. Quersummen) und fügen diese automatisch in die Datenpakete ein. Werden die Daten auf dem Weg vom Absender zum Empfänger verändert, so stimmt die Prüfziffer der übertragenen Daten nicht mehr überein und der Empfänger kann die Daten neu anfordern.

E] Echtheit der Kommunikations- und Transaktionspartner

Die Gewährleistung der Echtheit der Kommunikations- und Transaktionspartner im Internet geht über die **Authentifizierung** oder **Identifizierung** eines Systembenutzers hinaus: Wie kann z. B. garantiert werden, dass eine E-Mail-Nachricht tatsächlich vom angegebenen Absender stammt oder dass die Webseite einer Bank für den elektronischen Zahlungsverkehr effektiv vom Server dieser Bank bereitgestellt wird? Betrüger könnten ja eine identisch aussehende Webseite vorgaukeln und dadurch an vertrauliche Informationen gelangen.

Die Echtheit der Kommunikations- und Transaktionspartner im Internet kann mithilfe der **PKI (Public Key Infrastructure)** sichergestellt werden. Dabei arbeiten Kommunikationspartner mit einer unabhängigen Zertifizierungsstelle zusammen, um eine eindeutige Identifizierung der Absender bzw. Anbieter und Empfänger bzw. Kunden zu ermöglichen.

7.5.7 Angriffserkennung und -verhinderung

Weitere Vorsorgemassnahmen zielen auf die Erkennung und Verhinderung von Angriffen aus dem Internet. Je nach Bedrohung kommen unterschiedliche Abwehrmassnahmen infrage.

A] Angriffsformen

Ein Unternehmen sollte gegen folgende Angriffsformen aus dem Internet gewappnet sein:

- Als **Ransomware** wird ein **Lösegeld-Trojaner** bezeichnet, der Daten verschlüsselt und ein Unternehmen erpresst. Der Trojaner wird dabei meist als E-Mail-Anhang, Facebook-Link oder Datei beim Filesharing getarnt oder gelangt über infizierte Webseiten auf den Computer des Opfers. Das Schadprogramm verschlüsselt umgehend bestimmte Dateien, Ordner oder die ganze Festplatte und stellt dem Opfer per Bildschirmanzeige ein Ultimatum: Entweder wird eine bestimmte Geldsumme bezahlt oder die Daten bleiben verschlüsselt und somit unbrauchbar. Dabei soll das Lösegelds anonym ins Ausland überwiesen werden (z. B. mit Ukash oder Paysafecard). Im Gegenzug versprechen die Täter, die gesperrten Dateien wieder freizugeben bzw. ein Passwort für die Freigabe zu verschicken.
- Als **Phishing**[1] wird das unberechtigte Eindringen in geschützte Bereiche bezeichnet, um an die Daten von Benutzern oder Unternehmen zu gelangen. Dabei wird der rechtmässige Absender vorgetäuscht.

---

[1] Abkürzung für: Password Fishing.

- Ein **Denial-of-Service**[1]**-Angriff** zielt darauf ab, die Benutzung eines Internetdiensts zu erschweren oder zu verunmöglichen, indem die Netzwerk- bzw. Rechenkapazität (z. B. eines Webservers) gezielt überlastet wird. Um die dafür notwendige Netzwerkbelastung herzustellen, muss der Angreifer seinerseits über massive Ressourcen verfügen. Dies erreicht er durch den Zusammenschluss zahlreicher Rechner und den koordinierten (gleichzeitigen) Angriff der verteilten Systeme. In diesem Zusammenhang wird auch von einem **Distributed Denial of Service (DDoS)** gesprochen.
- Mit **Intrusion**[2] ist das unberechtigte Eindringen von Hackern oder automatisierten Programmen (z. B. Würmer) in ein IT-System gemeint, um dort absichtlich Störungen zu verursachen oder Schäden anzurichten. Dabei ist längst nicht nur der angegriffene Computer das Ziel des Angriffs; oft wird ein geschädigter Host als Ausgangspunkt für weitere Angriffe genutzt. Die wachsende Komplexität der eingesetzten Software (Betriebssysteme, Anwendungen, Serversoftware) führt zwangsläufig zu neuen Sicherheitslücken und dazu, dass solche Angriffe immer wieder erfolgreich sind.
- Bei einer **DNS-Attacke** greifen Hacker gezielt einen ungeschützten DNS-Server an und können auf diese Weise in Netzwerke eindringen oder Datenflüsse umleiten. In der Folge können Webseiten sabotiert und mit unerwünschten Inhalten versehen werden.

B] Firewall

Eine **Firewall** sitzt an der Schnittstelle zwischen 2 Netzwerksegmenten und kontrolliert deren Datenverkehr. Meist wird eine Firewall zwischen einem LAN und dem Internet eingesetzt. Grundsätzlich besteht ihre Funktion darin, das eigene Netzwerk vor unerwünschtem Datenverkehr zu schützen. Dabei können folgende **Aufgaben** unterschieden werden:

- «**Inbound Traffic**» **kontrollieren:** Von einem fremden (externen) Netzwerksegment in das eigene Netzwerk eingehende Daten überprüfen.
- «**Outbound Traffic**» **kontrollieren:** Vom eigenen Netzwerk in das fremde (externe) Netzwerksegment ausgehende Daten überprüfen.

Zu diesem Zweck verwendet eine Firewall folgende Komponenten:

Komponente	Aufgabe
Verbindungs-regelwerk	Softwarekomponente, die sicherstellt, dass keine unerlaubten Verbindungen zustande kommen.
Datenprüfung	Softwarekomponente, die die Kopfdaten und Inhalte sowie die Integrität der Datenpakete überprüft.
Proxy	Server bzw. Dienstprogramm, das die Protokolle der Anwendungsebenen überprüft und die gezielte Sperrung bestimmter Protokolle (z. B. FTP) erlaubt.

Werden **2 Firewalls** hintereinander eingesetzt, entstehen 2 Netzwerksegmente ausserhalb der Firewalls und ein separates Netzwerksegment zwischen den Firewalls. Dieser Bereich kann dazu genutzt werden, um mögliche Angriffe auf schützenswerte Daten sowohl von «aussen» (z. B. vom Internet) als auch von «innen» (z. B. vom lokalen Firmennetzwerk) zu verhindern. In Anspielung auf kriegerische Angriffe wird dieser Bereich als **DMZ** bezeichnet. DMZ ist also ein geschütztes Computernetz, das sich zwischen zwei anderen (ungeschützten) Computernetzen befindet.

Eine DMZ erlaubt es beispielsweise, den Zugriff auf öffentliche Dienste wie WWW und E-Mail anzubieten und gleichzeitig das eigene Netzwerk vor unberechtigten Zugriffen zu schützen. Sie ist auch eine Voraussetzung für den sicheren Betrieb eigener Server, die sowohl über das eigene LAN als auch über das Internet ansprechbar sein müssen. In der folgenden Abbildung sehen Sie das **Prinzip einer DMZ,** wobei beispielhaft ein Web- und ein Mailserver darin betrieben werden.

---

[1] Englisch für: Dienstverweigerung.
[2] Englisch für: Eindringen.

Abb. [7-9] Prinzip einer demilitarisierten Zone (DMZ)

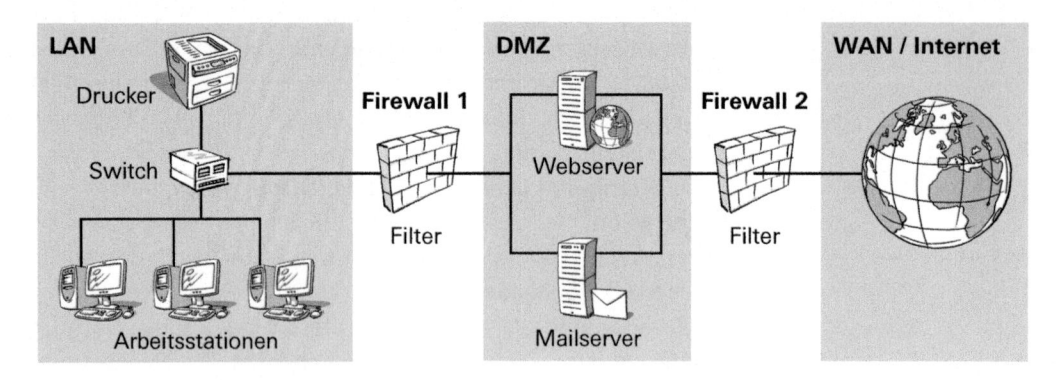

C] Intrusion Detection System (IDS)

Ein **IDS** ist eine Sammlung von Monitoringprogrammen, die Systemstörungen automatisch erkennen und abwehren. Solche Programme überwachen z. B. einen bestimmten Rechner oder ein Netzwerk auf momentane oder frühere Angriffe, indem sie den Netzwerkverkehr bzw. die Logdateien fortlaufend analysieren. Als Reaktion auf eine entdeckte Systemstörung benachrichtigen sie die Benutzer bzw. den Systemadministrator, stellen Beweisprotokolle zusammen und schlagen geeignete Gegenmassnahmen vor.

Intrusion-Detection-Systeme lassen sich in **netzwerkbasierte IDS** und in **hostbasierte IDS** gliedern. Erstere überwachen den Datenverkehr im Netzwerk und sind unabhängig von der dort verwendeten Software einsetzbar. Letztere laufen auf einem zu schützenden Rechner und erkennen Angriffe, die anhand des Netzwerkverkehrs allein nicht zu entdecken sind.

D] Antivirenprogramme

Antivirenprogramme oder **Viren-Scanner** entdecken und bekämpfen Computerviren und andere schädliche Programme. Dazu zählen beispielsweise Viren, Würmer und Trojaner.

7.6 Notfallmassnahmen

Längere Netzwerkstörungen oder Systemausfälle können die Existenz einer Firma gefährden. Aus diesem Grund muss ein **Notfallplan**[1] aufgestellt und durchgespielt werden, der im Fall eines grösseren Schadensereignisses die Vorgehensweise und die Zuständigkeiten festlegt. Die Notfallvorsorge kann in folgende Schritte gegliedert werden:

- Wirkungsanalyse durchführen.
- Sicherheitsmassnahmen überprüfen.
- Notfallhandbuch erstellen.
- Notfallübungen durchführen.
- Sensibilisierungs- und Schulungsbedarf feststellen.

7.6.1 Wirkungsanalyse durchführen

Bei einer **Wirkungsanalyse**[2] werden Systemkomponenten daraufhin untersucht, wie wichtig sie im Falle einer Störung sind und welche Wechselwirkungen zwischen ihnen bestehen. Das Ziel besteht darin, Prioritäten und Abhängigkeiten zu erkennen, um auf dieser Grundlage geeignete Sicherheitsmassnahmen zu definieren. Im Rahmen der Wirkungsanalyse werden alle Systemkomponenten deshalb auf die Sicherheitsziele hin untersucht und z. B. beurteilt, wie wichtig ihre Verfügbarkeit ist. Mit anderen Worten: Für jede Systemkomponente wird definiert, wie lange sie ausfallen darf, ohne dass die Geschäftsprozesse darunter leiden.

---

[1] Englischer Fachbegriff: Contingency Planning (wörtl.: Eventualfallplanung). Auch: Recoveryplan.
[2] Englischer Fachbegriff: Impact Analysis.

7.6.2 Sicherheitsmassnahmen überprüfen

Eine regelmässige Überprüfung der **Wirksamkeit von Sicherheitsmassnahmen** kann zur Folge haben, dass Vorsorgemassnahmen ersetzt oder ergänzt werden müssen.

Beispiel	**Vorsorgemassnahmmen gegen Systemausfall durch Feuer** • Feuermeldeanlage installieren. • Redundante Systeme aufbauen. • Monitoring-Tools installieren. **Zusätzliche Vorsoergemassnahmen im Bereich «Personal und Organisation»** • Systemüberwachung (Monitoring). • Versicherungen abschliessen. • Wartungsverträge abschliessen.

Zur Überprüfung der **Wirtschaftlichkeit von Sicherheitsmassnahmen** können die TCO dem jeweiligen Schadenspotenzial (= Nutzen) gegenübergestellt werden. Auch eine Kosten-Nutzen-Analyse kann zur Anpassung bereits umgesetzter Massnahmen oder zur Evaluation neuer Massnahmen führen.

7.6.3 Notfallhandbuch erstellen

Damit die verantwortlichen Personen der IT-Organisation in einer Notfallsituation wissen, was zu tun ist, wird der Notfallplan in einem **Notfallhandbuch** dokumentiert. Dieses umfasst alle Informationen und Massnahmen, die bei Eintritt eines geschäftskritischen Schadensereignisses zu berücksichtigen bzw. zu ergreifen sind. Bei der Erstellung eines Notfallhandbuchs sind v. a. folgende Punkte zu beachten:

- Gegenüber dem regulären Systembetrieb gelten in Notfallsituationen abweichende Befugnisse und verkürzte Entscheidungswege. Die Zuständigkeiten für die einzelnen Aufgaben müssen daher genau geregelt werden.
- Für den Fall, dass verantwortliche Personen nicht verfügbar sind, müssen geeignete Stellvertreter ernannt werden.
- Alle betroffenen Personen müssen über den Notfallplan informiert werden.
- Das Handbuch ist so zu strukturieren und zu formulieren, dass ein sachverständiger Dritter in der Lage ist, die beschriebenen Massnahmen selbstständig durchzuführen.

In der Praxis kommen meist folgende **Notfallmassnahmen** zur Anwendung:

- Manueller Betrieb: Aufrechterhaltung der kritischen Geschäftsprozesse durch Umstellung auf Handarbeit
- Redundanter Systembetrieb: Umstellung der kritischen Geschäftsprozesse auf ein redundant ausgelegtes System

7.6.4 Notfallübungen durchführen

Im Rahmen einer **Notfallübung** wird der Ernstfall getestet. Das Ziel besteht darin, die Zweckmässigkeit der vorbereiteten Massnahmen zu überprüfen und das korrekte Verhalten aller Mitarbeitenden einzuüben. Dabei ist insbesondere auch die Wiederherstellbarkeit der Daten gemäss Datensicherungsplan zu überprüfen. Nach der Wiederherstellung des Systems müssen alle Komponenten ordnungsgemäss funktionieren. Der Notfallplan muss regelmässig geschult, überprüft und ggf. angepasst werden. Es nützt nichts, wenn ein vorbildliches Notfallhandbuch erstellt wird, der Notfallplan in der Praxis aber nicht funktioniert oder nicht verstanden wird. Folgende **Notfallszenarien** eignen sich für Notfallübungen:

- Brandausbruch im Rechenzentrum
- Ausfall einer geschäftskritischen Anwendung
- Totalausfall des Internets
- Verseuchung eines IT-Systems durch einen Virus

7.6.5 Sensibilisierungs- und Schulungsbedarf feststellen

Wirksame Sicherheitsmassnahmen setzen geeignete **Massnahmen zur Sensibilisierung und Schulung der Mitarbeitenden** voraus. Dabei sind folgende Fragen zu beantworten:

- **Wer braucht welche Kenntnisse und Fertigkeiten?** Ermitteln Sie den Schulungsbedarf zielgruppenbezogen und stufengerecht. Mitarbeitende, die an der Konzepterstellung beteiligt sind, benötigen beispielsweise Kenntnisse von Notfallstrategien und Möglichkeiten, diese umzusetzen. Für Mitarbeitende der Öffentlichkeitsabteilung können dagegen Übungen zur Krisenkommunikation sinnvoll sein.
- **Welche Schulungen sollen angeboten werden und in welcher Form?** Ausgehend vom ermittelten Schulungsbedarf sind die Schulungsthemen zu bestimmen. Mindestens ebenso wichtig wie die reine Wissensvermittlung sind praktische Übungen. Web Based Trainings (WBTs) können eine mögliche Alternative zu Präsenzveranstaltungen sein oder diese ergänzen.
- **Welche Kommunikationskanäle sollen eingesetzt werden?** Für die Sensibilisierung können vielfältige Möglichkeiten genutzt werden, z. B. Beiträge in der Hauszeitschrift, anregend gestaltete Poster, Vorträge in Mitarbeiterversammlungen oder gelegentliche E-Mails an die betroffenen Mitarbeitenden.
- **Wie kann eine hohe Beteiligung sichergestellt werden?** Voraussetzung für eine hohe Beteiligung ist, dass die Mitarbeitenden im erforderlichen Masse für die Teilnahme an den Schulungs- und Sensibilisierungsmassnahmen freigestellt werden.
- **Wie kann der Schulungserfolg überprüft werden?** Die blosse Anwesenheit garantiert noch keinen Erfolg. Überlegen Sie sich daher auch geeignete Tests und Übungen für die Erfolgskontrolle.

Gut informierte und geschulte Mitarbeitende identifizieren sich i. d. R. stärker mit den Zielen eines Unternehmens und handeln risiko- und verantwortungsbewusster. Auch ein angenehmes Arbeitsklima trägt wirksam zur **Sicherheit der IT-Infrastruktur** bei.

Zusammenfassung

Die **Vision** einer Firma zeigt die Richtung, in die sie sich bewegen will. Angepasst an die Vision, werden die Firmenprozesse abgebildet. Die IT muss sich entsprechend ausrichten. Als **Sicherheitsziele** dienen die Anforderungen an die Vertraulichkeit, die Integrität und die Verfügbarkeit von Daten. Die wesentlichen Aufgaben eines **IT-Sicherheitsmanagements** sind einerseits die Definition von Vorgaben für den Betrieb der Informatik, andererseits das Überwachen und Steuern bezüglich der Einhaltung der Vorgaben sowie das Erkennen und Beheben von Abweichungen. Dabei wird auf strategischer, taktischer und operationeller Ebene sichergestellt, dass Organisation, Prozesse und Technologien aufeinander abgestimmt sind und sich gemeinsam in der durch die **IT-Sicherheitsstrategie** vorgegebenen Richtung bewegen.

Für eine Firma ist es essenziell, ihre **Vermögenswerte** zu kennen. Diese umfassen Anlagen, Hardware, Software und immaterielle Werte. Das Schichtenmodell zeigt, wie diese Werte geschützt werden können. Dazu gehören physikalische, technische und administrative Kontrollen.

Jede Firma muss dabei die **rechtlichen Rahmenbedingungen** kennen und entsprechend einhalten. Dabei spielt die Verantwortung des Managements eine übergeordnete Rolle. Die IT-Sicherheit muss in alle Prozesse und Projekte integriert werden. Für eine Firma ist es auch wichtig, die Gefahren und Risiken zu kennen, die auftreten können. Standards wie ISO 27001, die Grundschutzkataloge des BSI und weitere helfen, dies adäquat umzusetzen.

Im Rahmen der **Risikoanalyse und -bewertung** wird ausgehend von der aktuellen Arbeitsumgebung untersucht, welche Gefahren das IT-System bedrohen, welche Verletzbarkeit vorhanden ist, wie gross das Schadenspotenzial eingeschätzt wird und welche Eintrittswahrscheinlichkeit vorhanden ist. Daraus lässt sich das Schadensausmass bestimmen. Beim tatsächlichen Eintritt eines Risikos können sowohl **materielle Schäden** als auch **immaterielle Schäden** entstehen.

Die **Informationssicherheit** baut auf den Sicherheitszielen **Verfügbarkeit, Integrität, Vertraulichkeit und Authentizität** auf. Datensicherung, unterbrechungsfreie Stromversorgung (USV), ausfallsichere Festplatte mit RAID stellen wichtige Massnahmen zur Sicherstellung der **Verfügbarkeit** der Daten und Anwendungen einer IT-Infrastruktur dar. Als weitere Massnahmen können redundante Systeme als Cold Site, Warm Site, Hot Site oder Mirrored Site eingerichtet werden. Im Serverbereich können anstelle eines Single Server System sogenannte Failover-Systeme eingesetzt werden. Beim Load Balancing wird die Last zwischen mehreren Servern aufgeteilt. Fällt ein Server aus, ist ein Grossteil der Leistung immer noch verfügbar.

Die **sichere Datenübertragung** erfolgt durch Verschlüsselung der Daten auf dem Übertragungsweg. Dabei werden **SSL-Protokolle** angewendet. Diese Übertragung der verschlüsselten Daten stellt eine Erweiterung des TCP/IP-Protokolls dar. Ein anderes Verfahren ist das **Tunneling** für das **VPN**. Damit kann der User wie im Intranet auf seine Daten zugreifen.

Zur Sicherstellung der Authentizität einer Nachricht haben sich die **Datenverschlüsselung und Authentifizierung der Kommunikationspartner mittels Public Key Infrastructure (PKI)** bewährt. PKI erlaubt eine **asymmetrische Verschlüsselung,** bei der mit einem öffentlichen Schlüssel gearbeitet wird. Die Echtheit dieses Schlüssels kann bei einer vertrauenswürdigen Institution zertifiziert und überprüft werden.

Zum **Schutz der Computer im öffentlichen Netzwerk (Internet)** stehen folgende Abwehrmassnahmen im Vordergrund:

- **Firewalls und DMZ:** Firewalls werden an der Schnittstelle zwischen 2 Netzwerksegmenten eingesetzt und kontrollieren die eingehenden und ausgehenden Daten anhand einer Paket-, Inhalts- und Statusprüfung. Eine DMZ ist ein geschützter Bereich, der durch 2 Firewalls vor ungeschützten Computernetzen abgesichert wird.
- **Intrusion Detection System (IDS):** Mithilfe von Monitoringprogrammen, die Systemstörungen automatisch erkennen und abwehren, werden die Logdateien bzw. der Netzwerkverkehr fortlaufend analysiert.
- **Antivirenprogramme:** bekämpfen Computerviren und andere schädliche Programme wie beispielsweise Trojaner und Würmer.

Die **Integrität und Vertraulichkeit** der Daten und Anwendungen wird dadurch bewerkstelligt, dass sich jeder Benutzer identifizieren muss. Am weitesten verbreitet ist die Identifikation eines Systembenutzers mithilfe der Benutzeranmeldung anhand eines Benutzernamens und eines Passworts. Beinahe jedes Computersystem und viele Anwendungen verlangen ein solches «Log-in». Im Unternehmen sollten die Zugriffsrechte systematisch durch eine Benutzerverwaltung bewirtschaftet werden. Dabei werden Benutzergruppen gebildet und Rechte zugeteilt. Der Schutz der Computer im öffentlichen Netzwerk (Internet) vor den vielfältigen Gefährdungen (Malware wie Viren, Trojaner usw.) erfolgt mit einer (personal) Firewall und Antivirenprogrammen. Zum Schutz des LAN werden eine Netzwerk-Firewall und eine demilitarisierte Zone (DMZ) aufgebaut. Ebenfalls kann ein Intrusion Detection System (IDS) installiert werden.

Die Evaluation, Planung und Umsetzung der Sicherheitsmassnahmen erfolgt auf der Grundlage eines unternehmerischen **Sicherheitskonzepts**. Das primäre Ziel besteht darin, einen IT-Grundschutz aufzubauen bzw. zu erhalten. Dabei haben sich organisatorische und technische Massnahmen in den Bereichen Gebäude / Infrastruktur, Hardware / Software und Personal / Organisation bewährt.

Für den Fall eines geschäftskritischen Schadensereignisses muss ein **Notfallplan** erstellt werden, der die Vorgehensweise und die Zuständigkeiten festlegt. Im Rahmen von **Notfallübungen** wird der Ernstfall getestet. Das Ziel besteht darin, die Zweckmässigkeit der vorbereiteten Massnahmen zu überprüfen und das korrekte Verhalten aller betroffenen Mitarbeitenden einzuüben.

Repetitionsfragen

Geschlossene Fragen

61 Für die Sicherheit der neuen IT-Infrastruktur sollen verschiedene Massnahmen geprüft und ausgearbeitet werden. Ordnen Sie die nachstehend aufgeführten Massnahmen der jeweiligen Kategorie zu (technisch oder organisatorisch), indem Sie das betreffende Feld ankreuzen.

	Massnahme	Technisch	Organisatorisch
1	Bauliche Massnahmen	☐	☐
2	Berechtigungen für den Datenzugriff festlegen	☐	☐
3	Datensicherungskonzept erstellen	☐	☐
4	Firewall und Virenschutz auf den Geräten einrichten	☐	☐
5	Informationsbulletin über Gefahren erstellen und regelmässig intern verbreiten	☐	☐
6	Reglement für die Nutzung der Infrastruktur inkl. Internet erstellen	☐	☐
7	Verantwortlichkeiten für die Regelung von Zugriffen definieren	☐	☐
8	Verschlüsselungssoftware installieren	☐	☐

62 Ordnen Sie folgende Massnahmen dem oder den entsprechenden Sicherheitszielen zu.

	Massnahme	Vertraulichkeit	Integrität	Verfügbarkeit	Verbindlichkeit
1	Bauliche Massnahmen, um die Server zu schützen	☐	☐	☐	☐
2	Berechtigungen für den Datenzugriff	☐	☐	☐	☐
3	Datensicherung	☐	☐	☐	☐
4	Checksummenberechnungen in Datenständen zur Kontrolle	☐	☐	☐	☐
5	Reglement für den Datenschutz erstellen und bekannt geben	☐	☐	☐	☐

63 In einer demilitarisierten Zone (DMZ) wird der Datenverkehr mithilfe von Firewalls kontrolliert. Welche der folgenden Aussagen trifft in diesem Zusammenhang zu?

	Aussage	Korrekt (1 Antwort)
1	Bei einer DMZ wird der gesamte Datenverkehr auf Viren und Würmer untersucht. Immer wenn ein Virus oder Wurm vorhanden ist, blockt die DMZ diese Viren und Würmer ab. Deshalb muss man den Virenscanner in der DMZ möglichst oft upgraden (erneuern).	☐
2	Um den sicheren Betrieb des Web- und des Mailservers zu garantieren, müssen die Server sowohl intern (Unternehmen) als auch extern (vom Internet her) erreichbar sein und in beiden Richtungen durch eine Firewall geschützt werden.	☐
3	Mit einer DMZ werden die zentralen Dienste des Betriebssystems gesteuert und ein- und ausgeschaltet. Dadurch werden z. B. der FTP-Dienst, der IMAP-Dienst oder der POP3-Dienst auf dem Gerät ausgeschaltet. Dadurch kann der Eindringling diese nicht mehr ausführen.	☐

64 Um einen sicheren Betrieb des Web- und des Mailverkehrs nach innen und nach aussen sicherzustellen, setzt man …

☐	Firewalls mit Router ein.
☐	einen speziellen Server ein.
☐	ein eigenes Netzwerk ein.
☐	eine DMZ ein.
☐	einen Gateway ein.

65 Welche Aspekte (Sicherheitsziele) müssen berücksichtigt werden, um in einem Unternehmen die IT-Sicherheit zu gewährleisten?

☐	Identifikation, Registration, Verfügbarkeit, Verbindlichkeit
☐	Verfügbarkeit, Integrität, Vertraulichkeit, Authentizität, Verbindlichkeit
☐	Anmeldung, Vertraulichkeit, Verbindlichkeit, Verfügbarkeit, Integrität
☐	Verbindlichkeit, Log-in, Vertraulichkeit, Integrität, Verfügbarkeit
☐	Integrität, Verbindlichkeit, Registration, Authentizität, Vertraulichkeit

66 Bei der Sicherheitspolitik wird zwischen der strategischen und der taktischen Ebene differenziert. Welche Aspekte werden auf der taktischen Ebene berücksichtigt?

☐	Definierte Instanzen verwenden
☐	Prozessanalyse durchführen und dokumentieren
☐	IT-Grundschutz anwenden
☐	IT-Sicherheitsnormen
☐	Risikoanalyse

67 Welche Schritte müssen bei der Risikoanalyse durchgeführt werden?

☐	Bedrohungen analysieren, Verletzbarkeit ermitteln, Risiken ermitteln, Schaden pro Ereignis feststellen, Eintrittswahrscheinlichkeit ermitteln.
☐	Bedrohungen ermitteln, Verletzbarkeit ermitteln, Risiken ermitteln, Schadenanalyse erstellen, Eintrittswahrscheinlichkeit ermitteln.
☐	Bedrohungen ermitteln, Verletzbarkeit ermitteln, Risiken ermitteln, Schaden pro Ereignis feststellen, Eintrittswahrscheinlichkeit ermitteln.

☐	Verletzbarkeit ermitteln, Risikoanalyse erstellen, Schaden pro Ereignis feststellen, Eintrittswahrscheinlichkeit ermitteln.
☐	Schaden pro Ereignis erstellen, Verletzbarkeit ermitteln, Risiken ermitteln, Aufwand pro Ereignis feststellen, Eintrittswahrscheinlichkeit ermitteln.

68 Welche Verfahren bzw. Techniken kann man für eine sichere Datenübertragung zwischen Homeoffice und Unternehmen einsetzen?

☐	Tunneling und VPN
☐	Verschlüsselung mit SSL
☐	Verschlüsselung mit WPA
☐	Feste Verbindung
☐	Callback

Offene Fragen

69 Ein IT-Sicherheitskonzept wird üblicherweise in mehrere Kapitel gegliedert. Welche Inhalte (oder Massnahmengruppen) muss ein IT-Sicherheitskonzept im Wesentlichen beinhalten? (Allgemeine Aussagen wie Inhaltsverzeichnis usw. beziehen sich nicht auf das Sicherheitskonzept und werden nicht gewertet.)

	Wesentliche Inhalte
1	
2	
3	
4	

70 Welche Schadenskategorien werden beim Eintritt eines Schadens unterschieden? Identifizieren Sie diese und beschreiben Sie diese in 1–2 Sätzen.

71 Welche Sicherheitsziele werden in der Informationssicherheit angewendet? Beschreiben Sie diese in je 1 Satz.

72	Aus welchen 3 Teilen besteht die Sicherheitsstrategie?
73	Sie haben den Auftrag erhalten, eine Risikoanalyse in Ihrer IT-Abteilung zu erstellen. Dafür haben Sie einen Arbeitsauftrag erhalten. Überlegen Sie sich, welche Teilaufgaben Sie für eine erfolgreiche Risikoanalyse durchführen müssen. Identifizieren Sie diese und beschreiben Sie diese in je einem Satz.

Bedrohungen ermitteln	Auswahl der Gefahren, die Daten bedrohen

74	Sie haben das Notfallhandbuch erstellt. Nun geht es darum, im Rahmen von Notfallübungen entsprechende Szenarien aufzustellen. Identifizieren Sie 4 mögliche Szenarien, die Sie in Ihre Notfallübungen einbauen wollen.
75	Ergänzen Sie den folgenden Text: Sicherheitslücken und Schwachstellen sind ideale Voraussetzungen für ……………………… ……………… im Unternehmen und in der Informatik. Die daraus folgenden Risiken bestehen immer dann, wenn eine ………………… auf eine Schwachstelle des Objekts oder des Prozesses trifft. Um das Schadensausmass näher zu beziffern, müssen wir auch wissen, wie gross die ……………………… des Schadens ist. Die Informatiksicherheit ist immer dann gewährleistet, wenn die ………… sichergestellt ist. Das IT-Sicherheitsmanagement sollte darauf abzielen, das Gesamtrisiko bis zu einem akzeptierten bzw. tragbaren …… ……………… zu reduzieren. Um die Sicherheit im Unternehmen zu gewährleisten, sind mehrere Vorgehensmodelle entwickelt worden. Eines der gebräuchlichsten ist der ……………… …………………………… . Ziel dieses Vorgehens ist es, ein standardisiertes Sicherheitsniveau für IT-Systeme zu erreichen. Eine regelmässige ……………………… garantiert die jederzeitige Verfügbarkeit der Daten. Um die permanente Stromversorgung können wir geeignete ……………………………… einsetzen. Zur Erhöhung der Ausfallsicherheit können wir Daten auf mehreren Festplatten speichern. In diesem Zusammenhang sprechen wir von ……………………………… . Mithilfe der ……………………… …………… kann verhindert werden, dass vertrauliche Daten durch nicht berechtigte Personen gelesen werden können. Bedrohungsformen sind in der IT alltäglich. Unberechtigtes Eindringen in geschützte Bereiche mittels ………………… durch nicht berechtige Absender ist heute alltäglich. Um im Besonderen den Mailverkehr im Unternehmen zu schützen, setzen heute viele Unternehmen auf eine ……………………………………………, die den Angriff von aussen verhindern soll.

Teil D | Sicherheit und Daten managen
7 Sicherheitsmanagement

8 Daten und Datenmanagement

Lernziele

Nach der Bearbeitung dieses Kapitels können Sie …

- die Bedeutung von Daten für das eigene Unternehmen erklären und den Zusammenhang zwischen Daten, Information und Wissen aufzeigen.
- die Bedeutung des Datenmanagements für das eigene Unternehmen beschreiben und geeignete Massnahmen für die Datenspeicherung, Datenverwaltung und Datensicherheit vorschlagen.
- analysieren, wie Wissen in Organisationen entsteht, wie wertvoll es für Ihre Firma ist und wie es konkret in Ihrer Firma zusammengestellt oder durch Informationsverknüpfung hergestellt werden kann.
- professionelle Methoden erläutern, um die Datenqualität und die Datenhaltung gewährleisten zu können.
- Methoden erläutern, wie Unternehmen ihre Datenbestände analysieren können.
- die grundsätzlichen Rechte und Pflichten im Umgang mit externen und internen Daten erläutern und für Ihren Betrieb anwenden.

Schlüsselbegriffe

Business Intelligence, Cybermobbing, Data Mart, Data Mining, Data Warehouse, Dateiablage, Dateiformat, Dateisystem, Datenfluss, Datenintegrität, Datenkonsistenz, Datenpflege, Datenqualität, Datenredundanz, Datenschutz, Datenschutzgesetz, Datensicherheit, Datenspeicher, Datenvolumen, DB, DBMS, DMS, Dokumentenmanagement, Goodwill, Informationsobjekt, Metadaten, NAS, Quellsystem, SAN, sensible Daten, Speicherformate, Strafgesetzbuch, Transaktionssicherheit, Wissen, Wissenspyramide

8.1 Bedeutung von Daten

8.1.1 Daten, Informationen und Wissen

Aus Sicht der Informations- und Kommunikationstechnologien haben Daten, Informationen und Wissen ein gemeinsames Fundament und stehen in einer hierarchischen Beziehung. Vergleichen Sie dazu folgende Grafik:

Abb. [8-1]   Ebenen und Elemente der Wissenspyramide

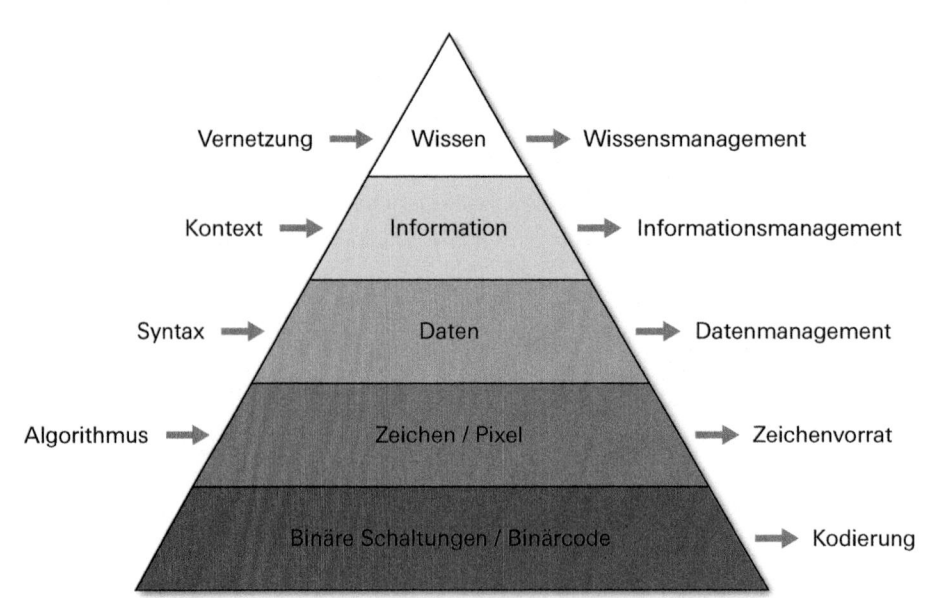

Das gemeinsame Fundament bildet der **Binärcode,** der durch binäre Schaltungen erzeugt und verarbeitet werden kann. Die unterste Ebene besteht also aus Kombinationen der Werte 0 und 1. Diese können zu **Zeichen** oder **Pixeln** codiert werden. Solche «Bausteine» werden zu **Daten** zusammengefügt, die einer bestimmten **Syntax** (Struktur) folgen, damit sie einen Sinn ergeben und z. B. verständliche Wörter, Zahlen oder Graphen bilden. Die Aussagekraft der Daten kann gesteigert werden, indem sie in einen **Kontext** (Zusammenhang) gebracht werden. Werden Daten in einem bestimmten Kontext verwendet, spricht man von **Informationen.** Informationen sind also zusammengesetzte oder zusammenhängende Daten.

Beispiel
- Informationen über die Kursentwicklung einer Aktie entstehen z. B., indem man den aktuellen Börsenkurs mit Börsenkursen der Vergangenheit dieser Aktie verknüpft.
- Das Navigationssystem kann den Fahrer eines Autos von A nach B leiten, indem es folgende Datenquellen gleichzeitig «anzapft» und sinnvoll miteinander verbindet (Echtzeitverarbeitung): aktuelle Position gemäss GPS (Global Positioning System) und digitale Landkarte der Umgebung (Start bzw. Standort und Ziel).

Indem man Daten und / oder Informationen analysiert, miteinander verbindet und speichert, entsteht **Wissen.** Wissen kann als **zweckgebundene Verarbeitung von Daten und / oder Informationen** betrachtet werden.

Beispiel

Jörg Stohler möchte die Ausgabenlimite seiner Kreditkarten von 3 000 CHF auf 5 000 CHF telefonisch heraufsetzen. Nach der Identifikation des Kunden greift seine Beraterin Anna Schiesser auf folgende Systemdaten zu: Transaktionen (Beträge, Gesamtvolumen), Zahlungsdisziplin. Daneben fordert sie in Echtzeit eine Bonitätsprüfung an. Diese Informationen ergeben ein Gesamtbild des Kunden, das es der Kundenberaterin erlaubt, die Ausgabenlimite wie gewünscht zu erhöhen.

Siehe auch! **Informationen und Wissen managen**

Vergleichen Sie zum Informations- und Wissensmanagement das Buch «Unternehmensführung und Umwelt» dieser Lehrmittelreihe.

Eine Daten- und Informationsverarbeitung findet auch im menschlichen Hirn statt. Hier ein kleines **Experiment** dazu. Können Sie die folgenden Zeilen entziffern?

```
D1353 M17731LUNG
D13N7 4L5 B3W315
D4FU3R, W45 FU3R
3R574UNL1CH3 D1NG3
UN53R V3R574ND
L31573N K4NN!
B331NDRUCK3ND!
4M 4NF4NG W4R'5
5CHW3R, 4B3R
J37Z7, 1N D1353R
Z31L3 L1357 35 D31N
V3R574ND 4U70M4715CH
0HN3 D4RU3B3R
N4CHZUD3NK3N.
531 570LZ DR4UF!
NUR B3571MM73
M3N5CH3N
K03NN3N D45 L353N.
W3NN DU ZU D3N3N
G3H03R57, D4NN
731L3 D135 B1773.
```

Vermutlich können Sie die Bedeutung dieser Zeilen nicht auf Anhieb verstehen. Obwohl Sie die einzelnen Zeichen kennen, macht die obige Ziffern- und Buchstabenfolgen zunächst keinen Sinn. Wenn Sie die Zeilen aber genauer betrachten, beginnt das Hirn (der menschliche Prozessor) zu arbeiten und zu vergleichen. Es sucht automatisch nach bekannten Mustern, die diesen Zeichenfolgen (Daten) ähnlich sind.

Früher oder später erkennt unser Hirn gewisse Analogien wie z. B. «K4NN» und «KANN». Das Muster der Übereinstimmung wird erkannt und das Gehirn prüft, ob dieses Muster auch für andere Zeichenfolgen (Daten) funktioniert (z. B. «4U70MA715CH» und «AUTOMATISCH»). Wenn ja, ist eine Syntax gefunden. Die Zeichen werden in den Gesamtzusammenhang gebracht und das Hirn erkennt, wie die Zeichen zu verarbeiten sind.

8.1.2 Daten als Firmenwert

Daten, Informationen und Wissen können für ein Unternehmen **Wettbewerbsvorteile** darstellen oder sogar **überlebenswichtig** sein. Zum Vergleich: Menschen oder Gemeinschaften, die in der Steinzeit wussten, wie man Feuer entfacht und kontrolliert, hatten Vorteile gegenüber Menschen oder Gemeinschaften, die dies nicht wussten: Sie konnten z. B. Licht und Wärme erzeugen, gefährliche Tiere abwehren oder sogar Waffen schmieden.

Bei einem Unternehmen ist das ähnlich. **Wissen über Kunden,** deren Verhalten, Präferenzen, Wünsche und Beziehungen, **Wissen über Märkte,** deren Zusammensetzung, Bedürfnisse und Entwicklung, oder **Wissen über Technologien,** deren Vor- und Nachteile, Chancen und Risiken, Potenziale und Voraussetzungen etc., können einem Unternehmen entscheidende Vorteile gegenüber Konkurrenten verschaffen. Sie sind für das Unternehmen wichtig und haben einen bestimmten Wert. Grundlage für Informationen und Wissen in einer Firma sind die **Unternehmensdaten.** Sie werden deshalb zum **Vermögenswert der Firma**[1] gerechnet. Dieser Wert kann beziffert und z. B. in Schweizer Franken ausgedrückt werden. Wie hoch er ist, hängt von der Art, der Qualität und der Verfügbarkeit der Daten ab. Einen hohen Wert haben z. B. Daten über Kunden und Lieferanten, über die finanzielle Lage und Entwicklung, über Produkte und Patente, über Mitarbeitende und Prozesse oder über eingesetzte Technologien und Werkzeuge (Tools).

Während Infrastrukturen wie z. B. Anlagen und Maschinen den **materiellen Wert (Substanzwert)** einer Firma bilden und zum Anlagevermögen gezählt werden, gehören Unternehmensdaten und das Know-how der Mitarbeitenden zu den **immateriellen Werten.** Immaterielle Werte können durchaus einen grossen Unterschied zwischen zwei ansonsten vergleichbaren Unternehmen ausmachen.

Beispiel

Zwei Druckereien stehen zum Verkauf. Beide Firmen besitzen ähnliche Anlagen und Maschinen. Trotzdem ist die eine Druckerei wertvoller, weil sie über den grösseren Kundenstamm verfügt, wichtige Produktdaten in elektronischer Form vorliegen hat und ihren Verkauf zusätzlich über einen Online-Shop betreibt.

Bei gleichem Substanzwert können immaterielle Werte wie Unternehmensdaten oder automatisierte Verkaufsprozesse den Firmenwert also entscheidend erhöhen. Folgende Grafik soll diesen Sachverhalt verdeutlichen:

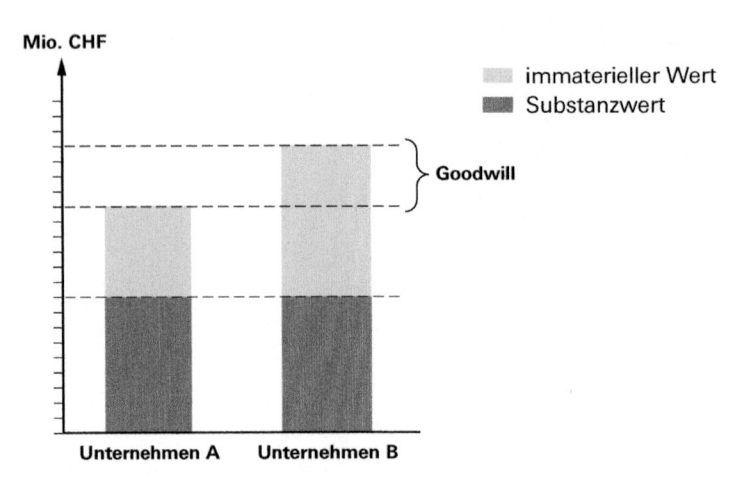

[1] Fachbegriff: Firmen-Asset.

Der «imaginäre Mehrwert» wird auch als **Goodwill** bezeichnet. Dazu gehören neben Daten und Informationen auch immaterielle Werte wie Patente, Rechte, Marken, Urheberrechte, Domains, Konzessionen, Kundenstamm, Lieferantenbeziehungen, Produktionsverfahren etc.

Beispiel

Snapchat ist ein soziales Netzwerk, das täglich von mehr als 166 Mio. Menschen auf der ganzen Welt genutzt wird. Mit der Rentabilität tut sich das Unternehmen Snap Inc. aber schwer. Während das Unternehmen im 1. Quartal 2017 einen Umsatz von ca. 150 Mio. Dollar erzielte, erlitt es gleichzeitig einen Verlust von 208 Mio. Dollar. Dennoch wird das Unternehmen an der Börse mit 16 Mia. Dollar bewertet (Stand: Mai 2017).

Firmen wie Snapchat, Netflix, Facebook, Twitter und Co., die weltweit riesige Mengen an Daten und Informationen über ihre Kunden sammeln, besitzen auch ein grosses **Wissenspotenzial,** das genutzt werden kann. Entsprechend hoch ist der immaterielle Wert oder Goodwill solcher Unternehmen.

8.2 Aktuelle Entwicklungen und Herausforderungen

Nicht nur grosse Firmen, auch viele KMU sind mit dem Problem konfrontiert, wie sie mit den grossen Datenmengen umgehen, die im Betrieb anfallen. Sie stehen vor folgenden Herausforderungen:

- **Ausfallsichere Speicherung** mit einer grossen Verfügbarkeit bereitstellen (z. B. keine Ausfallzeiten während der Arbeitszeiten).
- Eine grosse **Performance** (Antwortzeiten) sicherstellen in allen Bereichen des Unternehmens (z. B. akzeptable Antwortzeiten, auch wenn grosse Datenbestände nach einer bestimmten Datei oder nach einem bestimmten Schlüsselwort abgesucht werden).
- Flexible, zuverlässige und einfach zu bedienende **Zugriffssteuerung** für Benutzer und Systeme (z. B. sicherer Zugriff auf Geschäftsdaten auch von zu Hause aus oder von unterwegs).
- **Integrität, Echtheit und Konsistenz** der Daten sicherstellen (z. B. lückenlose Änderungsverfolgung mit Zeitstempel und Versionierung, allenfalls Replikation).

8.2.1 Datenmenge

Jeden Tag entstehen riesige Mengen an (neuen) Daten. Folgende Grafik zeigt das Volumen der jährlich generierten digitalen Datenmenge in den Jahren 2005, 2010 und 2015 sowie das prognostizierte **Datenvolumen** für das Jahr 2020 (weltweit):

Abb. [8-2]

Datenvolumen in Exabyte

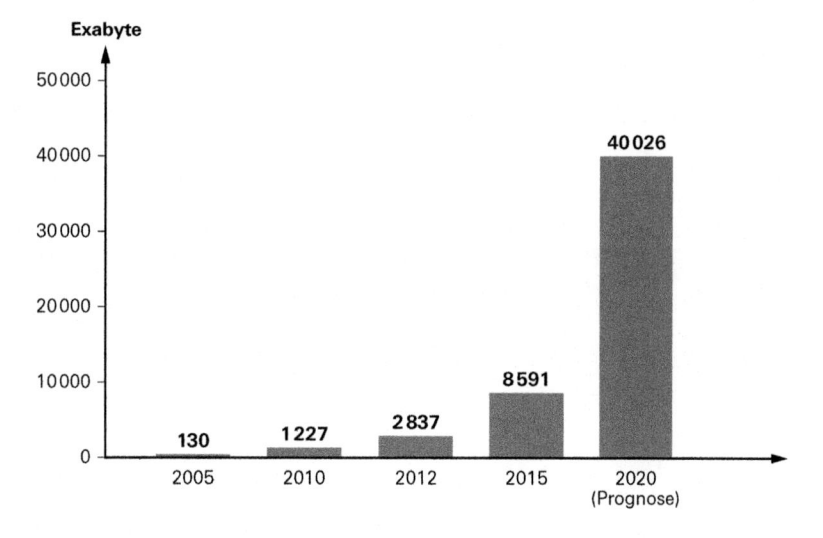

Jahr	Exabyte
2005	130
2010	1 227
2012	2 837
2015	8 591
2020 (Prognose)	40 026

Quelle: https://de.statista.com

Hinweis	Ein Exabyte entspricht einer Milliarde Gigabyte, einer Million Terabyte oder tausend Petabyte.

Das **Datenvolumen im Jahr 2015** von 8 591 Exabyte entspricht ca. 8.6 Zettabyte. Zum Vergleich: Damit gibt es bereits heute mehr Daten als Sandkörner an den Stränden dieser Erde. Auf die Weltbevölkerung verteilt (ca. 7.5 Mia. Menschen, Stand Anfang 2017) ergibt das eine Datenmenge von durchschnittlich 5 200 GB pro Erdenbürger. Dies entspricht ca. 1 Mio. Fotos oder 1 500 HD-Filme oder 2.6 Mio. E-Books.

Hauptsächliche **Verursacher** solch enormer Datenmengen sind insbesondere:

- Maschinen und Sensoren
- Video- und Fotokameras
- E-Mails, SMS und Chats
- Social-Media-Plattformen
- Applikationen bzw. Apps
- Fernseh- und Radiostationen
- Unternehmen (Geschäftsdaten)
- Bewegungsdaten im Verkehr

Auch die **Datenmenge innerhalb eines Unternehmens** stellt für viele Betriebe eine grosse Herausforderung dar. Manche Grossunternehmen haben Datenvolumen in der Grössenordnung von **Petabyte**[1] angesammelt.

Abb. [8-3]   **Nutzung grosser Datenvolumen nach Branche**

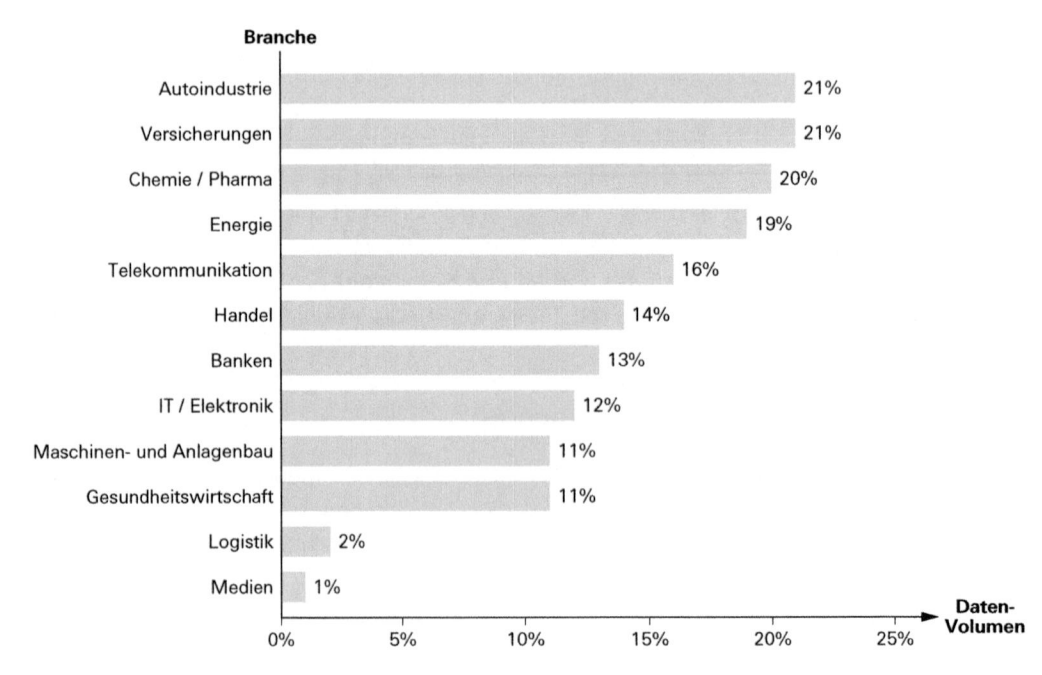

Branche	Datenvolumen
Autoindustrie	21%
Versicherungen	21%
Chemie / Pharma	20%
Energie	19%
Telekommunikation	16%
Handel	14%
Banken	13%
IT / Elektronik	12%
Maschinen- und Anlagenbau	11%
Gesundheitswirtschaft	11%
Logistik	2%
Medien	1%

Quelle: https://de.statista.com

Im Hinblick auf ein systematisches Datenmanagement stehen zwei Fragen im Vordergrund:

1. Welche Daten sind für unsere Geschäftsprozesse bzw. den Unternehmenserfolg relevant?
2. In welcher Form und Qualität müssen diese Daten vorliegen?

---

[1] Petabyte ist nächste Grössenbezeichnung nach Terabyte. 1 000 Bites = Kilobyte, 1 000 kB = Megabyte, 1 000 MB = Gigabyte, 10 004 GB = Terabyte, 1 000 TB = Petabyte.

Hier einige Beispiele:

Aspekt	Beschreibung	Beispiel
Relevanz in Bezug auf neue Produkte (Innovation, Produktentwicklung)	Mögliche Informationsquellen: Nutzungsdaten aus den bestehenden Produkten, Kundenfeedbacks aus Gesprächen und digitalen Kanälen (z. B. Bewertungen, Chats etc.), Fachbeiträge von Experten, Daten aus Reparatur- und Garantiefällen, Informationen über die Konkurrenz, Informationen von Trendforschern etc. Beteiligte Unternehmensprozesse: Produktentwicklung, Produktpflege, Qualitätsmanagement	Eine Firma will ein neues Mobiltelefon auf dem Markt bringen. Die Entwicklung dafür benötigt enorme finanzielle Mittel und Zeit. Eine Fehlentscheidung kann für eine Firma verheerende Folgen haben. (→ Beispiel: Newton von Apple)
Relevanz in Bezug auf Leistungs-/Produktverbesserung		Ein Autohersteller will eines seiner bestehenden Elektroautos neu lancieren. Die Entwicklung dafür benötigt enorme finanzielle Mittel und Zeit. Eine Fehlentscheidung kann für eine Firma verheerende Folgen haben. (→ Beispiel: Elektro-Smart von Daimler AG)
Relevanz in Bezug auf Kundengewinnung	Mögliche Informationsquellen: Profildaten aus zugänglichen Datenbanken, Daten von Messebesuchern, Surfdaten von Internetnutzern, Daten aus Wettbewerben, Daten aus dem CRM-System Beteiligte Prozesse: Kundenakquisition	Ein Hersteller von Sanitärmaterial möchte seinen Kundenstamm im Rahmen seiner Wachstumsstrategie in einem bestimmten geografischen Raum vergrössern.
Relevanz in Bezug auf Kundenbindung	Mögliche Informationsquellen: Daten aus dem CRM-System (E-Mails, Briefe, persönliche Gespräche), Daten aus dem ERP-System (getätigte Bestellungen, Bestellfrequenz, Angebotsanfragen, Informationen aus den Verkaufspunkten) Beteiligte Prozesse: Kundendienst-Prozesse, Marketing-Prozesse	Eine grössere Autogarage sieht sich mit einer aggressiven, direkten Konkurrenz konfrontiert. Der Importeur belohnt zudem die Markentreue der Garagenkunden mit besseren Bruttomargen für die Garage.

Siehe auch! Information Retrieval

Vergleichen Sie zur Beschaffung von Informationen das Buch «Unternehmensführung und Umwelt» dieser Lehrmittelreihe.

8.2.2 Dateiformate

Je nach **Quelle** bzw. **Software** liegen Geschäftsdaten in unterschiedlichen Formaten vor. **Dateiformate** werden von Softwareherstellern und Normgremien definiert und spezifizieren die Codierungsart und Anordnung der Daten. Sie sind notwendig, damit IT-Systeme die **Dateiinhalte** korrekt interpretieren und effizient verarbeiten können. Folgende Inhalte und Formate sind breit bekannt:

Abb. [8-4] Inhalte und Formate von Dateien (Beispiele)

Inhalte	Anwendungen / Formate
Textdateien	• **Reine Textdateien:** .txt (Texteditoren) • **Formatierte Dokumente:** .doc / .docx / .dot / .dotx (MS Word) / .odt (OpenOffice Writer) • **Quellcode von Programmen:** .html / .htm (HTML) / .ccp (C) / .bas (Basic) / .java (Java) • **Skriptdateien:** .sh (Bourne-Shell) / .bat (DOS) / .js (Java Script File) / .sql (Skriptdatei für die Sprache SQL) • **Formate für den Dokumentenaustausch:** .pdf (Portable Document Format) / .rtf (Rich Text Format)
Tabellen	• **Tabellenkalkulation:** .xls / .xlsx (MS Excel) / .ods (OpenOffice Calc)
Grafiken	• **Unkomprimierte Pixelbilder:** .bmp (Bitmap) / .gif (Grafic Interchange Format) / .tif / .png • **Komprimierte Pixelbilder:** .jpg / .jpeg (Joint Photography Experts) • **Vektorisierte Grafiken:** .eps (Encapsulated PostScript)
Audios	• **Unkomprimierte Audiodateien:** .wav (Wave-Datei) • **Komprimierte Audiodateien:** .mp3 (Motion Picture Experts Group File-1 Audio Layer 3)

Inhalte	Anwendungen / Formate
Videos	• **Unkomprimierte Videodateien:** .avi (Audio Video Interleave) • **Komprimierte Videodateien:** .asf (Active Streaming Format File) / .mpeg (Motion Picture Experts Group File Interchange Format)
Datenbanken	• **Kleine Datenbanken:** .mdb / .accdb (MS Access) / .odb (OpenOffice Base) • **Grosse Datenbanken:** .mdf (MS SQL Server) / .db (MySQL) / .fmx (Oracle)
Programme	• **Java:** .jar (Java Archive File, Programme enthaltend) • **Linux / Unix:** .rpm (Package Manager, Programme enthaltend) • **Windows:** .msi (Windows Installer) / .exe (Programm) / .com (kleines Programm)
Packer	• **Datenkomprimierung:** .zip (WinZip) / .rar (WinRAR)

8.2.3 Datenqualität

Die Nutzung von Geschäftsdaten stellt hohe Anforderungen an die **Datenqualität**. Dabei sind insbesondere folgende **Aspekte** zu beachten:

Aspekt	Beschreibung	Beispiele
Aktualität	Wie aktuell Geschäftsdaten sein müssen, hängt vom Ziel (Informations-/Wissenszweck) ab, das zu erreichen ist. In bestimmten Situationen ist es nicht zwingend nötig, dass die Daten topaktuell sind. In anderen Situationen müssen die Daten in Echtzeit vorliegen, um damit zu arbeiten.	• Für monatliche Statistiken kann am Monatsende ein Datenbankauszug generiert werden. • Für eine Geldüberweisung muss der aktuelle Devisenkurs angerufen werden.
Redundanz, Konsistenz	**Redundante Daten** bedeuten, dass die gleichen Daten mehrfach vorhanden sind bzw. an unterschiedlichen Orten abgespeichert sind. Solange diese Daten den gleichen Inhalt aufweisen und somit widerspruchsfrei sind, handelt es sich um **konsistente Daten**. Manchmal werden redundante Daten benötigt und bewusst erzeugt. In solchen Fällen ist zu verhindern, dass unnötige Speicherressourcen beansprucht werden. **Funktionalitäten zur Replikation oder Synchronisation** sind gute technische Möglichkeiten, um redundante oder inkonsistente Datenbestände zu vermeiden. Ungewollte redundante oder inkonsistente Daten lassen sich auch mithilfe von **Plausibilitätstests** vermeiden. Dabei wird bei der manuellen Dateneingabe oder beim Datenimport automatisch geprüft, ob die jeweiligen Daten bestimmten Eingaberegeln bzw. Formaten entsprechen. Die **Bereinigung redundanter, inkonsistenter Daten** ist aufwendig und erfordert i. d. R. manuelle Eingriffe. Dabei müssen zweifelhafte Datenbestände analysiert und vor der Verarbeitung oder Auswertung auf Doppel- bzw. Mehrspurigkeiten hin überprüft werden.	Die Administration einer Firma führt Kundendaten für die Fakturierung und das Marketing verwaltet Kundendaten für Verkaufszwecke. Beide Abteilungen sammeln also selbstständig eigene Kundendaten, die sich teilweise überschneiden, unterschiedlich aktuell sind und unterschiedliche Informationsbedürfnisse abdecken. Es handelt sich um redundante und inkonsistente Daten. Der Kundendienstmitarbeiter einer Versicherungsgesellschaft erfasst die Kundendaten direkt beim Kundenbesuch auf seinem Notebook (z. B. neue Police, aktuelle Adresse). Nach seiner Rückkehr ins Büro gleicht er die lokal gespeicherten Daten per Knopfdruck mit der zentralen Kundendatenbank ab. Dieser automatisierte Datenabgleich wird **Datensynchronisation** oder **Datenreplikation** genannt. In der zentralen Datenbank werden alle Kundendaten gehalten, die aus unterschiedlichen ERP-Modulen stammen und von der Buchhaltung, vom Marketing und vom Kundendienst benötigt werden. Jeder Kunde ist darin nur einmal mit denselben aktuellen Daten gespeichert. Es handelt sich um nicht redundante und konsistente Daten.
Integrität	**Datenintegrität** bedeutet, dass die Daten korrekt und unverfälscht sind. Sie liegen also in der Originalform vor, d. h. so, wie sie ursprünglich erfasst und gespeichert wurden. Datenintegrität kann durch technische Massnahmen wie beispielsweise Verschlüsselung, Log- und Protokolldateien oder Block-Chain-Verfahren sichergestellt werden.	Der Kundendienstmitarbeiter schickt einem neuen Kunden per E-Mail einen Vertragsentwurf. Mithilfe eines Benutzerzertifikats kann er das E-Mail digital unterschreiben (signieren) und verschlüsselt versenden. So verhindert er, dass die Nachricht unterwegs abgefangen und der Inhalt des Dokuments eingesehen oder verändert wird. Einträge bei Wikipedia oder Kommentare in einem beliebigen Blog können von beliebigen Personen erfasst und verändert werden. Der Urheber kann nicht zweifelsfrei festgestellt werden.

8.3 Datensicherung

Datensicherung umfasst alle Massnahmen, um die relevanten Geschäftsdaten im benötigten Format und in der gewünschten Qualität zur Verfügung zu stellen. Diese Massnahmen sollen die Daten vor dem Zugriff unberechtigter Personen sowie vor Beschädigung, Verfälschung oder Vernichtung schützen.

Hinweis	Datensicherung ist ein wichtiger Teil der Datensicherheit. Vergleichen Sie dazu das Kapitel 7.5, S. 199.

Daten können nicht nur durch unbeabsichtigte Fehlhandlung oder durch technische Defekte verloren gehen, sondern auch durch böswillige Handlungen. Durch Cyberangriffe können Daten zerstört und gestohlen werden.

Beispiel	Das Schadprogramm (Malware) «WannaCry» verschlüsselt die Benutzer- und Systemdateien des befallenen Rechners und fordert den Nutzer auf, Lösegeld in der Kryptowährung Bitcoin zu zahlen. Nach Ablauf einer bestimmten Frist droht ein totaler Datenverlust. Dank einer Backup-&-Restore-Lösung kann dieser Gefahr begegnet werden. Die Sicherheitskopien dürfen sich allerdings nicht im selben Netzwerk befinden wie die befallenen Computer.

Im Folgenden werden IT-Infrastrukturen vorgestellt, die sich für die **Sicherung umfangreicher Geschäftsdaten** bewährt haben:

8.3.1 Network Attached Storage

Ein **Network Attached Storage (NAS)** ist ein externer Datenträger, der mit dem produktiven System (Anwendungsserver und Clients) verbunden ist. Für den Datenaustausch benötigt dieses Gerät zusätzlich ein kleines Betriebssystem. NAS ist in der Handhabung und im Unterhalt relativ einfach und hat den Vorteil, dass Daten zwar zentral und getrennt aufbewahrt werden und doch allen Nutzern (Anwendern und Programmen) eines Client-Server-Systems zur Verfügung stehen. Ausschliesslich für Speicherzwecke eingerichtete **dedizierte NAS-Server** werden auch «Fileserver» (Dateiserver) genannt.

Werden mehrere NAS-Geräte zusammengeschlossen, spricht man von einem **NAS-System**. Besonders zuverlässige NAS-Systeme besitzen **RAID-Funktionalität**. Leistungsfähige NAS-Systeme werden in **Racks** eingebaut und haben mehrere Festplatten, die während des laufenden Systembetriebs ausgewechselt werden können. Diese Möglichkeit des fliegenden Austauschs nennt man auch **Hot Swapping** oder **Hot Plugging**[1].

Abb. [8-5] **Network Attached Storage (NAS)**

Bild: © AlexLMX / iStock / Getty Images

---

[1] Englisch für: heisses Tauschen bzw. heisses Stecken (wörtl.). Die beiden Begriffe deuten an, dass die meisten elektronischen Komponenten während des Systembetriebs warm bzw. heiss werden.

8.3.2 Speichernetzwerke

Mit zunehmenden Datenbeständen und steigenden Anforderungen an die Sicherheit und Verfügbarkeit der Geschäftsdaten bauen immer mehr Firmen eigene Netzwerke für die Datenspeicherung auf. Als **Storage Area Network (SAN)** wird ein **Speicherverbund** bezeichnet, bei dem mehrere Speichergeräte (NAS) via Glasfaserkabel miteinander verbunden sind.

Abb. [8-6]   **Storage Area Network (SAN)**

Quelle: Eimantas Buzas / Shutterstock.com (links), Eimantas Buzas / Shutterstock.com (rechts)

SAN eignet sich besonders für grössere Firmen, bei denen umfangreiche Datenbestände an verschiedenen Standorten anfallen und gesichert werden oder zur Verfügung stehen müssen. **SAN mit Fibre-Channel-Technologie** unterstützt Übertragungsraten von mehreren Gbit/s über Entfernungen von mehreren Kilometern und erreicht sehr gute Antwortzeiten. Als wichtigster Nachteil sind die hohen Aufbau- und Betriebskosten zu nennen.

8.4 Datenhaltung und Datennutzung

Um grössere Datenmengen redundanz- und widerspruchsfrei halten und effizient nutzen zu können, kommen spezielle Anwendungen zum Einsatz. Nachfolgend werden wichtige Begriffe und Instrumente im Zusammenhang mit der **Datenhaltung und Datennutzung für geschäftliche Zwecke** erläutert.

8.4.1 Datenbank

Als **Datenbank (DB)** bezeichnet man eine Sammlung von Daten über Kunden, Lieferanten, Produkte, Artikel oder Mitarbeitende etc. einer Firma. Diese Daten sind wie die Einträge in einem Telefonbuch strukturiert. **Strukturierte Datensätze** erlauben es, gezielt nach bestimmten Daten zu suchen, z. B.: alle Mitarbeitenden im Alter zwischen 50 und 60 Jahren oder alle Artikel mit der Eigenschaft «lieferbar». **Relationale Datenbanken** bestehen aus mehreren Tabellen («Entitäten») mit Datensätzen, die über Schlüssel miteinander verbunden sind (in Relation stehen). Diese Verknüpfung macht es möglich, dass einzelne **Daten** (z. B. Kundenadresse, Produktbezeichnung, Artikelpreis etc.) nur einmal in der gesamten Datenbank gehalten (gespeichert) werden müssen. Datenbanken sind also **redundanzfrei.** Weil sämtliche Daten in einer relationalen Datenbank durch **Beziehungen** direkt oder indirekt miteinander verbunden sind, wird komplexes Auswerten und Suchen möglich.

Beispiel	Die Bestellung eines Kunden ist mit der Tabelle Produkte verknüpft (über die Produktnummer), eine Lieferantenlieferung auch (über die Produktnummer). Trotz dieser zwei unterschiedlicher Geschäftsfälle muss eine Produktinformation nicht mehrfach gespeichert werden. Die beiden Geschäftsfälle Kundenbestellung und Lieferantenlieferung sind mit der Tabelle Produkte verknüpft, sind somit nur einmal gespeichert, und sind jeweils über die Produktnummer miteinander verknüpft (referenziert). Die Produktnummer fungiert als eine Art Schlüssel von einer Tabelle zur anderen.

8.4.2 Datenbankmanagementsystem

Ein **Datenbankmanagementsystem (DBMS)** erlaubt die bequeme Nutzung und Organisation einer Datenbank mithilfe der Abfragesprache **SQL**. Die **Standard Query Language** ermöglicht es, Daten zielgerichtet abzufragen, zu aktualisieren, zu strukturieren oder zu löschen. Ein modernes DBMS muss folgende **Anforderungen** erfüllen:

Aspekt	Anforderung
Datenverwaltung	Die Daten müssen so strukturiert und miteinander verknüpft werden können, dass sie für die Geschäftsprozesse sinnvoll zu nutzen sind.
Datenauswertung	Die Daten müssen möglichst flexibel und rasch ausgewertet werden können. Immer häufiger werden Ad-hoc-Abfragen mit frei wählbaren Verknüpfungen zwischen den Daten gewünscht.
Datensicherheit und Datenschutz	Sensible Betriebsdaten und Personendaten müssen vor Verlust, unberechtigtem Zugriff und unbefugter Manipulation geschützt werden.
Transaktionssicherheit	Da viele Nutzer gleichzeitig auf eine Datenbank zugreifen, muss gewährleistet sein, dass jede Transaktion abgeschlossen ist, bevor die nächste durchgeführt wird. Die Transaktionssicherheit betrifft v. a. die Zugriffssteuerung für Programme, die gleichzeitig auf die Daten zugreifen.

8.4.3 Data Warehouse

Ein **Data Warehouse**[1] ist eine Datenbank, die mehrere operative Datenbanken oder externe Datenquellen zusammenfasst und **entscheidungsrelevante Daten** enthält. Zu diesem Zweck werden die Ausgangsdaten nach bestimmten Kriterien aggregiert (kumuliert), konsolidiert (abgeglichen) und ggf. angereichert. Im Gegensatz zu einer operativen Datenbank werden die Daten im Data Warehouse nicht dauerhaft abgespeichert, sondern nur so lange gesammelt und aufbereitet, wie sie für betriebliche Zwecke erforderlich sind. Da es sich um **Kopien der Originaldaten** aus den operativen Datenbanken bzw. externe Datenquellen handelt, sind keine (neuen) Datenarchive notwendig.

8.4.4 Data Mart und Data Mining

Die Daten eines Data Warehouse lassen sich wie in einem **mehrdimensionalen Würfel** nach verschiedenen Kriterien in einem **Data Mart**[2] zusammentragen und analysieren bzw. auswerten. Den Vorgang des Zusammentragens, Analysierens und Auswertens nennt man auch **Data Mining**[3]. Die Analysen bzw. Auswertungen sind entweder vordefiniert oder werden ad hoc erstellt und sollen zu einem besseren Verständnis über bestimmte Zustände, Vorgänge und Entwicklungen in bestimmten Unternehmensbereichen beitragen. Ein Data Mart ist somit eine Teilansicht eines Data Warehouse und beinhaltet eine Teilmenge bzw. einen Auszug von dessen Daten.

---

[1] Englisch für: Datenwarenhaus (wörtl.) im Sinne eines Datenlagers.
[2] Englisch für: Datenmarkt (wörtl.) im Sinne einer Datenschau.
[3] Englisch für: Daten abbauen (wörtl.) im Sinne von: «wühlen» in Daten, die wertvolle Rohstoffe eines Unternehmens darstellen.

8.4.5 Big Data Analytics

Bei der **Big Data Analytics** kommen Programme mit mächtigen Such-Algorithmen zum Einsatz, die in der Lage sind, riesige Datenbestände effizient zu durchforsten und anhand bestimmter Fragen zu analysieren. Aufgrund der Analyseergebnisse werden ggf. sogar bestimmte Aktionen automatisch ausgelöst. Solche Tools (meist Individualentwicklungen) werden z. B. im Rahmen eines Data Warhouse eingesetzt, um unstrukturierte Daten aus externen Quellen zu analysieren und auszuwerten. Dabei werden oft Technologien und Methoden der künstlichen Intelligenz eingesetzt, die weitgehend autonom nach dem Prinzip der **Mustererkennung** ablaufen. Mustererkennung ist die Fähigkeit, in einer grossen Datenmenge Ähnlichkeiten, Wiederholungen, Regelmässigkeiten oder Gesetzmässigkeiten zu erkennen. Typische Anwendungsgebiete sind Sprach-, Text- und Bilderkennung. Diese Fähigkeit ist eine Voraussetzung für Klassifizierungen, Abstraktion und Induktion[1]. Algorithmen für die Mustererkennung sind für Data Mining und künstliche Intelligenz von zentraler Bedeutung.

8.4.6 Datenflüsse

Betrachtet man die **geschäftliche Nutzung umfangreicher Datenbestände** aus Sicht der Datenflüsse, lassen sich folgende **Stationen** unterscheiden:

- **Quellsysteme:** Daten aus diversen operativen Systemen des Unternehmens (z. B. Applikationen oder Sensoren) und externe Datenquellen (z. B. Börsenkurse, Wetterdaten etc.).
- **Datenbank (Staging Area):** Hier werden die Daten der Quellsysteme transformiert, d. h. «gesäubert», und die richtige Form gebracht, damit sie konsolidiert und ausgewertet werden können.
- **Data Warehouse:** Hier werden die Daten diverser Datenbanken validiert und unternehmensweit integriert.
- **Data Marts:** Hier werden die Daten aus dem Data Warehouse nach verschiedenen Aspekten strukturiert. Dabei werden so viele Daten herangezogen, dass mehrdimensionale Ansichten möglich sind.
- **Data Mining:** Hier werden die Daten nach unterschiedlichen Kriterien und Dimensionen analysiert und aufbereitet (als Reportings oder Diagramme).
- **Rückkoppelung:** Die gewonnenen Erkenntnisse aus dem Data Mining werden für die Kontrolle und Steuerung des operativen Geschäfts herangezogen.

Die Prozesse bzw. Verfahren und Stationen zur systematischen Sammlung und Auswertung von Geschäftsdaten in elektronischer Form werden auch als **Business Intelligence** bezeichnet und können wie folgt veranschaulicht werden:

---

[1] Erkenntnisvorgang, bei dem von einzelnen, speziellen Fällen auf allgemeine Gesetzmässigkeiten geschlossen wird (Gegenteil: Deduktion).

Abb. [8-7] Business Intelligence (Modell)

Metadaten-Management

Quellsysteme	Staging Area	Enterprise Data Warehouse	Data Marts	Data Mining
• Externe Datenquelle • Operative Systeme	• Datentransformation • Datenvalidierung	• Validierte und integrierte Daten	• Multidimensionale Datenstruktur	• Reports • Analysen

Rückkoppelung für das operative Geschäft

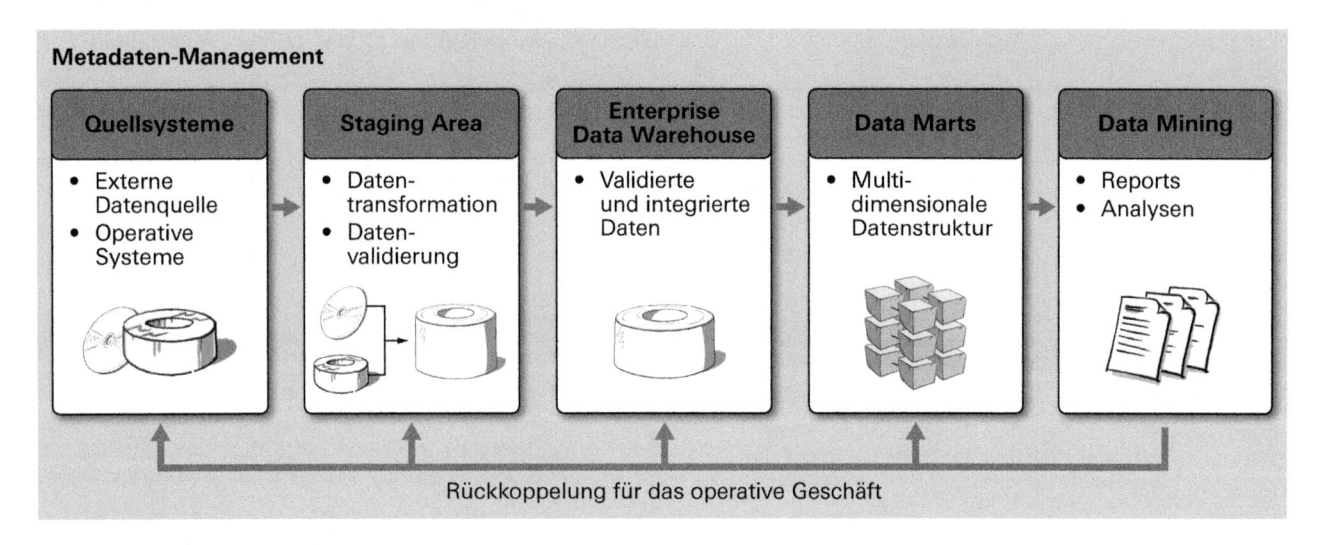

8.5 Datenmanagement

Das **Datenmanagement** kennt den Wert der Daten im Unternehmen und kümmert sich um eine zweckmässige Datenhaltung und eine zielführende Datennutzung. In grossen Unternehmen sind mehrere Spezialisten oder ganze Abteilungen für das Datenmanagement verantwortlich. In einem KMU ist das Datenmanagement eine Führungsaufgabe, die i. d. R. vom IT-Leiter oder von der Geschäftsleitung wahrgenommen wird.

Hinweis Ein Outsourcing des Datenmanagements führt zu einer Abhängigkeit vom Serviceprovider und muss sorgfältig abgewogen werden. Sind die Geschäftsdaten für ein Unternehmen von grosser Bedeutung (operativ oder strategisch), ist von einem Outsourcing abzuraten. Eine Auslagerung könnte aber für Kleinbetriebe sinnvoll sein, die ihre Leistungen auch ohne grosse Datenbasis erbringen können (z. B. Coiffeure, Restaurants, Kioske etc.).

Das betriebliche Datenmanagement umfasst im Wesentlichen folgende Aufgaben:

- **Methoden und Vorgehen** für die Bestimmung der Relevanz von Geschäftsdaten und für einen sicheren, zweckmässigen Umgang damit definieren.
- **Anforderungen an die Datenqualität** definieren und deren Einhaltung kontrollieren.
- **Anforderungen an die Datensicherheit und den Datenschutz** definieren und deren Einhaltung kontrollieren.
- **Organisatorische Massnahmen** für einen sicheren, zweckmässigen Umgang mit Daten und Dokumenten definieren und kontrollieren.
- **Technische Massnahmen** für einen sicheren, zweckmässigen Umgang mit Daten und Dokumenten definieren und kontrollieren.

Im Folgenden werden diese Aufgaben näher erläutert.

8.5.1 Methoden und Vorgehen definieren

Über alle Teilgebiete des Datenmanagements muss die Wichtigkeit einzelner Daten bestimmt werden. Diese Bewertung führt zu unterschiedlichen Handhabungen einzelner Daten. Nicht alle gespeicherten Daten haben die gleiche Bedeutung für ein Unternehmen. Eine gute Möglichkeit ist, die Daten systematisch zu kategorisieren um danach geeignete Schutz- und organisatorische Massnahmen zu definieren. Darüber hinaus muss vorgegeben werden, wann eine bestimmte Information für das Unternehmen nicht mehr geschäftsrelevant sein wird oder wie lange es gesetzlich archiviert werden muss (Lebenszyklus einer Information).

Beispiel für die Klassifizierung von Daten:

Kriterium	Beispiele	Mögliche Massnahmen	Geschäfts-kritisch?	Lebensdauer
Stammdaten	Kundendaten, Produktdaten	Täglich mehrfache Sicherungen (z. B. inkrementell)	Ja	Unbegrenzt
Transaktionsdaten	Zahlungsdaten	Sichere Archivierung, schnelle Rückverfolgbarkeit nötig	Ja	10 Jahre
	Mutationsdaten der Stammdaten		Nein	1–2 Jahre
Kommunikationsdaten	E-Mails von und zu Kunden	Archivierung, Integration ins CRM-System	Ja	5 Jahre
Performance-Daten	Antwortzeiten von Speichervorgängen in Datenbanken	Archivierung	Nein	1–2 Jahre
Logdaten	Protokollierte Besucher der Internetnutzer auf Webseite	Archivierung	Nein	1–2 Jahre
Sensible Daten	Mitarbeiterdaten	Tägliche Sicherung	Ja	10 Jahre
Marktdaten	Daten über Verkaufszahlen der Konkurrenz, Börsendaten	Wöchentliche Sicherung	Nein	5 Jahre
Umfeld-Daten	Wetterdaten, Strassenverkehrsdaten	Keine Sicherung zwingend	Nein	Kurzfristig

8.5.2 Dateiablage organisieren

Eine der zentralen Tätigkeiten des Datenmanagements ist innerhalb der Datenpflege die Organisation der Datenspeicherung. Damit sind nicht die technischen Aspekte im Vordergrund, sondern die organisatorischen. Jedes Unternehmen sieht sich mit grundsätzlich zwei Arten von Daten konfrontiert:

Abb. [8-8]   IT-Systeme für die Datenpflege

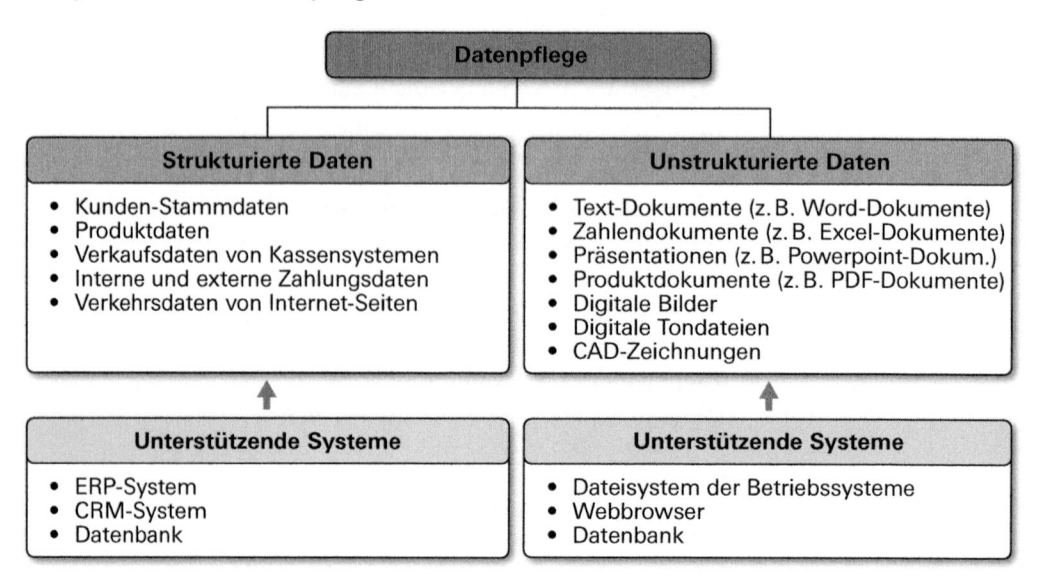

Datenpflege

Strukturierte Daten
- Kunden-Stammdaten
- Produktdaten
- Verkaufsdaten von Kassensystemen
- Interne und externe Zahlungsdaten
- Verkehrsdaten von Internet-Seiten

Unstrukturierte Daten
- Text-Dokumente (z. B. Word-Dokumente)
- Zahlendokumente (z. B. Excel-Dokumente)
- Präsentationen (z. B. Powerpoint-Dokum.)
- Produktdokumente (z. B. PDF-Dokumente)
- Digitale Bilder
- Digitale Tondateien
- CAD-Zeichnungen

Unterstützende Systeme
- ERP-System
- CRM-System
- Datenbank

Unterstützende Systeme
- Dateisystem der Betriebssysteme
- Webbrowser
- Datenbank

Unstrukturierten Daten werden mittels des **Dateisystems des Betriebssystems** organisiert. Dabei hat sich die hierarchische Speicherung durchgesetzt. Hier ein Beispiel:

Abb. [8-9] **Dateisystem von MS Windows**

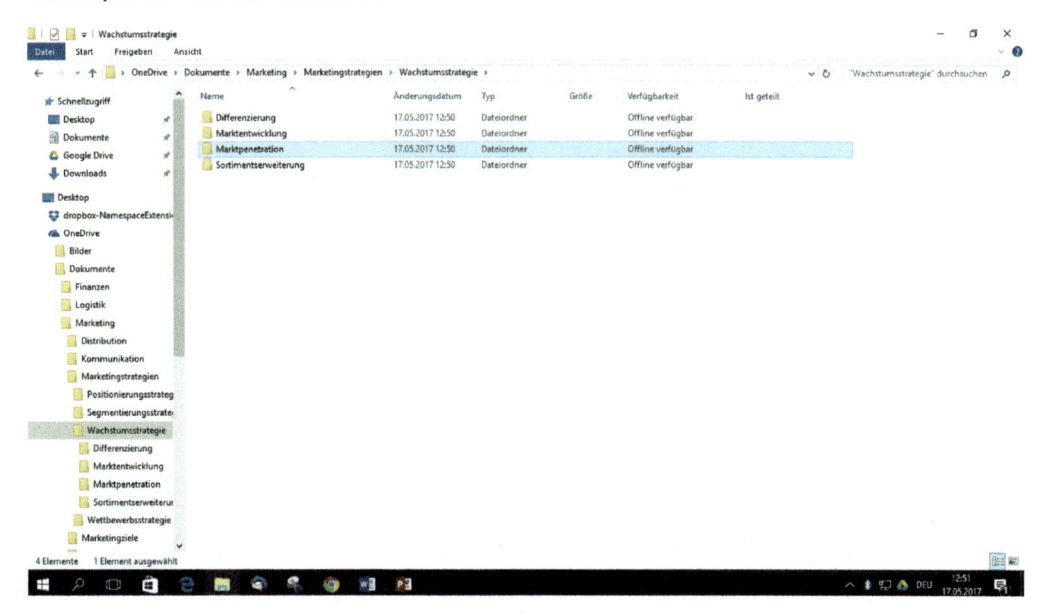

Das Dateisystem ist ein Programm des Betriebssystems. Es unterstützt die Anwender beim «Organisieren» ihrer Dateien. Die «Files» werden aktuell auf einer oder mehreren Festplatten gespeichert (kann auch Flashspeicher sein). Der Speicherort des Festspeichers kann in Bezug auf die Arbeitseffizienz der Anwender entscheidend sein. Daten können am eigenen Arbeitsplatz (lokal) auf jedem individuellen Arbeitsplatzcomputer gespeichert werden oder der Festspeicher kann in einem internen oder externen Netzwerk installiert werden. Folgende Grafik soll die verschiedenen Varianten verdeutlichen:

Abb. [8-10] **Arbeitsformen und Speicherort**

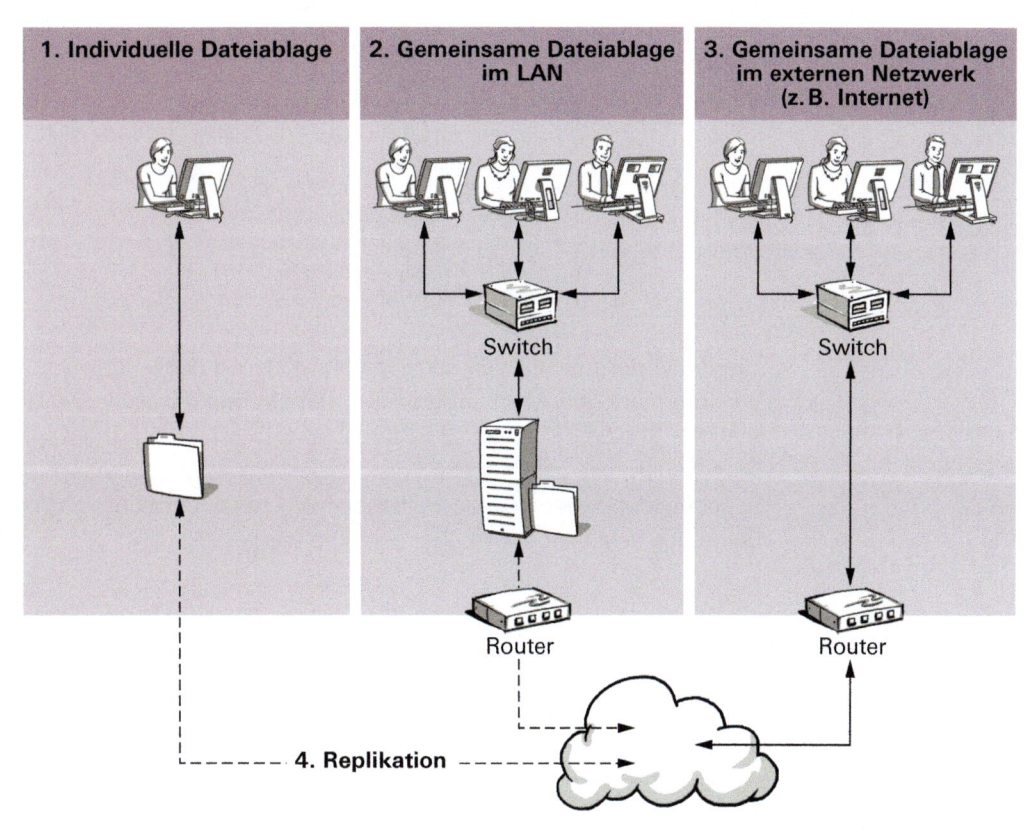

1. Individuelle Dateiablage
2. Gemeinsame Dateiablage im LAN
3. Gemeinsame Dateiablage im externen Netzwerk (z. B. Internet)
4. Replikation

Teil D | Sicherheit und Daten managen
8 Daten und Datenmanagement

Erläuterungen zur Grafik:

Nr.	Beschreibung	Vorteile	Nachteile
1	Die Daten werden lokal auf den eigenen Rechner gespeichert.	<ul><li>Speicher- und Lesegeschwindigkeit sind hoch.</li><li>Im Offline-Modus sind die Daten verfügbar.</li><li>Guter Datenschutz.</li><li>Weniger anfällig auf Versionenprobleme gleicher Dateien.</li></ul>	<ul><li>Andere Mitarbeitende können nicht auf die lokal gespeicherten Daten zugreifen.</li><li>Bei Defekt des persönlichen Computers können Daten verloren gehen.</li><li>Ein mobiler Computer kann gestohlen werden oder verloren gehen.</li></ul>
2	Die Daten werden auf dem internen firmeneigenen Netzwerk gespeichert. Lokal sind keine Daten gespeichert. Man spricht in diesem Zusammenhang auch von Netzwerklaufwerk.	<ul><li>Alle berechtigten Mitarbeitenden können auf die Daten zugreifen.</li><li>Die Datensicherung kann besser und einfacher garantiert werden.</li><li>Beim Ersatz eines persönlichen Computers müssen keine Daten überspielt werden.</li></ul>	<ul><li>Im Offline-Modus sind die Daten nicht verfügbar.</li><li>Sensible Daten müssen vor unberechtigtem Zugriff geschützt werden.</li><li>Schreib- und Lesegeschwindigkeit hängen auch von der Netzwerkperformance ab.</li><li>Versionenprobleme bei der gleichzeitigen Bearbeitung derselben Datei können entstehen.</li></ul>
3	Die Daten werden auf einem externen (firmeneigenen oder fremden) Netzwerk gespeichert. Lokal sind keine Daten gespeichert. Man spricht in diesem Zusammenhang auch von Cloud-Speicher.	<ul><li>Sehr niedrige technische Anforderungen an die lokale Infrastruktur.</li><li>Die Datensicherung ist meistens in professioneller Hand.</li><li>Der Datenzugriff ist geografisch für berechtigte Anwender von überall her möglich.</li><li>Alle berechtigten Mitarbeitenden können auf die Daten zugreifen.</li><li>Beim Ersatz eines persönlichen Computers müssen keine Daten überspielt werden.</li></ul>	<ul><li>Im Offline-Modus sind die Daten nicht verfügbar.</li><li>Sensible Daten müssen vor unberechtigtem Zugriff sehr gut geschützt werden.</li><li>Schreib- und Lesegeschwindigkeit hängen auch von der internen und der externen Netzwerkperformance ab.</li><li>Versionenprobleme bei der gleichzeitigen Bearbeitung derselben Datei können entstehen.</li></ul>
4	Die Daten werden örtlich doppelt oder mehrfach gespeichert. Ein automatischer Abgleich-Mechanismus aktualisiert die Daten und den Datenbestand auf die neuste Version.	<ul><li>Speicher- und Lesegeschwindigkeit sind hoch, weil die Daten vor Ort sind.</li><li>Im Offline-Modus sind die Daten verfügbar.</li><li>Alle berechtigten Mitarbeitenden können auf die Daten zugreifen.</li><li>Die Datensicherung ist meistens in professioneller Hand.</li><li>Der Datenzugriff ist geografisch für berechtigte Anwender von überall her möglich.</li><li>Alle berechtigten Mitarbeitenden können auf die Daten zugreifen.</li><li>Beim Ersatz eines persönlichen Computers müssen keine Daten überspielt werden.</li></ul>	<ul><li>Sensible Daten müssen vor unberechtigtem Zugriff sehr gut geschützt werden.</li><li>Schreib- und Lesegeschwindigkeit hängen auch von der internen und der externen Netzwerkperformance ab.</li><li>Versionenprobleme bei der gleichzeitigen Bearbeitung derselben Datei können trotz Replikation entstehen.</li></ul>

Um die Vorteile der lokalen Speicherung mit jenen der zentralen zu kombinieren, hat sich in der Informatik der Mechanismus der **Replikation** etabliert. Bei diesem Vorgang werden mehrere Kopien derselben Datei an verschiedenen Orten abgespeichert. Die Seite, die die Datei ändert, besitzt eine neue Version. Deshalb wird automatisch die ältere Version auf der gegenüberliegenden Seite (z. B. in einem Netzwerk oder über das Internet) auf den neusten Stand gebracht (aktualisiert oder eben repliziert).

Unabhängig vom Softwarehersteller und vom Speicherort erfüllt das Dateisystem folgende Aufgaben:

- Dateien speichern / kopieren, löschen, umbenennen.
- Verzeichnisstruktur erstellen, ändern, löschen, umbenennen.
- Dateien suchen (auch mit unvollständigem Namen).
- Dateien oder ganze Verzeichnisse komprimieren.
- Zugriffsrechte auf Daten und Verzeichnisse festlegen.
- Speicherplatz für bestimmte Anwender festlegen (z. B. max. Speicherplatz pro Mitarbeiter).
- Dateien und Verzeichnisse verschlüsseln (z. B. bei mobilen Computern sinnvoll).

Die verschiedenen Softwarehersteller haben ihren Dateisystemen unterschiedliche Markennamen gegeben:

Betriebssystem	Name des Dateisystems
Windows	Explorer, technischer Standard: New Technology File System (NTFS)
Apple	Finder, technischer Standard: Apple File System (APFS)
Linux	Kein Markenname definiert, technischer Standard: Unix File System (XFS) oder NTFS für Kompatibilität mit Windows-Rechner und viele andere
Android	Standardmässig ist auf dem puren Android-Betriebssystem kein Dateisystem vorinstalliert. Die Hersteller von mobilen Geräten mit Android verwenden keinen Markennamen dafür, häufig eingesetzter technischer Standard: FAT32

8.5.3 Dokumentenmanagement

Unternehmen mit grossem Volumen an Dokumenten haben besondere Anforderungen an die Informatik. Einige von ihnen sind täglich mit Tausenden von Papierdokumenten konfrontiert.

Beispiel   In einer grösseren Versicherungsgesellschaft kommen täglich Hunderte von Schadensmeldungen in Papierform rein. Die Fälle müssen alle eindeutig identifizierbar gemacht werden und nach Schadenfall sortiert und in die richtigen Arbeitsprozesse und Abteilungen geführt werden. Dieser riesige Papierstapel kann unmöglich in Papierform weiterverarbeitet werden. Der Posteingangsdienst kümmert sich um die korrekte Digitalisierung.

Zur Unterstützung dieser Aufgaben kann ein **Document Management System (DMS)** eingesetzt werden. Ein DMS ist eine Softwareapplikation, die auf Dokumente einer Datenbank anhand von Metadaten zugreifen kann. **Metadaten** sind Informationen über die Dokumente wie z. B. den Ersteller, das Erstellungsdatum, die Zielgruppe oder den Inhalt des Dokuments.

Die Aufgaben des Dokumentenmanagements:

- Papierdokumente einscannen.
- Mittels OCR-Technologie aus handschriftlich ausgefüllten Formularen, die für die Kategorisierung nötigen Informationen herauslesen.
- Digitalisierte Dokumente (z. B. PDF-Dateien) werden mit Metadaten (Kategorisierungsdaten) versehen.
- Elektronische Dokumente systematisch ablegen.
- Workflow-Prozesse automatisch anstossen (z. B. durch automatische Notifikation an einen zuständigen Mitarbeiter) und in das ERP-System einschleusen.
- Arbeitsfluss und Stand (Status) der einzelnen Fälle steuern und überwachen. Entweder durch eine separate Software «Workflow Management» oder durch das ERP-System.

Abb. [8-11] Verarbeitungsschritte bei Dokumentenmanagement

Digitalisierung
- Texterkennung
- Fallerkennung
- Zuordnung Metadaten
- Zuordnung Kategorien
- Zuordnung Schlüsselwörter

Dokumentenspeicher, Datenbank oder Dateisystem

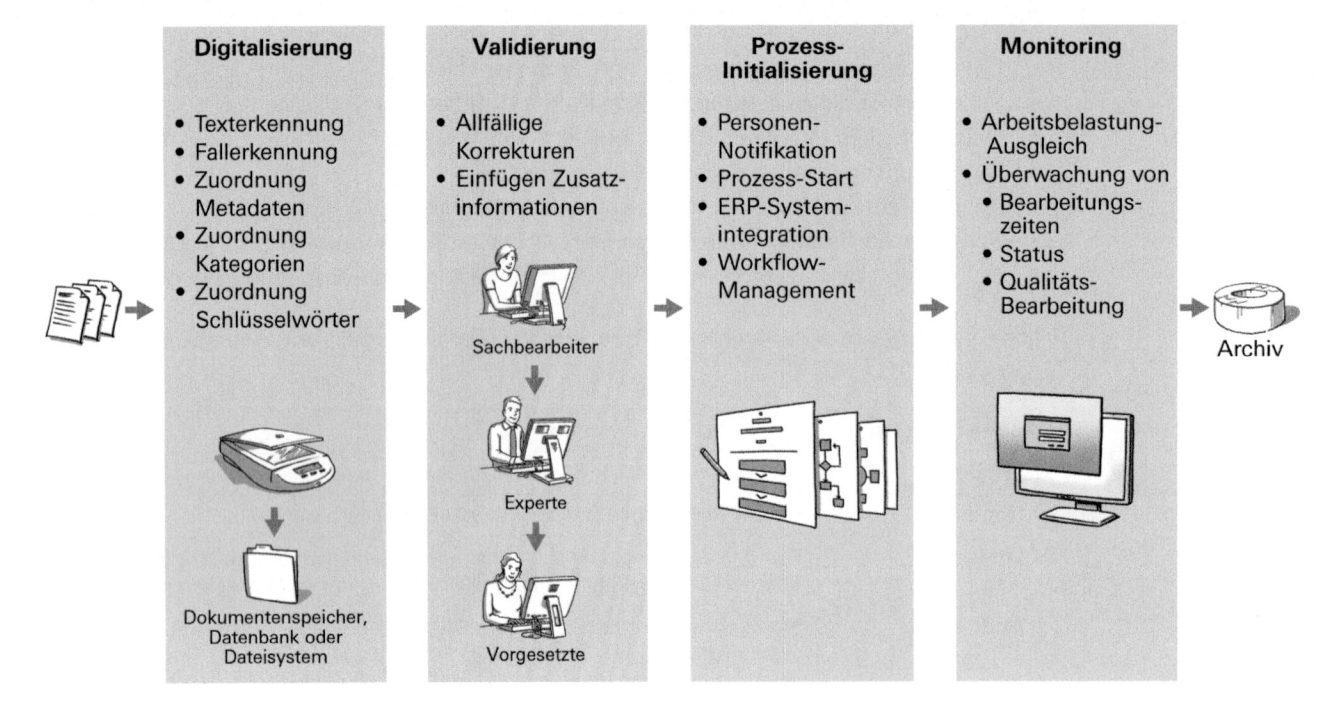

Validierung
- Allfällige Korrekturen
- Einfügen Zusatzinformationen

Sachbearbeiter
Experte
Vorgesetzte

Prozess-Initialisierung
- Personen-Notifikation
- Prozess-Start
- ERP-Systemintegration
- Workflow-Management

Monitoring
- Arbeitsbelastung-Ausgleich
- Überwachung von
  - Bearbeitungszeiten
  - Status
  - Qualitäts-Bearbeitung

Archiv

Wesentliche Eigenschaften solcher Systeme sind

- **visualisierte Ordnungsstrukturen:** Der Arbeitsstand (Status) und der Arbeitsfluss können grafisch dargestellt werden. So kann beispielsweise schnell festgestellt werden, wenn sich bei einer Bearbeitungsstelle die Arbeit staut.
- **Check-in und Check-out eines Dokuments:** Reservation für die exklusive Bearbeitung. Damit kann verhindert werden, dass mehrere Personen am selben Dokument / Fall arbeiten. Es können Versionsprobleme umgangen werden.
- **Versionierung eines Dokuments:** Bei jedem Bearbeitungsschritt wird automatisch eine neue Version gespeichert. So kann zurückverfolgt werden, wer zu welchem Zeitpunkt welche Änderungen an einem Dokument vorgenommen hat.
- **indexgestützte Dokumentensuche:** Die Dokumente werden mit Schlüsselwörtern und Suchbegriffen versehen (zusätzliche Metainformationen). Damit kann das einzelne Dokument einfacher wiedergefunden werden (z. B. Stichwörter aus der Fallbeschreibung eines Schadenfalls).

Bei der Suche eines Dokuments stehen beliebige Felder für Metadaten oder Schlüsselbegriffe zur Verschlagwortung zur Verfügung (Kunden-, Auftragsnummer etc.).

Beispiel Eingescannte Schadenmeldeformulare bei einer Versicherungsgesellschaft. Beim Einscannen eines Papierdokuments werden die Daten anhand einer Handschrift-Erkennungssoftware (Optical Character Recognition, OCR) strukturiert abgelegt. Dazu können manuell Zusatzdaten über den Fall (Metadaten) von Hand oder automatisch hinzugefügt werden.

Siehe auch! Dokumentation und Archivierung

Lesen Sie zur Aufbewahrung wichtiger Dokumente auch das Buch «Unternehmensführung und Umwelt» dieser Lehrmittelreihe.

8.6 Datensicherheit und Datenschutz

Datensicherheit und Datenschutz sind zentrale Aspekte der **IT-Sicherheit**. In diesem Kapitel werden diese Begriffe näher vorgestellt und deren Bedeutung für einen sachgerechten Umgang mit Daten behandelt, die in IT-Systemen bereitgestellt oder durch diese verarbeitet werden. Das **Sicherheitsmanagement** wird in einem separaten Kapitel vertieft. Vergleichen Sie dazu das Kapitel 7, S. 190.

8.6.1 Begriffe und Rechtsgrundlagen

Datensicherheit bedeutet, dass Unternehmensdaten durch geeignete Massnahmen gegen Verlust und unbefugte Bearbeitung geschützt und gesetzeskonform archiviert werden. Zu Unternehmensdaten gehören sowohl **betriebliche und geschäftsbezogene Daten** als auch **personenbezogene Daten**. Für den Umgang mit personenbezogenen Daten gelten besondere Bestimmungen. Vergleichen Sie dazu das Kapitel 8.6.2, S. 232.

Datensicherheit bezieht sich primär auf die Sicherheitsziele **Verfügbarkeit** und **Integrität**. Bei gewissen Unternehmensdaten spielt aber auch die **Vertraulichkeit** eine grosse Rolle.

Je nach Branche müssen Firmen bestimmte **branchenspezifische Vorgaben** bezüglich der Datensicherheit beachten und einhalten. International tätige Unternehmen müssen zudem **internationale Gesetze oder Normen** wie z. B. Vorschriften nach EU-Recht beachten.

Beispiel Internationale Banken und Versicherungen, die in den USA aktiv sind, müssen Vorschriften für eine revisionssichere Aufbewahrung von Daten und Dokumenten nach Sarbanes-Oxley Act (SOX) oder gemäss der US-amerikanischen Börsenaufsicht (SEC) einhalten.

Siehe auch! Compliance und Archivierung

Lesen Sie zur Einhaltung von Regeln und zur Aufbewahrung wichtiger Daten im Unternehmen auch die Bücher «Unternehmensführung und Umwelt» sowie «Recht» dieser Lehrmittelreihe.

Der **Datenschutz** bezieht sich auf den Umgang im Unternehmen mit personenbezogenen Daten. Im Folgenden werden die wichtigsten Schweizer Gesetzesbestimmungen kurz vorgestellt, die den Datenschutz betreffen. Der Gesetzestext ist jeweils in kursiver Schrift gehalten.

A] Bundesverfassung (BV)

Schutz der Privatsphäre (BV Art. 13)

1 Jede Person hat Anspruch auf Achtung ihres Privat- und Familienlebens, ihrer Wohnung sowie ihres Brief-, Post- und Fernmeldeverkehrs.

2 Jede Person hat Anspruch auf Schutz vor Missbrauch ihrer persönlichen Daten.

B] Datenschutzgesetz (DSG)

Die gesetzlichen Anforderungen für den Umgang mit personenbezogenen Daten stehen im **Datenschutzgesetz (DSG)**, die Ausführungsbestimmungen sind in der **Verordnung zum Datenschutzgesetz** hinterlegt. Das DSG kommt überall dort zum Tragen, wo Unternehmen personenbezogene Daten sammeln und bearbeiten – unabhängig vom Speichermedium. Unter das DSG fallen besonders schützenswerte Personendaten sowie Persönlichkeitsprofile. **Besonders schützenswerte Personendaten** sind gemäss DSG Art. 3:

- *Die religiösen, weltanschaulichen, politischen oder gewerkschaftlichen Ansichten oder Tätigkeiten*
- *Die Gesundheit, die Intimsphäre oder die Rassenzugehörigkeit*
- *Massnahmen der sozialen Hilfe*
- *Administrative oder strafrechtliche Verfolgung und Sanktionen*

Ein **Persönlichkeitsprofil** ist gemäss DSG Art. 3:

eine Zusammenstellung von Daten, die eine Beurteilung wesentlicher Aspekte der Persönlichkeit einer Person erlauben

Der Bezug zur **Datensicherheit** wird in DSG Art. 7 hergestellt:

Personendaten müssen durch angemessene technische und organisatorische Massnahmen gegen unbefugtes Bearbeiten geschützt werden.

Hinweis Ein wesentlicher Unterschied zwischen (betrieblich organisierter) Datensicherheit und Datenschutz besteht darin, dass das Datenschutzgesetz nur personenbezogene Daten schützt und keine Vorgaben bezüglich der Vertraulichkeit von Unternehmensdaten macht.

Der Datenschutz bezieht sich primär auf das Sicherheitsziel **Vertraulichkeit,** das DSG macht aber auch Vorgaben zur **Verfügbarkeit** und **Integrität** von Personendaten. Personendaten sollen zuverlässig gespeichert und unverfälscht zur Verfügung stehen, um das in DSG Art. 8 beschriebene Auskunftsrecht zu gewährleisten:

Jede Person kann vom Inhaber einer Datensammlung Auskunft darüber verlangen, ob Daten über sie bearbeitet werden.

Zur Weitergabe besonders schützenswerter Personendaten braucht es also die **Einwilligung** derjenigen Personen, von denen die Daten stammen. Versicherungen, Banken usw. müssen sich daher diese Einwilligung der einzelnen Kunden für die Weitergabe ihrer Daten einholen.

C] Strafgesetzbuch

Mit **Cybermobbing** ist die Belästigung, Diffamierung oder Nötigung anderer Menschen über das Internet gemeint. In der Schweiz gibt es zwar (noch) kein Gesetz dagegen, das Strafgesetzbuch bietet aber eine gute gesetzliche Grundlage, um wirksam dagegen vorzugehen.[1]

8.6.2 Umgang mit sensiblen Daten

Bei der **Bearbeitung von Personendaten** müssen folgende **Grundsätze des Datenschutzgesetzes** beachten:

- **Rechtmässigkeit:** Personendaten dürfen nur rechtmässig beschafft werden, d. h. nicht ohne das Wissen der Betroffenen und auch nicht durch Täuschung (falsche Angaben) oder sogar durch Drohung.
- **Zweckmässigkeit:** Personendaten dürfen nur zu dem Zweck bearbeitet werden, der bei der Beschaffung der Daten angegeben wurde.
- **Treu und Glauben:** Bei der Beschaffung und Bearbeitung von Personendaten ist das Gebot der «Fairness» einzuhalten, d. h., die Personendaten sind im Sinne der Betroffenen zu behandeln.
- **Verhältnismässigkeit:** Es sind so wenig Personendaten wie möglich zu beschaffen und zu bearbeiten, d. h. nur solche, die nötig sind, um den Zweck zu erfüllen.
- **Korrektheit:** Es dürfen nur korrekte Personendaten erfasst und bearbeitet werden.

---

[1] Vergleichen Sie auch:
http://www.feel-ok.ch/de_CH/jugendliche/themen/gewalt/fokus/cybermobbing_medien_gewalt/cybermobbing/cybermobbing_gesetz.cfm.

- **Bekanntgabe von Personendaten:** Grundsätzlich nur mit Einwilligung der betroffenen Person erlaubt.

Generell müssen Sie sämtliche **Betriebsdaten,** die bei Verlust oder Bekanntgabe an Dritte **materielle (finanzielle) und immaterielle Schäden** verursachen und die **Wettbewerbsfähigkeit** des Unternehmens einschränken können, als vertraulich einstufen. Davon betroffen sind v. a. Daten aus folgenden Bereichen:

- Produktionsverfahren und -techniken
- Einkauf und Verkauf
- Aufträge und Finanzen
- Bilanz und Erfolgsrechnung
- Beteiligungen
- Budgets und geplante Projekte

Betriebsdaten aus den oben genannten Bereichen dürfen Dritten gegenüber nicht bekannt gegeben werden. Auch innerhalb des Unternehmens dürfen solche Daten **nur mit ausdrücklicher Zustimmung des Vorgesetzten** an andere Organisationseinheiten weitergegeben und von diesen bearbeitet werden.

8.6.3 Folgen bei Bekanntgabe sensibler Daten

A] Personendaten

Bei der Bekanntgabe vertraulicher Personendaten sind als negative Folgen insbesondere **Persönlichkeitsverletzungen** zu befürchten. Die Betroffenen können deshalb verlangen, dass Daten über sie berichtigt oder vernichtet werden bzw. dass die Bekanntgabe an Dritte gesperrt wird. Wurden bereits vertrauliche Personendaten an Dritte weitergegeben, können die Betroffenen **Schadenersatz- und Genugtuungsklagen** einreichen. Um gegen Verletzungen der beruflichen Schweigepflicht vorzugehen, stehen den Betroffenen zudem **strafrechtliche Mittel** zur Verfügung.

B] Betriebsdaten

Die negativen Folgen bei der Bekanntgabe sensibler Betriebsdaten sind vielfältig. Sie reichen je nach Situation von internen Querelen über Reputationsschäden bis hin zur Zahlungsunfähigkeit bzw. zum Konkurs des Unternehmens. In der folgenden Tabelle finden Sie ein paar Beispiele für **materielle (finanzielle) und immaterielle Schäden** aufgrund der Bekanntgabe vertraulicher Betriebsdaten:

	Materieller Schaden (Grund)	Immaterieller Schaden
Produktionsverfahren und -techniken	Verlust eines Umsatzträgers, evtl. Konkurs (Einbusse des Wettbewerbsvorsprungs)	Verlust des innovativen Images auf dem Markt
Einkauf und Verkauf	Kostensteigerungen (Einkaufsvorteile entfallen), Umsatzeinbussen (Kundenverlust)	Vertrauensverlust bei Lieferanten und Kunden
Aufträge und Finanzen	Produktionsausfälle (ausbleibende Lieferungen), Ertragsminderung (höhere Steuern)	Vertrauensverlust bei der Steuerbehörde
Bilanz und Erfolgsrechnung	Mittelabfluss (tiefere Bewertung der Kreditwürdigkeit)	Vertrauensverlust bei den Banken
Beteiligungen	Kursverlust (tiefere Bewertung der Aktien)	Schwächere Position bei Verhandlungen
Budgets und geplante Projekte	Fehlinvestitionen, Einbusse an Produktivität (fehlende Arbeitsmotivation)	Verschlechterung des Betriebsklimas

Werden vertrauliche Betriebsdaten an Dritte weitergegeben und erleidet der Betrieb einen nachweisbaren Schaden, so kann das betroffene Unternehmen rechtliche Schritte gegen die verursachende Person einleiten. Die rechtlichen Konsequenzen reichen von **Schadenersatz** bis hin zur **Kündigung.**

8.6.4 Betriebliche Regelungen

Eine **flächendeckende Überwachung** der Aktivitäten aller oder einzelner Mitarbeitender ohne konkreten Verdacht ist nicht erlaubt. Ausnahmen bilden Hinweise auf Missbrauch: Hier muss der Arbeitgeber die Betroffenen im Voraus darüber informieren und die Überwachung muss verhältnismässig sein. Auch die **rückwirkende Auswertung** von Mitarbeiterdaten ist nur bedingt erlaubt. Auch hier muss der Arbeitgeber den Mitarbeiter vorher informieren, z. B. im Mitarbeiterreglement.

Ein Arbeitgeber darf den **Inhalt privater E-Mails** im Prinzip nicht lesen. Wenn allerdings im Mitarbeiterreglement steht, dass auf Firmencomputern keine privaten Aktivitäten erlaubt sind, kann der Arbeitgeber E-Mail-Inhalte lesen, weil er davon ausgehen kann, dass alles auf dem Computer Geschäftseigentum ist.

Social-Media-Plattformen bergen Risiken sowohl für Arbeitgeber als auch für Arbeitnehmende. Im Bewerbungsprozess nutzen Arbeitgeber z. B. soziale Netzwerke, um an Informationen über potenzielle Mitarbeitende zu gelangen. Freizügige Fotos oder verfängliche Äusserungen können in diesem Kontext nachteilige Folgen haben. Wenn Mitarbeitende interne Firmeninformationen auf eine soziale Plattformen stellen, könnten Geschäftsgeheimnisse berührt werden oder ein Imageschaden entstehen. Ausser den betrieblichen Geheimhaltungspflichten und Straftaten im Rahmen des Cybermobbings finden sich in Schweizer Gesetzen keine genaueren Angaben für Verhaltensregeln. Deshalb ist es sinnvoll, wenn ein Unternehmen (im Einklang mit der Gesetzgebung) konkrete **Sicherheitsrichtlinien** erstellt und den Mitarbeitenden bekannt gibt.

Beispiel

Richtlinien zur Nutzung sozialer Netzwerke

1. Persönliche Informationen zurückhaltend publizieren.
2. Datenschutzregeln der Plattform einhalten.
3. Kontaktanfragen von unbekannten Personen vorsichtig behandeln.
4. Auffälligkeiten melden oder ansprechen.
5. Unterschiedliche Passwörter für unterschiedliche Plattformen verwenden.
6. Keine Informationen über den eigenen Arbeitgeber publizieren.
7. URL vor dem Anklicken eines Links überprüfen (Gefahr von Phishing).
8. Dateien zurückhaltend herunterladen.

Der gesetzlich geregelte Schutz vor Missbrauch persönlicher Daten beinhaltet das Recht auf **informationelle Selbstbestimmung.** Stimmt der Kunde zu, dürfen seine Daten grundsätzlich bearbeitet, gespeichert, verwendet und weitergegeben werden. Ohne eine explizite Einwilligung dürfen **Kundendaten** nur dann bearbeitet werden, wenn die Weiterverwendung für den Betroffenen erkennbar ist oder wenn eine gesetzliche Pflicht zur Erhebung von Personendaten besteht (z. B. beim Check-in für einen Flug oder in ein Hotel). Das Unternehmen schafft Vertrauen und Transparenz, wenn es von sich aus klar deklariert, was mit den Kundendaten geschieht, und dies schriftlich festhält (z. B. in den AGB zu Kunden- oder Kreditkarten).

Beispiel	Richtlinien zum Umgang mit Kundendaten

1. Jede Person bestimmt über die eigenen personenbezogenen Daten.
2. Ohne Einwilligung des Kunden dürfen Daten nicht weiterverarbeitet werden.
3. Erfolgt die Datenerhebung transparent, genügt bei nicht schützenswerten Daten das stillschweigende Einverständnis des Kunden.
4. Kunden haben ein Recht auf Einsicht ihrer gespeicherten Daten.
5. Gespeicherte Kundendaten müssen der Wahrheit entsprechen und müssen laufend aktualisiert werden.
6. Die Weitergabe von Kundendaten ist grundsätzlich nicht erlaubt.
7. Tauschen Unternehmen gegenseitig Informationen zu Kunden aus, müssen sie strenge Richtlinien gegenseitig beachten und schriftlich vereinbaren.

Daten potenzieller Kunden können problemlos gekauft werden. Die Inhaber einer Datensammlung sind aber verpflichtet, Auskunft darüber zu geben, welche Daten über eine Person gespeichert sind, aus welchen Quellen diese Daten stammen und zu welchem Zweck sie gesammelt werden. Seriöse Adressenanbieter unterziehen ihre Systeme, Verfahren und ihre Organisation einer Bewertung durch anerkannte unabhängige Zertifizierungsstellen. Grundsätzlich gelten im Zusammenhang mit dem **Datenkauf** folgende Regeln:

1. Personendaten dürfen nicht heimlich erhoben werden.
2. Personendaten dürfen nicht gegen den Willen des Betroffenen bearbeitet werden.
3. Nur korrekte Personendaten dürfen bearbeitet werden.
4. Besonders schützenswerte Personendaten und Persönlichkeitsprofile dürfen nicht gekauft werden (zum Datenschutzgesetz s. Kap. 8.6.1 B, S. 231).

Siehe auch!	Arbeitsrechtliche Pflichten des Arbeitgebers und des Arbeitnehmers werden im Buch «Arbeitsrecht und Sozialversicherungen» dieser Lehrmittelreihe behandelt.

8.7 Die Säulen des betrieblichen Datenmanagements

8.7.1 Daten bewerten

Jedes Unternehmen muss für sich herausfinden, welche Daten oder Informationen wertvoll sind und wie es mit diesen umgeht. Untersucht man Geschäftsprozesse und unterstützende IT-Systeme anhand ihres Wertschöpfungsbeitrags, kann man feststellen, welche Daten bzw. Informationen für den Geschäftserfolg entscheidend sind. Typischerweise gehören dazu **Daten von Kunden, Produkten, Angeboten, Aufträgen, Bestellungen, Rechnungen und Mitarbeitenden.**

Welche personen- und betriebs- oder geschäftsbezogenen Daten sensibel sind und geschützt werden, hängt in erster Linie von **Branche und Zweck des Unternehmens** ab. Eine Arztpraxis, die Patientenkarteien mit Krankheitsgeschichten verwaltet, besitzt z. B. eine Datensammlung mit besonders schützenswerten Personendaten. Demgegenüber verfügt eine Maschinenbaufirma zwar auch über sensible Personendaten, ist aber viel stärker am Schutz vertraulicher Betriebsdaten interessiert (z. B. technisches Know-how beim Produktionsverfahren, Lieferantenkonditionen, Art der Vertriebsorganisation etc.).

A] Mitarbeiterdaten

Arbeitgeber dürfen Mitarbeiterdaten während des Bewerbungsverfahrens und im Verlauf des bestehenden Arbeitsverhältnisses in einem bestimmten Umfang sammeln und bearbeiten. **Bewerbungsunterlagen** dürfen nur von den zuständigen Personen des Unternehmens eingesehen und bearbeitet werden, z. B. von der Personalabteilung oder vom zuständigen Verantwortlichen bzw. Vorgesetzten. Wird das Bewerbungsverfahren abgeschlossen, müssen die Bewerbungsunterlagen den nicht berücksichtigten Bewerbern zurückgegeben und allfällige Kopien vernichtet werden. Im Rahmen von **Bewerbungsgesprächen** dürfen generell nur solche Personendaten abgefragt und weiterbearbeitet werden, die benötigt werden, um die Eignung des Bewerbers für die konkrete Stelle zu beurteilen. Folgende Angaben gehören i. d. R. nicht dazu: Einkommen, Krankheiten, Rasse bzw. Herkunft, politische und religiöse Anschauung, Schwangerschaft, Verschuldung, Vorstrafen, Zugehörigkeit zu Vereinen und Verbänden (z. B. Gewerkschaft). **Daten zur Gesundheit des Bewerbers** unterliegen strengen Bestimmungen. Daten aus dem Gesundheitsfragebogen von Versicherungen (z. B. zur Ermittlung der Konditionen für die Taggeldversicherung) dürfen nur vom zuständigen Personal der Krankenkasse eingesehen und verarbeitet werden. Wird mit Einwilligung des Bewerbers eine ärztliche Untersuchung durchgeführt, ist der Arzt an die Schweigepflicht gebunden und darf nur Angaben zur Tauglichkeit des Bewerbers für die zu besetzende Stelle machen. Wenn im Verlauf des Bewerbungsverfahrens **Auskünfte von Dritten** (z. B. vom bisherigen Arbeitgeber) verlangt **oder an Dritte** (z. B. an eine Liegenschaftsverwaltung) erteilt werden, so muss in jedem Fall die Zustimmung der betroffenen Person eingeholt werden. Zudem dürfen nur solche Auskünfte verlangt bzw. erteilt werden, die für die ausgeschriebene Stelle wesentlich sind. Insbesondere darf keine Einsicht in das Personaldossier und in die Bedingungen des Arbeitsvertrags genommen bzw. gewährt werden.

Während der Dauer des Arbeitsverhältnisses wird ein **Personaldossier** geführt. Dieses darf nur Daten enthalten, die für die Durchführung des Arbeitsverhältnisses notwendig sind. Zudem dürfen die Daten nur durch den Personaldienst bearbeitet werden und nur an diejenigen Stellen gelangen, die daran ein berechtigtes, auf die Arbeitsstelle bezogenes Interesse haben. Der Angestellte hat ein Recht auf Auskunft über den Inhalt seines Dossiers **(Auskunftsrecht)**. Davon ausgenommen ist die Einsichtnahme in Unterlagen zur Personal-/Karriereplanung und über laufende Verfahren sowie in Notizen, die der Arbeitgeber ausschliesslich zu persönlichen Zwecken erstellt hat. Stellt ein Angestellter fest, dass in seinem Dossier falsche Angaben oder rein subjektive Meinungen enthalten sind (z. B. «Herr Muster ist mir unsympathisch»), so kann er eine Berichtigung verlangen **(Berichtigungsrecht)**. Enthält das Dossier Daten, die der Arbeitgeber nicht beschaffen und bearbeiten darf, kann der Angestellte ihre Löschung verlangen.

Schliesslich stellt sich die Frage, was mit den **Personendaten nach Beendigung der Anstellung** geschieht. Nach der Auflösung des Arbeitsverhältnisses dürfen nur diejenigen Daten aufbewahrt und bearbeitet werden, die weiterhin erforderlich sind. Dazu gehören z. B. Daten, die aufgrund gesetzlicher Pflichten aufbewahrt werden müssen, oder Daten, deren Bearbeitung im Interesse des Angestellten liegt (z. B. für das Zeugnis benötigte Unterlagen). Gegebenenfalls dürfen auch alle für hängige Rechtsstreitigkeiten erforderlichen Daten zurückbehalten werden. Auch nach der Beendigung des Arbeitsverhältnisses steht dem Angestellten ein Auskunftsrecht zu.

B] Kundendaten

Kundendaten stellen sowohl Personen- als auch Betriebsdaten dar und sind deshalb besonders zu schützen. Die Verkaufsabteilung hat i. d. R. ein starkes Interesse an möglichst umfassenden, aktuellen und detaillierten Daten über ihre Kunden. Solche Kundendaten sind für zahlreiche Unternehmen von grosser Bedeutung; sie stellen quasi das Fundament der Vertriebs- und Marketingaktivitäten dar. Noch wichtiger und sensibler sind Kundendaten für Branchen, deren Kernaktivitäten mit Kundendaten zusammenhängen (z. B. Post, Banken, Versicherungen, Gesundheit, Personalvermittlung und -verleih). Entsprechend regeln hier besondere Vorschriften oder gesetzliche Bestimmungen den Umgang mit den Kundendaten.

Beispiel	• Das Arbeitsvermittlungsgesetz (AVG) legt fest, dass Stellenvermittlungen die Daten ihrer Kunden geheim halten. Die Arbeitsvermittlungsverordnung (AVV) wiederum verlangt, dass Personalvermittlungs- und -verleihfirmen die Daten über Stellensuchende und Angestellte grundsätzlich nur mit deren Zustimmung bearbeiten dürfen und nur, soweit und solange sie für die Vermittlung bzw. für die Verleihung erforderlich ist. • Die Verordnung über die Offenbarung des Berufsgeheimnisses im Bereich der medizinischen Forschung (VOBG) legt fest, unter welchen Bedingungen Kliniken und medizinischen Universitätsinstituten der Zugriff auf Personendaten für Forschungszwecke gewährt werden kann.

Daran lässt sich erkennen, dass für die Vertraulichkeit der Kundendaten primär folgende **Aspekte** massgebend sind:

- Welche Kundendaten liegen vor?
- Wie detailliert liegen die Kundendaten vor?
- Wofür werden die Kundendaten verwendet?

C] Lieferantendaten

Auch Lieferantendaten stellen gleichzeitig Personen- und Betriebsdaten dar und sind deshalb speziell zu schützen. Dabei interessieren sich die Unternehmen meist weniger für Daten über die Lieferanten als Personen, sondern vielmehr für Daten, die mit ihrer Funktion als Lieferant zusammenhängen. Vor allem für Industrie- und Handelsbetriebe sind diese Daten von Bedeutung für den Unternehmenserfolg. So interessiert sich die Einkaufsabteilung v. a. für folgende Informationen:

- Kontaktadresse und -nummer
- Produkt- und Dienstleistungsangebot
- Preisgestaltung
- Lieferbedingungen
- Garantien und andere Sicherheiten
- Service- und Reparaturangebot

Die Bekanntgabe solcher Daten gegenüber Dritten (z. B. Konkurrenzbetrieben) kann einerseits zu Persönlichkeitsverletzungen, andererseits zu bedeutenden materiellen (finanziellen) und immateriellen Einbussen führen. Lieferantendaten sind deshalb als vertraulich zu behandeln und unter keinen Umständen an unbefugte Dritte weiterzugeben.

D] Produktionsverfahren und -techniken

Das Wissen um die Verfahren und Techniken zur Herstellung der betrieblichen Produkte bzw. zur Erstellung der betrieblichen Dienstleistungen stellt die «Kompetenz» eines Unternehmens dar. Entsprechende Daten und Informationen über das betriebliche Know-how machen einen grossen Teil des unternehmerischen Werts aus und müssen deshalb vertraulich behandelt werden. Betreibt ein Unternehmen Forschung und Entwicklung, so sind auch die Daten bzw. Ergebnisse aus diesem Bereich grundsätzlich als sensibel anzusehen und vertraulich zu behandeln. Die Bekanntgabe solcher Daten kann die Wettbewerbsfähigkeit eines Unternehmens entscheidend beeinträchtigen. Um diesem Risiko vorzubeugen, wird meist eine entsprechende schriftliche Vereinbarung im Arbeitsvertrag festgehalten.

E] Einkauf und Verkauf

Wo und unter welchen Konditionen kauft der Betrieb sein «Rohmaterial» und seine Produktionsmittel ein? In welchen Bereichen wird am meisten investiert? Auf welchen Märkten (geografisch, Branchensegmente), an welche Zielgruppen und über welche Vertriebskanäle werden die Erzeugnisse verkauft? Welche Produkte bzw. Dienstleistungen finden den grössten Absatz? Wie steht es mit den Verkäufen in einem bestimmten Zeitraum XY? Welche Produkte bzw. Dienstleistungen erreichen welche Marktanteile? Diese und weitere Fragen stellt sich nicht nur die Konkurrenz. Auch die Medien und andere Dritte (wie z. B. das Kartellamt) könnten an den Antworten auf diese Fragen interessiert sein. Daten, die mit dem Einkauf und dem Verkauf zusammenhängen, sind daher strikt vertraulich zu behandeln. Darunter fallen auch die Lieferanten- und Kundendaten.

F] Aufträge und Finanzen

Um welche Aufträge bewirbt sich der Betrieb? Welche grossen Aufträge wurden erfolgreich «an Land gezogen»? Wie sieht die aktuelle Auslastung der Maschinen und die Auftragslage aus? Welche Verbindlichkeiten und Guthaben sind offen? Stehen ausreichend liquide Mittel zur Verfügung? Wie steht es mit den Umsätzen und Erträgen? Über welche Bankverbindungen und Kontonummern werden die Zahlungen abgewickelt? Wie hoch ist das Steueraufkommen? Auch für diese Fragen interessiert sich einerseits die Konkurrenz, andererseits Dritte wie z. B. die Steuerbehörde. Daten, die mit der Auftragslage und den Finanzen zusammenhängen, sind daher ebenfalls vertraulich zu behandeln. Ausnahmen bilden solche Daten, die von Gesetzes wegen der Steuerbehörde bekannt gegeben werden müssen. Entsprechende Richtlinien gibt die Steuerverwaltung heraus.

G] Bilanz und Erfolgsrechnung

Publikumsgesellschaften (Aktiengesellschaften) müssen die wichtigsten unternehmerischen Zahlen in Form einer jährlichen Bilanz und Erfolgsrechnung offenlegen. Immer mehr Firmen, die an der Börse gehandelt werden, veröffentlichen sogar regelmässig Quartalsergebnisse. Diese Berichte umfassen eine Übersicht der Aktiva und Passiva des Unternehmens sowie betriebswirtschaftliche Kenngrössen wie z. B. Umsatz und Gewinn. Dennoch sind die Daten, die diesen Berichten entspringen oder ihnen zugrunde liegen, als vertraulich zu behandeln, solange sie noch nicht publiziert sind. Unternehmen, die sich in Privatbesitz befinden, haben noch weniger Intesse daran, solche Zahlen zu publizieren. Entsprechend müssen diese Daten als sensibel eingestuft und vertraulich behandelt werden.

H] Beteiligungen

Neben den wichtigsten unternehmerischen Zahlen müssen Publikumsgesellschaften auch ihre finanziellen Beteiligungen und Verflechtungen offenlegen. Solche Beteiligungen können den Wert eines Unternehmens massgeblich steigern, aber auch stark reduzieren. Darüber hinaus können sie Hinweise auf die strategische Ausrichtung des Unternehmens geben. Die meisten Unternehmen, besonders «private Unternehmen», haben eine grosses Interesse, solche Informationen vertraulich zu behandeln, solange sie noch nicht publiziert worden sind.

I] Budgets und geplante Projekte

Plandaten wie Budgets und geplante Projekte lassen erkennen, wie ein Unternehmen künftig seine finanziellen Mittel einsetzt. Solche Informationen sind einerseits innerhalb des Unternehmens heikel, da sie Auskunft darüber geben, wie viel Geld in welche Abteilungen fliesst und welche Projekte realisiert werden. Andererseits sind solche Daten auch hinsichtlich einer Bekanntgabe gegenüber Dritten kritisch, weil sichtbar wird, in welchen Organisationseinheiten bzw. Unternehmensbereichen welche Investitionen getätigt werden. Viele Unternehmen haben deshalb ein grosses Interesse daran, solche Informationen vertraulich zu behandeln, solange sie noch nicht kommuniziert worden sind.

J] Ergebnis

Für eine **objektive Bewertung von Informationen** gibt es verschiedene Ansätze wie z. B. die Informationsproduktivität, der normative und realistische Informationswert oder die Kosten fehlender Informationen. Die **subjektive Bewertung von Informationen** ist vom Wissens- und Erfahrungsstand der jeweiligen Entscheidungsträger abhängig. Das Ergebnis ist eine gut nachvollziehbare **Datenklassifizierung,** die z. B. folgende Klassen umfasst:

Klasse	Beschreibung
Kritische Daten	Daten bzw. Informationen, die für wichtige Geschäftsprozesse benötigt werden und deren Verlust zu einem (unmittelbaren) Stillstand der Geschäftstätigkeit führen kann. Ausserdem gehören dazu Daten, die aus rechtlichen Gründen über einen längeren Zeitraum aufbewahrt werden müssen. Beispiele für solche Informationen sind die Kontodaten einer Bank, Verträge eines Rückversicherers, Bestelleingänge eines Versandhandels, Produktionsdaten eines Autoherstellers oder auch Daten für die Nachweispflicht korrekter steuerrelevanter Vermögensangaben bzw. Krankenakten.
Performance-Daten	Daten bzw. Informationen, die für die Steuerung und die Planung eines Unternehmens relevant sind und deren Verlust oder ungewollte Veränderung zu einer unternehmerischen Katastrophe führen kann. Sie werden für das Tagesgeschäft verwendet und sind damit essenzieller Teil des Business-Know-hows eines jeden Unternehmens.
Unkritische Daten	Daten bzw. Informationen, die schnell wiederhergestellt oder problemlos durch alternative Daten bzw. Informationen ersetzt werden können

8.7.2 Lebensphase von Informationsobjekten festlegen

Als eigentliche **Informationsobjekte**[1] gelten Datenträger, Laufwerke, Verzeichnisse, Datenbanken, Dateien, Records und E-Mails. Die Lebensdauer eines Informationsobjekts kann in folgende **Phasen** gegliedert werden:

- Als «**verwendet**» gelten Informationsobjekte, die während der Unternehmenstätigkeit erzeugt, übermittelt, geändert und genutzt, also durch operative IT-Systeme verarbeitet werden.
- Wenn Informationsobjekte nur für Auswertungen in dispositiven IT-Systemen benötigt werden, befinden sie sich in der Phase «**analysiert**».
- Werden Informationsobjekte nicht mehr verwendet und analysiert, sondern nur noch an einem sicheren Aufbewahrungsort gehalten, befinden sie sich in der Phase «**archiviert**».
- Werden Informationsobjekte im Rahmen der Unternehmenstätigkeit nicht mehr benötigt, werden sie «**gelöscht**».

Entscheidend für ein funktionierendes betriebliches Datenmanagement sind eindeutige **Regeln für den Übergang der Informationsobjekte** zwischen diesen Phasen. Dabei sind besonders die Aufbewahrungsfrist und Kritikalität der betroffenen Daten zu berücksichtigen.

8.7.3 Datenqualität definieren

Die **Datenqualität** ist eine weitere Säule des funktionierenden Datenmanagements. Generell ist diejenige Datenqualität zu gewährleisten, die den Anforderungen der Geschäftsprozesse entspricht. Dabei ist genau zu definieren, wann und wie die Datenqualität zu messen ist und welche Schwellenwerte einzuhalten sind. Zur **Messung der Datenqualität** gibt es zahlreiche methodische Ansätze und Konzepte von Total Quality Management über Capability-Modelle und Six Sigma bis zu ISO 90005.

Siehe auch! **Qualitätskonzepte, Qualitätsstandards, Qualitätsnormen**
Lesen Sie zum Qualitätsmanagement das Buch «Supply Chain Management» dieser Lehrmittelreihe.

---

[1] Englischer Fachbegriff: Logical Unit (LUN).

Zur Messung der Datenqualität in Geschäftsprozessen haben sich **Quality Gates**[1] bewährt. Dies sind Punkte im Ablauf von geschäftlichen Aktivitäten, bei denen anhand von definierten Qualitätskriterien über die Freigabe des nächsten Arbeitsschritts entschieden wird. Dabei werden Qualitätsattribute wie z. B. Vollständigkeit, Relevanz, Genauigkeit, Glaubhaftigkeit gemessen und mit zuvor festgelegten Soll-Werten verglichen. Je wichtiger ein Informationsobjekt eingestuft wird, desto exakter müssen die Soll-Werte eingehalten werden.

8.7.4 Datenspeicher und Datenflüsse darstellen

Der Wert der zentralen Informationsobjekte sowie deren Phase und Qualität lassen sich nur dann angemessen beurteilen, wenn ein Unternehmen eine **Gesamtsicht** über die Prozesse, Daten und IT-Systeme hat. Um den notwendigen Überblick zu erhalten, hat sich in der Praxis eine **vereinfachte Darstellung der wichtigsten Geschäftsprozesse, Informationsobjekte und Applikationen** bewährt. Diese Darstellung zeigt, welche Prozesse und Anwendungen welche Informationsobjekte wie verwenden. Wird diese Darstellung auf externe IT-Systeme ausgeweitet, kann eine Übersicht über sämtliche Schnittstellen und Datenflüsse gewonnen werden. Solche Darstellungen verdeutlichen die kritischen Stellen bei Geschäftsprozessen und Anwendungen aus Sicht des Datenmanagements.

8.7.5 Prozesse und Strukturen definieren

Ein effektives Datenmanagement muss organisatorisch verankert werden. Der Aufwand für die Bewertung der Daten, für die Festlegung der Lebensphasen von Informationsobjekten, für die Definition der Datenqualität und für die Erstellung der Gesamtsicht bleibt überschaubar, wenn **Verantwortliche für das betriebliche Datenmanagement** ernannt werden, die gegenüber der Unternehmensleitung die Verantwortung tragen. Der **Information Manager** ist aus fachlicher Sicht für bestimmte Informationsobjekte zuständig, während sich das **Data Management Board** um die Umsetzung und Weiterentwicklung geeigneter Massnahmen im Unternehmen kümmert. Dieses Team kann auch entsprechende Projekte bewilligen und zuständige Personen auf fachlicher und technischer Ebene bestimmen.

Zusammenfassung

Heute sind Unternehmen mit sehr **grossen Datenmengen** konfrontiert. Es sind dafür verschiedene **Speicherformate** entwickelt worden **(Dateitypen).** Daten haben eine grundsätzliche **Aufbaustruktur.** Sie bilden sich zuerst aus den Ziffern 0 und 1 (digital), dann werden sie zu **Zeichen** oder **Pixeln,** diese werden zu **Daten** zusammengefügt, zusammengestellte Daten bilden **Informationen** und verknüpfte Informationen bilden **Wissen**. Dieses Wissen kann auch als **Unternehmenswert** festgelegt werden.

Die **Datenqualität** wird aus **Datenaktualität, -redundanz, -konsistenz** und **-integrität** gebildet. Bei der betrieblichen **Datenhaltung** werden **Datensicherheit** vom **Datenschutz** unterschieden. Datensicherheit verhindert, dass Daten verloren oder zerstört werden, beim Datenschutz wird verhindert, dass Daten unberechtigt eingesehen werden. Nebst der Datenqualität, dem Datenschutz und der Datensicherheit müssen auch die **Datenpflege** und die **Datenauswertung** professionell geplant und umgesetzt werden.

Bei der Datenhaltung und der Datenpflege haben sich mehrere Technologien etabliert: von der einfachen Dateiablage **(Dateiserver oder NAS)** über **Speichernetzwerke (SAN), Datenbanken (relationale DBs), Data Warehouses** (für die Datenanalyse, **Business Intelligence**), **Big Data** (für komplexe Fragestellungen) bis zu **Document Management** für die Verwaltung von eingescannten Papierdokumenten (OCR-Technologie).

---

[1] Englischer Fachbegriff für: Qualitätstor (wörtl.).

Datenmanagement ist nicht nur eine technische Disziplin, sondern eine **Führungsaufgabe**. Der rechtlich einwandfreie Umgang mit Daten ist geschäftsrelevant. Dafür gibt es **gesetzliche Regelungen** (Bundesverfassung, Datenschutzgesetz, Strafgesetzbuch) wie auch betriebsinterne Regelungen (z. B. für den Umgang mit E-Mail, Kundendaten oder Daten auf Social-Media-Plattformen).

Repetitionsfragen

Geschlossene Fragen

76   Sie sehen nachfolgend einige Dateien mit ihren entsprechenden Endungen. Kreuzen Sie an, um welchen Dateityp es sich handelt.

	Textdatei	Tabellendatei	Programmdatei	Grafikdateien	Audiodateien	Videodateien	Datenbankdateien	Komprimierte Dateien	Spieldateien
Beispieldatei.docx	☐	☐	☐	☐	☐	☐	☐	☐	☐
Kundendaten_England.accdb	☐	☐	☐	☐	☐	☐	☐	☐	☐
Neuer_CEO_FilialeEmmen.jpg	☐	☐	☐	☐	☐	☐	☐	☐	☐
Kundengespräch_CallCenter.avi	☐	☐	☐	☐	☐	☐	☐	☐	☐
Entwurf_Broschüre.eps	☐	☐	☐	☐	☐	☐	☐	☐	☐
Kundendaten_Frankreich.xlsx	☐	☐	☐	☐	☐	☐	☐	☐	☐
Wegbeschreibung.bmp	☐	☐	☐	☐	☐	☐	☐	☐	☐

Offene Fragen

77   Die Wissenspyramide besteht aus mehreren Elementen und Ebenen. Tragen Sie in folgender Grafik die korrekten Bezeichnungen der Ebenen ein.

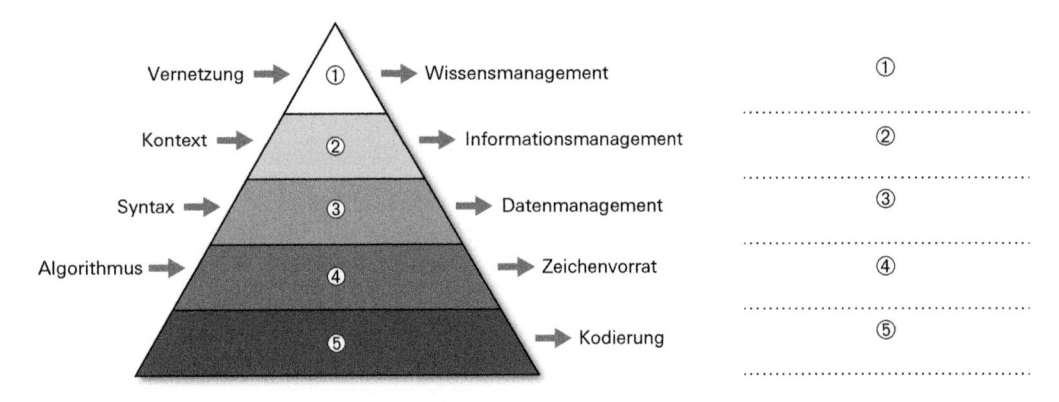

Vernetzung → ① → Wissensmanagement
Kontext → ② → Informationsmanagement
Syntax → ③ → Datenmanagement
Algorithmus → ④ → Zeichenvorrat
⑤ → Kodierung

① ....
② ....
③ ....
④ ....
⑤ ....

78   Zwei Firmen stehen zum Kauf. Beide Firmen besitzen die exakt gleichen Anlagen, also die exakt gleiche Infrastruktur (Anlagevermögen). Trotzdem werden die beiden Firmen bei einem allfälligen Verkauf unterschiedliche Kaufpreise erzielen. Der Unternehmenswert ist somit nicht nur an die materiellen Werte gebunden (Substanzwert). Erklären Sie, welche anderen Werte hier ins Spiel kommen, insbesondere was es mit Daten, Informationen und Wissen zu tun hat.

79   Beschreiben Sie stichwortartig den Unterschied zwischen Datensicherheit und Datenschutz.

80	Welche 3 Kriterien bestimmen die Datenqualität?
81	Erklären Sie in knappen Worten, was ein Data Warehouse ist und zu welchem Zweck es dient.
82	Zu welchem Zweck dient ein Network Attached Storage (NAS)?
83	Nennen Sie mindestens 3 Verhaltensregeln im Umgang mit Social Media und Unternehmensdaten.

Minicases

84	Die radikale Umstellung der Fahrzeugindustrie auf die Elektromobilität eröffnet Geschäftsmöglichkeiten auch für Neueinsteiger und kleinere Unternehmen in diesem Markt. Weil der Fahrzeugantrieb komplett anders als zuvor konzipiert ist, können Unternehmen in diesen Bereich eindringen, die zuvor keine Geschäftstätigkeit in dieser Industrie hatten. Die Firma Koller-Automation AG ist international als Herstellerin von Elektromotoren mit höchster Qualität bekannt. Die Firma findet den Markt mit Elektrorollern und Fahrrädern mit Elektroantrieb besonders interessant, weil hier noch keine grossen «Player» eingestiegen sind. Die Geschäftsleitung hat beschlossen, eine strategische Partnerschaft mit einem ebenfalls weltweit bekannten Fahrradhersteller einzugehen. Die Verträge sind unterzeichnet. Nun geht es um die operationelle Umsetzung des Projekts. Es wird ein komplett neuer Geschäftsbereich (Strategische Geschäftseinheit, SGE) gegründet. Sie sind am Aufbau aktiv beteiligt. Für die Vermarktung sind eigene Verkaufsläden vorgesehen. Der Vertrieb soll also direkt stattfinden (online und über eigene Stores).

Aufgaben

A] Sie wollen in Zukunft Methoden der künstlichen Intelligenz im Bereich Big Data anwenden. Sie möchten später beispielsweise herausfinden, auf welche Produkteigenschaften die Kunden in den Verkaufsläden zuerst achten, wenn sie ein Produkt zum ersten Mal sehen. Welche Datenquellen müssen aufgebaut werden, um genügend Daten zu sammeln, damit eine solche Fragestellung gelöst werden kann? Oder Sie möchten wissen, wie das Fahrverhalten (Dauer, Strecke, Lokalität, Tageszeit, Wochentage etc.) der Kunden ist (nennen Sie 4 mögliche Quellen).

B] Sie möchten in der neuen Geschäftseinheit eine interne Dateiablage aufbauen. Dazu haben Sie ein NAS bestellt. Um die geregelte Nutzung des Servers zu gewährleisten, haben Sie vor, ein Nutzungsreglement zu erstellen. So stellen Sie sicher, dass nur sinnvolle Daten gespeichert werden. Welche Dateitypen machen Sinn, sie zu speichern (mindestens 4 Typen)?

C] Sie sind u. a. auch für die Datenqualität des neuen Geschäftsbereichs zuständig. Welche Massnahmen sind denkbar, um die Elemente der Datenqualität sicherzustellen?

- Was machen Sie im Bereich Aktualität?
- Was machen Sie im Bereich Redundanz und Konsistenz?
- Was machen Sie in Sachen Integrität?

D] Bei welchen Datenbereichen (Themen) der neuen Geschäftseinheit würde sich der Einsatz einer relationalen Datenbank eignen (nennen Sie 4 Themen)?

E] Sie wollen das Handling mit den Daten rechtlich einwandfrei geregelt haben. Bei welchen Datenarten (Daten über was?) oder welchem Datenspeicher (Daten wo?) müssen Sie in Sachen Datenschutz besonders aufmerksam sein (mindestens 4)?

Teil E
Anhang

Antworten zu den Repetitionsfragen

1 Seite 38

Bedeutung von Infrastrukturen:

Strate-gisch	Tech-nisch	Finan-ziell	Aspekt
☒	☐	☐	Effizienzsteigerungs- und Automatisierungspotenziale
☐	☐	☒	Beschaffung
☐	☒	☐	Normen und Kompatibilitäten
☐	☒	☐	Funktionen
☒	☐	☐	Alleinstellungsmerkmale gegenüber Mitbewerbern
☐	☐	☒	Abschreibungen
☐	☒	☐	Softwarearchitektur
☐	☒	☐	Datenimport/-export
☐	☐	☒	Investitionsrechnung (positive oder negative Nettobarwerte)
☐	☐	☒	Liquidation der Altanlage
☐	☐	☒	Lebensdauer / Nutzungsdauer der Neuanlage
☒	☐	☐	Flexibilität der Produktionsplanung

2 Seite 39

Phasen des Infrastrukturzyklus:

Beschaffung	Evaluation
Investition	Finanzierung
Liquidation	Entsorgung
Nutzung	Wartung

3 Seite 39

Abschreibung von Infrastrukturkomponenten:

☐	Abschreibungen sind ein finanzieller Aspekt der Nutzungsphase.
☐	Abschreibungen sind im Prinzip «zurückbehaltene» Gewinne während der Laufzeit der Infrastrukturkomponente.
☒	Abschreibungen schmälern den Gewinn und werden als Aufwand verbucht. Gleichzeitig nimmt der Anlagewert im Anlagevermögen zu.
☐	Abschreibungen widerspiegeln die Wertminderung der Infrastrukturkomponente.

4 Seite 39

«Total Cost of Ownership» einer Anlage:

☐	Es handelt sich um die gesamten Beschaffungskosten einer Anlage.
☐	Es handelt sich um alle Kosten, die nach der Beschaffung (Kauf oder Leasing) einer Anlage anfallen, also die Betriebskosten inkl. Abschreibungen.
☐	Es handelt sich um alle Kosten, um in den Besitz (Eigentum) einer Anlage zu gelangen.
☒	Es handelt sich um die «wahren Kosten» einer Anlage. Gemeint sind die Gesamtkosten, also die Kosten für die Beschaffung, Nutzung (während der gesamten Nutzungsdauer) und Entsorgung.

5 Seite 39

Bereiche des Infrastrukturmanagements:

☒	Kaufmännisches Infrastrukturmanagement
☐	Operatives Infrastrukturmanagement
☒	Organisatorisches Infrastrukturmanagement
☐	Strategisches Infrastrukturmanagement
☐	Taktisches Infrastrukturmanagement
☒	Technisches Infrastrukturmanagement

6 Seite 39

A] Schnittstellen:

- Welche Daten werden wo erzeugt?
- Wie werden die Daten zwischen ERP-System und Webshop abgeglichen?
- Wie kann der Datenabgleich sicher realisiert werden?
- Wie aktuell müssen die Daten in beiden Systemen sein?
- In welchen Zeiträumen müssen die Daten abgeglichen werden?
- Wie werden die Daten geändert? Welches System hat die Datenhoheit?

B] Funktionalität:

- Welche Funktionen gibt es bereits im ERP-System?
- Hat das ERP-System auch Webshop-Funktionen?
- Bietet der Hersteller des ERP-Systems auch ein Webshop-Modul an?
- In welchem System werden die Zugriffsberechtigungen erteilt (ERP oder Webshop)?
- In welchem System werden Datenänderungen vorgenommen?

C] Prozesse:

- Wie können Offline- und Online-Abläufe synchronisiert werden?
- Können Beschaffungs- und Produktionsprozesse mit dem Webshop gekoppelt werden?
- Können Lager- und Distributionsprozesse mit dem Webshop gekoppelt werden?
- Welche Geschäftsprozesse müssen wegen des neuen Webshops angepasst werden?
- Was bedeutet das für die Auftragsabwicklung? Welche Aufgaben entfallen, welche kommen neu hinzu?

7 Seite 40

A] Argumente für Fremdfinanzierung:

- Zum Zeitpunkt eines Kaufs entsteht keine grosse finanzielle Belastung.
- Bei einem Abzahlungsvertrag ist eine bessere finanzielle Planung während der Nutzungszeit möglich (Abzahlungsmodus).
- Fremdfinanzierungen werden vom Geldgeber i. d. R. überprüft. Dadurch hat der Käufer eine zusätzliche Kontrolle und Sicherheit vor Fehlinvestitionen.
- Schuldenzinsen können sich steuerlich lohnen.

B] Argumente für Eigenfinanzierung:

- Bei einem Kauf gehen die Eigentumsrechte an den Käufer über. Dieser kann über seine Investition frei verfügen.
- Eigenfinanzierungen sind oft die günstigste Art der Finanzierung, da keine weiteren Finanzierungskosten anfallen.
- Es werden i. d. R. keine Verpflichtungen gegenüber Dritten (Finanzgeber, Verkäufer, Leasinggeber) eingegangen.
- Es können einfacher Preisreduktionen gewährt werden (z. B. Skonto, Rabatte).

C] Argumente für Leasing:

- Finanzielle Mittel werden geschont, weil keine Beschaffungskosten anfallen.
- Das Risiko einer Fehlinvestition kann reduziert werden, weil der Leasinggeber Eigentümer bleibt.
- Eine Anlage kann nach Ablauf der Leasingdauer durch eine neue Anlage ersetzt werden.
- Leasingkosten können als Aufwand in die Erfolgsrechnung eingebucht werden, was den steuerlich relevanten Gewinn reduziert. Allerdings entfallen auch Abschreibungen.

8 Seite 40

Vorteile von Abschreibungen:

- Abschreibungen stellen sicher, dass eine Anlage am Ende der Laufzeit wiederbeschafft werden kann, weil die finanziellen Mittel dafür über die Nutzungsjahre zurückgestellt worden sind.
- Dank der Abschreibungen wird der wahre Wert einer Anlage realitätsnah dargestellt.
- Abschreibungen sind steuerlich interessant.
- Mithilfe von Abschreibungen kann der Gewinn im Rahmen der gesetzlichen Vorschriften angepasst werden.

9 Seite 40

Aspekte der Wirtschaftlichkeit (Kosten-Nutzen-Verhältnis):

Aufwand	Nutzen
- Energieeinsatz - Arbeitseinsatz - Planungsaufwand - Komplexität - Risikoeinsatz - Finanzieller Einsatz - Raumeinsatz - Opportunitätskosten	- Energieeinsparungen - Zeiteinsparungen bei den Aktivitäten - Automatisierung von Abläufen - Reduktion der Komplexität / Fehlerquote - Verminderung des Risikos / bessere Planung - Kosteneinsparungen - Einsparungen beim Raumbedarf

10 Seite 40

A] Grundsätzliche Vorteile eines Insourcings:

1. Die Aufträge können schneller durchgeführt werden, da kein externer Auftrag nötig ist (Prozessdauer wird verkürzt).
2. Das Unternehmen wäre flexibler bei Druckaufträgen, die ausserplanmässig durchlaufen müssten.
3. Die Druckaufträge könnten wirtschaftlicher sein, falls die Anschaffungs- und Betriebskosten über die Nutzungszeit tiefer sind als die Druckaufträge an die externe Druckerei.
4. Das Unternehmen profitiert von einer gleichbleibenden Druckqualität, weil es immer dieselbe Maschine ist, die zum Einsatz kommt.

B] Generelle Nachteile eines Insourcings:

1. Das Know-how für die Bedienung der Maschine muss intern aufgebaut werden.
2. Die Wirtschaftlichkeit der Anlage ist stark abhängig von der Nutzungsdauer und den Betriebs- und Wartungskosten. Dies sind Grössen, die schlecht voraussehbar sind.
3. Informationen drucken gehört nicht zum Kerngeschäft des Labors. Es werden somit intern Arbeiten mit wenig Wertschöpfung verrichtet.
4. Für die Anlage muss ein spezifischer Raum hergerichtet werden (staubfrei, feuchtigkeitsgeregelt, lärmisoliert).

C] Zu berücksichtigende Kostenarten, um die Betriebs- und Wartungskosten zu berechnen und eine fundierte Make-or-Buy-Entscheidung zu treffen:

- Finanzierungskosten (z. B. für Leasing, Zins, Abschreibungen)
- Wartungskosten (z. B. für Wartungsvertrag, Service Level Agreement, Reparaturen)
- Energiekosten (z. B. für Strom, Licht, Heizung, Kühlung, Lüftung)
- Personalkosten (z. B. für Schulung, Löhne)
- Raumkosten (z. B. für Miete, Klima, Überwachung)
- Materialkosten (z. B. Farbpatronen, Papier, Toner, Ersatzteile)

D] Wirtschaftlichkeitsrechnung:

Nationale Kunden: 1- bis 2-mal im Monat ein Druckvolumen von ca. 12 000 Seiten → 1.5-mal pro Monat × 12 000 Seiten = 18 000 Seiten × 12 Monate = 216 000 Seiten pro Jahr

Internationale Kunden: 6- bis 8-mal im Monat ein Druckvolumen von ca. 2 000 Seiten → 7-mal pro Monat × 2 000 Seiten = 14 000 Seiten × 12 Monate = 168 000

Jährliches Gesamtvolumen = 384 000 Seiten

E] Jährliche Gesamtkosten:

Kostenarten	Kosten ohne neue Anlage (in CHF)	Kosten mit neuer Anlage (in CHF)	Gründe
Kosten für Druckaufträge	42 800	87 908	Leasing
Wartungskosten	0	680	Wartungsvertrag
Energiekosten	2 500	4 300	
Personalkosten	65 000	87 000	Mehraufwand
Raumkosten	3 200	4 500	Mehr Platzbedarf
Materialkosten	7 800	9 600	Toner, Papier
Total jährliche Kosten	121 300	193 988	

F] Nutzungsdauer und Leasing:

- Wie lange ist die Nutzungsdauer? 5.21 Jahre
- Wie teuer ist das Leasing pro Jahr? 87 908 CHF

G] Wirtschaftlichkeit eines Insourcings:

$$\frac{50\,000}{193\,988 - 121\,300} = 0.7$$

---

11 Seite 65

Aussagen zu ERP-Systemen:

☐	Bei ERP handelt es sich um eine Groupwarelösung, um die Kommunikation und das kollaborative Arbeiten im Unternehmen zu unterstützen.
☐	Bei ERP handelt es sich um Branchenlösungen für die Unterstützung der Unternehmensprozesse. Lediglich ausgewählte Branchen können ihre Prozesse mit IT unterstützen.
☒	ERP ist eine Unternehmenssoftware, bestehend aus vielen Anwendungen und Datenbanken, die zur Planung und Unterstützung von Geschäftsprozessen eingesetzt werden.
☒	ERP ist ein modulares System, bei dem entschieden werden kann, welche Unternehmensbereiche damit abgedeckt werden sollen.
☐	ERP-Systeme sind Programme, die vorwiegend im Bereich Personaladministration eingesetzt werden.
☐	ERP ist das Betriebssystem des zentralen Servers eines Unternehmens und dient dazu, die wichtigsten Anwendungen zu betreiben.

12 Seite 66   Module und Komponenten von ERP-Systemen:

☐	Netzwerkmanagement
☒	Führungsinformationssystem
☒	Logistik
☒	Lagerverwaltung
☐	CAD-Zeichnungsmodul
☐	Gebäudeautomationsmodul
☒	Lohnbuchhaltung
☒	Personalmanagement
☒	Kundenbeziehungsmanagement (CRM)
☐	Social Media
☐	Tabellenkalkulation (Excel)
☐	Firewall
☐	Passwortmanagement für den Zugang zu den Computern
☒	Vertrieb und Auftragsabwicklung
☒	Beschaffung / Einkauf
☒	Materialbewirtschaftung
☒	Produktionsplanung und -steuerung

13 Seite 66   Wichtige ERP-Module:

Personaladministration
CRM
Buchhaltung
Management-Informationssystem
Produktionsplanung und -steuerung

14 Seite 66   Komponenten von ERP-Systemen und ihre Funktionen:

Komponente	Zuordnung	Funktion
A] CRM	6, 7, 10, 11, 13	1. Personaldaten erfassen
		2. Erfassen von Rechnungen
B] Personalverwaltung	1, 6, 12	3. Erfassen von offenen Forderungen
		4. Mahnwesen
C] Lagerverwaltung	5, 6, 8, 9	5. Bestandsverwaltung des Lagers
		6. Stammdaten pflegen
D] Debitorenbuchhaltung	2, 3, 4, 6	7. Kunden-Profiling vornehmen
		8. Produktcodes erstellen
		9. Lieferscheine schreiben
		10. Sammlung der Kundenkontaktpunkte
		11. Speicherung der Kundenbedürfnisse
		12. Abwicklung von Beförderungen
		13. Organisation von Werbemassnahmen

15 Seite 67 — Vor- und Nachteile der Automatisierung von Geschäftsprozessen:

Berechtigt	Unberechtigt	Befürchtung
☒	☐	Es ist schwer, die richtige ERP-Software aus dem grossen Angebot zu selektieren, weil diese Systeme sehr viel Funktionalität anbieten.
☐	☒	ERP-Systeme haben ein systembedingtes Sicherheitsrisiko, da sie mit dem Internet verbunden sind. Daten können abgezapft werden, wenn die Systeme genutzt werden.
☐	☒	Die Integration der Module bei ERP-Systemen verursachen immer wieder Probleme. Ein sicherer Datenaustausch kann nicht gewährleistet werden.
☐	☒	Unternehmensressourcen werden nicht effizient genutzt.
☐	☒	Die Clientprogramme (Browser) beanspruchen einen grossen Bereich des Arbeitsspeichers, sodass das Arbeiten mit den übrigen Programmen beeinträchtigt ist.
☒	☐	Durch das Arbeiten vieler Mitarbeitender am ERP-System ist die Vertraulichkeit der Geschäftsgeheimnisse nur gewährleistet, wenn abgestufte Zugriffsberechtigungen bestehen.
☒	☐	Die Ausarbeitung der Anforderungen an das ERP-System stellt eine grosse Herausforderung dar, wenn eigene Unternehmensprozesse sich gegenüber denjenigen der Branche unterscheiden.
☐	☒	Es gibt zu wenig Branchenlösungen. In den meisten Fällen muss die Standardsoftware an das eigene Unternehmen angepasst werden, was zu hohen Kosten führt.
☐	☒	Die Nutzungsmodelle der Softwarehersteller sind für kleinere KMUs nicht zweckmässig.
☐	☒	Die Übersicht über die Prozesse und die Einsicht in die Prozessabläufe geht verloren.

16 Seite 67 — Informationsquellen für die Beschaffung eines ERP-Systems:

☒	Ein Benchmarking-Test zeigt beispielsweise, wie innovativ die Anbieter im Vergleich sind.
☒	Es sind besonders zwei Arten von Gartner Reports bekannt, nämlich der Hype-Cycle und die Vollständigkeit / Qualität von Anbietern. Diese Reports sind zweckmässig, um die globalen Produkte kennenzulernen.
☐	Gartner Reports geben Auskunft darüber, welche Nutzer dem System eine hohe Zufriedenheit attestieren.
☒	Aussagekräftige Vergleiche von Anbietern lassen sich nur vornehmen, wenn die genauen Anforderungen vorliegen.

17 Seite 67 — Aufgaben eines CRM-Systems:

☒	Verwaltung der Kundenstammdaten
☒	Schaffung eines Kunden-Profiling / Segmentation-Systems
☐	Versand von Rechnungen an den Kunden
☒	Sammlung der Kundenkontaktpunkte des Unternehmens
☒	Speicherung der Kundenbedürfnisse
☐	Einkauf von bestellten Artikeln für das Lager
☒	Organisation von Marketing- und Werbemassnahmen
☐	Vorratshaltung von Artikeln optimieren

18 Seite 68

Typische Aufgaben eines Client-Betriebssystems:

☐	Ausführen der Unternehmens-ERP-Applikation
☒	Verwaltung der Schnittstelle, die die Maus steuert
☒	Ausführen von Updates des Betriebssystems
☐	Datenspeicherung für das ERP-System
☒	Zuordnung von Arbeitsspeicher für Programme
☒	Zugangsschutz für nicht autorisierte Benutzer
☒	Speichern von Dateien
☒	Programmstarts vornehmen (z. B. Browser)
☐	Verbindung mit der ERP-Datenbank aufbauen
☒	Ausführen von Standardprogrammen
☒	Ausgaben auf den Monitor steuern

19 Seite 68

Drei-Schichten-Architektur:

☐	Die Datenbank ist auch von der dritten Schicht (Präsentation) direkt zu erreichen.
☒	Die Unternehmensapplikation wird i. d. R. auf einem Application Server ausgeführt.
☐	Auf der Präsentationsschicht können keine Eingaben in das System gemacht werden.
☒	Die Präsentation der Daten erfolgt beim Client über einen Browser oder ein ähnliches Client-Programm.
☐	Die Zwei-Schichten-Architektur, bei der die Unternehmensapplikation auf dem Anwender-PC läuft, ist eine Zukunftsvision, die in den nächsten Jahren zunehmend realisiert wird.

20 Seite 68

A] Anforderungen an die ERP-Software:

Modul	Funktion
Rechnungswesen	1. Buchungen ausführen 2. Rechnungsabschlüsse erstellen 3. Zahlungsforderungen bewirtschaften
Materialwesen	1. Lagerbestand abbilden 2. Materialeingänge erfassen 3. Termine von Anlieferungen überwachen
CRM	1. Kundenstammdaten erfassen 2. Kontaktpunkte sammeln 3. Marketingaktionen planen

B] Daten der Module:

Modul Rechnungswesen	Modul Lagerwesen	Modul CRM
Stammdaten von: • Anlagen • Banken • Personen • Firmen Bewegungsdaten der aufgeführten Funktionen	Stammdaten von: • Produktmerkmalen • Warenlagern • Produktstandorten • Lieferanten • Transportunternehmen • Lieferfristen • Technischen Dokumentationen • Büromaterialien Bewegungsdaten der aufgeführten Funktionen	Stammdaten von: • Kunden • Bezügen • Kontaktpersonen • Kontaktpunkten • Produkten Bewegungsdaten der aufgeführten Funktionen

C] Aussagen zur ERP-System-Beschaffung:

Nr.	Aussage	Wahr	Falsch
1	Die aktuell vorgesehenen Module des zu beschaffenden ERP-Systems sind bei allen Anbietern vorhanden, deshalb qualifiziert grundsätzlich jeder Anbieter für die Auswahl. Begründung: Diese Module sind zentral für jedes ERP-System.	☒	☐
2	Die bestehenden Daten sollen wegen des grossen Aufwands nicht ins neue System migriert werden. Dies soll nach Aussage des Buchhalters keine grossen Nachteile ergeben. Begründung: Beispielsweise kann das Materialwesen gar nicht richtig funktionieren, wenn der aktuelle Lagerbestand, die geplanten Ein- und Ausgänge nicht mit realen Zahlen hinterlegt sind.	☐	☒
3	Die Unternehmensleitung hat den Einkäufer der Firma damit beauftragt, die Betreuung des ERP-Systems zu übernehmen. Das ist eine empfehlenswerte Lösung, da er nur zu 80% ausgelastet ist. Begründung: Der Support für das ERP-System kann nur durch Fachpersonal ausgeführt werden.	☐	☒
4	Die Unternehmensleitung hat sich für den Kauf der Software und den Betrieb im eigenen Unternehmen entschieden. Dazu beauftragt sie eine Beratungsfirma, um einen Anbieter vorzuschlagen. Der Verwaltungsrat stuft dies als einen zweckmässigen Beschaffungsvorgang ein. Begründung: Das priorisierte Nutzungsmodell (Kauf, Hosting, Cloud-Lösung) muss zuerst durch die Aufstellung der Anforderungen und von möglichen Lösungen ermittelt werden. Dies kann allerdings auch durch eine Beratungsfirma erfolgen.	☐	☒

21 Seite 96

Merkmale von Hardware:

☒	Zur Leistungsteigerung der Rechenleistung des Computers sind verschiedene Strategien gewählt worden. Die wichtigsten sind eine grosse Taktfrequenz der Prozessoren, Mehrfachprozessoren (Dual- oder Quadcore) und ARM-Architekturen (Advanced RISC Machines).
☒	Alle aktuellen Computer sind nach der Architektur von John von Neumann aufgebaut, d. h., es gibt grundsätzlich nur einen Speicher, der sowohl das Programm wie auch die Daten speichert.
☐	Der Prozessor rechnet im Dezimalsystem. Dazu wird jedem Zahlenwert einer Ziffer eine elektrische Spannung zugeordnet (0 V = Zahl 0, 0.1 V = Zahl 1, …, 1 V = Zahl 10).
☒	Hardwarevirtualisierung heisst, dass ein Betriebssystem virtuelle statt reale Hardware nutzt. Dies steigert die Flexibilität bei der Nutzung von Ressourcen und kann die Verfügbarkeit erhöhen.

22 Seite 97

Funktionen der Hardwarekomponenten:

Komponente	Zuordnung
Arbeitsspeicher	7, 9, 11
Festspeicher	2, 3, 6, 8, 12
Prozessor	1, 4, 5, 10

Funktion	
1. Führt das Programm aus	2. Programm- und Datenlager
3. Kapazität kann extern erhöht werden	4. Enthält einen Mikrocode
5. Kann logische Entscheide fällen	6. Oft mechanisch aufgebaut
7. Da befinden sich die aktuell ausgeführten Programme	8. Befindet sich oft auch ausserhalb der Computers
9. Verliert die Daten beim Ausschalten	10. Ist verantwortlich für die Leistungsfähigkeit
11. Kann Daten bis ca. 20 GByte enthalten	12. Grosse Speicherkapazität (TByte)

23 Seite 97   Einsatz der Schnittstellen:

Anschlussaufgabe	USB	DVI	VGA	HDMI	Thunderbolt	Klinken	Netzwerk (RJ-45)	WLAN	Bluetooth
Monitor an den PC	☐	☒	☒	☒	☒	☐	☐	☐	☐
Monitor an den Mac	☐	☒	☐	☒	☒	☐	☐	☐	☐
Internetverbindung	☐	☐	☐	☐	☐	☐	☒	☐	☐
Funkmaus	☐	☐	☐	☐	☐	☐	☐	☐	☒
Externe HDD	☒	☐	☐	☐	☒	☐	☐	☐	☐
Memorystick	☒	☐	☐	☐	☐	☐	☐	☐	☐
Headset	☐	☐	☐	☐	☐	☒	☐	☐	☒
Lautsprecher (schnurlos)	☐	☐	☐	☐	☐	☐	☐	☐	☒
E-Reader	☒	☐	☐	☐	☐	☐	☐	☐	☐
Smartphone	☒	☐	☐	☐	☐	☐	☐	☐	☐
Tastatur	☒	☐	☐	☐	☐	☐	☐	☐	☒

24 Seite 97   Leistungsparameter von PC-Komponenten:

Komponente	Leistungsdaten			
Netzwerkkarte	1 Mbit/s	10 Mbit/s	100 Mbit/s	1 000 Mbit/s
Mikroprozessor	0.5–1 GHz	1–2.5 GHz	2.5–4 GHz	4–6.5 GHz
HDD	20 GByte	50 GByte	0.1–2 TByte	2–5 TByte
RAM	1 GByte	2–4 GByte	4–8 GByte	>8 GByte
Monitor	16"	24"	30"	45"
	☐	☒	☐	☐

25 Seite 98   Vorteile und Nachteile der SSD gegenüber einer HDD:

☐	SSD sind grösser als HDD.
☒	SSD sind teurer als HDD.
☐	HDD sind unempfindlich gegenüber Schlägen.
☐	HDD haben eine geringere Leistung.
☐	HDD sind geräuschlos.
☒	SSD sind ca. 5-mal schneller als HDD.
☐	SSD haben mehr Sektoren und Spuren als HDD.
☐	Bei HDDs können gelöschte Dateien nicht mehr wiederhergestellt werden.

26 Seite 98

A] Optimierung der Drucker-Kopierer-Infrastruktur:

Gerätetyp	Standort	Benutzer	Begründung
Netzwerkdrucker / Kopierer / Scanner	Gang	Alle	Niemand muss Druckdienste / Scannen intensiv nutzen
Arbeitsplatzdrucker	Sekretariat	Direktion Sekretariat	Vertraulichkeit
Multifunktionsgerät	Personalbüro	Hanna Meier	Vertraulichkeit, Scannen von Dokumenten

B] Mitarbeiterinformation:

Argument 1	Der neue Netzwerkdrucker / Kopierer / Scanner ist leistungsfähiger und verfügt über mehr Funktionen.
Argument 2	Der Support wird von einer Person übernommen und muss nicht mehr selbst gemacht werden.

C] Bereinigung der IT-Infrastruktur:

Bevorzugte Variante:

Gerätetyp	Variante 1: alle Geräte inhouse	Variante 2: Servervirtualisierung	Variante 3: Web- und Mailserve-Hosting	Variante 4: SaaS (Cloud Computing)
Desktop-Computer	11	11	11	11
Drucker	3	3	3	3
Scanner	2 (total)	2	2	2
Fileserver	1	1 Gerät	1	0
Applikationsserver	1		1	0
Datenbankserver	1		1	0
Mailserver		1 Gerät	0	0
Webserver			0	0
Backupserver		Ebenfalls virtuell	1	0
Bevorzugte Variante	☐	☒	☐	☐

Vorteile der bevorzugten Variante:

Vorteil 1	Die kostengünstigste Variante ist die Virtualisierung, bei der aber zusätzlich der Web- und der Mailserver extern gehostet werden könnten. (Diese können nicht auf der gleichen Hardware wie der Applikationsserver betrieben werden, da diese sich in der demilitarisierten Zone befinden müssen.)
Vorteil 2	Virtualisierung spart Platz und spart Energie, bietet auch den Vorteil in Bezug auf Flexibilität und hoher Verfügbarkeit. Mit Cloud Computing hat das Unternehmen noch keine Erfahrung.

D] Vorschläge zuhanden der Geschäftsleitung:

Sofortmassnahmen:

Massnahme 1	Bessere Organisation des Supports
Massnahme 2	Erstellung von Benutzerhandbüchern

Längerfristige Massnahmen:

Massnahme 1	Einheitliche Hardwareinfrastruktur
Massnahme 2	Ermittlung der Ursachen im Zusammenhang mit den Fehlbedienungen des ERP-Systems und Umsetzung der Resultate

27 Seite 127   Gründe für den Zusammenschluss von IT-Systemen im Unternehmen:

☐	Computer müssen mit zusätzlichen Netzwerkadaptern ausgerüstet werden, damit sie ans Unternehmensnetzwerk angeschlossen werden können.
☒	Informationen des Unternehmens stehen den Netzwerkteilnehmern zur Verfügung.
☒	Der Zusammenschluss ermöglicht die Kommunikation der Teilnehmer untereinander über Dienste wie E-Mail, Messengers, Videokonferenzen.
☐	Beim Zusammenschluss ergibt sich die Problematik, dass die Teilnehmer Zugang erhalten zu vertraulichen Daten der Unternehmensleitung und der Personaladministration.
☒	Der Zusammenschluss ermöglicht, dass Services bei Systemstörungen unterbrechungsfrei auf andere Server verlagert werden können.
☒	Ressourcen wie Drucker, Serverdienste, Speicher können gemeinsam genutzt werden.

28 Seite 127   Räumliche Ausdehnung von Netzwerken:

Übertragungssystem	Zuordnung
Internet	E
WLAN	B
Unternehmensnetzwerk (Ethernet)	B
NFC	A
Mobilfunknetz	G
Bluetooth	A
Metro-Ethernet	C
USB	A

Netzwerktyp
A: PAN
B: LAN
C: MAN
D: WAN
E: GAN

29 Seite 127   Netzwerkarchitekturen:

☐	Bei der Drei-Schichten-Architektur wird die Unternehmensapplikation auf den Client-Computern ausgeführt und die Daten auf einer unternehmensweiten Datenbank abgelegt.
☐	Peer-to-Peer-Netzwerke eignen sich für grosse Unternehmen.
☐	Im Gegensatz zu Peer-to-Peer-Netzwerken sind Client-Server-Netzwerke schnell eingerichtet und kostengünstig.
☒	Beim Client-Server-Netzwerk werden die Ressourcen zentral verwaltet und als Dienste den Arbeitsstationen zur Verfügung gestellt.
☐	Client-Server-Netzwerke sind die Voraussetzung für E-Mail und Social Media.
☒	Client-Server-Netzwerke können als Zwei-Schichten- oder Drei-Schichten-Architekturen aufgebaut werden.
☐	Die Netzwerkarchitektur ist bestimmt durch das Betriebssystem des Domänencontrollers.
☒	Im Peer-to-Peer-Netzwerk sind die Computer gleichberechtigt und können sich gegenseitig Dienste anbieten.
☐	Die Zahl der Server im Client-Server-Netzwerk ist begrenzt.

30 Seite 128   Netzwerkgeschwindigkeiten:

☐	WLAN bietet eine grosse räumliche Abdeckung. Mit einem Access Point kann ein mittelgrosses Unternehmen verbunden werden.
☐	Teilweise verfügen Netzwerkadapter der älteren Geräte nur über eine maximale Übertragungsgeschwindigkeit von 100 Mbit/s statt 1 Gbit/s. Deshalb wird das LAN einheitlich auf 100 Mbit/s Geschwindigkeit ausgelegt.
☒	Die wichtigsten Verbindungen (Gebäudebackbone mit den Verbindungen zwischen den Stockwerken und die Server untereinander) sollten eine grosse Leistungsfähigkeit aufweisen, z. B. 1 Gbit/s, besser 10 Gbit/s.
☒	Für die Verbindungen zu den Arbeitsplatzcomputern sind Verbindungen von 1 Gbit/s vorgesehen, da dies mit preiswerten Kupferleitungen (TP-Kabel) realisiert werden kann.

31 Seite 128   Anschluss des LAN ans Internet:

☒	Der Einsatz der Internettelefonie stellt an die Verfügbarkeit der Internetverbindung besonderes Ansprüche. Bei einem Ausfall muss eine Fallback-Verbindung vorhanden sein, um den ununterbrochenen Betrieb des Telefons zu gewährleisten (z. B. für Alarmauslösungen).
☐	Werden Services aus der Cloud bezogen, so spielen die Verfügbarkeit und die Übertragungsgeschwindigkeit eine untergeordnete Rolle.
☒	Wichtig ist eine kleine Latenzzeit (max. zeitliche Verzögerung, z. B. 100 ms), da beim Arbeiten im Browser jedes Mal störende Wartezeiten für Antworten entstehen.
☐	Für leistungsfähigere Anbindungen werden verdrillte Kupferkabel (TP-Kabel) eingesetzt anstelle von Lichtleitern (Fibre).
☐	Für den privaten Bereich werden vom Internetprovider technische Leistungsdaten meist als «best effort» ausgewiesen. Dies ist auch eine gute Basis für Serviceverträge im Businessbereich.
☐	Die Übertragungsgeschwindigkeit für den Upload ist oft ca. 1/4 der Geschwindigkeit für den Download (z. B. Download 50 Mbit/s, Upload 12 Mbit/s). Dies ist v. a. zweckmässig, wenn das Unternehmen einen eigenen Webserver inhouse betreibt.

32 Seite 128   Aufgaben von Netzwerkkomponenten:

Netzwerk-komponente	Aufgaben-zuordnung
Switch	D, I
Kabelmodem	J
Router	B, C, E
Access Point	A, H
Firewall	G
Backbone	F

Aufgabe	
A	Verbindet das WLAN mit dem LAN
B	Verbindet verschiedene Netze miteinander
C	Verbindet anhand der IP-Adresse
D	Verbindet anhand der MAC-Adresse
E	Leitet die Datenpakete oft auf dem kürzesten Weg zum Ziel
F	Hochgeschwindigkeitsnetz als Kern eines Netzwerks
G	Schützt Netzwerke gegen unerwünschte Zugriffe
H	Sendet Funksignale aus
I	Verbindet die Teilnehmer innerhalb eines Netzes

33 Seite 129   A] Systemkomponenten und organisatorische Massnahmen:

Funktion	Zu beschaffende Komponente (K) oder organisatorische Massnahme (O)	K oder O?
Software	Aufgrund der Anforderungen neue Software beschaffen	☒ K ☐ O
Serverhardware mit Betriebssystem	Nutzungsmodell ausarbeiten (Inhouse oder Outsourcing). Je nach Resultat Hardware beschaffen oder Serviceverträge abschliessen	☒ K ☒ O
Netzwerkinfrastruktur inkl. WLAN	Neuverkabelung der Leitungen für das Unternehmensnetzwerk	☒ K ☐ O
Mobile Endgeräte für die Chauffeure	Beschaffung von Tablets für die Chauffeure	☒ K ☐ O
Wartung Netzwerk	Support organisieren oder Servicevertrag abschliessen	☐ K ☒ O
Verbindung der Mitarbeitenden mit dem ERP über das Internet	Mobilfunkabonnemente für die Chauffeure	☐ K ☒ O
Sicherheitskomponenten	Handhabungsvereinbarung mit den Chauffeuren ausarbeiten und in Kraft setzen	☐ K ☒ O
Übernahme Stammdaten, Anpassung	Konzept ausarbeiten und Durchführung organisieren	☐ K ☒ O
Einführung, Schulung	Erstellung von Funktionsunterlagen, Aufbau Schulungskonzept, Durchführung der Schulung	☐ K ☒ O
Support, Wartung	Wartungs- und Supportverträge abschliessen	☐ K ☒ O

B] Anforderungsspezifikation:

Bereich	Anforderung	Leistungsgrösse
Verkabelung	1. Leistungsfähigkeit für den Anschluss der Clients und Server ermitteln	Kabeltypen Geschwindigkeiten
	2. Geeignete Standorte für die beiden Accesspoints auswählen	Ausreichende Feldstärke an Orten der WLAN-Nutzung
Vertraulichkeit im LAN	1. VLANs einrichten	Anzahl und Zuordnung Geräte, WLANs
	2. Zugangsschutz für Räume mit LAN-Anschluss prüfen	Türsicherungen, Schlüsselverteilung (Serverräume), Zugangsberechtigungen
Internetanbindung	1. Geschwindigkeit und Verfügbarkeit an die externe Nutzung anpassen, evtl. Zweitanbindung aufbauen	50 Mbit/s, max. 30 Minuten Ausfallzeit
	2. Angebote in Kombination mit dem Web-, Mailserver und Abos für die Mobilfunkgeräte vergleichen	Preis, Supportlevel, Einrichtungsaufwand
Variante 1: Server inhouse	1. Module, Anforderung an die Plattform und an die Datenbank, Beschaffungs- und Betriebskonzept	Liste der Module mit Funktionsvorgaben, Schnittstelle zur Datenbank
	2. Server evaluieren	Anzahl und Art der Server, Grösse RAM und HDD, RAID- und Backupsystem

Bereich	Anforderung	Leistungsgrösse
Variante 2: Server als SaaS aus der Cloud	1. Module, Funktionen, Anforderungen an die Verfügbarkeit und Sicherheit	Liste der funktionalen und nichtfunktionalen Anforderungen
	2. SaaS evaluieren	Aufwand für Serviceintegration und Datenimport
Verbindung der Mitarbeitenden mit dem ERP über das Internet	1. ERP-Anbieter muss über entsprechendes App verfügen	Funktionsumfang
	2. Sicherheit gewährleisten	Datenverschlüsselung, Access Management

34 Seite 156

Liquiditätsschonende Beschaffungsmodelle:

☐	Infrastructure as a Service (IaaS)
☒	Kauf mit Abzahlungsvertrag
☐	Kauf mit Barzahlung
☒	Leasing
☒	Miete

35 Seite 157

Anforderungen an die Leistungsfähigkeit des Netzwerks:

☐	Netzwerkabschnitt zwischen internem Arbeitsplatz und Router des Providers (Downstream)
☐	Netzwerkabschnitt zwischen internem Arbeitsplatz und Router des Providers (Upstream)
☐	Netzwerkabschnitt zwischen WAN des Providers des Internetbesuchers und Router (Downstream)
☐	Netzwerkabschnitt zwischen WAN des Providers des Internetbesuchers und Router (Upstream)
☐	Netzwerkabschnitt zwischen WAN des Providers und GAN des Carriers (Downstream)
☐	Netzwerkabschnitt zwischen WAN des Providers und GAN des Carriers (Upstream)
☐	Netzwerkabschnitt zwischen Router des Providers und seinem WAN (Downstream)
☒	Netzwerkabschnitt zwischen Router des Providers und seinem WAN (Upstream)

36 Seite 157

SLA-Inhalte:

☒	Ausstiegs- bzw. Rücktrittsklauseln, Gültigkeit und Vertragsdauer
☒	Beschreibung der Ausgangslage
☐	Bonussystem bei erfolgreichem Abschluss des Projekts
☒	Eskalationsmechanismen und zuständige Personen
☐	Meilensteinplanung
☐	Profile der beteiligten Mitarbeitenden mit Lebenslauf
☐	Projektorganisation (Projektleiter, Beirat, Projektsponsor)
☒	Reaktionszeiten und weitere Zielgrössen

37 Seite 157

Gefahren in Betriebsräumen:

I	MM	M	Gefahren
☒	☒	☐	Bakterielle Verunreinigung
☐	☒	☐	Fehlbedienung
☐	☒	☐	Hohe Bewegungsenergie
☐	☒	☒	Lärm
☐	☒	☒	Ungeeignete oder gefährliche Lichtverhältnisse
☐	☒	☐	Vergiftung
☒	☐	☐	Vibrationen, leichte Erschütterungen

38 Seite 158

Favorisiertes Nutzungsmodell:

HT	HS	CC	Situation
☐	☒	☐	Ein Unternehmen besitzt eigene IT-Infrastruktur, die sie bis zum Ende der Laufzeit, d. h. noch mindestens 5 Jahre lang nutzen möchte.
☒	☐	☐	Ein Unternehmen hat eine Geschäftsapplikation entwickelt, die es für spezifische Kernprozesse gewinnbringend einsetzt. Die Kosten für die eigene IT-Organisation sollen stark reduziert werden.
☐	☒	☐	Ein Unternehmen mit eigenständiger IT-Infrastruktur hat auf einen Schlag alle IT-Systembetreuer an die Konkurrenz verloren.
☐	☐	☒	Ein Start-up-Unternehmen aus der Gastronomiebranche braucht ein ERP-System.
☒	☐	☐	Ein Unternehmen möchte seine gesamte Informatik auslagern. Trotz intensiver Suche hat es keine geeignete Servicelösung gefunden.

39 Seite 158

Die Sourcing-Strategie ist die grundsätzliche Haltung eines Unternehmens in Bezug auf Beschaffung und Verhalten gegenüber Lieferanten. Mitarbeitende aus Einkauf oder in Evaluationsprojekten müssen sich an die Sourcing-Strategie halten bei ihren Entscheidungen. Sie leitet sich aus der Unternehmensstrategie ab.

40 Seite 158

Chancen und Risiken bei Make-or-Buy-Entscheidungen:

Chancen	Risiken
• Minimierung der Betriebskosten • Konzentration auf das Kerngeschäft • Entlastung des Managements • Erhöhung der Skalierbarkeit • Flexibilisierung der Betriebskosten • Erhöhung der Output- oder Realisierungsgeschwindigkeit	• Erhöhung der Abhängigkeit zu Lieferanten • Verringerung der Flexibilität wegen langfristiger Verträge oder fehlenden Know-hows • Kostensteigerung (je nach Vertragsbedingungen) • Nicht optimale Leistungen (mangelnde Qualität der Leistungen des Lieferanten) • Schwierige Partnerbeziehung • Unzureichende Haftung, Zuverlässigkeit des Dienstleisters • Know-how-Verlust

41 Seite 158

Beim Hosting werden die vereinbarten Leistungen des Dienstleisters individuell vereinbart. Das technische Verbindungselement zwischen Hosting-Dienstleister und Kunde ist eine Mietleitung oder das Internet.

Im Gegensatz zum Hosting sind Cloud Services standardisiert. Es sind Dienstleistungsangebote, die über das Internet bezogen werden können.

42	Seite 158	Die Standarddienstleistung IaaS beschränkt sich auf die Nutzung von Hardware in einem Datacenter des Cloud-Anbieters, das meistens über das Internet an das eigene Netzwerk des Kunden angeschlossen ist. Die Verwaltung von Betriebssystemen und Softwareapplikationen ist Sache des Kunden.

Die Standarddienstleistung PaaS umfasst die Infrastruktur und die Betreuung der Betriebssysteme in einem Datacenter des Cloud-Anbieters, das meistens über das Internet an das eigene Netzwerk des Kunden angeschlossen ist. Die Verwaltung von Softwareapplikationen ist Sache des Kunden.

Die Standarddienstleistung SaaS umfasst die Infrastruktur, die Betreuung der Betriebssysteme und der Softwareapplikationen in einem Datacenter des Cloud-Anbieters, das meistens über das Internet an das eigene Netzwerk des Kunden angeschlossen ist. Die gesamte Verwaltung von Hard- und Software ist Sache des Dienstleisters. |
| 43 | Seite 158 | Service Level Agreement (SLA) ist eine schriftliche Vereinbarung zwischen Erbringer (Provider) und Bezüger (Kunde) von IT-Services. Es gibt sowohl interne als auch externe SLA für solche Dienstleistungen.

Ein SLA muss alle wichtigen Informationen über die vereinbarten Dienstleistungen enthalten. Dazu gehören Servicebeschreibung, Serviceparameter, Servicegrenzen, Service Pricing, Mitwirkungspflichten, Contracting, Serviceziele und Metriken, Mess- und Reportingverfahren, Review- und Eskalationsverfahren. |
44	Seite 158	Beim Housing gehört die Infrastruktur dem Kunden. Sie wird zwar fremdverwaltet, aber das Eigentum der Hardware liegt beim Kunden. Bei Cloud-Diensten liegt der Besitz der genutzten Hardware und Software beim Anbieter.
45	Seite 158	Die Inhalte der Webseiten müssen vom Kunden selbst erstellt und gepflegt werden. Dies geschieht meist über ein Content Management System (CMS). Damit kann der Kunde jederzeit und überall auf seine Webseiten zugreifen und deren Inhalte aktualisieren.
46	Seite 158	Es gibt Daten, die alle 3 Cloud-Anbieter brauchen wie z. B. Kunden- oder Produktdaten. Deshalb müssen solche Daten in allen 3 Systemen permanent abgeglichen werden. Weiter muss sichergestellt sein, dass jede Datenänderung in einem System in den beiden anderen Systemen sofort nachvollzogen wird. Zudem muss gewährleistet sein, dass es keine «überlappenden Funktionen» gibt, die sich gegenseitig ungewollt beeinflussen. Ansonsten muss geregelt sein, dass die «richtigen» Mitarbeitenden die «richtige» Funktion im «richtigen» System ausführen.
47	Seite 159	Der Quality of Service (QoS) einer Netzwerkverbindung wird durch den Internetprovider oder Global Network Carrier gewährleistet und kann z. B. durch folgende Parameter geregelt werden:

- Garantierte Bandbreite
- Art und Durchsatz der Datenleitung
- Garantierter Online-Zugang
- Garantierte Upload-Geschwindigkeit
- Garantierte Download-Geschwindigkeit |
| 48 | Seite 159 | 1. Das CRM-System ist heute noch ein separates Informatiksystem. Weil Kundendaten sowohl im ERP-System wie auch im CRM-System vorkommen, müsste eine Datenreplikation (Datenabgleich) gewährleistet sein. Eine andere Variante wäre, das alte CRM-System der jeweiligen Firma durch die Funktionalität des neuen ERP-Systems abzudecken.
2. 712 KB = 712 000 Bytes
712 000 Bytes × 8 = 5 696 000 bits
5 696 000 bits × 10 (Mitarbeitende) = 56 960 000 = 56 Mbit/s (in beide Richtungen Up- und Download) |

3. Unterbrechungsfreie Stromversorgung, Datensicherung auf externen Datenspeicher.
4. Organisatorische Massnahme: SLA mit Konventionalstrafen mit den beteiligten Providern vereinbaren (Cloud-Anbieter und Internet Service Provider).
Technische Massnahme: Jeweils einen zweiten Internetzugang als Backuplösung mieten.

49 Seite 185

Aussagen über K. o.-Kriterien:

☐	K. o.-Kriterien müssen ausführlich beachtet werden.
☐	K. o.-Kriterien müssen zwingend vom Auftraggeber verabschiedet werden.
☒	K. o.-Kriterien müssen unbedingt erfüllt werden.
☐	K. o.-Kriterien unterliegen einer 5-jährigen Garantiefrist.
☐	Die Projektgruppe bewertet die K. o.-Kriterien.

50 Seite 185

Filter für die Selektion von Angeboten:

☐	Eingangsfilter, Zwischenfilter, Feinfilter
☒	Vorfilter, Grobfilter, Feinfilter
☐	Eingangsfilter, Hauptfilter, Schlussfilter
☐	Netzfilter, Hauptfilter, Feinfilter
☐	Projektfilter, Hauptfilter, Nachfilter

51 Seite 185

Spalten Bewertungstabelle:

☐	System, relativer Wert, absoluter Wert, minimaler Nutzwert, Nutzwert pro Angebot
☐	Klassenwert, minimaler Wert, relativer Wert, Totalwert pro Angebot
☒	Kriterien, absoluter Wert, maximale Punkte, maximaler Nutzwert, Nutzwert pro Angebot
☐	Kriterien, totaler Wert, maximale Punkte, maximaler Nutzwert, Nutzwert pro Angebot
☐	Aufgaben, minimaler Wert, absoluter Wert, Totalwert pro Angebot

52 Seite 186

Inhalte eines Pflichtenhefts:

☐	Soll-Zustand, Ist-Zustand, Grobkriterien, Mengengerüst, Budget, Anbieterinformationen
☐	Ist-Zustand, Ziele, Risiken, Budget, Offertvorgaben, Anbieterinformationen
☐	Anbieterinformationen, Soll-Zustand, Ziele, Systembeschreibung, Kosten, Anbieterinformationen
☐	Kriterien, Soll-Zustand, Budget, Garantieanforderungen, Anbieterinformationen, Systemangebot
☒	Ist-Zustand, Soll-Zustand, Auswahlkriterien, Mengengerüst, Offertvorgaben, Anbieterinformationen

53 Seite 186

Schritte der Datenmigration:

☐	Datenmodellierung, Data Collection, Datennormalisierung, Datenanalyse
☐	Datenanalyse, Data Redesign, Data Cleaning, Data Loading
☐	Data Extraction, Data Upload, Data Migration Testing, Data Redesign, Data Integration
☒	Data Collection, Data Extraction, Data Cleaning and Transformation, Data Loading, Data Migration Testing
☐	Data Checkout, Data Extraction, Data Cleaning and Transformation, Data Loading, Data Migration Checkin

54 Seite 186 — Einführungsstrategien und Vorteile:

Strategie	Vorteil
Big-Bang-Einführung	• Einmaliger Aufwand • Klar definierter Projektendtermin • Lösung per Stichtag
Parallele Einführung	• Tiefere Einführungsrisiken • Einführung parallel zum Daily Business
Stufenweise Einführung	• Tiefere Einführungsrisiken • Komplexe Vorhaben können schrittweise eingeführt werden, daher tieferes Risiko

55 Seite 186 — Aufgaben (Testarten):

- Erstellung des Fachkonzepts (Review)
- Erstellung des DV-Konzepts (Review)
- Realisierung (Integrationstest)
- Testphase (System-, Abnahmetest)
- Einführung (Live Tests)

56 Seite 186 — Gründe für Nachforderungen:

- Unvollständige Spezifikation, bedingt durch hohe Komplexität
- Unklare Vereinbarungen, verursacht durch Widersprüchlichkeiten
- Lange Vertragslaufzeiten, verursacht durch geschäftliche oder wirtschaftliche Veränderungen
- Unvorhergesehene Probleme, verursacht durch menschliche, organisatorische oder technische Fehler

57 Seite 186 — Kritische Punkte im SLA:

- Leistungsbeschreibung
- Autorisierungsstelle
- Lieferzeit

58 Seite 186 — Wichtigste SLA-Aspekte und Beispiele:

Geschäftsbeziehung im juristischen Sinne	• Vertragsgegenstand • Beginn, Dauer, Kündigungsfrist, Übergangsregelungen • Vergütungen und Fälligkeiten • Haftung und Strafen, Malus-Regelungen • Mitwirkungspflichten
Konkrete Beschreibung der Services	• Abrufbare Service Requests • Informationen zum Servicebezug
Beschreibung der Service-Level-Ziele	• Supportplattform • Serviceerbringungsorte • Supportsprachen • Verfügbarkeiten
Definition der Verantwortlichkeiten und der Zusammenarbeit	• Definition der erforderlichen Rollen und Ergebnisse aufseiten des Providers für den normalen Betrieb und bei Störungen

59 Seite 187

Für die Auswahl eines Informatikangebots bildet das **Pflichtenheft** die Grundlage. Im Rahmen der Erarbeitung müssen gleichzeitig die **Bewertungsdokumente** erstellt werden. Diese enthalten die Bewertungstabelle mit den gewichteten Anforderungen und den **K. o.-Kriterien**. Für die Ausschreibungen der öffentlichen Hand bestehen erhöhte Anforderungen, die in einem klar **definierten Vergabeverfahren** geregelt sind. Um die Erfüllung der Aufgaben und Services im Aufbau und Betrieb sicherzustellen, werden entsprechende **Verträge** zwischen den betroffenen Parteien ausgearbeitet. In diesem dynamischen Umfeld ergeben sich immer wieder verschieden grosse Änderungen, die im **Claim Management** bearbeitet werden mit dem Ziel, mögliche Nachforderungen zu erkennen. Um jederzeit eine umfassende Qualitätssicherung zu gewährleisten, wird ein **IT-Qualitätssystem** geschaffen. Um eine Ablösung eines Systems durchzuführen, wird eine **Migration** durchgeführt, diese stellt u. a. die Überführung bestehender Programme und Daten sowie der Benutzerschnittstellen sicher. Damit Sie eine sichere Einführung der Lösung sicherstellen können, können Sie eine **Big-Bang-** oder eine **Step-by-Step**-Lösung verwenden.

60 Seite 187

A] Bestehende Lösung: Probleme orten:

	Gründe für die Ablösung der bestehenden ERP-Lösung
Grund 1:	Hersteller existiert nicht mehr – keine Weiterentwicklung.
Grund 2:	Lieferant hat nur einen Mitarbeiter, der Bescheid weiss – bei Ausfall kein Support mehr vorhanden.
Grund 3:	DB2 Database Engine wird nicht mehr weiterentwickelt / veraltet, Performance-Problem kann nicht behoben werden.
Grund 4:	Datenbank weist Probleme mit aktuellem System (Windows Server 2016) auf, künftige Funktion auf aktuellen Anlagen gefährdet.
Grund 5:	Zu wenig offen / «keine» Schnittstellen / Auswertungen müssen aufwendig von Hand in Excel erstellt werden. Weitere: Kein PPS integriert / anschliessbar, Logistik auf ein einziges Lager beschränkt.

B] Anforderungen an die neue ERP-Software:

	Abteilung	Erwartete Anforderungen (1 pro Abteilung)
Abteilung 1:	AVOR / PPS Rezeptur	Schnittstellen zu AVOR / PPS AVOR / PPS Integration in ERP
Abteilung 2:	Erstellung Milchprodukte, Käse, Convenience-Food	Prozesse in ERP abbilden
Abteilung 3:	Finanzen (Services)	Schnittstellen zur Rechnungswesensoftware
Abteilung 4:	Beschaffung / Lager (Services)	Logistik, Beschaffungs- und Lager-Workflow
Abteilung 5:	Unternehmens-entwicklung (Services)	Auswertungsmöglichkeiten, evtl. Controlling

61 Seite 210

Sicherheitsmassnahmen:

	Massnahme	Technisch	Organisatorisch
1	Bauliche Massnahmen	☒	☐
2	Berechtigungen für den Datenzugriff festlegen	☐	☒
3	Datensicherungskonzept erstellen	☐	☒
4	Firewall und Virenschutz auf den Geräten einrichten	☒	☐
5	Informationsbulletin über Gefahren erstellen und regelmässig intern verbreiten	☐	☒

	Massnahme	Technisch	Organisatorisch
6	Reglement für die Nutzung der Infrastruktur inkl. Internet erstellen	☐	☒
7	Verantwortlichkeiten für die Regelung von Zugriffen definieren	☐	☒
8	Verschlüsselungssoftware installieren	☒	☐

62 Seite 210   Massnahmen und Sicherheitsziele:

	Massnahme	Vertraulichkeit	Integrität	Verfügbarkeit	Verbindlichkeit
1	Bauliche Massnahmen, um die Server zu schützen	(☒)	☐	☒	☐
2	Berechtigungen für den Datenzugriff	☒	☐	☐	☐
3	Datensicherung	☐	☐	☒	☐
4	Checksummenberechnungen in Datenständen zur Kontrolle	☐	☒	☐	☐
5	Reglement für den Datenschutz erstellen und bekannt geben	☐	(☒)	☐	☒

63 Seite 211   DMZ und Firewall:

	Aussage	Korrekt
1	Bei einer DMZ wird der gesamte Datenverkehr auf Viren und Würmer untersucht. Immer wenn ein Virus oder Wurm vorhanden ist, blockt die DMZ diese Viren und Würmer ab. Deshalb muss man den Virenscanner in der DMZ möglichst oft upgraden (erneuern).	☐
2	Um den sicheren Betrieb des Web- und des Mailservers zu garantieren, müssen die Server sowohl intern (Unternehmen) als auch extern (vom Internet her) erreichbar sein und in beiden Richtungen durch eine Firewall geschützt werden.	☒
3	Mit einer DMZ werden die zentralen Dienste des Betriebssystems gesteuert und ein- und ausgeschaltet. Dadurch werden z. B. der FTP-Dienst, der IMAP-Dienst oder der POP3-Dienst auf dem Gerät ausgeschaltet. Dadurch kann der Eindringling diese nicht mehr ausführen.	☐

64 Seite 211   Sicherheit beim Web- und Mailverkehr:

☐	Firewalls mit Router ein.
☐	einen speziellen Server ein.
☐	ein eigenes Netzwerk ein.
☒	eine DMZ ein.
☐	einen Gateway ein.

65 Seite 211   Sicherheitsziele:

☐	Identifikation, Registration, Verfügbarkeit, Verbindlichkeit
☒	Verfügbarkeit, Integrität, Vertraulichkeit, Authentizität, Verbindlichkeit
☐	Anmeldung, Vertraulichkeit, Verbindlichkeit, Verfügbarkeit, Integrität
☐	Verbindlichkeit, Log-in, Vertraulichkeit, Integrität, Verfügbarkeit
☐	Integrität, Verbindlichkeit, Registration, Authentizität, Vertraulichkeit

66 Seite 211 — Sicherheitspolitik (Aspekte der taktischen Ebene):

☐	Definierte Instanzen verwenden
☐	Prozessanalyse durchführen und dokumentieren
☒	IT-Grundschutz anwenden
☐	IT-Sicherheitsnormen
☒	Risikoanalyse

67 Seite 211 — Schritte der Risikoanalyse:

☐	Bedrohungen analysieren, Verletzbarkeit ermitteln, Risiken ermitteln, Schaden pro Ereignis feststellen, Eintrittswahrscheinlichkeit ermitteln.
☐	Bedrohungen ermitteln, Verletzbarkeit ermitteln, Risiken ermitteln, Schadenanalyse erstellen, Eintrittswahrscheinlichkeit ermitteln.
☒	Bedrohungen ermitteln, Verletzbarkeit ermitteln, Risiken ermitteln, Schaden pro Ereignis feststellen, Eintrittswahrscheinlichkeit ermitteln.
☐	Verletzbarkeit ermitteln, Risikoanalyse erstellen, Schaden pro Ereignis feststellen, Eintrittswahrscheinlichkeit ermitteln.
☐	Schaden pro Ereignis erstellen, Verletzbarkeit ermitteln, Risiken ermitteln, Aufwand pro Ereignis feststellen, Eintrittswahrscheinlichkeit ermitteln.

68 Seite 212 — Verfahren bzw. Techniken für eine sichere Datenübertragung:

☒	Tunneling und VPN
☐	Verschlüsselung mit SSL
☒	Verschlüsselung mit WPA
☐	Feste Verbindung
☐	Callback

69 Seite 212 — IT-Sicherheitskonzept:

	Wesentliche Inhalte
1	Zugriffskonzept / Zugriffsregelung / Zutrittskontrolle
2	Technische (Sicherheits)massnahmen (Hardware und Software)
3	Organisatorische (personelle und administrative) Massnahmen (Personal und Organisation)
4	Notfallmassnahmen / Notfallkonzepte

70 Seite 212 — Schadenskategorien:

Direkte Schäden	Schäden an Maschinen, Programmen, Datenträgern, Netzwerken
Indirekte Schäden	Aufwand für die Rekonstruktion von Daten und Programmen, Kosten für die Ersatzbeschaffung
Folgeschäden	Entgangener Gewinn durch Betriebsunterbruch und Nichterfüllung von Dienstleistungen

71 Seite 212 Sicherheitsziele:

Verfügbarkeit	Der Zugriff und die Nutzung auf die Daten, Informationen und Services sind stets sichergestellt.
Integrität	Die Daten können durch Unbefugte, unbemerkte Manipulation oder technische Probleme nicht verändert werden.
Vertraulichkeit	Unbefugten ist der Einblick in die Daten verwehrt, eine Weiterreichung von Informationen an nicht berechtigte Nutzer ist nicht möglich.
Authentizität	Die Echtheit der Daten, Informationen und Kommunikationspartner ist gewährleistet.
Verbindlichkeit	Geschäftsvorgänge können rechtsverbindlich nachgewiesen werden.

72 Seite 213 Bestandteile der Sicherheitsstrategie:

- Strategische Ebene
- Taktische Ebene
- Operationelle Ebene

73 Seite 213 Risikoanalyse:

Bedrohungen ermitteln	Auswahl der Gefahren, die Daten bedrohen
Verletzbarkeit ermitteln	Komponenten der IT-Infrastruktur und / oder der IT-Organisation in Bezug auf die einzuhaltenden Sicherheitsziele, die Schwachstellen aufweisen
Risiken ermitteln	Anhand der Bedrohungen und der Verletzbarkeit lassen sich die Risiken ermitteln.
Schaden pro Ereignis bestimmen	Schaden, der dem Unternehmen bei einem Eintritt entstehen könnte
Eintrittswahrscheinlichkeit ermitteln	Höhe der Wahrscheinlichkeit eines Risikoeintritts ermitteln.

74 Seite 213
- Brandausbruch im Serverraum
- Ausfall des Webshops
- Totalausfall des Internets
- Verseuchung eines IT-Systems durch einen eingeschleppten Virus

75 Seite 213 Sicherheitslücken und Schwachstellen sind ideale Voraussetzungen für **Verletzbarkeiten** im Unternehmen und in der Informatik. Die daraus folgenden Risiken bestehen immer dann, wenn eine **Bedrohung** auf eine Schwachstelle des Objekts oder des Prozesses trifft. Um das Schadensausmass näher zu beziffern, müssen wir auch wissen, wie gross die **Eintrittswahrscheinlichkeit** des Schadens ist. Die Informatiksicherheit ist immer dann gewährleistet, wenn die «**VIVA**» sichergestellt ist. Das IT-Sicherheitsmanagement sollte darauf abzielen, das Gesamtrisiko bis zu einem akzeptierten bzw. tragbaren **Restrisiko** zu reduzieren. Um die Sicherheit im Unternehmen zu gewährleisten, sind mehrere Vorgehensmodelle entwickelt worden. Eines der gebräuchlichsten ist der **IT-Grundschutz nach BSI**. Ziel dieses Vorgehens ist es, ein standardisiertes Sicherheitsniveau für IT-Systeme zu erreichen. Eine regelmässige **Datensicherung** garantiert die jederzeitige Verfügbarkeit der Daten. Um die permanente Stromversorgung können wir geeignete **USV-Anlagen** einsetzen. Zur Erhöhung der Ausfallsicherheit können wir Daten auf mehreren Festplatten speichern. In diesem Zusammenhang sprechen wir von **Hardwareredundanz oder RAID**. Mithilfe der **Datenverschlüsselung** kann verhindert werden, dass vertrauliche Daten durch nicht berechtigte Personen gelesen werden können. Bedrohungsformen sind in der IT alltäglich. Unberechtigtes Eindringen in geschützte Bereiche mittels **Phising** durch nicht berechtige Absender ist heute alltäglich. Um im Besonderen den Mailverkehr im Unternehmen zu schützen, setzen heute viele Unternehmen auf eine «**demilitarisierte Zone (DMZ)**», die den Angriff von aussen verhindern soll.

76 Seite 241 — Dateien und Datentypen:

	Textdatei	Tabellendatei	Programmdatei	Grafikdateien	Audiodateien	Videodateien	Datenbank-dateien	Komprimierte Dateien	Spieldateien
Beispieldatei.docx	☒	☐	☐	☐	☐	☐	☐	☐	☐
Kundendaten_England.accdb	☐	☐	☐	☐	☐	☐	☒	☐	☐
Neuer_CEO_FilialeEmmen.jpg	☐	☐	☐	☒	☐	☐	☐	☐	☐
Kundengespräch_CallCenter.avi	☐	☐	☐	☐	☒	☐	☐	☐	☐
Entwurf_Broschüre.eps	☐	☐	☐	☒	☐	☐	☐	☐	☐
Kundendaten_Frankreich.xlsx	☐	☒	☐	☐	☐	☐	☐	☐	☐
Wegbeschreibung.bmp	☐	☐	☐	☒	☐	☐	☐	☐	☐

77 Seite 241 — Wissenspyramide:

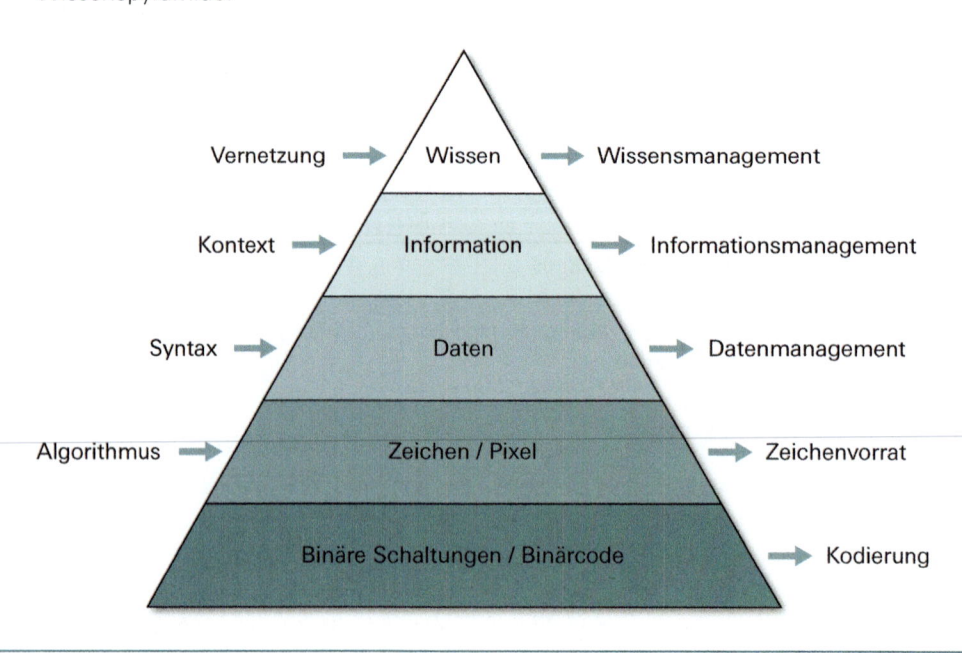

Pyramide (von unten nach oben):
- Binäre Schaltungen / Binärcode → Kodierung
- Algorithmus → Zeichen / Pixel → Zeichenvorrat
- Syntax → Daten → Datenmanagement
- Kontext → Information → Informationsmanagement
- Vernetzung → Wissen → Wissensmanagement

78 Seite 241 — Unternehmenswert:

- Fähigkeit des Unternehmens, Geschäfte abzuschliessen (Ertragskraft)
- Wissen über Rezepte und Methoden, Besitz von Patenten, Know-how über Kunden und Märkte
- Loyalität der Mitarbeitenden, Motivation und Effizenz der Mitarbeitenden
- Bekanntheitsgrad des Unternehmens und der Unternehmensmarken

79 Seite 241 — Unterschied zwischen Datensicherheit und Datenschutz:

- Datensicherheit: Verhindern, dass Daten manipuliert oder verloren gehen.
- Datenschutz: Verhindern, dass Daten von unbefugten Personen eingesehen oder verändert werden.

80 Seite 242 — Kriterien der Datenqualität:

- Aktualität
- Redundanz / Konsistenz
- Integrität

81 Seite 242 — Data Warehouse:

- Begriff: Ein Data Warehouse ist eine Kopie von mehreren Datenbanken als Gesamtzusammenfassung (Aggregation, Konsolidierung, Bereinigung von Daten aus anderen Datenbanken).
- Zweck: Ein Datawarehouse dient Analysezwecken. Da es eine Zusammenfassung von mehreren Datenbanken umfasst, kann es Datenauswertungen über unterschiedliche Unternehmensbereiche erstellen.

82 Seite 242 — NAS ist ein Gerät, das sich selbstständig am Netzwerk anmelden kann und danach von allen berechtigten Netzwerkteilnehmern als Datenablage genutzt werden kann. Andere Bezeichnungen sind auch Datenserver oder Fileserver. Ein Unternehmen baut auf diese Weise einen zentralen Speicher für Daten aller Art auf (Textdokumente, Tabellendateien, Grafiken, Fotos, Audiodateien etc.). Ein NAS hat ein eigenes kleines Betriebssystem mit Startmechanismus, Netzwerkfunktionalität, Dateiverwaltung und Zugriffssteuerung.

83 Seite 242 — Verhaltensregeln:

- Zurückhaltung mit der Publikation persönlicher Informationen
- Wie lauten die Datenschutzregelungen der entsprechenden sozialen Plattform?
- Selektiv und zurückhaltend entscheiden bei Kontaktanfragen von Personen, die man nicht kennt.
- Auffälligkeiten über die Plattform melden oder im Betrieb ansprechen.
- Unterschiedliche Passwörter benutzen für die verschiedenen Plattformen.
- Keine Informationen über den eigenen Arbeitgeber publizieren.
- Überprüfen der URL beim Klicken auf Links (Gefahr von Phishing).
- Vorsicht bei Downloads!

84 Seite 242 —

A] Datenquellen:

- Videokameras in den Verkaufsläden
- Daten aus Social-Media-Plattformen von Kunden, die ein Produkt gekauft haben
- Daten aus Kundengesprächen in den Verkaufsläden
- Daten aus E-Mails zwischen Kunden und Verkaufspersonal
- Positionsdaten der Fahrräder oder Roller
- Verkehrsdaten
- Daten über Topografie, Strassenzustand
- Profildaten über Kunden

B] Dateitypen:

- Textdateien
- Tabellen
- Grafiken
- Audiodateien
- Videos
- CAD-Dateien, digitale Konstruktionspläne
- Datenbanken

C] Datenqualität:

- Aktualität: Die Datenquellen müssen die gegenwärtigen Daten zu fest bestimmten Zeiten liefern. Wenn eine Datenquelle nicht zeitgerecht liefert, muss eine entsprechende Fehlermeldung ausgegeben werden.
- Redundanz und Konsistenz: Datenredundanz ist kein Problem, wird sogar erwartet. Bezüglich Konsistenz können Stichproben oder automatische Plausibilitätstests gemacht werden.
- Integrität: Über geeignete Zugriffsberechtigungen und -steuerungen kann verhindert werden, dass Daten verfälscht werden. Durch technische Speicherlösungen (z. B. RAID) und Plausibilitätstests kann sichergestellt werden, dass Daten vollständig sind.

D] Datenbereiche:

- Kunden- und Verkaufsdaten, Marketingdaten
- Produktdaten
- Produktionsdaten
- Finanzdaten
- Personaldaten
- Logistikdaten

E] Datenschutz:

- E-Mails von Mitarbeitenden und Kunden
- Kundendaten
- Kunden vom und über den strategischen Partner
- Daten aus Social-Media-Plattformen
- Betriebsinterne Daten
- Verkehrsdaten über Kunden
- Video-/Audioaufzeichnungen in den Verkaufsläden

Stichwortverzeichnis

Numerics

1000Base-LX	107
1000Base-SX	107
1000Base-T	106
100Base-FX	107
100Base-TX	106
10GBase-T	106
4. Industrielle Revolution	32
4-Layer-Technik	78

A

Abfragesprache	47
Abnahmetest	177
Abnützung	20
Abschreibung	18, 21
Abwärme	22
Abzahlungsvertrag	137
Access Management	202
Access Point	110
Adressbus	73
ADSL	115
Advanced Encryption Standard	203
AES	203
Akku	87
Aktive Transponder	112
Aktivitäten eines Prozesses	25
Aktualität	240
Akzeptanzkriterien	176
All IP	36
Analyse	182
Analysiert	239
Analytische QS-Massnahmen	175
Android	49, 229
Anforderungen	
– an das LAN	124
– an das WLAN	125
– an die Datenqualität	225
– an die Datensicherheit und den Datenschutz	225
– an die Internetverbindung	125
– an die Räumlichkeiten	150
– an einen Drucker	83
– an Geschäftsanwendungen	61
– an mobile Kommunikationsdienste	125
Anforderungskatalog	164
Anforderungsprofil eines ERP-Anbieters	63
Anforderungsprofil eines ERP-Systems	62
Anforderungsschwerpunkte für ERP-Systeme	63
Anpassung von ERP-Systemen	62
Anschaffungskosten	16
Antivirenprogramme	206
Anwendungsfall	62
Anwendungshosting	144
Anwendungssoftware	42
Anwendungsvirtualisierung	91
Anzahl Bits	74
Apple	229
Application Service Providing	144
Arbeitsplatzkonzepte	152
Arbeitsräume	
– für Maschinen	151
– für Menschen	150
– für Menschen und Maschinen	151
Arbeitsspeicher	77
Archiviert	239
ARM-Architektur	74
ARP	108
ARP-Tabelle	108
Art der Nutzung	20
Arten des Backups	200
ASP	144
Asymmetrische Verschlüsselung	203
Audiocontroller	78
Audios	219
Aufbaustruktur	240
Aufträge und Finanzen	238
Auftragsbearbeitung	43
Ausfallsichere Speicherung	217
Ausgabe der Daten	72
Ausgabewerk	73
Auslagerung einzelner IT-Services	60
Auslagerungsdatei	48
Ausschreibungsverfahren	162
Ausserordentlicher Gewinn	23
Ausserordentlicher Verlust	23
Auswahl	
– des Betriebssystems	59
– eines Beamers	83
– eines ERP-Systems	54
– eines Scanners	84
– standortgebundener und mobiler Kommunikationsdienste	166
Auswahlkriterien	164
Authenticity	193
Authentifizierung	109, 202, 204
Authentizität	193
Automatik	32
Autonomie	32
Autonomiegrad	32
Availability	193

B

Backup	199
Barcodeleser	84
Baumtopologie	103
Beamer	83
Befehlssatz	73
Bekanntgabe von Personendaten	233
Beleuchtung	22
Benutzergruppe zuweisen	202
Benutzerkonto einrichten	202
Benutzerprofile	202
Benutzerrechte zuordnen	202
Benutzerverwaltung	48, 202
Beschaffung	16
Beschaffungskonditionen	16
Beschaffungskosten	136
Beschaffungsmarkt	54

Beschaffungsobjekt	16
Beschaffungsquellen	16
Beschaffungstipps	93
Beschaffungszeitpunkt	16
Beschichtung	106
Besonders schützenswerte Personendaten	231
Beteiligungen	238
Betreuung	182
Betriebliche Infrastruktur	10
Betriebliche und geschäftsbezogene Daten	231
Betriebs- und Nutzungsmodelle	141
Betriebs- und Wartungskosten	136
Betriebsarten eines Druckers	82
Betriebsdaten	233
Betriebssystem	48, 59
Betriebssystemvirtualisierung	91
Bewertungsdokumente	161, 163, 164
Bewertungsskala	170
Beziehungen	222
Big Data	34, 240
Big Data Analytics	33, 224
Big-Bang-Einführung	181
Bilanz und Erfolgsrechnung	238
Binärcode	215
BIOS	75
Bladeserver	85
Block Striping	201
Bluetooth	82, 102, 111
Booten des Systems	75
Border-Gateway-Protokoll	104
BPMN	45
Branchenlösung	58, 59
Broad Network Access	140
BSI	190
Buchgewinn	22
Buchverlust	22
Budgets und geplante Projekte	238
Bundesamt für Sicherheit in der Informationstechnik	190
Büroinformationssysteme	45
Bus	73
Business Continuity	124
Business Continuity Management	199
Business Intelligence	224, 240
Business-Schicht	51
Business-Tablet-PCs	87
Bustopologie	103
BYOD-Konzept	93

C

Cable Modem Termination System	117
Chip	112
Claim	174
Claim Management	174
Client	89
Client-Server-System	89
Cloud	35
Cloud Computing	35, 138
Cloud Services	60, 139
Cluster	76
CMS	44, 144
CMTS	117
COBIT	194
Codeinspektion	176
Cold Site	201
Compiler	50
Computer Telephony Integration	122
Confidentiality	193
Content Management System	44, 144
Contracting	146
COPE-Konzept	93
CPU	73
CRM-System	44
CTI	122
CTI-Systeme	122
Customizing	182
Cybermobbing	232

D

Data Cleaning & Data Transformation	180
Data Collection	180
Data Extraction	180
Data Loading	180
Data Management Board	240
Data Mart	223, 224
Data Migration Testing	180
Data Mining	223, 224
Data Striping	201
Data Warehouse	223, 224, 240
Database Management System	47
Dateiablage	226
Dateiformat	219
Dateiinhalt	219
Dateisystem	48, 76
Dateisystem des Betriebssystems	227
Dateiverwaltung	48
Daten	215, 222, 240
Daten als Firmenwert	216
Daten bewerten	235
Datenaustausch	46
Datenauswertung	223, 240
Datenbank	47, 220, 222
Datenbankmanagementsystem	223
Datenbus	73
Datenhaltung	46, 240
Datenhaltungsschicht	51
Datenintegrität	204, 220
Datenkauf	235
Datenklassifizierung	239
Datenkomprimierung	220
Datenmanagement	225, 241
Datenmenge	218
Datenmigration	180
Datenpakete	104
Datenpflege	240
Datenprüfung	205
Datenqualität	180, 220, 239, 240
Datenquelle	46
Datenreplikation	220
Datenschutz	149, 223, 231, 240
Datenschutzbestimmungen	194
Datenschutzgesetz	231
Datensicherheit	149, 223, 231, 232, 240
Datensicherung	199, 221

Datensicherungsplan	199
Datensynchronisation	220
Datenverbund	101
Datenverschlüsselung	202
Datenverwaltung	223
Datenvolumen	217
Dauerbetrieb	200
DB	222
DBMS	47, 223
DDoS	205
Dedizierte NAS-Server	221
Dedizierter Server	85
Demilitarisierte Zone	113, 141
Denial-of-Service-Angriff	205
Desktop-PC	84
Detailevaluation	165
DHCP-Server	113
Dienste priorisieren	199
Differenzielle Datensicherung	200
Digitale Transformation	31
Digitalisierung	31
Display Port	80
Distributed Denial of Service	205
DLP-Technik	83
DMS	45, 229
DMZ	113, 141, 205
DNS	108
DNS-Attacke	205
DNS-Server	108
Dockingstation	87
DOCSIS-Spezifikationen	117
DOCSIS-Standards	117
Document Management	240
Document Management System	45, 229
Dokumentenscanner	83
Domainname	108
Domänencontroller	108, 113
Drei-Schichten-Architektur	90
Dreischichtige Architektur	51
Drive Duplexing	201
Drive Mirroring	201
Druckerserver	85
Druckertreiber	82
Druckluft	22
Dualcore-Prozessor	74
DVI	80
DVI-A	80

E

E-Business	36
Echtheit der Kommunikations- und Transaktionspartner	204
E-Collaboration-Tools	45
Eigenfinanzierung	18
Einführungsstrategien	181
Eingabe der Daten	72
Eingabewerk	73
Einkauf und Verkauf	237
Einladungsverfahren	162
Eintrittswahrscheinlichkeit	191
Einwilligung	232
Einzugsscanner	83
EIS	43
Elektrischer Antrieb	22
Elektromagnetische Wellen	102
Emulationsprogramm	88
Energieeffizienz	22
Energiesparpotenzial	22
Energieträger	22
Energieverbrauch	21
Energy Star	21
Entscheidungsmuster	34
Entscheidungsrelevante Daten	223
Entsorgung	22, 23
Entsorgung von Datenträgern	94
Entsorgungskonzept	23
Entwicklungssoftware	46
Entwicklungsstufen der Industrialisierung	33
Entwicklungsstufen von Webseiten	36
Erfüllungsgrad eines Kriteriums	170
Ergonomie	154
Ergonomie des Arbeitsplatzes	154
Ermittlung des Schutzbedarfs	196
ERP-Systeme	42
Erweiterung	179
eSATA	78
Ethernet-Netzwerke	104
Ethernet-Standards	
– für Funknetzwerke	111
– für Lichtwellenleiter	107
– für TP-Kabel	106
ETL-Tools	180
Evaluation	16
EVA-Prinzip	72
Executive Information System	43
Externe Restriktion	16
Externes SLA	145
Extranet	119

F

Fat Client	51
Feature Phone	169
Fester Arbeitsplatz	152
Festplatte	75
Festplattenspeicher	75
Fibre to the Basement	118
Fibre to the Home	118
Filehosting	123
Fileserver	85, 89
Finanzierung	17
– von Infrastrukturen	13
– von Investitionsgütern	17
– von IT-Ressourcen	135
Finanzierungsarten	17
Finanzierungsmodelle	135
Firewall	104, 105, 205
FireWire	81
Firmware	50
Flachbettscanner	83
Flächendeckende Überwachung	234
Flat Fee	123
Flüchtiger Speicher	75
Folgekosten	136, 191
Formate für den Dokumentenaustausch	219

Formatierte Dokumente	219
Freeware	61
Freihändiges Verfahren	162
Fremdfinanzierung	19
Fremdschlüssel	47
Frequenzsprungverfahren	111
FTP	119
Führungsaufgabe	241
Funknetzwerk	110
Funktionale Eignung des ERP-Systems	62
Funktionale Parameter	172
Funktionalität	62, 167
Funktionalitäten zur Replikation	220
Funktionsverbund	101

G

G.Fast 106a	116
GAN	102
Gastserversystem	91
GB	75
Gelöscht	239
General Public License	61
Gerätetreiber	48, 82
Geräteverwaltung	48
Gesamtkosten von Investitionsgütern	16
Geschäftsbeziehung	172
Geschirmte Kabel	106
Gewichtung	170
Gigabyte	75
Glasfaserkabel	106
Global Area Network	102
Go Live	182
Goodwill	217
GPL	61
Grafiken	219
Grafikkarte	77
Grafikprozessor	74
Grob- und Detailevaluation durchführen	161
Grobevaluation	164
Groupware	45
Grundsätze des Datenschutzgesetzes	232
GSM	113

H

Hardware	72
Hardwarekosten	92
Hardwareredundanz	200
Hardwareschnittstellen	79
Hardwareseitige Client-Server-Architektur	51
Hardwarevirtualisierung	90
Hauptplatine	78
HDD	75
HDMI	80
HDMI-Anschluss	77
Hermes	180
Homeoffice	153
Horizontale Integration	43
Host	88
Host-Applikation	88
Hostbasiertes IDS	206
Hosting	143
Hot Plugging	221
Hot Site	201
Hot Swapping	221
Hotspot	102
Housing	142
Housing-Anbieter	142
HTTPS	53, 203
Hybrid Cloud	140
HyperText Transfer Protocol Secure	203
Hypervisor	91

I

IaaS	139
Identifizierung	202, 204
IDS	206
Immaterieller Schaden	197, 233
Immaterieller Wert	216
Inbound Traffic	205
Individuallösung	59
Industrialisierung	32
Information Manager	240
Informationelle Selbstbestimmung	234
Informationen	215, 240
Informationsobjekte	239
Informationssicherheit	192
Infrastructure as a Service	139
Infrastruktur	10
Infrastruktur für die Internettelefonie	120
Infrastrukturlebenszyklus	15
Infrastrukturmanagement als Führungsaufgabe	28
Infrastrukturpolitik	29
Inhalt privater E-Mails	234
Inhalte	
– eines Datensicherungsplans	199
– eines Sicherheitskonzepts	197
– eines SLA	146
Inhouse-Betrieb	141
Inkrementelle Datensicherung	200
Insourcing von IT-Ressourcen	135
Integrationsfähigkeit	62
Integrationsstufe	44
Integrität	193, 231, 232, 240
Integrität, Echtheit und Konsistenz	217
Integrity	193
Interne Restriktionen	16
Internes SLA	145
Internet	33
Internet der Dinge	33
Internet Service Provider	135
Internetbrowser	119
Internetdienste	119
Internettelefonie	120
Interpreter	50
Intranet	102, 119
Intrusion	205
Intrusion Detection System	206
Inventar der Infrastruktur	28
Inventarisierung	28
Investition	17, 136
iOS	49
IP-Adresse	103
IPv4	103
IPv6	103

ISO / IEC 27002	194
ISP	135
Ist-Analyse	28
IT-Grundschutz	194
IT-Grundschutz nach BSI	198
IT-Service	145
IT-Sicherheit	231
IT-Sicherheitskonzept	197
IT-Sicherheitsorganisation	197

J
Java	220
JDBC	53

K
K. o.-Kriterien	164
Kabel	102
Kabelkopfstelle	117
Kabelmodem	116
Kabelnetz	116
Kann-Kriterien	164
Kartenleser	84
Kauf	19, 138
Kauf mit Abzahlungsvertrag	20
Kauf von Informatikmitteln	136
Kaufvertrag	137
Kennzahlen	146
Kern	106
Klassifizierung der Daten	196
Kommunikationsverbund	102
Kompatibilität	62
Komponentenvirtualisierung	90
Komprimierte Audiodateien	219
Komprimierte Pixelbilder	219
Komprimierte Videodateien	220
Konfiguratoren	85
Konsistente Daten	220
Konsistenz	240
Konstruktive QS-Massnahmen	175
Kontext	215
Kontrolle	20
Kontrollgrösse	29
Kontrollprozesse und -grössen	29
Konvergenz	36
Konzept	182
Kopien der Originaldaten	223
Korrektheit	232
Kostenarten	25, 165
Kosteneinsparung	26
Kosten-Nutzen-Analyse	27, 171
Kosten-Nutzen-Verhältnis	165, 171
Kostenrahmen für den Testprozess	175
Kostenstruktur	58
Kreditfinanzierung	19
Kundendaten	236
Kündigung	234
Künstliche Intelligenz	33

L
Lager- und Materialwirtschaft	43
LAN	102
Laptop	86, 169
Laserdrucker	82
Lastverbund	101
Latenzzeit	119
Laufwerk	76
Laufzeit der Batterie	87
Leasing	19, 137, 138
Leasing von Informatikmitteln	137
Leasingobjekt	137
Lebenszyklus von Infrastrukturen	13, 15
Leistungsfähigkeit eines Prozessors	74
Leistungssteigerung	34
Leistungsverbund	101
Leistungsvereinbarung	145
Leiterplatte	78
Lese- und Schreibkopf	76
Lichtleiter	102
Lichtwellenleiter	106
Lieferantendaten	237
Linux	49, 60, 229
Linux / Unix	220
Liquidation	22
Liquidation einer Anlage	22
Liquidationserlös	22
Liquidationskosten	16
Lizenzbestimmungen	60
Lizenzierung	60
Local Area Network	102
Logikschicht	51
Log-in	202
Lösegeld-Trojaner	204
LTE	113, 119
LTE-Advanced	119

M
Mac OS	49
MAC-Adresse	104
Mailserver	85, 89
Mainboard	78
Make-or-Buy-Entscheidung	133
MAN	102
Managed Services Provider	61
Management-Informationssystem	43
Mandantenfähigkeit	62
Mantel	106
Marketing und Vertrieb	43
Marktforschung	56
Maschine-Maschine-Kommunikation	32
Maschinenautonomie	32
Massnahmen	
– im Bereich «Gebäude und Infrastruktur»	198
– im Bereich «Hardware und Software»	198
– im Bereich «Personal und Organisation»	198
Materieller Schaden	197, 233
Materieller Wert	216
Maximaler Nutzwert	171
MB	75
MDM	123
Measured Service	141
Megabyte	75
Mehraufwand	27
Mehrdimensionaler Würfel	223
Mehrschichtenarchitektur	52

Mess- und Reportingverfahren	146
Messung der Datenqualität	239
Metadaten	229
Methoden und Vorgehen	225
Metrik	146
Metropolitan Area Network	102
Middleware	50
Midrange-Rechner	85
Miete	137
Miete von Informatikmitteln	137
Mietleitung	148
Mietobjekt	137
Minderaufwand	27
Miniaturisierung	34
MIPS	74
Mirrored Site	201
MIS	43
Mitarbeiterdaten	235
Mitlaufbetrieb	200
Mittlere Datentechnik	85
Mitwirkungspflicht	146
Mobile Device Management	123
Mobile Kommunikationsgeräte auswählen	167
Mobile Site	201
Mobiler Arbeitsplatz	152
Mobiltelefon	169
Modifikation	179
Modulangebot wichtiger ERP-Anbieter	57
Motherboard	78
MS Windows	49
MSP	61
Multicore-Prozessor	74
Multifunktionsgerät	84
Multimode-Glasfaserkabel	106
Multi-Tenant-Modell	140
Muss-Kriterien	164
Mustererkennung	224

N

Nachforderung	174
Nachrichtenformat	122
NAS	221
NAS-System	221
NDP	108
Near Field Communication	102
Nearshoring	135
Netbook	169
Network Attached Storage	221
Netzwerkabschnitt	148
Netzwerkbasiertes IDS	206
Netzwerkbetreiber	148
Netzwerkcontroller	74, 78
Netzwerkperformance	149
Netzwerkplanung	124
Netzwerkprotokoll	104
Netzwerkschema eines LAN	105
Netzwerkstabilität	149
Netzwerktopologie	102
NFC	82, 102, 112
NFC-Chip	113
Nichtableugbarkeit	193
Non-Repudiation	193

NoSQL-Datenbank	47
Notebook	86, 169
Notfallhandbuch	207
Notfallmassnahme	207
Notfallplan	206
Notfallszenarien	207
Notfallübung	207
Numbercruncher	88
Nutzdaten	104
Nutzenpotenzial von Webseiten	36
Nutzungs- und Wartungskonzept	20
Nutzungsarten	150
Nutzungsdauer	20
Nutzungsformen von Software	60
Nutzungskonzept	94
Nutzungskosten	16
Nutzwert	165
Nutzwertanalyse	170

O

Objektive Bewertung von Informationen	239
Objektive Eintrittswahrscheinlichkeit	191
OCR-Technologie	83
ODBC	53
OEM-Vertriebspartner	92
Offenes Verfahren	162
Öffentliche Ausschreibung	162
Öffentliche Infrastruktur	10
Öffentliches WLAN	124
Offerte einholen	161
Office-System	45
Offline-USV-Anlage	200
Offshoring	135
On-Demand Self Service	140
Online-USV-Anlage	200
On-Premises-Software	60, 61
Open Source Server	50
Open Source Software	61
Operating	132
Optionale Servicebestandteile	173
Organisatorische Massnahme	225
Organisatorische Sicherheitsmassnahme	198
OSI-Referenzmodell	104
OTA	123
Outbound Traffic	205
Outsourcing	133
Outsourcing von IT-Ressourcen	135

P

PaaS	139
Packer	220
PAN	102
Parallelbetrieb von Servern	201
Parallele Einführung	181
Parametertabelle	62
Parametrisierung	178
Paritätsblock	201
Partition	76
Passiver Transponder	112
Patchpanel	107
PCH	77
PC-Hardwaresystem	77

PCI-Steckplatz	78
PDA	168
PDL	82
Peer-to-Peer-System	88
Performance	217
Peripheriegerät	82
Personal Area Network	102
Personal Computer	84
Personal Digital Assistant	168
Personalmanagement	43
Personenbezogene Daten	231
Personendaten	233
Persönlichkeitsmerkmal	34
Persönlichkeitsprofil	232
Petabyte	218
Pflichtenheft	162, 163
Pflichtenheft erstellen	161
Phablet	169
Phasen des Infrastrukturlebenszyklus	15
Phasenmodell	182
Phishing	204
Pixel	215, 240
PKI	204
Platform as a Service	139
Platform Controller Hub	77
Plausibilitätstest	220
Post-Loss-Massnahmen	194
PPP	114
Präsentationsschicht	51
Pre-Loss-Massnahmen	194
Primärschlüssel	47
Primärspeicher	77
Printserver	89
Prinzip des Cloud Computing	138
Prinzip einer DMZ	205
Private Cloud	140
Private Infrastruktur	10
Private Netzwerkleitung	148
Probleme bei ERP-Projekten	64
Produktionsplanung und -steuerung	43
Produktionsverfahren und -techniken	237
Programm	220
Programmverwaltung	48
Projektleiter	176
Projektmanagement	175
Projektmanagement-Tool	45
Projektvorbereitung	182
Proxy	205
Prozessdarstellung	24
Prozesskosten	
– nach der Investition	26
– vor der Investition	24, 26
Prozessor-Architektur	74
Prozessorvirtualisierung	90
Prozessorzeit	48
Prozessverwaltung	48
Prüfobjekt	176
Public Cloud	140
Public Key Infrastructure	204
Push-Mail	123

Q

QR-Leser	84
QS-Aktivität	177
QS-Massnahme	175
QS-Plan	175
Quality Gate	240
Quellcode von Programmen	219
Quelle	219
Quellsystem	180, 224

R

Rack	221
RAID	200
RAID 0	201
RAID 1	201
RAID 5	201
RAID-Funktionalität	221
RAID-Level	201
RAM	74
Rangierfeld	107
Ransomware	204
Rapid Elasticity	141
Raumklimatisierung	22
Raumkonzepte	151
Realisierung	182
Real-time Transport Protocol	120
Rechenwerk	73
Rechnungswesen und Finanzbuchhaltung	43
Rechtmässigkeit	232
Recovery	199
Redundant Array of Independent Disks	200
Redundante Daten	220
Redundanz	240
Redundanzfrei	222
Regulärer Systembetrieb	182
Reifegrad	33
Reine Textdatei	219
Relationale Datenbank	47, 222, 240
Remote Access	109
Remote Client	109
Remote Control	109
Remote Log-in	109
Reparatur	21
Replikation	228
Request for Feature	169
Request for Information	169
Request for Proposal	170
Request for Quotation	169
Resource Pooling	140
REST-Prinzipien	53
Restrisiko	198
Return on Investment	165
Review	176
Review- und Eskalationsverfahren	146
RFF	169
RFI	169
RFID	112
RFP	170
RFQ	169
Ringtopologie	103
Risiko	191
Risikoanalyse	196

RJ-45-Dose	107
RJ-45-Stecker	82
Roaming	123
Roaming Agreement	123
Roaming-Preise	123
Robotik	32
Router	104, 105
Routing-Tabelle	104
RPC-Technik	53
RTP	120
Rückkoppelung	224

S

SaaS	139
SAN	113, 222
SAN mit Fibre-Channel-Technologie	222
SATA-Steckplatz	78
Scanner	83
Schaden	191
Schadenersatz	234
Schadensausmass	191, 192
Schnittstelle	179
Schulungsbedarf	208
Schutzbedarfsermittlung	196
Secure Sockets Layer	203
Seitenbeschreibungssprache	82
Sektor	75
Sekundärspeicher	77
Selektives Verfahren	162
Sensibilisierungsmassnahme	208
Server	85, 89
Serverbetriebssystem	85
Serverleistung	201
Servervirtualisierung	91
Service Level Agreement	135, 145, 172
Service Management	145
Service Pricing	146
Service Request	169
Servicebeschreibung	146, 172
Servicegrenze	146
Service-Level-Ziel	172
Serviceorganisation	172
Servicepaket	145
Serviceparameter	146
Serviceprovider	135
Serviceprozess	145
Servicevariante	173
Servicevereinbarung	172
Serviceziele und Metriken	146
Session Initiation Protocol	120
Shared Desk	152
Shared Memory	75
Shareware	61
Sicherheit von IT-Systemen	198
Sicherheitsaufgaben	
– auf operationeller Ebene	195
– auf strategischer Ebene	195
– auf taktischer Ebene	195
Sicherheitsbedrohungen	190
Sicherheitsmanagement	231
Sicherheitsorganisation	197
Sicherheitspolitik	194

Sicherheitspyramide	195
Sicherheitsrichtlinie	234
Sicherheitsziel	193
Sicherung umfangreicher Geschäftsdaten	221
Signalprozessor	74
Singlemode-Glasfaserkabel	106
SIP	120
Skalierbarkeit	62
Skriptdatei	219
Skype	122
SLA	135, 145, 172
Smart Home	36
Smart Watch	169
Smartphone	169
Social-Media-Anwendung	46
Social-Media-Plattform	234
Sofortmassnahmen einleiten	199
Software	42, 219
Software as a Service	139
Software Customizing	177
Software on Demand	60
Softwareauswahl	59
Softwareentwicklung	176
Softwarelizenz	136
Softwareseitige Client-Server-Architektur	51
Softwarevirtualisierung	91
Soll-Zustand	30
Sourcing	132
Speicherformat	240
Speicherkapazität	75
Speichernetzwerk	240
Speicherverbund	102, 222
Speicherverwaltung	48
Speichervirtualisierung	90
Speicherwerk	73
Spreadsheet	180
Spur	75
SQL	47, 53, 223
SSD	76
SSL	203
Staging Area	224
Standard Query Language	223
Standardisierungsgrad	33
Standardlösung	58, 59
Standardsoftwarehersteller	55
Stereo-Klinkenstecker	82
Steuerbus	73
Steuerwerk	73
Storage Area Network	113, 222
STP	106
Strafgesetzbuch	232
Strategische Bedeutung der Infrastruktur	14
Strukturierte Datensätze	222
Stufenweise Einführung	181
Subjektive Bewertung von Informationen	239
Subjektive Eintrittswahrscheinlichkeit	191
Subnetting	108
Substanzwert	216
Support	61, 94
Switch	104, 105
Symmetrische Verschlüsselung	203
Syntax	215

Systemintegrator	55
Systemsoftware	48
Systemsoftwarehersteller	55

T

Tabelle	219
Tabellenkalkulation	219
Tablet-PC	169
Taktfrequenz	74
TCO	16
TCO-Konzept	16
TCP/IP	53
Technische Applikation	45
Technische Massnahme	225
Technische Parameter	172
Technische Sicherheitsmassnahme	198
Technologiemanagement	30
Telearbeiter	153
Telearbeitsplatz	153
Telefonnetz	114
Temporal Key Integrity Protocol	203
Terminal	88
Testauswertung	176
Testbericht	176
Testentwurf	176
Testmanager	176
Testplan	175
Testprozess	175
Textdatei	219
Thin Client	89
Thunderbolt	81
Tintenstrahldrucker	82
TKIP	203
TLS	203
Toner	82
Touchpad	86
Touchpen	87
Touchscreen	87
TP-Kabel	106
Transaktionssicherheit	223
Transponder	112
Transport Layer Security	203
Treu und Glauben	232
Tunneling	203
Twisted-Pair-Kabel	106

U

Überlebenswichtig	216
Übertragungskapazität	125
Übertragungskapazität der TP-Kabel	106
Übertragungsmedium	102, 105
UEFI	75
UM	122
Umsetzungsfähigkeit	62
UMTS	113
Ungeschirmtes Kabel	106
Unified Messaging	122
Unit-Test	176
Universal Serial Bus	79
Unkomprimierte Audiodatei	219
Unkomprimierte Videodatei	220
Unkomprimiertes Pixelbild	219
Unterbrechungsfreie Stromversorgung	141, 200
Unterhalt	21
Unternehmensdaten	216
Unternehmensstrategie	132
Unternehmenswert	240
Unternetz	108
Urheberrecht	60
USB	79
USB 2.0	79
USB 3.1	79
USB-Controller	77
USB-Hub	79
USB-Schnittstelle	102
USV	141, 200
UTP	106

V

Validierung	177
VDSL	115
Vektorisierte Grafik	219
Verantwortlicher für das Datenmanagement	240
Verarbeitung der Daten	72
Verbindlichkeit	193
Verbindungsregelwerk	205
Verfügbarkeit	125, 193, 231, 232
Verfügbarkeitsverbund	101
Vergleichsmöglichkeit	56
Verhältnismässigkeit	232
Verifizierung	177
Verkaufserlös	22
Verletzbarkeit	190
Vermögenswert der Firma	216
Vernetzung	32
Verordnung zum Datenschutzgesetz	231
Verschlüsselungsprotokoll	203
Verschlüsselungsverfahren	203
Versteigerung von Aufträgen	162
Verteilte Datenbank	47
Vertikale Integration	43
Vertrag	
– beenden oder erneuern	173
– erfüllen	173
– erstellen	173
Vertragsphasen	173
Vertraulichkeit	193, 231, 232
Verursacher	218
Verwendet	239
VGA	80
VGA-Schnittstelle	80
Video	220
Viren-Scanner	206
Virtualisierung	90, 108
Virtualisierungsform	90
Virtuelle Festplatte	201
Virtuelle Maschine	91
Virtuelles Privates Netzwerk	203
VIVA	192
VLAN	108
VM	91
VoIP	119
Vollständige Datensicherung	200
Von-Neumann-Architektur	73

Vorbereitung Produktivsetzung	182
Vorgaben für Infrastrukturentscheidungen	28
Vorgezogene Recyclinggebühr	94
VPN	110, 203
vRG	94
Vulnerabilität	190

W

Wake on LAN	22
WAN	102
Warm Site	201
Wartung	61
Wartungsvertrag	21
Webhosting	144
Webserver	89
WEP	203
Werterhaltende Investition	17
Wertminderung	20
Wertvermehrende Investition	17
WfMS	45
Wide Area Network	102
Wiederherstellungszeit bestimmen	199
Wi-Fi Protected Access	203
Wi-Fi-Logo	110
Windows	220, 229
Windows Server	49
Wired Equivalent Privacy	203
Wireless Local Area Network	102, 110
Wireless Personal Area Network	102
Wirksamkeit von Sicherheitsmassnahmen	207
Wirkungsanalyse	206
Wirtschaftlichkeit	24
Wirtschaftlichkeit von Sicherheitsmassnahmen	207
Wirtschaftlichkeitsrechnung	27
Wissen	215, 240
– über Kunden	216
– über Märkte	216
– über Technologien	216
Wissensmanagement	46
Wissenspotenzial	217
WLAN	102, 110
WLAN-Empfänger	110
WLAN-Hotspot	124
WLAN-Sender	110
WLAN-Sicherheit	111
WLAN-Verschlüsselung	203
Workflow-Engine	45
Workflow-Management-System	45
Workstation	84
WPA	203
WPA2	111, 203
WPAN	102

X

x64-Architektur	74

Z

Zeichen	215, 240
Zielsystem	180
Zugangsnetzwerk	114
Zugriffsrechte der Benutzer	202
Zugriffsrechte im LAN	108
Zugriffssteuerung	217
Zweckmässigkeit	232
Zwei-Schichten-Architektur	90
Zweischichtige Architektur	50

Bildungsmedien für jeden Anspruch
compendio.ch/tk

compendio Bildungsmedien

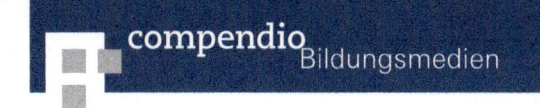

Kompetenz für Technische Kaufleute

Das Ende dieses Buchs ist vielleicht der Anfang des nächsten. Denn dieses Lehrmittel ist eines von über 250 im Verlagsprogramm von Compendio Bildungsmedien. 15 Lehrmittel – alle sowohl als Print-Ausgabe und als E-Book erhältlich – gehören zu der Reihe «Kompetenz für Technische Kaufleute 2019», wie zum Beispiel:

Unternehmensführung und Umwelt – TK 2019
Organisation und Projektmanagement – TK 2019
Personalarbeit – TK 2019
Arbeitsrecht und Sozialversicherungen – TK 2019
Kommunikation – TK 2019
Schriftliche Kommunikation – TK 2019
Marketing – TK 2019
Verkauf und Services – TK 2019

Eine detaillierte Beschreibung der einzelnen Lehrmittel mit Inhaltsverzeichnis, Preis und bibliografischen Angaben finden Sie auf unserer Website: compendio.ch/tk

Nützliches Zusatzmaterial

Von unserer Website herunterladen:
Professionell aufbereitete Folien

Für den Unterricht, die firmeninterne Schulung oder die Präsentation – auf unserer Website können Sie professionell aufbereitete Folien mit den wichtigsten Grafiken und Illustrationen aus den Büchern herunterladen.
Bitte respektieren Sie die Rechte des Urhebers, indem Sie Compendio als Quelle nennen.

Immer und überall einsetzen:
E-Books

E-Books bieten maximalen Lesekomfort, Geräteunabhängigkeit und die Möglichkeit, Notizen und Markierungen einzufügen. Die E-Version des Lehrmittels lässt sich einfach auf dem Tablet mitnehmen und erlaubt, die Inhalte flexibel zu erarbeiten, zu vertiefen und zu repetieren.

Alle Lehrmittel können Sie via Internet sowie per Post, E-Mail, Fax oder Telefon direkt bei uns bestellen:
Compendio Bildungsmedien AG, Neunbrunnenstrasse 50, 8050 Zürich
Telefon +41 (0)44 368 21 11, Telefax +41 (0)44 368 21 70, E-Mail: bestellungen@compendio.ch, www.compendio.ch

Bildungsmedien für jeden Anspruch
compendio.ch/verlagsdienstleistungen

Bildungsmedien nach Mass
Kapitel für Kapitel zum massgeschneiderten Lehrmittel

Was der Schneider für die Kleider, das tun wir für Ihr Lehrmittel. Wir passen es auf Ihre Bedürfnisse an. Denn alle Kapitel aus unseren Lehrmitteln können Sie auch zu einem individuellen Bildungsmedium nach Mass kombinieren. Selbst über Themen- und Fächergrenzen hinweg. Bildungsmedien nach Mass enthalten genau das, was Sie für Ihren Unterricht, das Coaching oder die betriebsinterne Schulungsmassnahme brauchen. Ob als Zusammenzug ausgewählter Kapitel oder in geänderter Reihenfolge; ob ergänzt mit Kapiteln aus anderen Compendio-Lehrmitteln oder mit personalisiertem Cover und individuell verfasstem Klappentext, ein massgeschneidertes Lehrmittel kann ganz unterschiedliche Ausprägungsformen haben. Und bezahlbar ist es auch.

Kurz und bündig:
Was spricht für ein massgeschneidertes Lehrmittel von Compendio?

- Sie wählen einen Bildungspartner mit langjähriger Erfahrung in der Erstellung von Bildungsmedien
- Sie entwickeln Ihr Lehrmittel passgenau auf Ihre Bildungsveranstaltung hin
- Sie können den Umschlag im Erscheinungsbild Ihrer Schule oder Ihres Unternehmens drucken lassen
- Sie bestimmen die Form Ihres Bildungsmediums (Ordner, broschiertes Buch oder Ringheftung)
- Sie gehen kein Risiko ein: Erst durch die Erteilung des «Gut zum Druck» verpflichten Sie sich

Auf der Website www.bildungsmedien-nach-mass.ch finden Sie ergänzende Informationen. Dort haben Sie auch die Möglichkeit, die gewünschten Kapitel für Ihr Bildungsmedium direkt auszuwählen, zusammenzustellen und eine unverbindliche Offerte anzufordern. Gerne können Sie uns aber auch ein E-Mail mit Ihrer Anfrage senden. Wir werden uns so schnell wie möglich mit Ihnen in Verbindung setzen.

Modulare Dienstleistungen
Von Rohtext, Skizzen und genialen Ideen zu professionellen Lehrmitteln

Sie haben eigenes Material, das Sie gerne didaktisch aufbereiten möchten? Unsere Spezialisten unterstützen Sie mit viel Freude und Engagement bei sämtlichen Schritten bis zur Gestaltung Ihrer gedruckten Schulungsunterlagen und E-Materialien. Selbst die umfassende Entwicklung von ganzen Lernarrangements ist möglich. Sie bestimmen, welche modularen Dienstleistungen Sie beanspruchen möchten, wir setzen Ihre Vorstellungen in professionelle Lehrmittel um.

Mit den folgenden Leistungen können wir Sie unterstützen:

- Konzept und Entwicklung
- Redaktion und Fachlektorat
- Korrektorat und Übersetzung
- Grafik, Satz, Layout und Produktion

Der direkte Weg zu Ihrem Bildungsprojekt: Sie möchten mehr über unsere Verlagsdienstleistungen erfahren? Gerne erläutern wir Ihnen in einem persönlichen Gespräch die Möglichkeiten. Wir freuen uns über Ihre Kontaktnahme.

Compendio Bildungsmedien AG, Neunbrunnenstrasse 50, 8050 Zürich
Telefon +41 (0)44 368 21 11, Telefax +41 (0)44 368 21 70, E-Mail: postfach@compendio.ch, www.compendio.ch